ISLAND HOPPING

DIE SCHÖNSTEN INSELTOUREN DER WELT

ZU DIESEM BUCH

»Das Leben auf dem Schiff ist doch mehr als bloßes Reisen ... Ich suche es so voll und so lang als möglich zu genießen«, notierte bereits Kaiserin Elisabeth von Österreich während einer Passage von Triest nach Korfu. Und in der Tat, jeder, der schon einmal auf einem Schiff unterwegs war, wird ihr zustimmen müssen: Seereisen haben einen ganz eigentümlichen Reiz und Island Hopping, bei dem man öfter den Standort wechselt und von Insel zu Insel hüpft, ist ein ganz besonderes Urlaubsvergnügen. Unabhängig davon, für welche Inselgruppe und welche Region man sich entscheidet: Die Annehmlichkeiten des Lebens an Bord lassen sich hier mit spannenden Entdeckungen und Erkundungen verschiedenster Kultur- und Landschaftsräume verbinden. Ob per luxuriösem Kreuzfahrtschiff, per Fähre oder per Charteryacht: Wohl keine andere Art des Reisens gestaltet sich so facetten- und so abwechslungsreich. Auf den Schiffen hat man die Möglichkeit, zu entspannen, zu genießen und zu träumen, an Land kann man fast jeden Tag Neues sehen und erleben. Langeweile kommt da nicht auf.

Angefangen bei klassischen Kreuzfahrtgebieten wie der Ägäis, den Inselwelten vor der kroatischen Küste oder der Karibik über als Schifffahrtsregionen weniger bekannte Inselgruppen wie die Balearen, die Kanaren oder die Azoren bis hin zu exotischen Reisezielen wie das legendäre Sansibar vor der ostafrikanischen Küste, den mitten im Indischen Ozean gelegenen Seychellen, den Kleinen Sunda-Inseln zwischen Java und Neuguinea, der Südsee oder dem Galápagos-Archipel vor der Pazifikküste Südamerikas: Der Band präsentiert mittels einer Fülle brillanter Farbfotos, die von international bekannten Fotografen stammen, die weltweit schönsten und interessantesten Archipele, in denen faszinierende Trauminseln locken.

Die hier vorgeschlagenen und sorgfältig recherchierten Reiserouten führen zu einzigartigen Küstenstrichen: Auf den Bahamas glänzen rosarote Korallensandstrände in der Sonne, die Kleinen Antillen sind vom Zauber der Karibik umweht. Hier sind die feinsandigen Strände wie die der Seychellen oder der Südsee-Atolle puderzuckerweiß. Viele dieser tropischen Paradiese sind von einer türkisfarbenen Lagune umgeben, die durch ein Korallenriff vom offenen Ozean abgeschirmt wird. Auf den Azoren hingegen erwartet den Besucher nicht nur eine wild-schöne Vulkanlandschaft, sondern auch frische Atlantikluft. Auf den Hawaii- und den Kanarischen Inseln kann man an einem Tag an Kraterrändern entlang marschieren und die vielfältigen Zeugnisse vulkanischer Aktivität bestaunen, an einem anderen auf Tauchexkursion gehen und an einem dritten surfen oder einfach nur in der Sonne dösen. Die Inselwelt der Kykladen und Sporaden im östlichen Mittelmeer lockt mit den Zeugnissen einer vieltausendjährigen Geschichte: Auf Rhodos und Ios, auf Delos und Santorin stehen Monumente des klassischen griechischen Altertums neben mittelalterlichen Kreuzritterburgen, byzantinischen Kirchen und osmanischen Moscheen, eine uralte bäuerliche Kultur und der moderne Tourismus sind hier auf vielfältige Weise verbunden. Auf den Balearen und den Kanaren kommen Partygänger, Nachtschwärmer und Naturliebhaber gleichermaßen auf ihre Kosten. In den touristischen Zentren von Mallorca, Menorca, aber auch von Gran Canaria oder Teneriffa finden sich Gelegenheiten zum Tanzen und Feiern bis in die Morgenstunden, in den unvergleichlichen Naturlandschaften der Inseln gibt es noch viele unberührte und abgeschiedene Plätzchen zu entdecken.

Je ferner die Ziele, desto verführerischer die Aussichten: Die Kleinen Antillen locken mit karibischem Flair und einer inspirierenden Kultur, mit Calypso-Klängen und Reggae-Rhythmen. Die Bahamas sind als luxuriöse Urlaubsregion bekannt. Hier kann man sich dem süßen Nichtstun hingeben, auf Segelyachten zwischen den Inseln kreuzen und auf eleganten Schnellbooten zu den einzigartigen Tauchgründen flitzen. Auch die Seychellen sind ein exklusives Reiseziel, das aber auf die Entwicklung eines nachhaltigen Tourismus setzt und mit einer paradiesisch unberührten Natur lockt. Die Inselwelten des westlichen und östlichen Mittelmeers hingegen stehen ebenso wie die Kanaren einem breiten Publikum offen. Die Karibik, Hawaii und die Südsee verheißen exotische Abenteuer, die Azoren gelten als Mekka für Wanderer und Whalewatcher und die Galápagos-Inseln sind ebenso wie die Kleinen Sunda-Inseln als Heimat seltener Tiere ein einzigartiges Naturparadies.

Jedes Reisegebiet erhält ein eigenes Kapitel mit Einleitungstext, der einen Abriss über die vorgeschlagene Reiseroute gibt und gleichzeitig über die landschaftlichen, historischen und kulturellen Besonderheiten der Region informiert. In der Folge werden die Inseln, ihre Häfen sowie die wichtigen Sehenswürdigkeiten unter Angabe des Routenverlaufs beschrieben. Besonders interessante Aspekte zur Kultur oder Natur einer Region werden in Kurzessays behandelt. Um Ihnen die Orientierung zu erleichtern, ist jeder Ort mit einer Nummer versehen, die in den jeweiligen Karten mit dem Routenverlauf wiederzufinden ist. Außerdem gibt es zu jeder Route nützliche Informationen zu ihrer Länge, zum Zeitbedarf, zum Klima und der besten Reisezeit sowie wichtige Kontaktadressen.

Die »Hot Spots«-Seiten, die jedes Kapitel beschließen, stellen besondere Unterkunftsmöglichkeiten vor und informieren ausführlich über die besten und schönsten Hotels, Resorts und Restaurants in den behandelten Archipelen. Auch Golfplätze oder Anbieter außergewöhnlicher Ausflugsabenteuer finden hier Erwähnung. Die Empfehlungen basieren auf sorgfältigen Recherchen und sind reich bebildert. Hierbei wurde spezielles Augenmerk auf gepflegte Anlagen gelegt, die Herausragendes bieten: sei es Luxus pur, sei es ein exquisites Design oder die ganz besonders gelungene Umsetzung eines Hotelkonzepts. Die Restaurants beeindrucken durch Landesküchen, ausgefallene Kreationen oder die extravagante Location. Lassen Sie sich doch einfach von unseren Empfehlungen leiten und genießen Sie entspannt die schönsten Seiten des Insellebens.

Wir wünschen Ihnen eine gute Reise, einen erholsamen Aufenthalt an Bord und unvergessliche Eindrücke an Land.

Bild links: Auf der eigenen Segelyacht kann man nicht nur herrlich entspannen, sondern auch die Route selbst bestimmen.

INHALTSVERZEICHNIS

BAHAMAS Urlaubsparadies in der Karibik	22	**KYKLADEN** Griechenland erleben von Ándros bis Kythnos	160
KLEINE ANTILLEN Karibik pur: von Puerto Rico nach Grenada	48	**SPORADEN** Inselhüpfen von Lesbos nach Rhodos	182
AZOREN Grüne Vulkaninseln mitten in den Weiten des Atlantiks	76	**INDISCHER OZEAN** Stippvisite auf den Vulkan-, Granit- und Koralleninseln	208
KANAREN Zwischen Vulkan und Wüste	96	**KLEINE SUNDAINSELN** Traumstrände, Vulkane und Tempel – von Bali nach Flores	230
BALEAREN Perlen im Mittelmeer	118	**FIDSCHI, TONGA UND SAMOA** Von Insel zu Insel in West-Polynesien	246
KROATIEN Buchten, Strände und historische Städte an Kroatiens Küste	140	**HAWAII** Traumstrände und Vulkane – von Big Island bis Kauai	260

FRANZÖSISCH-POLYNESIEN	280
Von den Marquesas- zu den Cook-Inseln	
GALÁPAGOS-INSELN	298
Die Arche Noah im Pazifik	
REGISTER	316

Bild S. 2-3: Blick vom Bug in die Takelage der Royal Clipper. Der Viermaster ist ein luxuriöser Kreuzfahrtsegler und einer der größten Segelschiffe der Welt.

Bild S. 4-5: Vor der Südküste von Ibiza ragt Es Vedrá aus dem Mittelmeer: ein 382 Meter hoher Felsen, um den sich viele Mythen ranken.

Bild S. 6-7: Die zum südpazifischen Inselstaat Fidschi gehörenden Mamanuca Islands umfassen etwa 20 kleine, hügelige Inseln vulkanischen Ursprungs.

Bild S. 8-9: Auf Virgin Gorda, einer der Britischen Jungferninseln, rahmen im The-Baths-Nationalpark gewaltige Granitformationen den Sandstrand ein.

Bild S. 10-11: Eine junge Unechte Karettschildkröte (Caretta caretta). Ausgewachsen werden diese Tiere bis zu 110 Kilogramm schwer.

Bild S. 12-13: Auf St. Lucia liegen zwei durch Bergrücken verbundene Vulkanberge. Hier sieht man den größeren davon, den 770 Meter hohen Gros Piton.

Bild S. 14-15: Bei Ebbe kann man von der idyllischen Muri-Lagune im Südwesten von Rarotonga bis zur unbewohnten Koromiri-Insel waten.

Bild S. 16-17: Banggai-Kardinalbarsche (Pterapogon kauderni) sind Maulbrüter: Zum Schutz nehmen die Männchen die befruchteten Eier in den Mund.

Bild oben: Brandungswellen brechen gegen an die Küste Mauis, der zweitgrößten Hawaii-Insel.

BAHAMAS

Urlaubsparadies in der Karibik

Tropische Sonne, weiße Sandstrände, rauschende Palmen und blaues Meer – die Bahamas gehören zu den beliebtesten Urlaubszielen der Welt. In Nassau und Freeport locken turbulente Betriebsamkeit und überbordender Luxus, auf den Family Islands dagegen Einsamkeit und Ruhe.

»It's better in the Bahamas« – auf den Bahamas ist alles besser. Mit diesem Slogan warb das Fremdenverkehrsamt der Inseln viele Jahre lang. Am weißen Sandstrand liegen, unter rauschenden Palmen den Alltag vergessen, im angenehm temperierten Wasser die Sorgen abstreifen. Pastellfarbene Häuser im strahlenden Sonnenschein, farbenprächtige Korallen und türkisfarbenes Wasser. Die Bahamas bieten perfekte Urlaubsatmosphäre.

Der Antillenstaat besteht aus etwa 700 Inseln und ist seit 1973 unabhängig. Am bekanntesten sind die Inseln New Providence Island mit der Hauptstadt Nassau, dem Cable Beach und Paradise Island sowie Grand Bahama mit Freeport, dem wirtschaftlichen Zentrum der Inseln und Heimat zahlreicher Spielkasinos. Die Family oder Out Islands, die besonders Individualurlauber ansprechen, sind nur mit kleinen Flugzeugen oder Booten erreichbar. Der britische Einfluss ist aber noch überall zu spüren und macht zusammen mit der Jet-Set-Atmosphäre in den wichtigsten Städten Nassau (Hauptstadt) und Freeport und dem karibischen Charme der Family Islands den eigentlichen Reiz der Inseln aus. Das Wasser ist warm und klar, und die Riffe gehören zu den schönsten der Welt.

Bis zum 15. Jh. lebten die indianischen Ureinwohner ungestört auf den Inseln. Am 12. Oktober 1492 ankerte Kolumbus vor der Insel Guanahani (dem heutigen San Salvador) und taufte sie Baja Mar. In den folgenden Jahrzehnten wurden die dort ansässigen Lucaya-Indianer von den weißen Eroberern getötet oder versklavt. Die ersten ständigen Siedler waren religiös verfolgte Puritaner von den Bermudas, die sich auf einer der größeren Inseln niederließen und sie nach dem griechischen Wort für Freiheit Eleuthera tauften.

Im 18. Jh. wurde Nassau zur Hauptstadt der Piraten. Der berüchtigte Blackbeard und über 1000 Gesinnungsgenossen versteckten sich in den unzähligen Buchten und Höhlen und überfielen im Karibischen Meer europäische Handelsschiffe. Einige der versunkenen Galeonen liegen noch heute auf dem Meeresboden, und Schatztaucher suchen in den Wracks nach wertvollen Goldschätzen. Erst die britische Krone, die 1717 die Regierungsgewalt über die Bahamas erlangte, machte dem Treiben der Piraten ein Ende. An Captain Woodes Rogers, den erfolgreichsten Piratenjäger, erinnert eine Statue vor dem Hilton Hotel in Nassau.

Karibische Schönheit am Strand.

Bis zur Abschaffung der Sklaverei im Jahre 1834 galten die Inseln als bedeutender Umschlagplatz für den Menschenhandel. Auf den Bahamas selbst hatten die Pflanzer wegen des trockenen Bodens keinen Erfolg, sie entließen die meisten Sklaven in die Freiheit. Während des Amerikanischen Bürgerkriegs richteten die Engländer eine Basis auf den Bahamas ein, um die Südstaaten mit Kriegsmaterial zu versorgen, und während der Prohibition schmuggelten die »Rum Runners« Whisky von den Bahamas in die USA.

Bild links: Die »Farr 40 World Championship Regatta« findet regelmäßig vor den Bahamas statt.

REISEROUTE

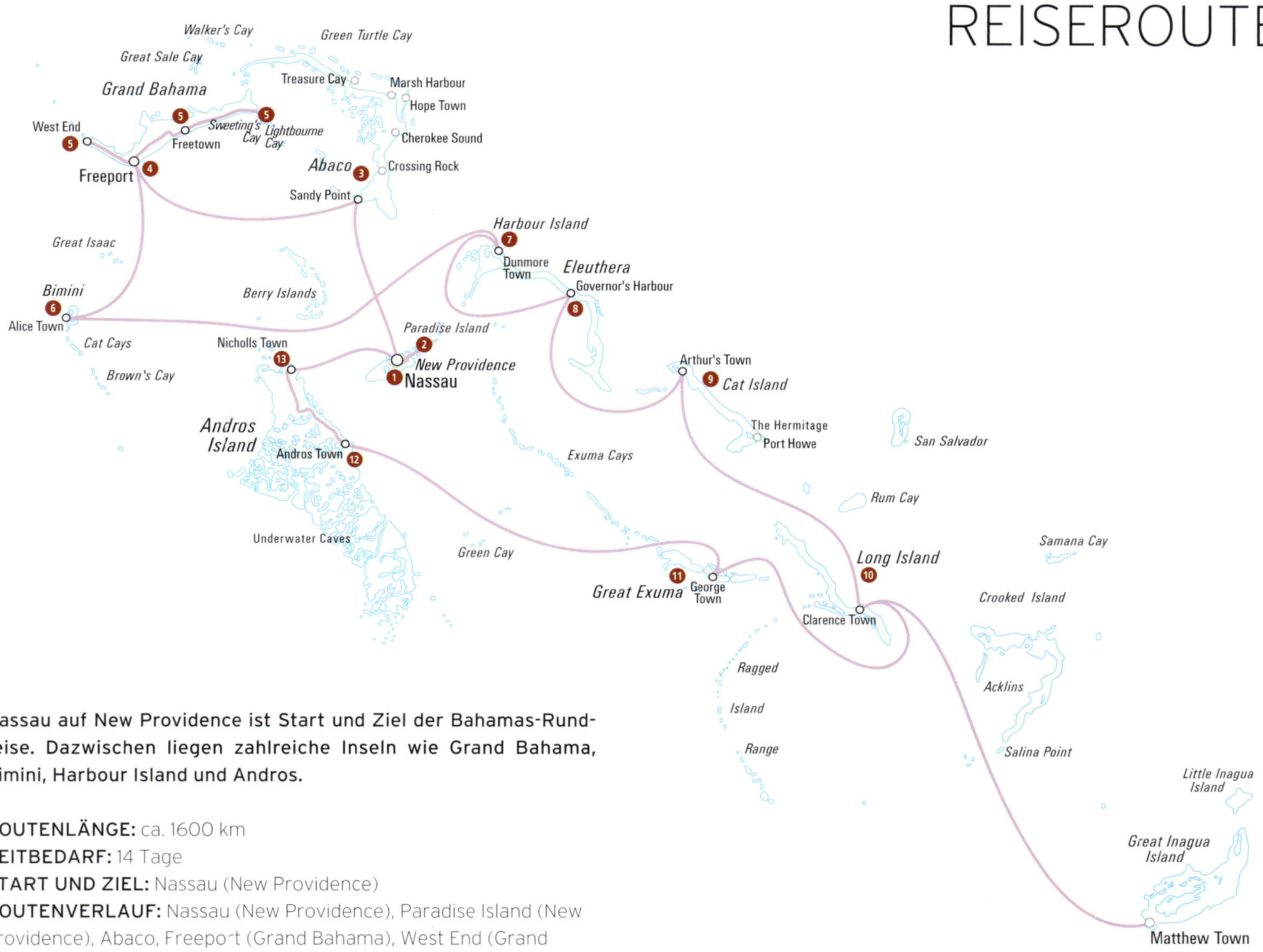

Nassau auf New Providence ist Start und Ziel der Bahamas-Rundreise. Dazwischen liegen zahlreiche Inseln wie Grand Bahama, Bimini, Harbour Island und Andros.

ROUTENLÄNGE: ca. 1600 km
ZEITBEDARF: 14 Tage
START UND ZIEL: Nassau (New Providence)
ROUTENVERLAUF: Nassau (New Providence), Paradise Island (New Providence), Abaco, Freeport (Grand Bahama), West End (Grand Bahama), Bimini, Harbour Island, Eleuthera, Cat Island, Long Island, Great Exuma, Andros Town (Andros), Nicholls Town (Andros)

HINWEISE:
Viele Reiseveranstalter bieten attraktive Segeltörns mit individuell gestaltbaren Routen auf den Bahamas an. Vor Ort kann man aber auch kurzfristig interessante Ausflüge, etwa nach Harbour Island, buchen.

AUSKÜNFTE:
Bahamas Tourist Office,
Majunke International Sales
Waldstr. 17
61479 Glashütten/Frankfurt
Tel. (06174) 61 90 14 oder www.bahamas.de

Private Yachten liegen am Elizabeth Harbour vor Stocking Island.

Bild links: Die Statue vor dem Regierungssitz in Nassau erinnert an Kolumbus, der 1492 auf den Bahamas an Land ging.

NEW PROVIDENCE

❶ NASSAU

Die Rundreise beginnt in Nassau, der Regierungshauptstadt der Bahamas auf New Providence Island. Über die Hälfte der Bevölkerung der Bahamas lebt auf dieser Insel, obwohl sie wesentlich kleiner als Andros und Grand Bahama ist. Nassau wurde 1656 durch britische Siedler gegründet, hieß zuerst Charlestown und wurde 1689 zu Ehren des britischen Königs Wilhelm III. aus dem Hause Oranien-Nassau umbenannt. Namenlos war bis 1907 der legendäre Cable Beach, der seine heutige Bezeichnung dem Transatlantikkabel zu verdanken hat, das um die Jahrhundertwende zwischen Florida und Nassau im Meer verlegt wurde. Die Innenstadt von Nassau fasziniert mit karibischem Charme und erinnert mit ihren Häusern, viktorianischen Villen, Kirchen und Befestigungsanlagen an die oft bewegte Kolonialzeit. Auf zahlreichen Märkten und in den Boutiquen und Shops floriert der Handel mit Kunsthandwerk und edlem Schmuck. Luxuriöse Hotels, riesige Kasinos und die Anlegestellen für Kreuzfahrtschiffe machen Nassau zu einem erstrangigen, exquisiten Urlaubszentrum.

In Nassau ist auch der jungen Queen Victoria ein Denkmal gewidmet.

Ein Relikt der britischen Kolonialzeit ist der mitten in der Stadt gelegene Parliament Square mit seinen Freitreppen und imposanten Regierungsgebäuden. Bauten in gedeckten Farben, darunter die Houses of Parliament, das alte Colonial Secretary's Office und der Supreme Court, umgeben die Marmorstatue der Queen Victoria. Die Public Library in der Shirley Street war früher ein Gefängnis. Gegenüber steht die Ruine des Royal Victoria Hotel, des ersten Hotels von Nassau, umgeben von herrlich blühenden Gärten.

Die 66 Stufen der Queen's Staircase verbinden Fort Fincastle mit dem Princess Margaret Hospital und sollen zwischen 1793 und 1794 von Sklaven in den festen Kalkstein gehauen worden sein. Ihren Namen erhielt die Treppe zu Ehren von Königin Victoria. Von Fort Fincastle, das 1793 auf dem Hügel Bennet errichtet und einem Schiffsbug nachempfunden wurde, hat man eine herrliche Aussicht auf die Stadt. Fort Montagu wurde im Juli 1742 fertiggestellt und ist für seine terrassenförmige Zisterne bekannt. Fort Charlotte, die größte Festung in Nassau, wurde zwischen 1787 und 1789 erbaut und nach der Gattin von König George III. benannt. Von der Festung, die durch einen Graben und eine Zugbrücke gesichert ist, wurde jedoch niemals ein Schuss abgefeuert. An der Parliament Street liegt das rosafarbene Government House, das 1801 erbaut wurde. Jeden Samstag zur Wachablösung spielt die Royal Bahamas Police Force Band vor der Kolumbusstatue. Das Gebäude des Pompey Museum aus dem späten 18. Jh. war Umschlagplatz für Sklaven, bevor es in ein Museum umgewandelt wurde. Die Ausstellungen berichten von den Erlebnissen afrikanischer Sklaven auf den Inseln der Bahamas.

Wesentlich fröhlicher geht es auf dem Strohmarkt zu, der seit den 1940er-Jahren besteht und zu einer Tradition auf New Providence wurde. Als die Schwammindustrie zusammenbrach, begannen viele Frauen damit, Körbe, Taschen und Puppen aus Palmwedeln und Sisalblättern zu flechten und auf den Marktplätzen feilzubieten.

Lohnenswerte Ausflüge führen in ruhige Orte wie Coral Harbour oder Adelaide und nach Lyford Cay mit seinen verträumten Wohnsiedlungen. Überall auf der Insel locken weiße Strände.

Bild oben: Endstation Sehnsucht: Auf den Bahamas kann man die Seele baumeln lassen.

❷ PARADISE ISLAND

Über eine geschwungene Brücke erreicht man den Yachthafen und Paradise Island, die luxuriöse Ferieninsel von New Providence. Bis zu seiner Entdeckung durch den Tourismus war das tropische Eiland, das einst Hog Island also Schweineinsel hieß, nahezu unbekannt. Erst der Amerikaner Huntington Hartford, der die Insel 1959 von dem schwedischen Großindustriellen Axel Werner Gren kaufte, verwandelte sie in ein luxuriöses Urlaubsparadies für Superreiche. Der Millionenerbe ließ das Hotel Ocean Club errichten, Golfplätze anlegen und erwarb eine Kasinolizenz. Der von ihm aufgebaute und »Cloister« genannte Kreuzgang eines französischen Klosters aus dem 14. Jh., den der Zeitungszar William Randolph Hearst bereits in den 1920er-Jahren von Frankreich auf die Bahamas hatte transportieren lassen, ist bis heute eine Touristenattraktion.

Neuestes Highlight ist allerdings das Atlantis Resort Hotel, zu dem ein gigantischer Themenpark gehört. Mit dem weltgrößten Open-Air-Meeresaquarium, dem größten Kasino der Karibik, einer 15-Millionen-Dollar-Marina, künstlichen Lagunen, Wasserfällen und den »Ruinen« von Atlantis hat der Hotelkomplex schon beinahe Disneyland-Ausmaße. Gleich fünf Rutschbahnen bieten die Mayan Temple Water Slides, darunter die Leap of Faith Slide, ein durchsichtiger Acryltunnel inmitten einer von Haien wimmelnden Lagune.

In den kolossalen Hoteltürmen warten 2300 Zimmer auf vergnügungssüchtige Gäste. Dagegen nehmen sich die anderen Luxushotels der Insel beinahe wie biedere Absteigen aus, obwohl auch sie direkt am Meer liegen und jeden nur erdenklichen Komfort bieten.

Paradise Island verfügt über eine hohe Dichte an edlen Restaurants, glitzernden Juwelierläden und Luxusboutiquen. Am Yachthafen werden Touren zu den Tauchparadiesen vor der Küste angeboten. In Schnellbooten brausen abenteuerlustige Hotelgäste auf das offene Meer hinaus.

Alles in allem hat sich Paradise Island zu einem Entertainment-Center entwickelt, das ein wenig an Las Vegas erinnert. Nur wenige Meilen entfernt auf den Family Islands findet man dennoch unberührte Natur.

Das Resort des Atlantis Hotel bietet unter anderem ein hauseigenes Aquarium.

Bild oben: Das gigantische Atlantis Hotel auf Paradise Island ist nach dem mythischen, versunkenen Inselreich benannt.

ABACO

❸ ABACO

Die ersten weißen Siedler auf den Abaco Islands waren Loyalisten, die im 18. Jh. während des Amerikanischen Unabhängigkrieges treu zum britischen König George II. standen und in die Karibik flohen, nachdem sich die Vereinigten Staaten von Amerika von England losgesagt hatten. Ursprünglich Pflanzer, erkannten sie schon bald, dass sie auf den Abaco Islands nur als Fischer überleben konnten. Vor der Hauptinsel liegen eine Vielzahl von winzigen Inseln und das drittgrößte Barriereriff der Welt mit riesigen Fischbeständen. Bis heute leben die Einwohner von Abaco vom Meer; dicht gedrängt schmiegen sich ihre winzigen Dörfer an die zerklüftete Küste. Zur Fischerei ist der Tourismus als wichtige Einnahmequelle hinzugekommen. Auch die Urlauber zieht vor allem das Wasser an, sie können tauchen, schnorcheln und fischen oder in Booten und Yachten auf dem Meer kreuzen. Auf Abaco gibt es mehr Bootsanlegeplätze als Hotelzimmer.

Wegen der nahe beieinander liegenden Inseln ist Abaco Island besonders bei Seglern und Yachtbesitzern beliebt. Sie finden hier eine fast ideale Infrastruktur. Die vor der Küste gelegenen Blue Holes, trichterförmige Öffnungen im Riff, in denen in ungefähr 60 m Tiefe Süßwasser sprudelt, locken Schnorchler und Taucher an. Ebenso aufregend sind die Unterwasserhöhlen und Korallenriffe im Pelican Cays Land & Sea Park vor Great Abaco. Seit 1994 gibt es den Abaco National Park, der zum Schutz der bedrohten Kuba-Amazonen, einer Papageienart, die hier in der Unterart *bahamensis* vorkommt, eingerichtet wurde. Größte Attraktion der Insel sind von den Loyalisten gegründete Dörfer, die an New England erinnern.

Marsh Harbour ist das kommerzielle Zentrum der Insel. Die Hälfte der 13 000 Einwohner Abacos lebt in der kleinen Stadt, die mit einer einzigen Verkehrsampel auskommt. Im eher farblosen Zentrum drängen sich Banken, Versicherungen, Supermärkte und zahlreiche Firmen. Romantischer geht es im Marina District zu, wo Restaurants und Boutiquen auf die Besucher warten. Auf dem Wasser schaukeln zahlreiche Yachten und Boote. Nördlich von Marsh Harbour liegt Treasure Cay, ein Ferienparadies mit luxuriösen Hotels, Ferienhäusern, 18-Loch-Golfplatz und einer riesigen Marina. Bevor Captain Leonard Thompson das Potenzial der Halbinsel erkannt und zusammen mit US-Investoren die ersten Hotels erbaute, war Treasure Cay unter dem Namen Sand Bank Cay bekannt. Südlich von Treasure Cay erstreckt sich Leisure Lee, eine ruhige Wohnsiedlung, an zahlreichen Kanälen, die zum Meer führen. Hunderte von Kokospalmen säumen den langen Sandstrand.

Gegenüber lockt Cherokee Sound, nach dem Amerikanischen Unabhängigkeitskrieg ein eher verträumtes Fischerdorf, das den flüchtigen Königstreuen Unterschlupf bot und im deutlichen Kontrast zum nahen Abaco Club mit seinem luxuriösen Golfplatz steht. Crossing Rock im Süden der Insel gilt als Hauptort der Fischer.

Auf den Outer Cays vor der Hauptinsel liegt Hope Town, einer der bekanntesten Orte von Abaco. Hier gefallen vor allem der geschützte Hafen in einer malerischen Bucht und der rot-weiß gestreifte Leuchtturm, der zum Wahrzeichen der Insel wurde. Ein Kontrastprogramm bieten die benachbarten Lubber's Quarters mit ihren Mangrovendickichten und Man-O-War Cay mit einer großen Bootswerft.

Als »schlafender Riese« war Great Guana Cay bekannt, eine 11 km lange Insel, die erst erwachte, als der spektakuläre Nippers Beach als Geheimtipp gehandelt wurde. Auch Green Turtle Cay, die ihren Namen dem Handel mit Schildkröten verdankt, ist ein begehrtes Strandziel.

Der Strand von Treasure Cay mit seinem vielfältigen Wassersportangebot.

Meeresbewohner nutzen die Wracks als Lebensraum.

WRACKTAUCHEN

Über 1000 Wracks sollen auf dem Grund des Meeres liegen, meist Galeonen und Handelsschiffe aus der großen Zeit der Segelschiffe, als spanische und portugiesische Goldtransporte vor Florida und in der Karibik kreuzten und Hunderte von Piraten die Gewässer unsicher machten. Noch immer werden unvorstellbare Goldmengen im Karibischen Meer vermutet. Verzweifelt suchen Schatztaucher nach den 15 Schiffen, die mit einem großen Goldschatz vor Great Inagua gesunken sein sollen, und nach der um 1694 gesunkenen Santa Cruz, die Gold im Wert von drei Millionen Dollar an Bord geladen hatte. Die exzellente Sicht auf die Unterwasserwelt ermöglicht der Golfstrom, der südlich von Florida beginnt und die Inseln vor unliebsamen Regenfällen und schmutzigem Wasser aus Florida schützt. Deshalb erscheint das Wasser türkisfarben und unter der Oberfläche kristallklar.

Bild links: Die Bahamas haben ihren eigenen Karneval, dazu gehört traditionell die Junkanoo Parade.

GRAND BAHAMA

❹ FREEPORT

Von Abaco geht es dann nach Freeport, dem legendären Vergnügungszentrum auf Grand Bahama. Bereits der spanische Entdecker Ponce de Leon ankerte 1513 vor der Insel. Bekannt wurde sie jedoch erst in den 1950er-Jahren, als Wallace Groves, ein Finanzier aus Virginia, in den Holzeinschlag auf der Insel investierte und die Stadt Freeport/Lucaya gründete. Als Freihandelszone und beliebter Kreuzfahrthafen entwickelte sich die Stadt zu einem weltweit bekannten Vergnügungszentrum mit riesigen Kasinos, Restaurants, Boutiquen und Bars. Vor allem bei den Passagieren der amerikanischen Kreuzfahrtschiffe ist Freeport wegen seiner zollfreien Waren beliebt. In den großen Kasinos der Stadt rollt der Rubel, in den Showrooms gastieren international renommierte Künstler mit ihren Shows.

Tropische Pflanzen wachsen in den Hydroflora Gardens am East Beach Drive. Exotische Blumen und Vögel kann man in The Garden of Groves bestaunen, dem Botanischen Garten der Stadt. Das Grand Bahama Museum liegt mitten im Garten und lockt mit interessanten Exponaten aus der bewegten Geschichte der Bahamas. Paradiesisch shoppen kann man auf dem Port Lucaya Marketplace und im International Bazaar, einem Einkaufszentrum mit über 90 Läden aus zahlreichen Ländern. Von einheimischer Handwerkskunst über Musikangebote bis zu verschiedenen Duty-Free-Artikeln ist hier vieles zu haben.

Von Freeport geht die Fahrt entlang der Küstenstraße über Hawksbill, eine ruhige Wohngegend, nach Eight Mile Rock, der größten Siedlung auf der Insel. Der Ort besteht aus einer Reihe von eigenständigen Stadtteilen, die im Laufe der Jahre zusammengewachsen sind.

Für eine einzigartige Höhle, in der sich während der Ebbe nur Süßwasser und während der Flut nur Salzwasser sammelt, ist der sogenannte Holmes Rock bekannt.

Als einer der besten Schnorchelgründe gilt die Paradise Cove bei Deadman's Reef. Das bunte Riff kann man schwimmend erreichen. In der Nähe, an einer der bedeutendsten archäologischen Stätten der Bahamas, wurden zahlreiche Artefakte der Lucayan-Indianer aus dem 13. Jh. ausgegraben, vor allem Knochen und Tonscherben.

Farben und Früchte gehören zum karibischen Lebensgefühl.

❺ WEST END, FREETOWN, SWEETING'S & LIGHTBOURNE CAY

Am westlichen Rand der Insel Grand Bahama liegt West End, ein verträumtes Fischerörtchen, das seine große Zeit während der Prohibition im Amerika der 1920er-Jahre erlebte. Damals wurde es zu einem geschäftigen Umschlagplatz für europäischen Whisky, der über die Bahamas in die USA geschmuggelt wurde. Die sogenannten »Rum Runners« bauten große Lagerhallen und Bars, in denen sich die hartgesottenen Männer von der Arbeit erholten. Heute kann man hier noch vereinzelt, aber auf wesentlich höherem Niveau, an solchen Bars einen Drink nehmen.

Andere lohnenswerte Ziele auf Grand Bahama sind der kleine Ort Freetown, in dem 1834 die ersten Sklaven befreit wurden, das Fischerdorf Sweeting's Cay, in dem erstklassiger Hummer und frische »Conchs«, also Muschelschnecken, angeboten werden, und das ruhige Lightbourne Cay, ein idealer Platz für ein gemütliches Picknick abseits des Trubels in der Kreuzfahrtmetropole Freeport. Man kann den Ort dafür nur per Boot erreichen.

Bild oben: Dem Himmel so nah: Eine Yacht ankert im türkisblauen Meer.

BIMINI

◉ BIMINI

Seit Ernest Hemingway sind die Inseln North und South Bimini kein Geheimtipp mehr. Der Schriftsteller lebte zwischen 1931 und 1937 im Blue Marlin Cottage, und auch sein letzter großer Roman, »Islands in the Stream«, spielt dort. Man kommt meist in Alice Town an, der größten Stadt auf North Bimini, einer Ansammlung von Läden, Restaurants und Bars. South Bimini ist kaum besiedelt und besteht lediglich aus einer Landebahn für kleine Flugzeuge und einigen Hotels.

Die Bimini Islands gelten als Paradies für Hochseefischer, Taucher und Schnorchler. Vor der Küste liegen zahlreiche Wracks auf dem Meeresgrund. Und noch etwas soll in den Tiefen des Meeres verborgen sein: die Unterwasserstadt Atlantis. Im September 1968 fanden Taucher vor Paradise Point unter Wasser liegende Steinblöcke, die zweifelsfrei eine Straße markieren, die sogenannte »Bimini Road«. Einige Archäologen sind davon überzeugt, dass die Steine zu einer längst untergegangenen Kultur gehören. Ein weiterer Mythos dreht sich um einen Jungbrunnen, den der spanische Konquistador Ponce de Leon in Florida vermutete. Auch auf Bimini soll eine Quelle ewiger Jugend sprudeln. Man kann aber auch einfach an den Stränden Erholung suchen.

Wie schön, dass Pastellfarben auch vor Sonne schützen.

KARIBISCHE ARCHITEKTUR

In der karibischen Architektur spiegelt sich die bewegte Geschichte der Karibik wider. Pastellfarbene Holzhäuser stehen neben prächtigen Hotelkomplexen und einfachen Bauten aus Palmholz. Die Hütten aus Lehm, Stroh und Zweigen, wie man sie auf manchen Inseln immer noch findet, gehen auf die Unterkünfte der verschleppten Sklaven zurück, die dabei afrikanische Architekturtraditionen befolgten. Die prächtigen Kolonialbauten in den größeren Städten der Karibik wurden von den spanischen Eroberern errichtet.

Viele Häuser werden so gebaut, dass sie der Sonne möglichst wenig Angriffsfläche bieten, große Fenster sollen für Durchzug sorgen. Manche Ornamente sind indianische Zeichen, die böse Geister fernhalten sollen. Die gedeckten Farben der Fassaden dienen ebenfalls als Sonnenschutz, sie blenden viel weniger als ein strahlendes Weiß – und sehen hübsch aus.

Bild links: Die Unterwasserwelt der Bahamas.

HARBOUR ISLAND

❼ HARBOUR ISLAND

Per Kleinflugzeug oder Boot geht es nach Dunmore Town, dem verträumten Zentrum von Harbour Island. Die Stadt wurde nach Lord Dunmore, dem einstigen Gouverneur der Inseln (1786–1797), benannt und gehört zu den ältesten Siedlungen der Bahamas. Pastellfarbene Häuser mit weißen Lattenzäunen um die winzigen Gärten sorgen für eine beschauliche Atmosphäre. Am Hafen fällt das Schild »Home of the friendly People« auf. Und in der Tat sind die Bewohner des kleinen Ortes überaus gastfreundlich und umgänglich. Fremde sind hier jederzeit herzlich willkommen. Die wenigen Hotels sind klein, aber fein. An die Geschichte von Dunmore Town erinnern die »Hill Steps«, die von Sträflingen in den Fels geschlagen wurden, sowie das »Titus Hole« am Hafen, eine Höhle, die einst wohl als Gefängnis diente. Die Hauptattraktion der Insel ist aber die Färbung des Strands auf der Atlantikseite. Kilometerweit erstreckt sich hier der rosafarbene Sand an der Küste. Der Pinkton wird durch zermahlene Korallen hervorgerufen. Vor der Insel liegen zahlreiche Korallenriffe.

Traumbilder werden Wirklichkeit: der rosa leuchtende Strand von Harbour Island.

Bild oben: Idyllisch geht ein Tag in Dunmore Town zu Ende.

ELEUTHERA

⑧ ELEUTHERA

Das Strandparadies ist nur 1,5 km breit, dafür aber 180 km lang und gehört zu den beliebtesten Zielen auf den Family Islands. Der Flieger landet in Governor's Harbour, dem Verwaltungszentrum Eleutheras. Vor der Weiterreise zu dem südöstlich von Eleuthera gelegenen Cat Island und nach Arthur's Town lohnt ein Aufenthalt auf dieser Insel. 1648 siedelten sich Puritaner auf Eleuthera an. In den Jahren zwischen 1950 und 1980 verbrachten zahlreiche US-amerikanische Industrielle und Hollywood-Filmstars wie Robert De Niro ihre Ferien auf der abgelegenen Insel. Zu den Attraktionen gehören die Glass Window Bridge, die den Atlantischen Ozean mit den ruhigeren Gewässern des Exuma Sound verbindet und einen spektakulären Blick auf das herrlich blaue Meer gestattet, sowie Preacher's Cave, eine Höhle, die von den ersten Siedlern als natürliche Kapelle genutzt wurde. Wie eine Kathedrale mutet dagegen die riesige Höhle in der Hatchet Bay an.

An Devil's Backbone, einem Riff vor der Nordküste Eleutheras, locken zahlreiche Schiffswracks abenteuerlustige Taucher an.

Auch per Pferd kann man die weiten Strände genießen.

Bild oben: Die Buchten von Eleuthera sind fantastische Schnorchelreviere.

CAT ISLAND

❾ CAT ISLAND

Im Anschluss geht es nach Arthur's Town auf Cat Island. In der kleinen Siedlung verbrachte der bekannte Schauspieler Sidney Poitier seine Kindheit, bevor er nach Hollywood ging und dort zu einem der ersten afroamerikanischen Superstars wurde.

Eine Legende über den Namen der Insel geht auf den englischen Piraten Arthur Catt zurück, der dort in einer Bucht seinen Unterschlupf hatte. Eine andere Version besagt, dass die Insel nach den vielen verwilderten Katzen benannt wurde, die den ersten Siedlern aus Amerika das Leben schwer machten. Sie waren Nachfahren der zahmen Hauskatzen, die spanische Eroberer auf die Insel gebracht hatten.

Ein Riffhai treibt elegant über Fischschwärme hinweg.

Viele Jahrhunderte lang hieß die Insel jedoch San Salvador – das berühmte San Salvador, wo Christoph Kolumbus 1492 als erster Europäer den Boden der Neuen Welt betreten haben soll. 1926 wurde jedoch die Bahamainsel Watlings Island in San Salvador umgetauft, und Cat Island bekam wieder seinen ursprünglichen Namen. An die Besiedlung durch Königstreue im Jahre 1783 erinnert die Plantage in Port Howe, einer kleinen Siedlung, die Colonel Andrew Deveaux gegründet haben soll – der Mann, der Nassau von den Spaniern zurückeroberte. Cat Island ist nicht sehr groß, nur etwas über 60 km lang und ein paar Kilometer breit und gehört zu den fruchtbarsten Inseln der Bahamas. Die ersten Siedler bauten hier vor allem Baumwolle und Ananas an und züchteten Rinder. Tropische Blumen gedeihen im dichten Gras und im Gebüsch – eine Insel der Beschaulichkeit und der leuchtenden Farben, der ideale Ort, um sich von der Zivilisation loszusagen und sich auf die grundlegenden Dinge zu besinnen.

Das dachte sich auch Pater Jerome Hawkes, der ein Kloster auf dem 63 m hohen Mount Alvernia errichtete – dem höchsten Punkt der Bahamas. Der Geistliche war auf die Bahamas gekommen, um anglikanische Kirchen auf Long Island zu reparieren. Von seinem Kloster, das unter dem Namen The Hermitage bekannt wurde, hat man einen atemberaubenden Blick auf den Fine Beach, einen 16 km langen Traumstrand aus pinkfarbenem Sand. Am schönsten ist es hier, wenn die Sonne untergeht und alles in goldenes Licht getaucht ist.

So stellte man sich den ersten Landgang von Kolumbus vor.

KOLUMBUS

Christoph Kolumbus, vermutlich im Oktober 1451 in Genua geboren, galt lange als der Europäer, der als Erster amerikanischen Boden betrat. Heute weiß man zwar, dass die Wikinger bereits 500 Jahre vor ihm auf Neufundland gelandet waren, dennoch begann mit Kolumbus, der vier Reisen in die Neue Welt unternahm, die systematische Eroberung des amerikanischen Kontinents durch die Europäer.

Kolumbus, der eigentlich einen Seeweg nach Asien suchte, musste lange kämpfen, um Geldmittel für sein Vorhaben zu erhalten. Erst nach dem Sieg der Spanier über die Mauren war das spanische Königspaar bereit, solche Reisen zu finanzieren.

Am 3. August 1492 stach Kolumbus mit der Santa Maria und zwei Karavellen zu seiner ersten Reise in See und erreichte am 12. Oktober 1492 die Bahamas. Um Weihnachten 1492 landete die Flotte auf Hispaniola, wo die Seefahrer von den Arawaken freundlich begrüßt wurden und Kolumbus aus den Überresten der auf Grund gelaufenen Santa Maria das Fort La Navidad errichten ließ. Im Januar 1493 machte er sich zurück auf den Weg nach Europa. Ein Teil seiner Mannschaft blieb auf Hispaniola zurück, geriet dort aber schnell mit den Arawaken in Konflikt und wurde getötet.

Auf der zweiten Reise (1493–1496), die er mit 17 Schiffen und 1500 Siedlern unternahm, entdeckte Kolumbus Jamaika und Puerto Rico. Gegen den Willen der spanischen Krone führte er auf Hispaniola einen Rache- und Vernichtungsfeldzug gegen die Arawaken und versklavte fast 2000 Männer, Frauen und Kinder. Die dritte Reise (1498–1500) führte den Entdecker nach Trinidad, Tobago und in die Nähe der Orinoco-Mündung vor der Nordküste Südamerikas. Auf seiner letzten Reise (1502–1504) erkundete Kolumbus die Küste von Honduras bis Kolumbien.

Bild rechts: Wundersamer Bewohner des Meeres: die Karettschildkröte.

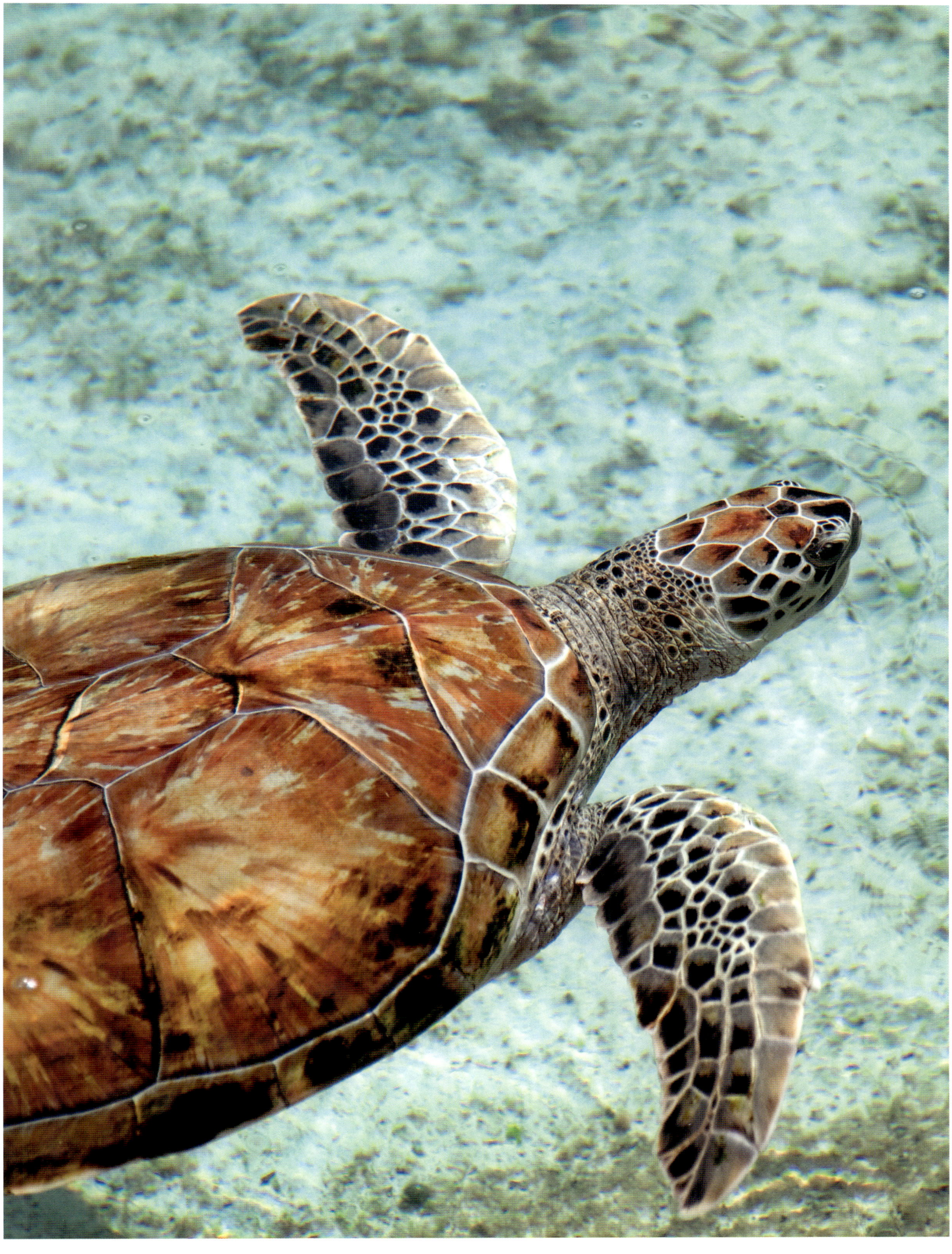

Das Dean's Blue Hole bei Long Island ist über 200 m tief und ein beliebtes Freizeitziel.

LONG ISLAND

❿ LONG ISLAND

Nur einen Steinwurf entfernt liegt Clarence Town auf Long Island, einer der reizvollsten Bahamasinseln mit grasgrün bewachsenen Hügeln, fruchtbaren Ananas- und Bananenplantagen und flachen Salzseen. Auf der Golfseite erstrecken sich von Palmen gesäumte weiße Traumstrände, auf der raueren Atlantikseite klatscht die Brandung gegen schroffe Felsen. Long Island ist besonders bei Tauchern beliebt, weil ein Veranstalter mit dem Nervenkitzel von Haifütterungen lockt.

An Christoph Kolumbus, den ersten europäischen Besucher, der auf der Insel frisches Wasser holte, erinnert ein weißes Kreuz an der Nordspitze. Er nannte die Insel »Fernandina« nach seinem Mentor in Spanien. Ihm folgten im späten 18. Jh. Royalisten aus Nordamerika, die Baumwolle auf großen Plantagen anbauten. Einige ihrer Häuser stehen heute noch. Clarence Town und die anderen Siedlungen liegen an einer ehemaligen Kutschenstraße, die für die Pflanzer erbaut wurde.

Zu den größten Ereignissen der Insel gehört die »Long Island Sailing Regatta«, die jedes Jahr im Frühsommer stattfindet. Badegäste erholen sich am Cape Santa Maria, wo man mit einem der schönsten Strände der Welt um die Gunst der Urlauber wirbt.

Von Clarence Town aus besteht die Möglichkeit für einen Abstecher nach Great Inagua.

INAGUA NATIONAL PARK

Auf Great Inagua Island liegt der 1965 gegründete Inagua National Park, der wegen seiner mehr als 60 000 rosaroten Flamingos eine besondere Besucherattraktion ist. Die anmutigen Vögel halten sich am Ufer des riesigen Windsor Lake auf, der zum knapp 75 000 ha großen Park gehört.

Die karibischen Flamingos sind die farbenprächtigsten und größten Vertreter ihrer Art. Die Schwungfedern sind schwarz. Ihre Schnäbel sind in der Mitte nach vorn gebogen, der Hals ist sehr biegsam und wird von einem relativ kleinen Kopf gekrönt. Die langen Stelzbeine sind wie geschaffen für das Waten im flachen Wasser. Ihre charakteristische Farbe entwickeln die Flamingos erst nach einem Jahr; sie wird durch die Ernährung mit Salzwasserflöhen hervorgerufen.

Die Verwandten des europäischen Rosaflamingos findet man in der Karibik, in Teilen von Mittelamerika, im nordöstlichen Südamerika und auf den Galápagos-Inseln. In riesigen Kolonien wie im Inagua National Park fühlen sie sich am wohlsten. Neben den Flamingos gibt es in dem Naturschutzgebiet noch eine Vielzahl von anderen Vögeln, unter anderem die Kuba-Amazone, die bereits vom Aussterben bedroht war.

Bild rechts: Über 800 000 Flamingos leben auf den Bahamas.

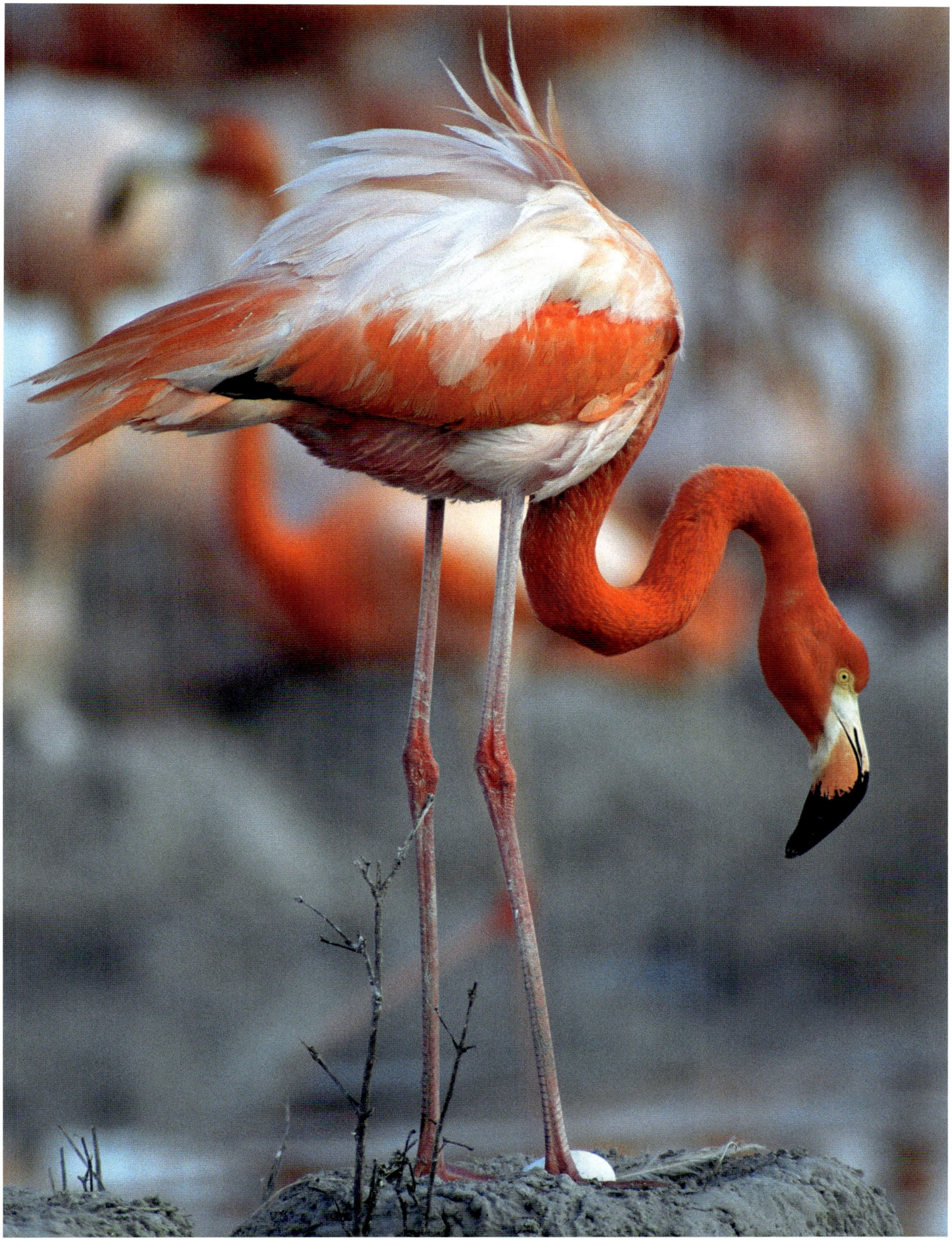

GREAT EXUMA

❶ GREAT EXUMA

Weiter geht es nach George Town auf Great Exuma, der größten der über 360 meist winzigen Inseln, die unter dem Sammelnamen Exuma oder auch Exuma Cays auf Karten verzeichnet sind. Der Wendekreis des Krebses verläuft mitten durch die Siedlung, die den Charakter der gesamten Insel widerspiegelt: kleine Hotels, keine Anlegestellen für Kreuzfahrtschiffe und keine sonstigen auf Kommerz ausgerichteten Angebote. Das einzige Zugeständnis an den Tourismus ist das berühmte Club Peace & Plenty Hotel in Georgetown. Doch auch hier hat man als Gast das Gefühl, in die fantastische Natur der Bahamas eintauchen zu können und dabei noch mit allen Sinnen verwöhnt zu werden. Endloser Sonnenschein, türkisfarbenes Wasser sowie traumhafte Sandstrände – Exuma verkörpert damit perfekt den Traum vom karibischen Inselparadies.

Zu den Sehenswürdigkeiten von George Town gehören die St. Andrew's Anglican Church und der Elizabeth Harbour, in dem jedes Jahr die »National Family Island Regatta« gestartet wird. Ein Glanzlicht ist das ebenfalls jährlich stattfindende »Bahamian Music and Heritage Festival«, eine eindrucksvolle Veranstaltung für die ganze Familie. Exuma wurde im Jahr 1783 von Royalisten aus Nordamerika besiedelt, die eine Baumwollplantage auf der Insel errichteten.

Spektakuläre Riffe, Schiffswracks und auch Höhlen haben die Exuma Cays zu einem Paradies für Taucher gemacht. Besonders in dem eine Fläche von 456 km² umfassenden Exuma Land and Sea Park im Norden der Exumas erwartet sie ein faszinierendes unterseeisches Labyrinth aus Höhlen, Riffen und Kalksteinfelsen, das von einer Fülle exotischer Meerestiere bewohnt wird. Idealer Ausgangspunkt für Expeditionen in das Naturschutzgebiet ist Staniel Cay, das man von Great Exuma aus am besten mit dem Flugzeug erreichen kann.

Ganz in der Nähe der Staniel Cay Marina liegt die spektakuläre Thunderball Grotto, die auch Schnorchler zumindest bei Ebbe erkunden können. Die Höhle ist Schauplatz einiger Szenen des James-Bond-Films »Thunderball« aus dem Jahre 1965 und hat dadurch Weltberühmtheit erlangt.

Das Wasser ist glasklar und schimmert in verschiedenen Blautönen.

Bild oben: Fische wie die Snapper werden hier oft mit einfachen Handleinen gefangen.

ANDROS

⓬ ANDROS TOWN

Andros Island ist mit ungefähr 6000 km² die größte, aber auch eine der am wenigsten touristisch entwickelten Inseln der Bahamas. Wer in dem Hauptort Andros Town an Land geht, sieht sich einer kleinen Siedlung mit nur wenigen hundert Einwohnern und ganzen zwei Hotels gegenüber, in denen hauptsächlich Hochseeangler absteigen. Andros Island gehört neben den Bimini Islands zu den bevorzugten Anglerrevieren der Karibik.

Vor der Insel liegt mit einer Länge von etwa 225 km das größte Korallenriff der Bahamas mit einem immensen Fischreichtum – ein Paradies für Taucher und Schnorchler, denn die meisten Korallen befinden sich nur 4 m unterhalb der Wasseroberfläche. Hinter dem Riff geht es 2000 m in die Tiefe hinab.

Die Spanier gingen bereits 1550 in Andros Island an Land. Sie versklavten die dort ansässigen Indianer und schleppten ansteckende Krankheiten ein, denen alle noch verbliebenen Bewohner zum Opfer fielen. Fast wie Hohn erscheint dagegen der Name, den die christlichen Eroberer der Insel gaben: Insel des Heiligen Geistes. Auf einer Karte von 1782 wird sie als San Andreas bezeichnet. Ihren heutigen Namen soll sie Sir Edmund Andros verdanken, der Ende des 17. Jh. die englischen Streitkräfte auf Barbados anführte und später als Gouverneur von New York, New England, Virginia, Maryland und Guernsey von sich reden machte. Der Name könnte aber auch auf die Einwohner von San Andrés Island (Kolumbien) zurückgehen, die im Jahr 1787 die Insel besiedelten. Im 18. Jh. machten sich auch Piraten auf Andros Island breit, und im 19. Jh. kamen schließlich wie überall auf den Bahamas US-amerikanische Siedler und legten von Sklaven bewirtschaftete Plantagen an.

Andros Island blieb letztendlich vom touristischen Overkill verschont und hat sich dadurch seine landschaftliche Schönheit bewahren können. So erstrecken sich im Norden der Insel lichte Kiefernwälder, und in den Mangrovensümpfen und Regenwäldern gedeihen über 50 farbenprächtige Arten von Orchideen. Verwilderte Schweine streunen durch das Buschland. 200 Vogelarten sind auf der Insel heimisch, darunter das Bahama-Gelbkehlchen, aber auch zwei Fabelwesen: So soll beispielsweise »Lusca« sorglose Taucher in die Tiefe ziehen, die in den Blue Holes auf Entdeckungsreise gehen. Und der eulenähnliche »Chickcharnie« mit seinen brennend roten Augen soll sich noch heute dafür rächen, dass ein britischer Pflanzer nach dem Zweiten Weltkrieg die Bäume, auf denen diese Vogelart nistete, fällen ließ.

⓭ NICHOLLS TOWN

An der Küste des türkisfarbenen Meeres entlang geht die Fahrt bis nach Nicholls Town an der Nordspitze von Andros Island, der Einwohnerzahl nach eine der größten Siedlungen der Insel. Auch in den Herbergen von Nicholls Town logieren hauptsächlich Angler, die vor der Küste nach Bonefish und Tarpunen jagen. Ansonsten kann man hier schönes Kunsthandwerk wie Holzschnitzereien und Arbeiten aus Stroh erwerben. Außerdem ist Andros für die farbenprächtigen Stoffe »Androsia« aus der gleichnamigen Batikfabrik berühmt.

Mit der Rückkehr nach Nassau ist unsere Rundreise durch die Bahamas beendet.

Angeln ist hier nicht nur Sport, sondern auch Entspannung.

Bild oben: Die Karibik-Languste gilt als Delikatesse und ist daher ein begehrtes Fangobjekt.

HOT SPOTS

Die Inselwelt der Bahamas genießt seit vielen Jahren den Ruf, ein Refugium prominenter Zeitgenossen aus aller Welt zu sein. So mancher Hollywoodstar oder Multimillionär besitzt hier seine eigene Insel. Doch auch ohne Landbesitz lässt sich auf den Bahamas ein Urlaub im Luxus genießen. Zahlreiche Hotels der Spitzenklasse wollen mit einem Heer an freundlichen und kompetenten Mitarbeitern dem Wohl ihrer Gäste dienen. Die Top-Restaurants der Inseln bieten französische und asiatische, amerikanische und karibische Küche oder eine Fusion aus verschiedenen Stilen.

BLACK ANGUS GRILLE

Direkt neben dem geschäftigen Crystal Palace Casino von Cable Beach liegt dieses Steakhaus, das Fleischliebhabern jeden Wunsch von den Augen abliest. Was soll es sein? Prime Rib, Filet Mignon oder Pfeffersteak? Gut durch oder doch lieber englisch? Das freundliche Personal bemüht sich, alle Gästewünsche zu befriedigen. Und wenn's mal kein Steak sein soll, stehen auch Thunfisch, Muscheln oder ein Salat zur Auswahl. Doch egal, was das Hauptgericht war, keinesfalls entgehen lassen sollte man sich die köstlichen Desserts, die hier serviert werden und einen perfekten Abschluss für ein rundum gelungenes Mahl bilden.

West Bay Street in Cable Beach, Nassau, NP, Bahamas | Tel. +1 242 327 6200 | www.wyndhamnassauresort.com

GRAYCLIFF RESTAURANT

Ein Abend im Restaurant des gleichnamigen Hotels auf Nassau Island beginnt mit einem Aperitif auf einem bequemen Sofa. Dorthin bringt der Kellner auch die Speisekarte. Und erst wenn sie gewählt haben, werden die Gäste zu ihrem Tisch geführt. Das Restaurant hat sich auf raffiniert aufgepeppte karibische Küche spezialisiert, die von so hoher Qualität und Originalität ist, dass sie ihm Weltruf eingebracht hat. Bemerkenswert ist auch der Weinkeller, der mit dem Wine Spectators Grand Award ausgezeichnet wurde. 25 000 Flaschen, vorwiegend großer Weine, bieten Weinliebhabern Stunden ungetrübten Genusses.

8–12 West Hill Street, P. O. Box N 10246, Nassau NP, Bahamas | Tel +1 242 302 9150 | www.graycliff.com

ONE AND ONLY OCEAN CLUB

Seit etwa 50 Jahren treffen sich die Reichen und Berühmten der Welt in diesem Resort auf Paradise Island, das mit blendend weißen Sandstränden und türkisfarbenem Meer ebenso lockt wie mit dem ausgezeichneten Service und den hervorragend ausgestatteten Zimmern, Suiten und Strandcottages. Doch das Resort hat noch mehr zu bieten: Golfplatz und Tennisplätze, Wassersportmöglichkeiten aller Art und einen ausgezeichneten Wellnessbereich. Von den Restaurants ist vor allem das Dune empfehlenswert, in dem Küchenchef Jean-Georges Vongerichten französische Küche mit karibischem Flair präsentiert.

One Casino Drive, Paradise Island, Bahamas | Tel. +1 242 363 2501 | E-Mail: reservations@oneandonlyoceanclub.com | oceanclub.oneandonlyresorts.com

Ein Barkeeper des Graycliff Restaurant serviert erfrischende karibische Cocktails.

Der One and Only Ocean Club diente als Kulisse für »Casino Royale«.

THE COVE ATLANTIS

Dieses Fünf-Sterne-Hotel auf Paradise Island ist noch relativ neu, doch es hat sich unter all jenen, die in den Luxushotels der Welt absteigen, bereits einen sehr guten Ruf erworben. Eine besondere Attraktion stellt eine riesige großartige Wasserlandschaft dar, die in elf Lagunen mehr als 250 verschiedene Arten von Meerestieren präsentiert. Im Spa tragen asiatische Wellnessmethoden zum Wohl der Gäste bei, die von Spitzenköchen in mehreren Restaurants versorgt werden, darunter das Nobu. Nobu Matsuhisa, der japanische Küchenchef, besitzt inzwischen eine ganze Reihe von Restaurants, teils mit Michelinstern. Die Gerichte basieren auf der japanischen Küche, doch macht sich auch ein mehrjähriger Peru-Aufenthalt des Küchenchefs bemerkbar.

One Casino Drive, Paradise Island, Bahamas | Tel. +1 242 363 3000 | www.atlantis.com

HOT SPOTS

Die geschwungene Poolanlage des Grand Lucayan Beach and Golf Resort.

BLUE LAGOON SEAFOOD RESTAURANT

Kerzenlicht, Musik, Blick auf den Yachthafen und dazu Fisch und Meeresfrüchte fantasievoll und exzellent zubereitet – das ist Inselromantik in Reinkultur. Und genau die bietet das Blue Lagoon. Zahlreiche Kritiker haben dem Restaurant des Club Land'or Resort die hohe Qualität seiner Fischküche bestätigt. Doch auch wer sich mit Fisch und Meeresfrüchten nicht anfreunden kann, kommt auf seine Kosten. Wie wäre es mit Ente in Orangensauce oder einem Caesar Salad?

Paradise Beach Drive, Club Land'or, Paradise Island, | Tel. +1 242 363 2400 | www.bluelagoonseafood.com

OLD BAHAMA BAY RESORT AND YACHT HARBOUR

In diesem Resort können die Gäste auch auf einer Yacht im hervorragend organisierten hoteleigenen Yachthafen anlanden. Familien mit Kindern sind gern gesehen. Wer hier erst den Bund fürs Leben schließen möchte, wird von einem Wedding-Planner fachkundig beraten. Die Sportmöglichkeiten sind vielfältig: Segeln, Fliegenfischen, Hochseeangeln, Seekajakfahren und Windsurfen. Wer sich zum Schwimmen nicht dem Karibischen Meer anvertrauen möchte, kann sich in einem riesigen Infinity Pool mit Blick auf das Meer treiben lassen. Selbstverständlich gehört auch ein Spa-Bereich zum Resort. Zwei Restaurants sorgen für das leibliche Wohl der Gäste.

West End, Grand Bahama Island | Tel. +1 242 350 6500 | www.oldbahamabay.com

GRAND LUCAYAN BEACH AND GOLF RESORT

Ob Gäste von ihrem Zimmer oder ihrer Suite aus lieber auf das Meer, den Strand oder den Yachthafen blicken, hängt von den individuellen Vorlieben ab. Gemeinsam ist allen Zimmern die großartige Ausstattung im klassisch-karibischen Stil, die aber mit riesigen Plasma-Fernsehern und WLAN auch der modernen Zeit Rechnung trägt. Mehrere Restaurants stellen sicher, dass jeder das ihm gerade entsprechende Ambiente wählen kann – elegant oder direkt am Strand eher leger. Auch Golfliebhaber kommen hier auf ihre Kosten: Ein wunderbarer 18-Loch-Parcours lockt. Und selbstverständlich ist das Wassersportangebot dementsprechend vielfältig.

1 Sea Horse Lane, Lucaya, Freeport, Grand Bahama Island | Tel. +1 242 373 1333 | www.grandlucayan.com

RUBY SWISS EUROPEAN RESTAURANT

Wer sich nach reichlich karibischer Küche wieder mal nach europäischer Kost sehnt, ist hier genau richtig: Wiener Schnitzel, Kalbskotelett, Hummer Thermidor – und alles hervorragend und kompetent zubereitet. Das Ambiente ist edel; gediegene Möbel schimmern im gedämpften Licht, dazu spielt allabendlich Livemusik. Das Restaurant im Familienbesitz versucht, trotz der eleganten Atmosphäre eine gewisse Herzlichkeit zu zeigen. Ein großer Pluspunkt sind die langen Öffnungszeiten. Auch nach Mitternacht können Gäste hier noch ihren Hunger stillen. Geschlossen wird erst, wenn alle anderen Restaurants schon seit Stunden zu haben, in den frühen Morgenstunden.

Atlantic Way, beim West Sunrise Hwy., Freeport, Grand Island, Bahamas | Tel. +1 242 352 8507

BIMINI BAY RESORT AND MARINA

Dieses ziemlich neue Resort (2006) wurde sogar schon einmal modernisiert (2008). So bieten seine Zimmer, Suiten und Strandcottages höchsten Komfort. Neben herrlichen Stränden stehen zwei Pools den Schwimmern zur Verfügung: ein Infinity Pool mit Blick aufs Meer und ein zweiter riesiger Pool, der mit einer Pool-Bar Gästen ermöglicht, ihre Drinks im Wasser einzunehmen. Tennisplätze und ein Fitness-Center erfreuen Bewegungsfreudige, ein Spa verwöhnt die Gäste mit Massagen und anderen Anwendungen. Wer Lust zum Einkaufen hat, kann ihr im hoteleigenen Fisherman's Village frönen.

North Bimini, The Bahamas | Tel. +1 888 891 2263 | www.biminibayresort.com

ANDROS ISLAND BONEFISH CLUB

Wer in der Karibik ans Hochseeangeln denkt, fühlt sich an Hemingway erinnert. Und es gibt viele Gäste des Andros Island Bonefish Club, die glauben, dass Hemingway sich hier sehr wohl gefühlt hätte. Captain Rupert Leadon, Eigentümer und wichtigster Guide des Clubs, besitzt langjährige Erfahrung und große Begeisterung für seinen Sport. Der Club verfügt über eine Reihe moderner Boote, auf denen die Angler zu ihrem Abenteuer starten. Angeboten werden Packages von Übernachtung und Angelausflügen. Die Zimmer sind gut ausgestattet, ein Restaurant und eine Bar sorgen für das leibliche Wohl der Gäste, auch Kinderbetreuung wird angeboten. Wen wundert es da, dass viele der Gäste nicht nur einmal hierher kommen!

Queen's Hwy, Cargill Creek, Andros | Tel. +1 242 368 5167 | www.androsbonefishing.com

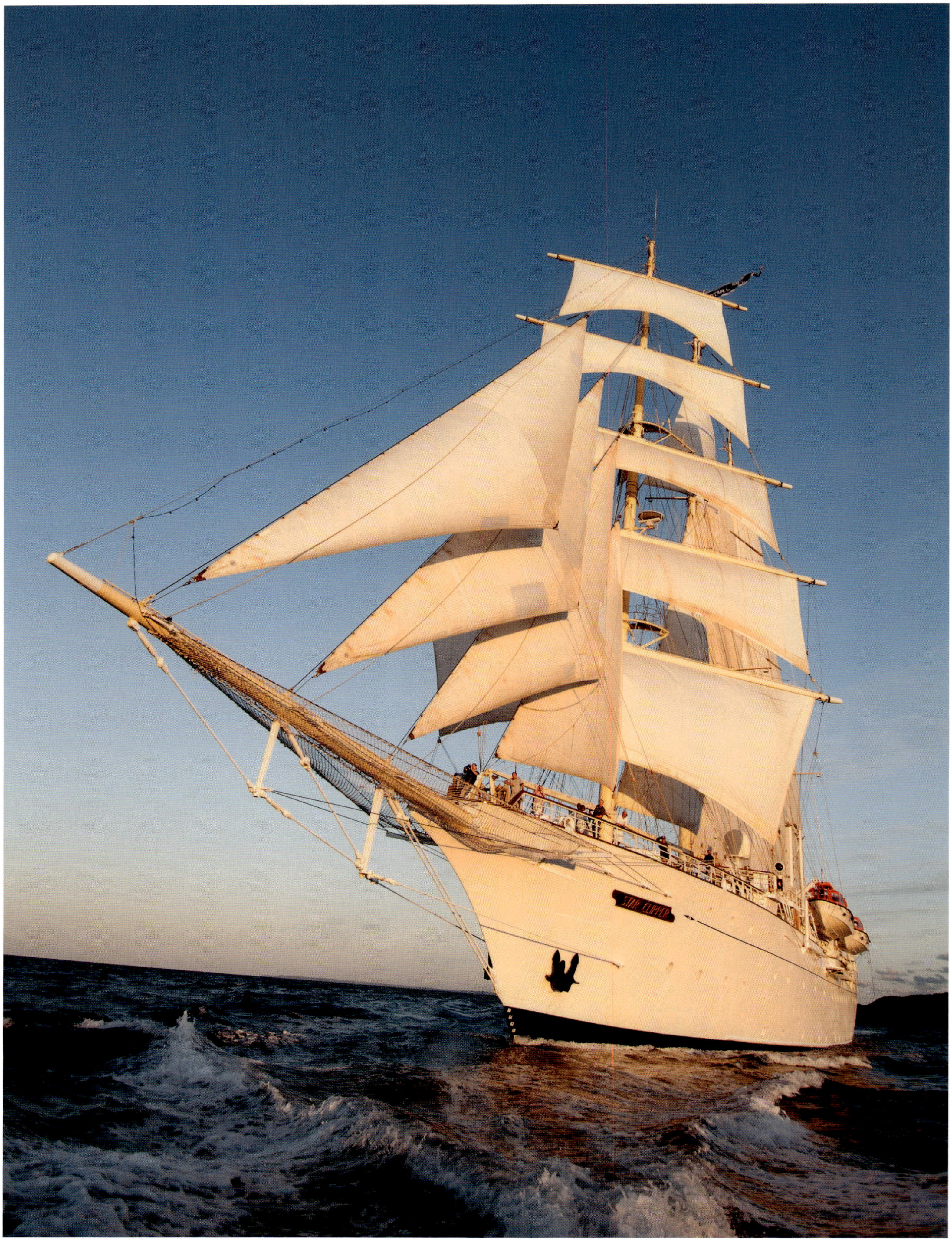

KLEINE ANTILLEN

Karibik pur: von Puerto Rico nach Grenada

Allein das Wort Karibik weckt Urlaubsträume und Assoziationen vom Paradies. Die sonnenverwöhnte Inselwelt der Kleinen Antillen lockt mit traumhaften Sandstränden, im Passatwind wogenden Palmen, üppigen Regenwäldern, mächtigen Vulkanen, kristallklarem Wasser, Korallenriffen und einer schillernd bunten Kultur. Hier verbinden sich Europa, Afrika, Amerika und Asien zu einer atemberaubenden Mischung. Steel Drums, Reggae-Rhythmen und Rum in allen Variationen gehören dazu.

»Antilia Insula« war die Bezeichnung für die girlandenartige Inselkette, die man bereits weit vor den Entdeckungsfahrten von Christoph Kolumbus auf den Karten im 15. Jh. für das Gebiet zwischen Asien und Europa eingetragen hatte. Dieser sichelförmige karibische Inselbogen zwischen dem südamerikanischen und dem nordamerikanischen Kontinent trennt das Karibische Meer vom Atlantischen Ozean. Die mittelamerikanische Inselwelt der Antillen umfasst dabei die Großen und Kleinen Antillen, mit den Bahamas zusammen bilden sie die Westindischen Inseln. Zu den Großen Antillen gehören von Westen nach Osten Kuba, Jamaika, Hispaniola mit Haiti und der Dominikanischen Republik sowie Puerto Rico, wo unsere Traumroute startet. Über 100 bewohnte Inseln zählen zu den Kleinen Antillen, von den Jungferninseln im Norden bis zu den »ABC-Inseln« (Aruba, Bonaire und Curaçao) vor dem südamerikanischen Festland. Diese Inselwelt wird je nach ihrer Lage zu den aus östlicher Richtung wehenden Passatwinden in die »Inseln über dem Winde« und die der südamerikanischen Landmasse vorgelagerten »Inseln unter dem Winde« eingeteilt.

Das Reich der Kleinen Antillen ist ein Tropenparadies. Das Klima ist ganzjährig gleich, und die Temperaturen liegen im Durchschnitt bei angenehmen 26 bis 30 °C an den Küsten. Im Inselinneren kann es nachts schon mal Temperaturen um 15 bis 18 °C geben. Die Hauptsaison reicht von Dezember bis April, wo das Wetter eher »kühler« und trockener ist. Damit entgehen die Gäste auch der durchaus gefährlichen Hurrikansaison. Das Relief der Inseln und die vielen, häufig sogar noch aktiven Vulkane sind Folge ihrer exponierten Lage an der Grenze zwischen der karibischen und der südamerikanischen Kontinentalplatte.

Was wäre die Karibik jedoch ohne den Reiz und die Offenheit ihrer gastfreundlichen Bewohner? Ein buntes Völkergemisch ist über Jahrhunderte entstanden. Lange schon sind die Ureinwohner, die Kariben, ausgerottet. Die europäischen Kolonisatoren holten Afrikaner als Sklaven auf die Plantagen. Nach dem Verbot der Sklaverei zu Anfang des 19. Jh. kamen Arbeitskräfte aus Asien. Entstanden ist eine Mixtur verschiedenster Kulturen, die heute im Alltag dem Einfluss der Kultur und Wirtschaft der nahen USA unterliegt. Vielfältig sind auch Sprachen und Dialekte, die stets rhythmische Musik, die Kunst, die regionale Küche sowie die religiösen Überzeugungen.

Die tropische Kulisse mit wärmender Sonne, weißen, feinsandigen Traumstränden und türkisfarbenem Meer sowie die einzigartige Kultur haben aus der Karibik ein Segelgebiet par excellence gemacht. Zahlreiche verschwiegene Buchten laden dazu ein, den Anker zu setzen und unter karibischen Palmen die Seele baumeln zu lassen. Und nachts, wenn die Sterne funkeln, liegt es sich am besten in einer wiegenden Hängematte an Bord einer kleiner Yacht. Da hier kein künstliches Licht den Himmel erhellt, lassen sich in aller Ruhe die endlosen Sterne der Milchstraße und sogar das Kreuz des Südens betrachten.

Die acht souveränen Staaten der Kleinen Antillen sind: Antigua und Barbuda (im Norden, auf den Leeward Islands) mit ihren Traumstränden, die Schwesterinseln St. Kitts und Nevis, das grüne Dominica mit seinen Regenwäldern, St. Lucia mit den Pitons, Barbados, das geruhsame St. Vincent und die Grenadinen, das quirlige Grenada sowie Trinidad und Tobago (vor Venezuela), wo der Karneval zelebriert wird.

Über Wasser oder unter Wasser – die Sicht ist perfekt.

Bild links: Das viermastige Luxus-Kreuzfahrtschiff »Star Clipper« sticht in See.

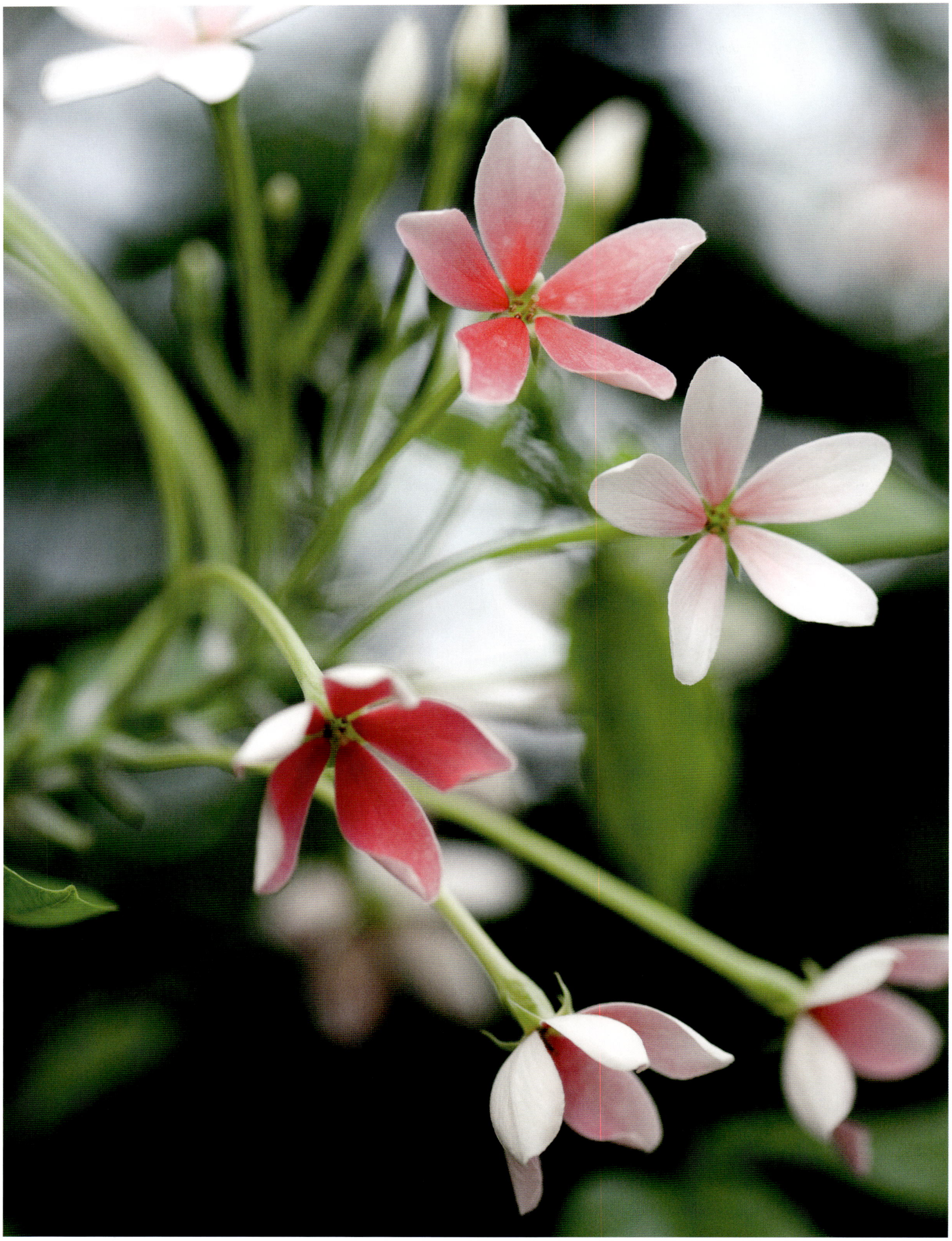

REISEROUTE

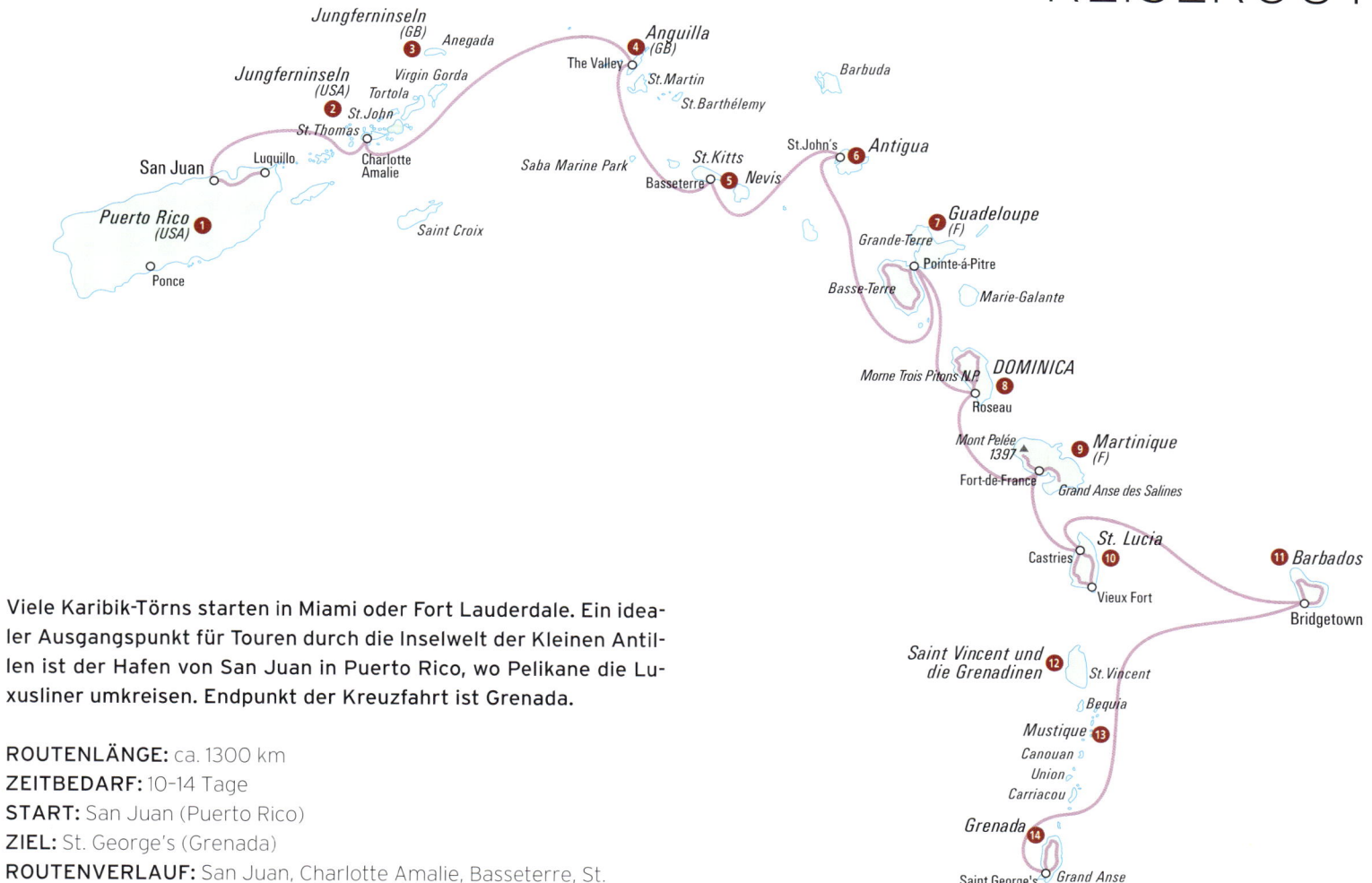

Viele Karibik-Törns starten in Miami oder Fort Lauderdale. Ein idealer Ausgangspunkt für Touren durch die Inselwelt der Kleinen Antillen ist der Hafen von San Juan in Puerto Rico, wo Pelikane die Luxusliner umkreisen. Endpunkt der Kreuzfahrt ist Grenada.

ROUTENLÄNGE: ca. 1300 km
ZEITBEDARF: 10–14 Tage
START: San Juan (Puerto Rico)
ZIEL: St. George's (Grenada)
ROUTENVERLAUF: San Juan, Charlotte Amalie, Basseterre, St. John's, Point-à-Pitre, Roseau, Fort-de-France, Castries, Bridgetown, St. George's

KREUZFAHRTEN:
Karibikkreuzfahrten haben wohl alle namhaften deutschen und internationalen Veranstalter im Programm.
Wer die Kleinen Antillen individuell erkunden möchte, kann aber auch mit Fähren von Insel zu Insel hüpfen. Außerdem besteht in den meisten Häfen die Möglichkeit, Yachten zu chartern.

AUSKÜNFTE:
Caribbean Tourism Organisation (CTO)
c/o Inex Communications
Postfach 1151
61123 Nidderau
Tel. (06187) 90 07 80, www.onecaribbean.org

Der Spatz der Karibik: der Zuckervogel.

Ton in Ton: der grüne Amazonenpapagei.

Bild links: Exotische Blüten prägen die Landschaften der Antillen.

PUERTO RICO

❶ PUERTO RICO

Die östlichste Insel der Großen Antillen war die letzte Bastion der Spanier in der Karibik, bevor sie 1898 an die USA fiel. 1950 wurden die Inselbewohner in einer Volksbefragung vor die Wahl gestellt, amerikanische Kolonie zu bleiben oder ein autonomes Staatsgebiet der USA zu sein. Drei Viertel entschieden sich für die Eigenständigkeit. Trotz spanischer Sprache ist das Wirtschaftsleben von den USA geprägt. Mit rund 380 000 Einwohnern ist San Juan eine der größten Metropolen der Karibik. Breite Straßenfluchten und Hochhäuser im neuen Teil der Stadt erinnern an amerikanische Skylines.

Bevor Sie in See stechen, sollte unbedingt das alte San Juan besichtigt werden. Unter dem Schutz der UNESCO stehen die malerische Altstadt samt den engen Gassen und alten Häusern mit schönen Holzbalkonen sowie die massiven Verteidigungsanlagen, darunter das Castillo de San Felipe del Morro, das Fuerte San Cristóbal und La Fortaleza. Sie manifestieren die Bedeutung der Stadt und des Hafens. Seit dem 16. Jh. ist La Fortaleza Sitz des Gouverneurs von Puerto Rico und damit das älteste kontinuierlich genutzte Regierungsgebäude der westlichen Hemisphäre. Wer die alte spanische Kolonialstadt nicht besuchen will, findet an der östlichen Spitze der Insel den kilometerlangen goldgelben Traumstrand Luquillo oder besucht gleich vor den Toren der Stadt die Bacardi Rum Distillery mit Museum.

Der Leuchtturm von Faro de Cabo Rojo.

Die Festung San Felipe del Morro in San Juan.

Bild rechts: Beschauliche Gassen in San Juan.

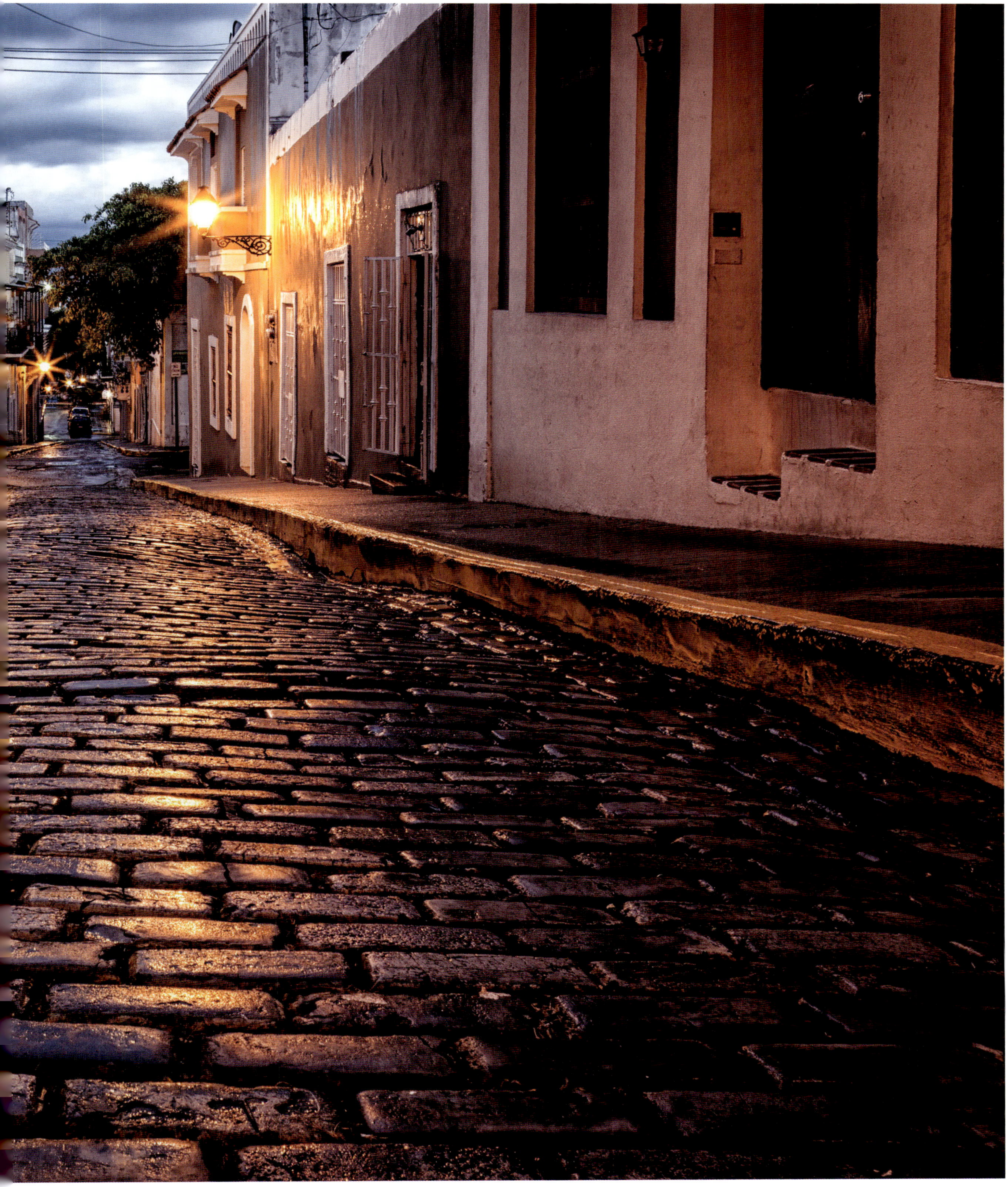

AMERIKANISCHE JUNGFERNINSELN

❷ AMERIKANISCHE JUNGFERNINSELN

Östlich von Puerto Rico und der anschließend durchkreuzten Virgin Passage reihen sich viele Eilande der Jungferninseln aneinander. Man nimmt Kurs auf St. Thomas mit dem Hafenort Charlotte Amalie, wo am Havensight Pier neben Kreuzfahrtschiffen angelegt wird. Die Insel hat ihre Blüte im 17. Jh. erlebt, als die dänische West India Company hier ihre Handelsniederlassung betrieb.

Charlotte Amalie ist ein Shopping-Paradies, in dem man nach Herzenslust zollfrei einkaufen kann. Das kolonialzeitliche Viertel lockt mit pittoresken Gassen. Sehenswert ist auch Fort Christian, das das Virgin Island Museum beherbergt.

Für Erholungssuchende und Naturinteressierte sind unter anderem die Strände Honeymoon Beach und Lindquist Beach sowie der Naturpark Mangrove Lagoon zu empfehlen. Das benachbarte St. John, dessen Fläche zu zwei Dritteln von einem Nationalpark eingenommen wird, und die ehemalige Zuckerrohrinsel St. Croix sieht man nur aus der Ferne. Weiter nach Osten geht es zu den Britischen Jungferninseln.

KARIBISCHE BLÜTENPRACHT

Viele karibische Inseln sind mit dichten Regenwäldern bestanden. Zudem gewährleisten die nährstoffreichen vulkanischen Böden eine immense Artenvielfalt und eine hohe Pflanzendichte. Unter dem Blätterdach des immergrünen Waldes gedeihen unzählige Farne, Flechten und Moose. Farbenprächtige Orchideen und Bromelien nutzen Bäume als Wirtspflanzen. Auch Ingwer-, Muskat- und Zimtbäume oder die leuchtend gelb oder rosa blühenden Mimosen können bei einem Streifzug durch die teilweise als Nationalpark ausgewiesenen und durch Wanderwege erschlossenen Waldgebiete der Kleinen Antillen entdeckt werden.

Auf vielen Inseln erschließen botanische Gärten die karibische Flora.

Bild oben: Geschützte Buchten bietet die Trunk Bay von St. John.

KLEINE ANTILLEN 55

BRITISCHE JUNGFERNINSELN

❸ BRITISCHE JUNGFERNINSELN

Die Inseln ragen als grün bewaldete Kegelspitzen, die Gipfel einer untermeerischen Vulkankette, aus dem türkisblauen Karibischen Meer. Die beiden größten Inseln sind Tortola und Virgin Gorda, wo nur mittelgroße Kreuzfahrtschiffe anlegen. Tortola hat seinen Namen von den Schildkröten, die hier noch zahlreicher vertreten sind als die rund 20 000 Inselbewohner.

Die Britischen Jungferninseln sind bedeutend ruhiger als die lebhaften US-Inseln. Wer hier seinen Urlaub verbringt, geht in eines der schönen Strandhotels, taucht oder schnorchelt. Auch mit dem Mietwagen kann man die einzelnen Inselwelten gut und individuell erkunden, man muss jedoch beachten, dass hier wie in Großbritannien Linksverkehr herrscht. Am besten sind die Inseln per Inselhopping zu erkunden, wer nicht die eigene Yacht vor Ort hat, kann an den Häfen von Tortola oder Virgin Gorda eine Yacht für einen Tag oder mehrere Tage mieten oder einfach als Mitsegler anheuern.

Für die große Route wird nun Kurs auf Anguilla genommen.

The Baths auf Virgin Gorda ist ein geologisches Wunderwerk.

FREGATTVÖGEL

Während der Balz in den Monaten August bis November bläst das Fregattvogelmännchen seinen scharlachroten Kehlsack auf, um mit diesem Imponiergehabe die Weibchen anzulocken. Dazu schlägt es mit den Flügeln und stößt Trommelgeräusche aus. War das Werben erfolgreich, baut das Pärchen ein Nest und wartet auf das Schlüpfen der weißen Küken.

Auf der kleinen Koralleninsel Barbuda lohnt ein Besuch des Nature Reserve of the Frigate Bird im Bereich der Codringtor-Lagune, im Nordosten des Eilands. Die dort lebende Fregattvogelkolonie mit über 2500 Pärchen gilt als eine der größten weltweit. Auch auf Martinique kann man im Fregate Island Nature Reserve an der Proshin Bay die Nistplätze beobachten.

Bild oben: Eine der größten Britischen Jungferninseln ist Virgin Gorda.

ANGUILLA

❹ ANGUILLA

Luxus pur erwartet Gäste auf Anguilla: Top-Hotels, die mit Ausstattung und Architektur zu den ausgefallensten und teuersten der Karibik zählen und grandiose Ausblicke über die Küste und weit hinaus aufs Meer bieten. Himmel und Wasser scheinen um das schönste Blau zu wetteifern: von hellen Pastelltönen bis zum tiefen Azur. In Strandnähe glitzert das Meer in türkisgrünen Farbtönen, in der Ferne tiefblau. Feinster Sand ist natürlich auch vorhanden: 33 Strände gibt es auf dieser gerade einmal 25 km langen und 5 km breiten Perle der Karibik. An manchen Stellen ist der Sand weich, Spaziergänger sinken tief ein und überall ist er zum Sonnenbaden geeignet. Vor allem die vielen versteckt liegenden kleinen Buchten geben dem Aufenthalt eine romantische Note, vielleicht ein idealer Ort für die Flitterwochen. So trägt der längste Strand der Insel auch den verheißungsvollen Namen Rendezvous Bay. Er zieht sich wie ein geschwungenes Band am Meer entlang. Auch Aktivurlaubern hat Anguilla einiges zu bieten: Golfer, Segler, Surfer und Hochseeangler finden hier ideale Bedingungen vor.

Der Puderzuckerstrand von Shoal Bay.

Bild oben: Selbst von den Anhöhen sieht man noch den Meeresboden.

ST. KITTS UND NEVIS

ST. KITTS UND NEVIS
Der Inselstaat im Nordosten der Kleinen Antillen zeigt sich als tropisches Paradies. Im Norden der Hauptinsel St. Kitts bestimmen dicht bewaldete Gebirgszüge das Landschaftsbild, an der Southeast Peninsula im Süden finden sich die vielleicht schönsten Badestrände der ganzen Region. Der Hafen der Hauptstadt Basseterre bildet Ausgangs- und Endpunkt der 60 km langen Circle Island Road, die die Küsten von St. Kitts entlang durch eine atemberaubend schöne Landschaft voller Kontraste führt. Auf einer Fahrt laden Sehenswürdigkeiten wie die erste englische Siedlung Old Road Town oder das gewaltige Fort Brimstone Hill zu Abstechern ein.

Im Gebiet um den 1156 m hohen Mount Liamiuga, einen erloschenen Vulkan im Inselnorden, wird Zuckerrohr angebaut. Pittoreske kleine Dörfer schmiegen sich an die Hänge. In den höheren Lagen ab 460 m geht die Vegetation oft in nebelverhangenen Regenwald über.

Ähnlich wie St. Kitts wird auch das kleinere Nevis von einem allerdings noch nicht ganz erloschenen Vulkan überragt.

So speist man im edlen Rawlins Plantations Inn.

Bild oben: Pinney's Beach gehört zu den Highlights der Zwillingsinseln St. Kitts und Nevis.

ANTIGUA

❻ ANTIGUA

Nach kurzer Fahrt ist das tropische Antigua mit der Nachbarinsel Barbuda erreicht. Die meisten Zuckerrohrfelder sind heute aufgegeben, allerdings erinnern noch weit über 200 Zuckermühlen, viele nur mehr Ruinen, an die vergangenen Zeiten, als afrikanische Sklaven hier in schweißtreibender, harter Arbeit die Felder bearbeiteten. Der geschützte Hafen und seine gute Lage führten dazu, dass die Engländer Antigua zu einem ihrer wichtigsten Stützpunkte auf den Kleinen Antillen ausbauten. Zahlreiche Forts und militärische Anlagen, darunter Fort James und Fort Barrington, erinnern noch heute an die einstige wirtschaftliche und strategische Bedeutung der Insel.

Wir befinden uns am Anleger im typisch karibischen Hafenstädtchen St. John's, das von seiner schönen Kathedrale mit Zwillingstürmen überragt wird. Zu Fuß erreichen die Gäste die zahlreichen kleinen Geschäfte, Läden, Bars und Restaurants am Heritage und am Redcliffe Quay, um anschließend im Museum of Antigua and Barbuda der Insel-

geschichte auf die Spur zu kommen. Ausflüge führen rund um die Insel, zum Nelson's Dockyard National Park oder zu Betty's Hope, der ältesten Plantage der Insel, die allerdings bereits seit etlichen Jahren nur noch Besichtigungszwecken dient. Ein Besucherzentrum führt die Zuckerverarbeitung vor und gewährt auch interessante Einblicke in das Leben und die Arbeit der Sklaven.
Barbuda, die 60 km weiter nördlich gelegene Schwesterinsel Antiguas, ist ein wahres Naturparadies und bietet vielen seltenen Tierarten wie Echsen, Schildkröten oder Fregattvögeln einen Lebensraum. Die Barbuda-Grasmücke, die zu den Sperlingsvögeln gehört, kommt nur hier vor. Weite Gebiete des rund 160 km² großen Eilands sind Buschland. Die an vielen Stellen von Korallensand bedeckten Strände ziehen sich scheinbar endlos hin. Besonders an der dem karibischen Meer zugewandten Seite der Insel finden Taucher und Schnorchler ideale Bedingungen vor. Die 1500 Einwohner, von denen die meisten im Hauptort Codrington leben, sind überaus gastfreundlich.

Bild oben: Blick auf den historischen English Harbour von Antigua.

Die Halbinsel Pointe des Châteaux auf Grand Terre im Nordosten Guadeloupes.

GUADELOUPE

❼ GUADELOUPE

Wenn Sie früh am Tag hier anlanden, sehen Sie im Morgengrauen ähnlich Kolumbus im Jahr 1493 die größte Insel der Kleinen Antillen vor sich. Die hl. Maria von Guadalupe, in Spanien eine populäre Heilige, hatte den Entdecker aus Seenot gerettet, und aus Dankbarkeit erhielt die Insel ihren Namen.

Seit 1635 ist Guadeloupe mit kurzen englischen Unterbrechungen wie Martinique in französischer Hand, zunächst als Kolonie und seit 1946 als Übersee-Departement mit Abgeordnetem in der französischen Nationalversammlung in Paris. Auf der Insel empfangen den Besucher auf Schritt und Tritt französisches Flair und Lebensgefühl. Französische Autos mit gelben Scheinwerfern dominieren das Straßenbild, die Trikolore weht in der sanften Brise, die Polizisten sind typische Gendarmen, man plaudert lässig in Cafés und shoppt in Boutiquen mit französischem Ambiente und internationalem Angebot. Dennoch pflegen die Insulaner ihren karibisch-kreolischen Lebensstil – bunt ist die exotisch-prickelnde Mischung der Bevölkerungsgruppen aus Afrika, Asien und Europa.

Mit der Einführung des Zuckerrohrs im späten 17. Jh. brach auf den Inseln die große Ära des »weißen Goldes« an. Da die indigene Bevölkerung für die Arbeit nicht geeignet war, wurde sie bekämpft und afrikanische Sklaven auf die Plantagen geholt. Erst im Jahr 1848 fand die Sklaverei ein Ende. Indische Leiharbeiter wurden engagiert, wovon ein Hindutempel Zeugnis ablegt. Doch diese Zeiten sind längst vorüber. Die vorhandenen Destillationsanlagen sind veraltet, die Rumproduktion ist rückläufig. Das zweite bedeutende Anbauprodukt sind heute Bananen. Die Insel besteht aus zwei Teilen, die durch den von einer Brücke überspannten Rivière Salée getrennt sind. Die Schmetterlingsform des Inselgrundrisses ist markant. Grand-Terre, der im Nordosten gelegene, eigentlich von der Fläche kleinere Teil, ist flach. Basse-Terre im Südwesten ist gebirgig, hier ragt immer noch der Krater des Soufrière 1467 m in die Höhe.

Kreuzfahrtschiffe machen vor Point-à-Pitre fest. Die Passagiere erkunden die lebendige Inselhauptstadt mit ihren kreolischen Märkten wie dem Marché Couvert sowie den Geschäften in der Rue Frébault und im Hafenbereich bei einem Landgang. Eine Kostprobe der kreolischen Gerichte ist ebenfalls ein Muss.

Eine Tour über die Insel führt über die gut ausgebaute N1 in den Regenwald mit seiner einzigartigen Vegetation und schönen Wasserfällen und schließlich zur »alten Dame«, wie der aktive Vulkan Soufrière liebevoll mit Spitznamen genannt wird, führt. Der Vulkan wurde 1975 letztmalig so aktiv, dass die Inselbehörden die Umgebung absperrten. Es kam jedoch nicht zum befürchteten Ausbruch. Eine Gipfelbesteigung ist dennoch ein Abenteuer.

Bild rechts: Exotische Fauna: der Grüne Leguan.

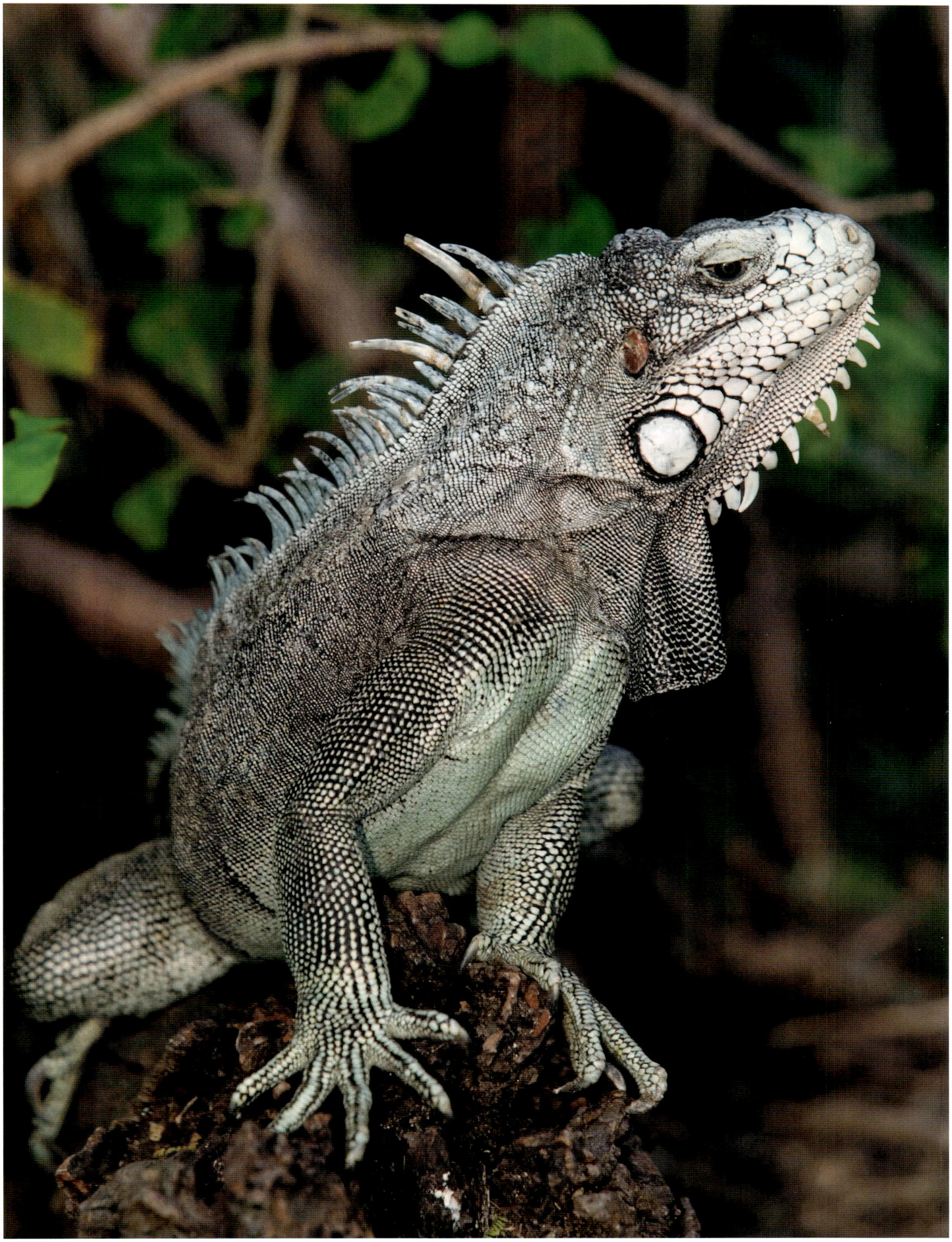

Die Kaiseramazone ist der Nationalvogel von Dominica.

DOMINICA

❽ DOMINICA

Die vom Vulkanismus geprägte drittgrößte Insel der Kleinen Antillen ist schnell erreicht. Segler ankern am besten wie die Kreuzfahrtschiffe im Hafen der Inselhauptstadt Roseau, um ihren Passagieren das Erlebnis der einzigartigen Natur der Insel zu ermöglichen. Einer der letzten unberührten Regenwälder und Erscheinungsformen des Vulkanismus wie heiße Quellen, stark schwefelhaltige Dämpfe und der Boiling Lake lohnen eine Besichtigung. Weiter geht es zum 6800 ha großen Morne Trois Pitons National Park und dann zur Northern Forest Reserve, wo die bedrohten Blaukopf- und Kaiseramazonen leben.

Die vielfältige Flora des Regenwaldes präsentiert sich mit insgesamt über 50 Orchideenarten und den verschiedensten Farnen. Über 300 Wasserfälle und Flüsse werden durch den ständig wehenden Nordostpassat kontinuierlich mit Niederschlägen gespeist. Die Insel ist relativ gering erschlossen.

DOMINICA: NATIONALPARK MORNE TROIS PITON

Zu Füßen des gleichnamigen Vulkans (1342 m) erstreckt sich das Schutzgebiet, das in einem artenreichen Tropenwald zahlreiche Merkmale des Vulkanismus aufweist. Der Nationalpark, der 1975 gegründet wurde, bietet mit seinen weiten Regenwaldgebieten zahlreichen Arten einen Lebensraum. Von atemberaubender Schönheit sind die unterschiedlichen vulkanischen Phänomene in der Nähe des noch aktiven Vulkans Morne Trois Pitons. So befinden sich zwischen schroffen Felsen und dicht bewachsenen Schluchten etwa 50 Fumarolen, heiße Quellen und fünf noch aktive Vulkankrater. In einem kochenden See blubbert heißer Schlamm. Und auch der Emerald Pool (»Smaragdteich«) verdankt seine außergewöhnliche Färbung ebenfalls den im Inneren der Erde wirkenden Kräften.

Bild rechts: Die üppige Vegetation der Regenwälder.

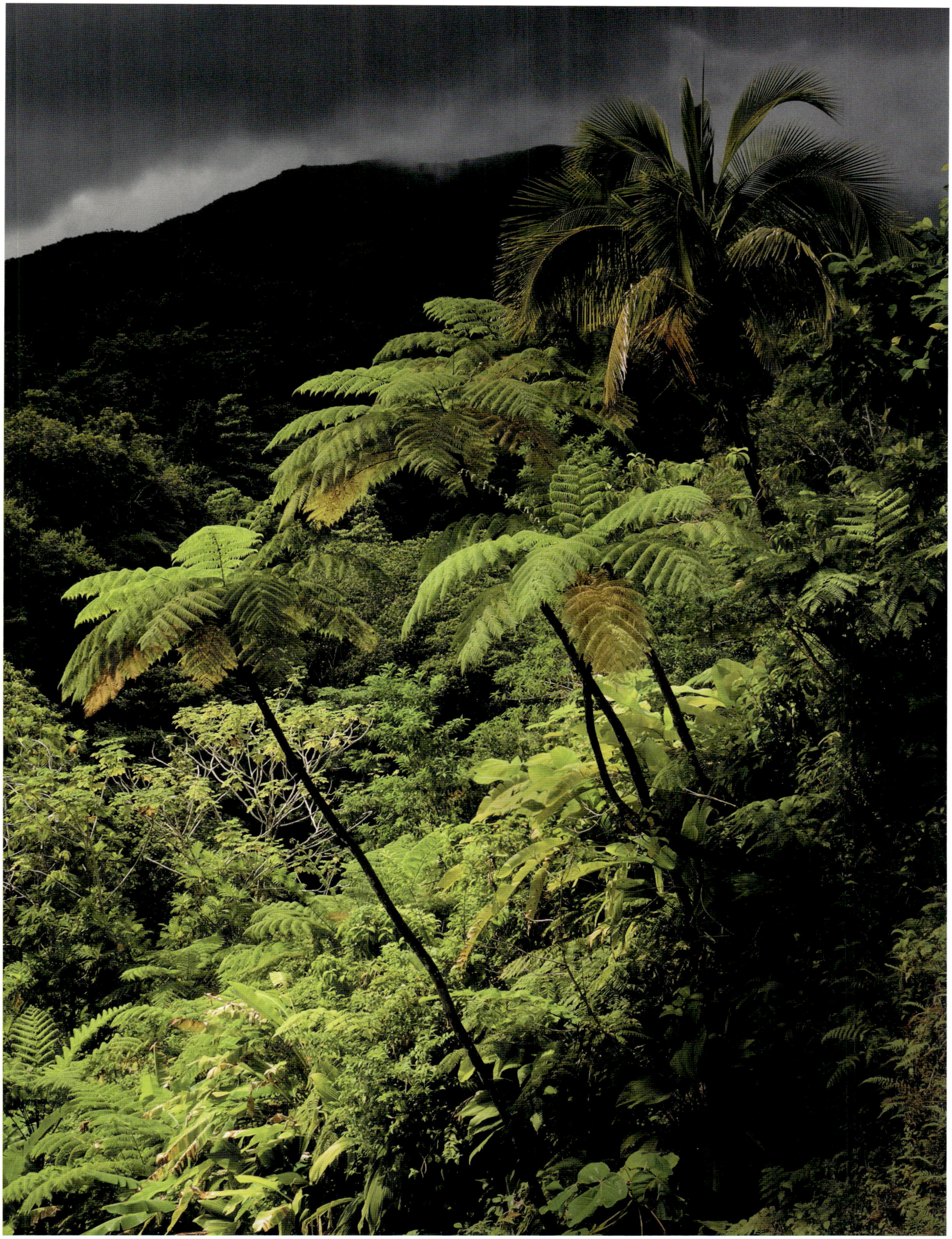

MARTINIQUE

❾ MARTINIQUE

Die zweite Insel der französischen Antillen lockt mit einer zauberhaften tropischen Kulisse, kreolischer Lebensfreude der Menschen und dem gewissen Etwas der französischen Lebensart. Beim Ausbruch des Mont Pelée am 8. Mai 1902 starben 30 000 Einwohner der damaligen Inselhauptstadt St.-Pierre. Heute ist Fort-de-France die lebendige Inselhauptstadt. Beim Bummel durch die Straßen sieht man bunte Häuser mit ihren verzierten schwarzen, schmiedeeisernen Gittern. Ein kleiner Ausflug über die Insel führt durch die Hauptstadtvororte, vorbei an der Kirche Sacré-Cœur, die einen schönen Blick über die Stadt und die Bucht bietet, weiter zum vulkanischen Bergland und nach St.-Pierre. Das einstige Paris der Antillen ist heute nur mehr Touristenziel. Der Touristenzug »Cyparis-Express« führt zu den wichtigsten Stellen. Bevor die Reise weitergeht, lädt das kleine Musée Vulcanologique zu einem Besuch. In Anse Turin, wo der Maler Paul Gauguin für einige Monate zu Gast war, folgt einer Besichtigung des Musée Gauguin ein Besuch des besten Strandes der Insel, Grande Anse des Salines.

Die Elfen unter den Vögeln: der Kolibri.

ST. LUCIA

ST. LUCIA

»Die schöne Helena der Westindies« wird St. Lucia von Engländern und Franzosen liebevoll genannt. Von beiden Nationen wurde die Geschichte der Insel auch wesentlich beeinflusst, über vierzehnmal wechselte die Insel zwischen den Einflussbereichen, bis im Pariser Frieden von 1815 die Insel Großbritannien zugeteilt wurde. Seit 1979 ist St. Lucia unabhängig, blieb aber Mitglied des Commonwealth. Knallrote englische Telefonhäuschen einerseits, aber immer wieder französische Ortsnamen, die Sprache Créole, die auch auf Martinique gesprochen wird, und natürlich die kreolische Küche sowie französisch beeinflusste Architekturelemente spiegeln die Historie wider.

Schon bei der Anfahrt und vom Hafen aus stehen die beiden markanten Vulkankegel und Wahrzeichen Gros Piton und Petit Piton, umgeben von tropisch grünen Bergwäldern, im Blickpunkt. In der Nähe des Ortes Soufrière lassen sich die Pitons und der Urwald erkunden. Wer einen der schönen Strände aufsuchen will, fährt vom Anleger aus mit dem Taxi in den Nordwesten der Insel zur Choc Bay und zur Rodney Bay.

Nicht nur die Frucht, auch die Blüte der Bananenpflanze begeistert.

Bild oben: Fast surreal wirken die Gipfelkegel der Pitons am Ende der Bergwälder.

BARBADOS

⓫ BARBADOS

Etwas abseits der großen Entdeckerrouten gelegen, ist Barbados die östlichste der karibischen Inseln und mit rund 4500 km Entfernung dem afrikanischen Kontinent am nächsten gelegen. Es war ein Portugiese, Kapitän Pedro a Campos auf dem Weg nach Brasilien, der in einen Sturm geriet und im Jahr 1536 auf Barbados strandete. Die relativ flache und karge Insel – gut drei Viertel der Fläche werden von einem Plateau aus Korallenkalk eingenommen – war für die Portugiesen nicht interessant, sodass sie weiterzogen und die Insel fortan (1625) von den Engländern übernommen wurde.

1966 wurde Barbados unabhängig, wobei aber noch vieles an die ehemalige Kolonialmacht erinnert. Die quirlige Inselhauptstadt Bridgetown ist mit rund 98 000 Einwohnern eines der wirtschaftlichen Zentren der Karibik. Das Leben pulsiert rund um die Careenage, einen kleinen Hafen mit Werften, Geschäften, Restaurants, Bars und Cafés. Nur wenige Schritte entfernt befindet sich der National Heroes Square, der bis vor wenigen Jahren noch Trafalgar Square hieß. Hier stehen auch das aus

Bunt illuminiertes Parlamentsgebäude von Bridgetown.

Korallensteinen gebaute Parlamentsgebäude und die Statue für Lord Nelson, der in jungen Jahren auf der Insel stationiert war.

Nach einem Shopping-Bummel über die Board Street sollte eine Inselrundfahrt mit einem Moke, einem offenen jeepähnlichen Gefährt unternommen werden. Vorbei an Zuckerrohrplantagen und kilometerlangen Bananenfeldern sowie durch kleine Dörfer mit bunten Häusern und netten Vorgärten kommt man zur stürmischen Ostküste der Insel. Der Atlantik brandet mit wuchtigen Wellen gegen den Strand, und wagemutige Surfer tanzen gekonnt und elegant auf bis zu 12 m hohen gischtweißen Wellenbergen. Glaubt man den Versprechungen der Tourismusexperten, sind die Strände im Westen und Süden der Insel mit die schönsten der Karibik. Und tatsächlich trifft der Beiname »Garten Eden« hier zu: Traumhafte Sandstrände und eine türkisfarbene bis smaragdgrüne karibische See im Sonnenlicht lassen keine Wünsche offen. Nach einer ausgiebigen Planscherei geht es zurück zum Kai, um die letzte Etappe des Inselhoppings durch das farbenprächtige Reich der Kleinen Antillen anzutreten.

An der Bottom Bay herrscht immer sanfter Wellengang.

Bild oben: Im Südosten der Insel liegt der weitläufige Harrismith Beach.

ST. VINCENT UND DIE GRENADINEN

⓬ ST. VINCENT UND DIE GRENADINEN

Dieses kleine Inselreich mit über 700 Inseln, Korallenatollen, Riffen und flachen Sandbänken ist für Segler ein wahres Paradies: Garant sind stetige und gut beherrschbare Winde, die das Durchkreuzen dieser karibischen Sonneninseln, die allesamt vulkanischen Ursprungs sind, auf einer Distanz von rund 60 Seemeilen bis zur Gewürzinsel Grenada zu einem unvergesslichen Ereignis machen.

Das Leben auf St. Vincent, der größten Insel der Gruppe, steht ganz im Zeichen des Vulkans Soufrière, der letztmalig 1979 ausbrach und die Inselbewohner wie die der Nachbarinseln mit einer gewaltigen Aschewolke bedrohte.

Wer auf den Grenadinen seinen Urlaub verbringen möchte, findet neben tollen Tauchgründen vor allem eine Vielzahl von luxuriösen und mit allem Komfort ausgestatteten Hotels. Zwischen den Inseln bieten sich Exkursionen mit den Inselhopper-Flugzeugen und mit vielen Schiffen, darunter auch eine Postschifflinie, an, sofern man nicht eine Segelyacht gechartert hat.

Palmen spenden Schatten am Strand von Mayreau.

GRENADA

⓭ MUSTIQUE

Die nicht mehr als 12 km² große Grenadineninsel lockt nicht nur mit feinsandigen Traumstränden und dem glasklaren, türkisfarbenen Wasser des Karibischen Meers, sondern mit einer Atmosphäre luxuriöser Abgeschiedenheit.

Seit Lord Glenconner Colin Tennant Mustique 1958 käuflich erwarb und der englischen Prinzessin Margret ein Stück Land zur Hochzeit schenkte, hat es sich nämlich zu einem Refugium für den internationalen Jetset entwickelt. Weltberühmte Stars wie Mick Jagger, David Bowie oder Robbie Williams besitzen auf Mustique Villen, auch Tom Cruise, die Beckhams oder das englische Thronfolgerpaar urlauben hier. Die eleganten Ferienresidenzen, die von der Mustique Company, die im Besitz der Insel ist, angeboten werden, bieten jeden erdenklichen Komfort. The Cotton House, Mustiques einzige Hotelanlage, zählt zu den exklusivsten Urlaubsresorts der Welt. In seiner Nachbarschaft erinnert ein kleines Museum, das in einer ehemaligen Zuckermühle untergebracht ist, an Colin Tennant und die Erschließung der Insel.

⓮ GRENADA

Große Kreuzfahrtschiffe können oft nicht direkt im malerischen Hafen Carenage der Inselhauptstadt St. George's festmachen, sodass viele Gäste ihre ersten Eindrücke der grünen und leicht gebirgigen Insel vom Tenderboot aus gewinnen. Grenada liegt als südlichste der Inseln unter dem Winde nur knappe 150 km vom südamerikanischen Kontinent entfernt. St. George's mit seinen vielen Gässchen, pastellfarbigen Häusern mit roten Ziegeldächern und seiner Mischung aus einer französischen Kolonialkleinstadt aus dem 18. Jh. und britischen Einflüssen mit Beispielen der »Georgian Architecture« gilt zu Recht als eine der schönsten karibischen Städte. Ein Stadtrundgang führt entlang der Young Street zum Nationalmuseum, zum Fort George, der heutigen Polizeiwache, mit einzigartigem Ausblick, weiter zur anglikanischen und zur katholischen Kirche gegenüber vom Obersten Gericht. Mit einer kurzen Taxifahrt geht es steil bergauf zum Government House, zum verfallenen Fort Matthew und zum Fort Frederick. Bei einem letzten Badestopp am weißen Sandstrand klingt diese Schiffsreise hier aus.

Bild oben: Zwischen den Grenadineninseln Petit Bateau und Petit Rameau führen kleine Durchfahrten.

HOT SPOTS

Das Angebot an Hotels auf den Inseln der Kleinen Antillen hält für jeden etwas bereit – für den, der die Ruhe sucht, ebenso wie für den Sportler, der sich im Urlaub auspowern möchte, für den Liebhaber alter Häuser aus der Kolonialzeit genauso wie für denjenigen, der auf topmodernes Ambiente steht. Und die Restaurants bieten häufig eine interessante Mischung aus internationaler Küche und einheimischen Spezialitäten.

CANEEL BAY

In diesem Resort, das innerhalb des Virgin Islands National Park auf St. John, einer der amerikanischen Jungferninseln, liegt, bemüht man sich, die Hektik der modernen Zeit außen vor zu lassen. Ganz bewusst gibt es in den mit handgearbeiteten Möbeln und Textilien von bester Qualität ausgestatteten Gästezimmern keinen Fernsehapparat und kein Telefon. Die reiche Auswahl an sieben herrlichen Stränden sorgt dafür, dass keine Langeweile aufkommt. Turtle Town bietet von Montag bis Samstag Betreuung von Kindern im Alter von drei bis zwölf Jahren, denen ein abwechslungsreiches Programm geboten wird.

P. O. Box 720, St. John, USVI | Tel. +1 340 776 6111 |
E-Mail: caneel@rosewoodhotels.com | www.rosewoodhotels.com/en/caneelbay

BITTER END YACHT CLUB

Segeln wird ganz groß geschrieben, in diesem Resort auf der Insel Virgin Gorda. Erfahrene Segler werden hier ebenso ihren Spaß haben wie Anfänger, die an einem Segelkurs teilnehmen. Auch für Kinder werden Kurse angeboten. Daneben gibt es noch weitere Wassersportmöglichkeiten wie Tauchen, Schnorcheln, Angeln, Surfen – und natürlich Schwimmen, denn schließlich liegt das traumhaft schöne Meer direkt vor der Tür der Beach Front Cottages.

P. O. Box 46, Virgin Gorda, BVI | Tel. +1 284 494 2746 |
E-Mail: binfo@beyc.com | www.beyc.com

CAP JULUCA

Ein Markenzeichen dieses Top-Hotels auf der Insel Anguilla ist, dass alle Zimmer den Blick aufs Meer bieten. Außerdem gibt es 18 Villen am Strand, von denen es nur ein paar Schritte durch den weißen Sand ins lockende Wasser des karibischen Meers sind. Das Sportangebot des Cap Juluca ist umfangreich: Windsurfen, Segeln, Wasserski, Kajakfahren, Schnorcheln, Tauchen, Tennis, Radfahren, Yoga- und Pilates-Kurse, dazu ein gut ausgestattetes Fitnessstudio. Dass es mehrere Restaurants und ein Spa gibt, versteht sich von selbst.

Maundays Bay, AI-2640, Anguilla, British West Indies | Tel. 1264-497-6666 |
www.capjuluca.com

MONTPELIER PLANTATION & BEACH

Die Plantage auf der Insel Nevis, auf deren Ruinen das Top-Hotel entstand, war einst Schauplatz der Hochzeit des berühmten britischen Generals Horatio Nelson. Und auch heute bietet das Hotel noch spezi-

Die Architektur des Cap Juluca zeigt arabische Einflüsse.

Eine Massage am schneeweißen Strand des Cap Juluca.

Romantisches Abendessen am Strand des Caneel Bay.

HOT SPOTS

Der Landungssteg des Jumby Bay.

Exklusiver Platz mit Traumblick im Jumby Bay Resort.

elle romantische Arrangements für Gäste, die hier den Bund fürs Leben schließen wollen. Doch auch für das Wohl all jener, die nur einen »normalen« Urlaub am Ort verbringen wollen, ist gesorgt. Ein herrlicher Privatstrand, 15 Minuten vom Hotel gelegen, ist mit einem Shuttle-Service zu erreichen. Inmitten tropischer Gärten bedient das Spa seine Besucher.

P. O. Box 474, Nevis, West Indies | Tel. +1 869 469 3462 |
E-Mail: info@montpeliernevis.com | www.montpeliernevis.com

FOUR SEASONS RESORT
Vermutlich würde man den preisgekrönten Spa-Bereich mit seinen Wohlfühlanwendungen nie verlassen wollen, böte das Four Seasons Resort nicht noch so viele Annehmlichkeiten mehr: Die fantastische Lage direkt am Strand auf Nevis Island, die man in seinem eigenen Beach Cottage genießen kann, den grandiosen Golfplatz mit Aussicht auf die Nachbarinsel St. Kitts oder auch die zahlreichen Pools der Anlage – hier fehlt nichts, was das Urlauberherz begehrt. Vier unterschiedliche Restaurants ergänzen die Anlage. Von der Terrasse des Mango Restaurants lassen sich herrliche Sonnenuntergänge bewundern.

Der großzügige Pool des Four Seasons Resort auf Nevis.

entsprechenden Ausgleich. Drei Restaurants versorgen die Gäste mit karibischen Köstlichkeiten.

P. O. Box 565, Pinney's Beach, Charlestown, Nevis, West Indies |
Tel. +1 869 469 1112 | www.fourseasons.com/nevis

P. O. Box 243, St. John's, Antigua, West Indies | Tel. +1 268 462 6000 |
E-Mail: jumbybay@rosewoodhotels.com | www.rosewoodhotels.com/en/jumbybay

JUMBY BAY
Das Jumby Bay Resort liegt auf einer privaten Insel bei der Antilleninsel Antigua. Alle Suiten und Zimmer bieten den Blick aufs Wasser, sei es auf den Pool oder direkt aufs Meer. Neben herrlichen Stränden und zwei Pools lässt es sich im großartigen Spa wunderbar entspannen: Kombinationen aus Massagen, Behandlungen mit Kokosbutter, Reflexzonenmassagen, gesunde Tees und herrliche Stille, nur durchbrochen vom friedlichen Rauschen der karibischen Wellen. Und es gibt sogar spezielle Angebote für Paare. Wer sich nach so viel Entspannung austoben möchte: Wassersport, Tennis oder ein Fitnesscenter bieten den

THE TAMARIND TREE
Das Restaurant im Resort Curtain Bluff auf Antigua serviert allabendlich ein Fünf-Gänge-Menü, dazu gibt es Livemusik. Doch es ist die Weinkarte, die The Tamarind Tree auszeichnet. Mehr als 20 verschiedene Champagner stehen zur Auswahl, darunter Produkte aller Spitzenhäuser. Faszinierend ist das Angebot an großen Weinen; so finden sich allein von Château Mouton Rothschild drei Jahrgänge auf der Weinkarte.

Curtain Bluff Resort, P. O. Box 288, Old Road, Antigua, West Indies |
Tel. +1 268 462 8400 | www.curtainbluff.com

HOT SPOTS

LA BELLE EPOQUE
Französische Küche vom Feinsten in einem rund hundert Jahre alten typischen Haus der Kolonialzeit – welch ein traumhaftes Karibikerlebnis! Egal, ob man drinnen im Speisesaal oder draußen auf dem Patio sein Essen einnimmt, die Tische sind mit Damasttischdecken, edlem Porzellan und Kristallgläsern gedeckt. Foie gras, Tapenade oder Tarte Tatin erinnern daran, dass Martinique ein französisches Département d'outre mer ist. Doch daneben finden auch Früchte und karibische Spezialitäten ihren Weg auf die Speisekarte. Dass nur beste französische Weine und Champagner serviert werden, muss sicher nicht eigens erwähnt werden.

97, Route de Didier, 97200 Fort-de-France, FWI, Martinique | Tel. +596 64 41 19 |
E-Mail: martine_diacono@yahoo.fr

THE DISCOVERY AT MARIGOT BAY
Das 5-Sterne-Hotel liegt auf der Insel St. Lucia in einer Bucht, die der amerikanische Schriftsteller James Michener als »schönste Bucht der Karibik« bezeichnete. Das 2006 eröffnete, umweltfreundliche Hotel bietet seinen Gästen Annehmlichkeiten aller Art. Die drei Restaurants und drei Bars servieren von klassischer französischer Küche bis hin zum Imbiss eine große Auswahl. Der Wellnessbereich lässt kaum Wünsche offen; wer Ruhe sucht, kann sich sogar in den Zen-Garten zurückziehen. Gäste mit eigener Yacht erwartet ein wohlbekannter Yachthafen.

P. O. Box MG 7227, Marigot, St. Lucia, West Indies | Tel. +1 758 458 5300 |
E-Mail: resa@discoverystlucia.com | www.discoverystlucia.com

JADE MOUNTAIN RESORT
Dem Architekten und Besitzer des Resorts, Nick Troubetzkoy, war es ein Anliegen, alle Bauten harmonisch in die Natur einzupassen. Neben Suiten gibt es die Infinity Pool Sanctuaries. Jedes besitzt neben hohen Räumen einen eigenen Infinity Pool, der einen unverstellten Blick bietet und nicht zu enden scheint. Wer nicht nur am eigenen Pool liegen möchte, kann zum Strand gehen, schnorcheln oder tauchen, Kajak fahren oder segeln, Tennis spielen, wandern oder Rad fahren. Ein Spa lockt mit Massagen, Wohlfühlbehandlungen und Yogakursen. Der Jade Mountain Club ist Gästen des Resorts vorbehalten, die dort direkt an einem großen Infinity Pool Gourmetküche vom Feinsten genießen können.

P. O. Box 4000, Soufriere, St. Lucia, West Indies | Tel. +1 758 459 4000 |
E-Mail: jademountain@ansechastenet.com | www.jademountain.com

LADERA
Das Ladera Resort entstand auf dem Gelände einer der ältesten und berühmtesten Kakaoplantagen der Insel St. Lucia. Alle Zimmer sind mit antiken Möbeln aus dem 19. Jahrhundert ausgestattet – doch die Aufmerksamkeit wird von der offenen vierten Wand beansprucht, die einen fantastischen Blick auf das Meer und Teile der Insel bietet. Ein Abend im Restaurant Dasheene mit Sonnenuntergang über dem Karibischen Meer ist ein unvergessliches Erlebnis. Und natürlich darf auch ein ausgedehnter Spa-Bereich mit Gärten nicht fehlen.

Rabot Estate, Soufrière, St. Lucia, West Indies | Tel. +1 758 459 6618 |
E-Mail: reservations@ladera.com | www.ladera.com

ROYAL WESTMORELAND GOLF & COUNTRY CLUB
Dieser Golfplatz, der Barbados erst auf der Landkarte der Golfliebhaber auftauchen ließ, gilt nicht nur als einer der schönsten Plätze der Welt, sondern auch als bester Platz des berühmten Gestalters von Golfplätzen, Robert Trent Jones jr. Ausgezeichnet hat er das Gelände genutzt, über das häufig die Passatwinde streichen. Gut gelungen ist auch das Clubhaus, das hervorragend in seine Umgebung eingepasst ist.

St. James, Barbados | Tel. +1 246 422 4653 |
www.royalwestmoreland.com/golf/golf.html

Die Gebäude des Discovery in der Marigot Bay umgibt tropische Vegetation.

Einzigartige Ausblicke auf grünen Tropenwald gewährt das Ladera Resort.

HOT SPOTS

Die Suiten des Jade Mountain mit ihren eigenen Pools ermöglichen einen spektakulären Ausblick auf die Pitons, die Charakterberge von St. Lucia.

Die exklusive Anlage des Cotton House bietet den Gästen absolute Ruhe.

SANDY LANE

Wo regelmäßig königliche Gäste und der internationale Jetset eintreffen, muss schon ein besonders reizvolles Fleckchen Erde sein. Ganz in die üppige Flora der Insel Barbados eingebunden, wartet das Sandy Lane als Oase der Ruhe und romantischer Rückzugsort auf. Mit drei Golfplätzen in malerischer Umgebung – einer davon in einem eigens dafür umgestalteten Steinbruch – kommen auch Golfurlauber auf ihre Kosten. Auch Hochzeiten können hier natürlich im stilvollen Ambiente gefeiert werden.

Sandy Lane, St. James, Barbados, West Indies | Tel. +1 246 444 2000 |
www.sandylane.com

COTTON HOUSE

In 17 Zimmern und Suiten werden die Besucher des Cotton House verwöhnt. Mehrere Restaurants sorgen für das leibliche Wohl der Gäste, doch ein besonderes Erlebnis kann es auch sein, einen der Picknickkörbe voller Köstlichkeiten, die das Hotel gern für Sie zusammenstellt, mit zu einem der Strände zu nehmen und die Natur zu genießen. Sportlichen Besuchern steht ein breites Angebot offen: Wassersport, Reiten, Tennis etc.

Mustique, St. Vincent & The Grenadines | Tel. +1 784 456 4777 |
E-Mail: reservations@cottonhouse.net | www.cottonhouse.net

FIREFLY

Das Firefly verfügt nur über fünf Gästezimmer, von denen jedes individuell im karibischen Stil ausgestattet ist. Zwei Süßwasserpools, die von Wasserfällen gespeist werden, bieten den Gästen Erfrischung. Edle Pferde warten im Stall darauf, am Strand ausgeritten zu werden. Dass Wassersport aller Art möglich ist, versteht sich von selbst. Die Bar des Firefly ist sehr beliebt und häufig werden Prominente dort gesichtet, da Mustique ein bekannter Rückzugsort für die VIPs der Welt ist.

Mustique Island, St. Vincent & The Grenadines | Tel. +1 784 488 8414 |
E-Mail: info@fireflymustique.com | www.fireflymustique.com

BASIL'S BAR

Eine Legende der Karibik ist Basil's Bar am Strand von Mustique. Basil Charles, der hier sein Reich hat, gilt als bekanntester Bewohner der Insel. Die Bar steht auf Stelzen über dem Wasser und ist der ideale Platz, um mit einem Cocktail in der Hand einen der traumhaften Sonnenuntergänge über der Karibik zu betrachten. Obwohl auch hier regelmäßig Prominente feiern, ist in der Bar nicht viel Luxus zu finden. Vielmehr versucht Basil, seine Location so authentisch wie möglich zu gestalten. Häufig wird hier auch Livemusik geboten, im Frühjahr findet dazu ein Blues-Festival statt.

Mustique, St. Vincent & The Grenadines | Tel. +1 784 456 4777 |
www.basilsbar.com

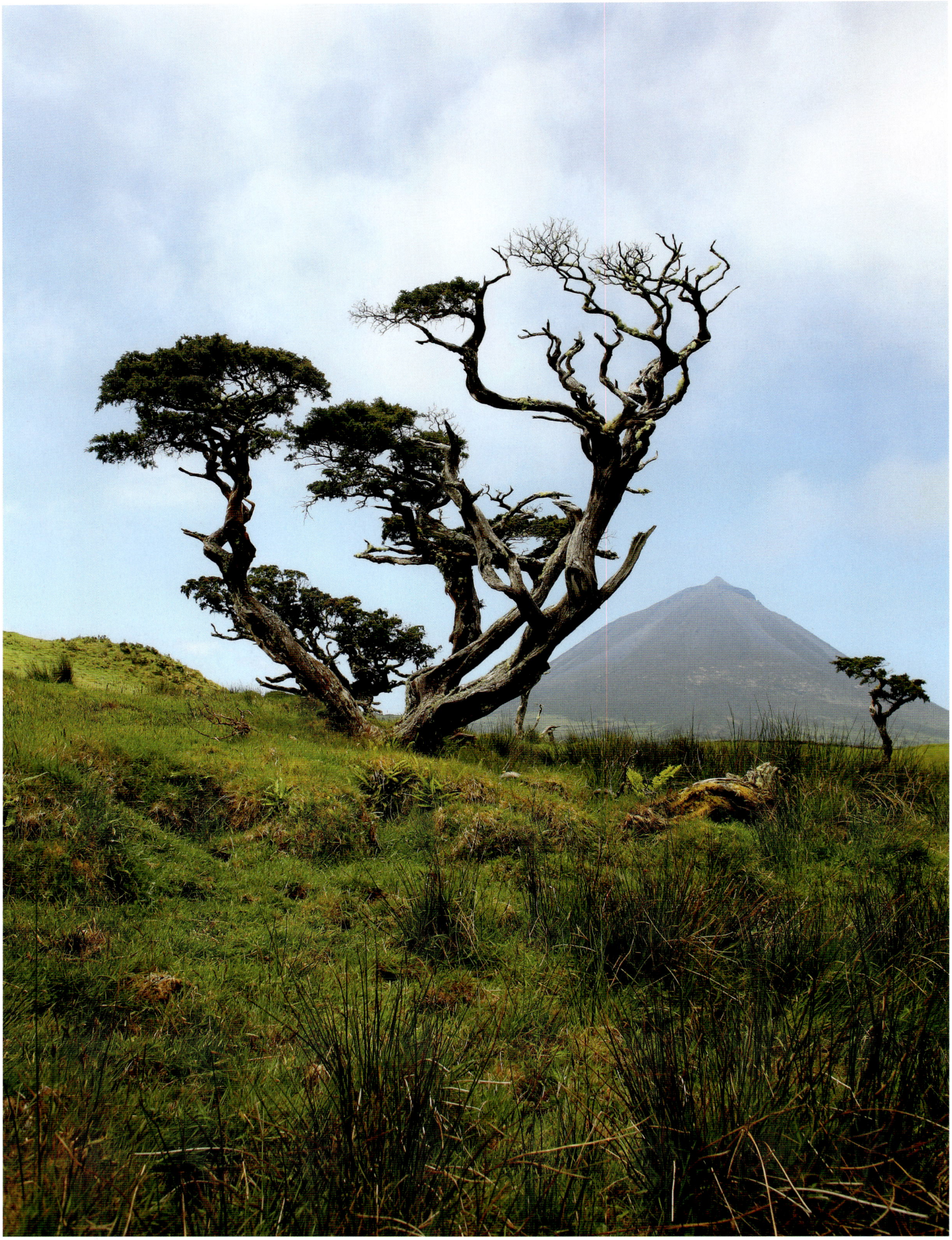

AZOREN

Grüne Vulkaninseln mitten in den Weiten des Atlantiks

Gut 1500 km westlich von Portugals Hauptstadt Lissabon entfernt, aber auch 3600 km östlich von Nordamerika, liegt weit abgelegen vom europäischen Festland, mitten im Atlantik, die wilde und urwüchsige Inselgruppe der Azoren. Insgesamt sind neun bewohnte Inseln und einige unbewohnte Eilande über 650 km verstreut. Lokale Fluglinien und vor allem Fährdienste verbinden die Inseln miteinander.

Von Westen nach Osten locken Flores, Corvo, Faial, Pico, São Jorge, Graciosa, Terceira, São Miguel und Santa Maria mit einer facettenreichen Landschaft zunehmend Naturfreunde und Wanderer, aber auch Segler und Wassersportler an. Ruhe und Stille in der Natur sowie die überaus gastfreundlichen Inselbewohner sind Garanten für eine erlebnisreiche Reise.

Als das kleine Land Portugal am äußersten Rand Europas im 16. Jh. zu einer der mächtigsten Seefahrernationen der Erde aufstieg, wurden die Azoren, die bereits im Jahre 1427 von dem Seefahrer Diogo de Silves für die portugiesische Krone in Besitz genommen worden waren, zu einer Zwischenstation auf dem Weg zu den portugiesischen Kolonien in Südamerika ausgebaut.

Auch heute noch gehören die Azoren politisch zu Portugal. Ähnlich Madeira haben sie nach der »Nelkenrevolution« den Status einer autonomen Region erhalten. Das Inselparlament verfügt über eine eingeschränkte Finanz- und Verwaltungshoheit. Während des Zweiten Weltkrieges verhielt sich Portugal weitgehend neutral, gewährte aber den Alliierten auf den Azoren die Einrichtung von strategisch wichtigen Militärstützpunkten, die für lange Zeit eine nicht unerhebliche wirtschaftliche Bedeutung für die Inselbewohner hatten. Portugals Beitritt zur Europäischen Gemeinschaft (heute Europäische Union) im Jahr 1986 brachte auch erste wirtschaftliche Impulse für die Azoren, die vor allem von der Landwirtschaft geprägt sind. Wo immer man unterwegs ist, wird man auf Herden von Milchvieh treffen. In bescheidenem Umfang spielt auch nach wie vor der Lachsfang der örtlichen Fischer eine Rolle. Wichtige Impulse für die Zukunft der Inselbewohner gehen aber vom stetigen Aufwärtstrend des Tourismus aus.

Die Inseln sind alle vulkanischen Ursprungs, durchweg sehr gebirgig und fast immer begrünt. Eingesprenkelte, bunte Farbtupfer liefern Hortensien, die vom zarten Weiß bis zu einem kräftigen Blau das Landschaftsbild an vielen Stellen dominieren. Die Azoreaner leben mit den Gefahren des Vulkanismus und der Erdbeben, stellen die Inseln doch nur die Spitzen von mächtigen Vulkanbergen dar, die auf dem Mittelatlantischen Rücken liegen. Hier treffen drei tektonisch aktive Platten, die nordamerikanische, die eurasische und die afrikanische, zusammen. Während sich die Platten aufeinanderzubewegen, treten gewaltige Reibungskräfte auf, sodass die Erdkruste aufbrechen kann und Magma austritt. Dieser Prozess begann vor gut 25 Millionen Jahren in 4000 m Tiefe auf dem Atlantikboden. Das Magmamaterial türmte sich im Lauf der Zeit bei immer neuen Ausbrüchen auf und vor etwa 14 Millionen Jahren erhob sich schließlich Santa Maria als erste Azoreninsel.

Der Wasserfall Poco da Bacalhau speist den gleichnamigen See auf Flores.

Bild links: Der 2351 m hohe Vulkan Ponta do Pico auf der Insel Pico ist der höchste Berg Portugals.

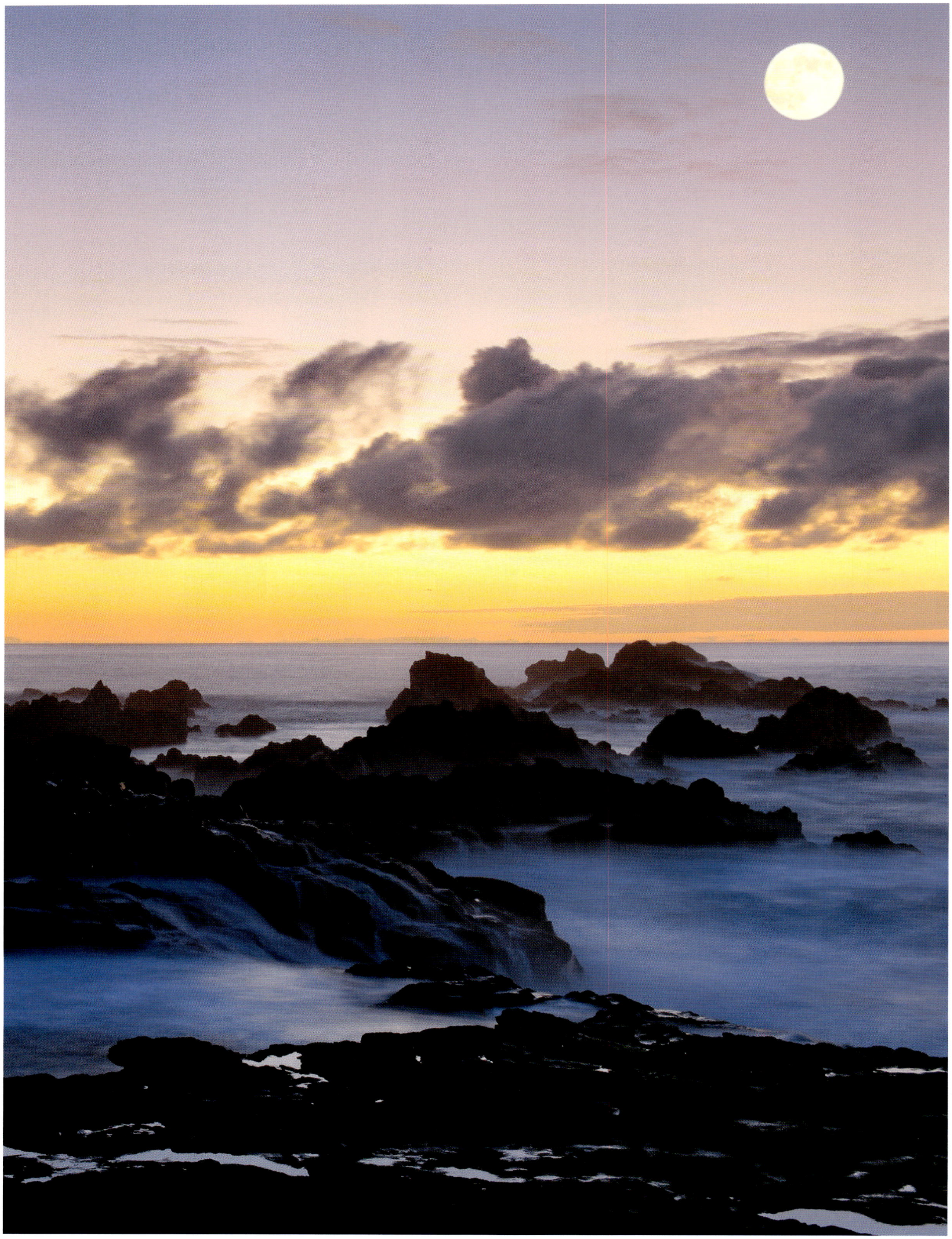

REISEROUTE

Vor langer Zeit schufen gewaltige Kräfte des Erdinneren die Azoren, die von einem üppigen Pflanzenteppich überzogen sind. Wer die Inseln entdecken will, sollte das Flugzeug zum Inselhüpfen nutzen. Vor Ort sind Mietwagen für Rundfahrten geeigneter als die regionalen Buslinien, die sich eher an den Bedürfnissen und Gewohnheiten der Einheimischen orientieren.

ROUTENLÄNGE: ca. 850 km Seeweg
ZEITBEDARF: mind. 14-20 Tage
START UND ZIEL: Ponta Delgada (São Miguel)
ROUTENVERLAUF: São Miguel, Santa Maria, Pico, Faìal, São Jorge, Terceira, Graciosa, Corvo, Flores

UNTERWEGS AUF DEN AZOREN:
Zwischen den Inseln verkehren in den Sommermonaten je nach Wetter Fähren. Zuverlässiger aber ist das Flugzeug. Alle neun bewohnten Inseln haben Flughäfen, die je nach Bedeutung von SATA Air Acores fast täglich angeflogen werden. Man sollte die Flüge reservieren bzw. rechtzeitig buchen: www.sata.pt

AUSKÜNFTE:
Portugiesisches Fremdenverkehrsamt
Zimmerstr. 56
10117 Berlin
Tel. (030) 25 41 06 0
www.visitazoren.com
edt.berlin@turismodeportugal.pt

Wie UFOs unter Wasser: Ein Taucherlebnis der besonderen Art bieten Ausflüge mit Mantarochen.

Bild links: So malerisch geht die Sonne auf der Insel São Miguel unter.

SÃO MIGUEL

❶ SÃO MIGUEL

Die Ostgruppe der Azoren hat mit São Miguel, auch »ilha verde« (grüne Insel) genannt, die größte und bevölkerungsreichste der neun bewohnten Inseln des Archipels. Die meisten Touristen steuern genauso wie zahlreiche Kreuzfahrtschiffe Ponta Delgada als erstes Azorenziel an.

❷ PONTA DELGADA

Heute ist Ponta Delgada die größte und wirtschaftlich bedeutendste Stadt der Azoren. Doch das war nicht immer so. Seit der Besiedlung der Inseln stand Ponta Delgada im Schatten von Angra do Heroísmo auf Terceira, das bereits 1534 Stadtrechte erhielt und von Papst Paul III. zum Bischofssitz erklärt wurde. Erst mit dem Aufkommen der Dampfschifffahrt und nach dem verheerenden Erdbeben am Neujahrstag 1980, das weite Teile Angras in ein Ruinenfeld verwandelte, überholte Ponta Delgada ihre erfolgreiche Schwesterstadt an Bedeutung. Die Häuser an der schönen Uferpromenade oder auch die Bauten, die sich links und rechts der kunstvoll in Schwarz und Weiß gepflasterten Straßen und Gassen erheben, zeigen in ihrem typisch azoreanischen barocken Baustil den Wohlstand der Stadt. Eine Augenweide ist der Kontrast zwischen den strahlend weiß getünchten Kalkfassaden und den Einfassungen der Fenster und Türen sowie Hauskanten aus schwarzem Lavagestein. Sehenswert sind der zentrale Platz Gonçalo Velho Cabral mit einem dreibogigen Stadttor, die Kirchen und Klöster sowie das Museo Carlos Macado, das im ehemaligen Kloster Santo André untergebracht ist. Zahlreiche Exponate zeigen das Leben der Azoreaner und die Bedeutung der Landwirtschaft und Fischerei.

Die Igreja da Nossa Senhora da Esperança wurde im 16. Jh. erbaut. Die Wände sind mit schönen Kachelbildern reich geschmückt. Die dargestellten Szenen zeigen Stationen aus dem Leben der heiligen Teresa da Anunciada, die den Kult um eine Christusstatue mit einer edel verzierten, roten Robe begründet hat. Jeweils am fünften Sonntag nach Ostern steht diese Statue im Mittelpunkt des Festes von Santo Cristo dos Milagres. Der Platz, die Bäume, die Laternen und die Kirche werden mit bunten Lampions geschmückt, die Straßenpflaster sind von einem Blumenmeer überdeckt. Dazu spielen Kapellen und die ganze Stadt feiert ausgelassen.

❸ SETE CIDADES

Verschiedene kleinere Straßen führen kurvenreich nach Sete Cidades und zum 550 m hohen Aussichtspunkt Vista do Rei, der seinen Namen nach einem Besuch des spanischen Königs im Jahr 1901 erhalten hat. Oben angelangt, eröffnet sich ein atemberaubender Ausblick auf die Caldeira das Sete Cidades, die mit 12 km Durchmesser der größte Krater der Azoren ist. Der Kraterrand, der an manchen Stellen spektakulär 300 m steil abfällt, ist von üppiger Vegetation überzogen, wobei schier unendlich viele Hortensien paradiesische Landschaftsbilder zaubern. Unten im Krater liegen drei tief dunkelgrüne Seen und das beschauliche Dorf Sete Cidades. Im Anschluss geht es zurück auf die kurvenreiche Inselstraße und über Capelas weiter nach Ribeira Grande.

❹ RIBEIRA GRANDE

Der Hauptort der Nordküste São Miguels bietet ein interessantes Stadtmuseum, das in der Casa Cultura untergebracht ist und das Handwerk der Insulaner sowie schöne Kacheln der örtlichen Estrelas-Kirche zeigt. Die romantischen Gassen, durch die lautstark Mopeds knattern, zeugen noch von der Zeit, als eine Wollmanufaktur den Einwohnern bescheidenen Wohlstand bescherte. Beschaulicher ist die Atmosphäre auf dem Platz vor dem Rathaus, wo im Schatten der Bäume die Einheimischen ein Schwätzchen halten. Kaum wiederzuerkennen ist Ribeira Grande, wenn die Reiterspiele des Heiligen Petrus mit einem großen Fest ausgetragen werden. Auf der gut ausgebauten Straße EN 3-1a geht es zurück nach Ponta Delgada. Ein kurzer Abstecher führt vorbei an zwei geothermischen Werken, in denen die vulkanische Energie der Erdwärme dieser tektonisch aktiven Region zur Elektrizitätsgewinnung genutzt wird. Ziel ist ein toller Aussichtspunkt an dem rund 3 km langen und malerisch gelegenen Lagoa do Fogo, der sich im Anschluss an einen Ausbruch des Pico da Sapateira im Jahr 1563 zu seiner heutigen Form bildete.

❺ FURNAS

Bevor São Miguel in Richtung Pico verlassen wird, bietet sich ein Ausflug auf der EN 1-1 über Lagoa, Vila Franco do Campo in das Tal Furnas mit dem gleichnamigen Ort an. Furnas lockt seit dem 18. Jh. mit seinen heißen Thermalquellen Rheumakranke an. Ein reicher amerikanischer Kaufmann, Thomas Hickling, legte zudem den Terra-Nostra-Park an, der im Zusammenspiel von prächtigen Pflanzen, seltenen Bäumen und einem Thermalbadeteich sehr sehenswert ist. Wenige Kilometer weiter brodelt und dampft es mächtig am Lagoa das Furnas. Überall liegt der Schwefelgeruch in der Luft, aus Geysiren steigt Dunst auf. In Erdlöchern wird eine regionale Spezialität zubereitet: der »Cozido das Furnas«. In dicht abgeschlossenen Töpfen gart ein Eintopf aus Fleisch und Gemüse mehrere Stunden.

Das historische Stadttor bildet den Eingang zu Ponta Delgada.

Das größte Inselspektakel: die Prozession zum Heiligen Geist in Ponta Delgada.

Bild rechts: Die fantastische Kulisse der Mosteiros Beach in Ponta Delgada

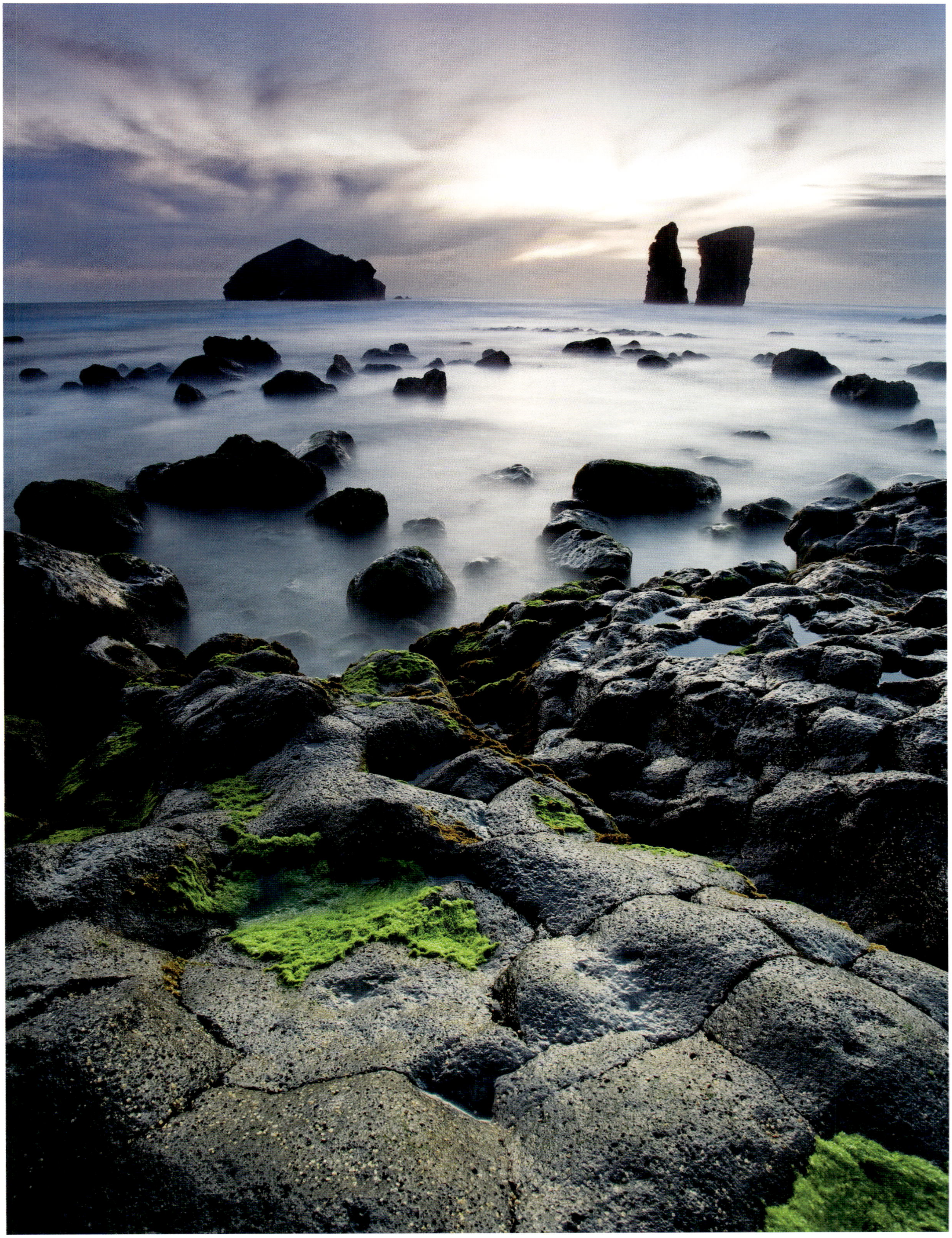

PICO

● PICO

Rund 250 km westlich von São Miguel liegt die zweitgrößte Insel des Archipels. Die Insel wird auch gerne als »Ilha Montanha« (Berginsel) bezeichnet, dominiert doch der mächtige Vulkankegel des Pico die Landschaft. Mit 2351 m Höhe über dem Meeresspiegel ist der Pico höchster Berg Portugals und ein Vulkan, dessen Entstehung vor gut 250 000 Jahren abgeschlossen war. Letzte starke Ausbrüche hatten den Vulkan auf diese Höhe anwachsen lassen. Die Picarenses haben sich über die Jahre mit ihrem Feuerberg arrangiert, ist er doch furchtbar und fruchtbar zugleich. Mineralhaltige Vulkanböden und die wärmespeichernde Lava sind hervorragende Voraussetzungen für den Weinanbau. Die sanften Vulkanhänge sind mit einem Meer von kleineren Vulkankegeln übersät. Im Osten erstreckt sich ein Hochland mit Kraterseen, Schluchten und einer wunderbaren Vegetation mit uralten Wäldern. Ein recht anstrengender, circa vier- bis sechsstündiger, aber aufgrund des Naturerlebnisses lohnender Aufstieg zum Pico sollte nach Möglichkeit mit einem regionalen Führer unternommen werden.

Gestartet wird in rund 1200 m Höhe, dem letzten mit dem Auto erreichbaren Punkt. Im Anschluss geht es durch die bewaldete Bergregion, danach kommen niedrige Büsche, schließlich Moose und Flechten, bevor die Gipfelregion dann vollkommen vegetationsfrei ist. Nach einem knapp 5 km langen Anstieg ist der Kraterrand erreicht. Am Nordrand erhebt sich der nochmals rund 70 m höhere Piquinho, der höchste Punkt. Die Mühe hat sich gelohnt. Der Panoramablick auf die Nachbarinseln der Mittelgruppe und den unendlichen Atlantik ist überwältigend. Lange Zeiten war der Walfang für die Inselbewohner die wichtigste Einkommensmöglichkeit. Amerikanische Walfänger hatten im 19. Jh. Azoreaner für ihre Walfangflotten angeheuert, die sich bei der harten, aber viel Geschick erfordernden Arbeit schnell bewährten. Schon bald machten sich die einheimischen Walfänger unabhängig und gingen im küstennahen Bereich auf die Jagd. Seit dem Verbot des Walfanges in den 1980er-Jahren bieten einige Walfänger heute in sicheren, wendigen Booten ihre Dienste bei Walbeobachtungen an. In Lajes oder São Mateus weisen Reklameschilder auf Whale-Watching-Angebote hin.

WEINANBAU AUF PICO

Die klimatischen Voraussetzungen und die vulkanischen, mineralreichen Böden lassen auf den Azoren einen guten Wein gedeihen. Die Weine sind kräftig und fruchtig. Sie werden als Qualitätswein oder als rote, manchmal auch weiße Tischweine (vinho de cheiro, übersetzt »Geruchswein«) angeboten. Besonders auf Pico hat der Weinanbau eine lange Tradition. Bereits 1460 brachte ein Geistlicher die ersten Verdelho-Reben aus Madeira mit. In der Folgezeit entwickelte sich der Weinanbau prächtig. Sogar der russische Zar schätzte den Verdelho-Wein. Mitte des 19. Jh. vernichtete die von Handelsschiffen eingeschleppte Reblaus jedoch die Weinernte. Die in der Folge aus Amerika importierte Isabella-Rebe ist die Basis des heutigen Weinbaus.

Bild oben: Die letzte große Eruption des Ponta do Pico fand im Jahr 1720 statt.

FAIAL

❼ FAIAL

Die Besiedlung der Insel begann um 1460. Wenige Jahre später kamen zahlreiche Flamen, eigentlich auf der Suche nach wertvollen Erzen. Die Schönheit der Landschaft und die guten Bedingungen für eine blühende Landwirtschaft ließen die Leute aus Flandern auf der Insel heimisch werden. Der kleine Ort Flamengos im Hinterland von Horta erinnert mit seinem Namen noch an diese Einwanderer.

1876 begann man mit dem Bau des Hafens von Horta, der ein sicherer Ankerplatz für die Schiffe der Entdecker war und auch heute von schnittigen Segelyachten, die den Atlantik überqueren oder auf Weltumrundungstour sind, angelaufen wird. Bei Transatlantikflügen gewann Horta im 20. Jh. als Zwischenstopp für Wasserflugzeuge an Bedeutung. Auch die großen Telegrafengesellschaften nutzten die gute Lage von Faial für ihre interkontinentalen Überseekabelstationen.

Ein Pottwal taucht mit seinem Kalb.

Der moderne Yachthafen ist kosmopolitischer Treffpunkt von Leuten aus aller Welt: Farbenfroh flattern Flaggen und Segel im Wind, von den Crews ist ein internationales Sprachengewirr zu hören. In den Sommermonaten machen bis zu 2000 Yachten in Horta Station. Besonders bunt sind die Kaimauern und die betonierten Wege im Hafen gestaltet, ist es doch ein guter Brauch, dass die Segler kreative Bilder hinterlassen. Wer sich auf dieser Open-Air-Galerie nicht verewigt, könnte bei der Weiterfahrt ein Problem bekommen, heißt es in Seglerkreisen. Die meisten Besucher und Segler zieht es in Peter's Café Sport, wo man seine Post abgeben oder auch erhalten kann. Natürlich gibt es hier auch den ein oder anderen Drink, während man sich über den letzten Törn unterhält oder sogar für einen neuen Segeltrip anheuert.

Bevor die Reise auf die Nachbarinsel São Jorge fortgesetzt wird, lohnt ein Ausflug zum westlichsten Punkt Faials, zur kargen und dunklen Vulkanlandschaft von Capelinhos. Hier war der Schauplatz des jüngsten Vulkanausbruchs auf den Azoren. Im September 1957 gab es auf der kleinen, Faial vorgelagerten Insel Capelinhos die ersten Erdstöße. Es folgten immer mehr Ausbrüche, teilweise mit heftigem Aschenregen. Bis zum Oktober des Folgejahres waren über 2 km² vulkanisches Neuland entstanden und Capelinhos war mit Faial verbunden. Der ehemalige Leuchtturm, der heute nur noch mit seiner Spitze aus der Sand- und Aschenwüste ragt, markiert eindrucksvoll die Küstenlinie vor den Eruptionen.

Bild rechts: Das Werk des Vulcão dos Capelinhos.

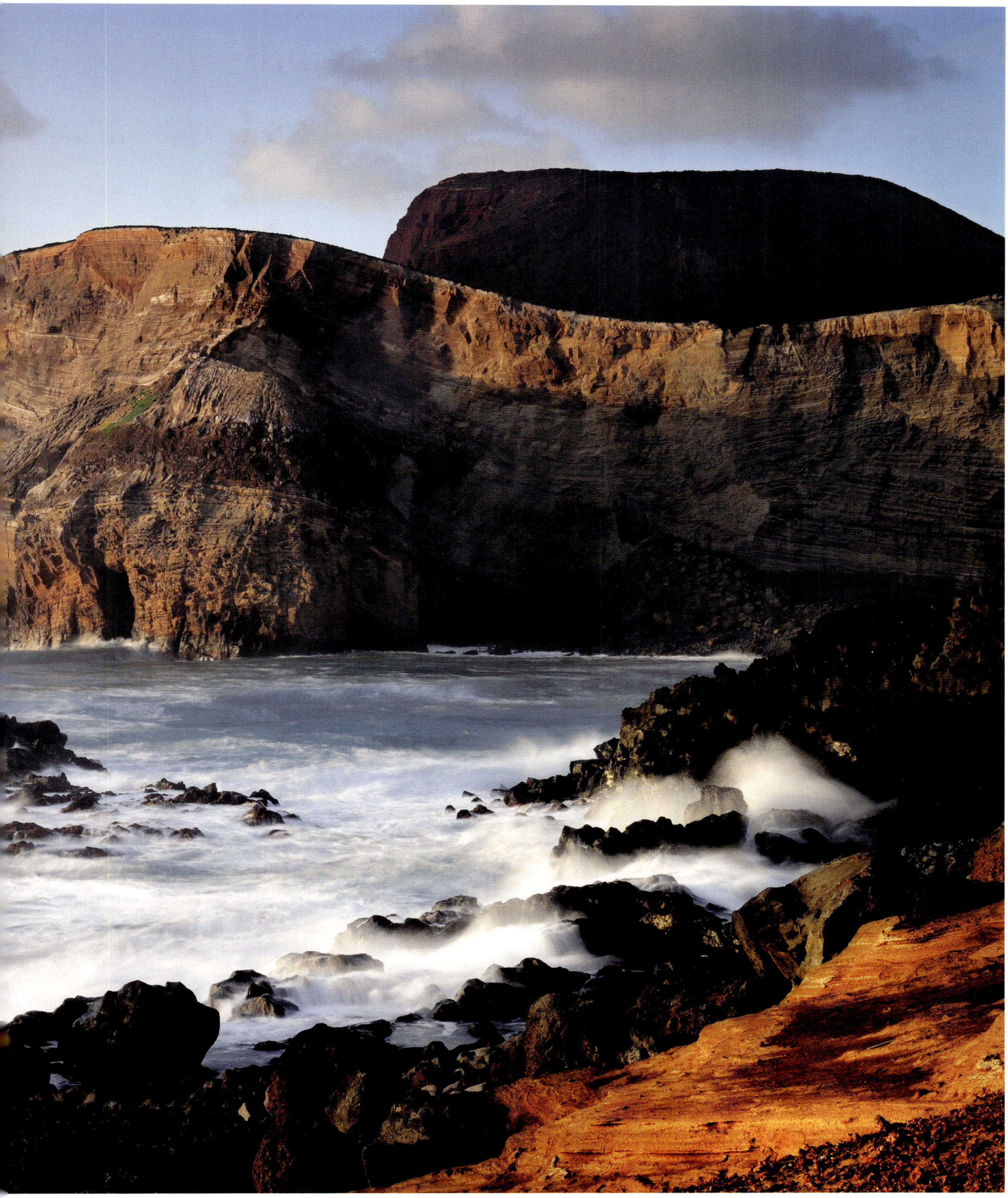

SÃO JORGE

❽ SÃO JORGE

Schon bei der Anfahrt auf São Jorge fallen die bis auf 1000 m aufragenden und zum Meer steil abfallenden Gebirgszüge auf. Es sind die Kegel erloschener Vulkane, die sich wie Perlen auf einer Kette aneinanderreihen und der Insel ihr unverwechselbares Relief verleihen. Mit einer Länge von 56 km und einer Breite von 8 km liegt sie wie der Rücken eines Ungeheuers im Meer und wird deshalb auch »Dracheninsel« genannt.

Auf São Jorge wird intensiv Landwirtschaft betrieben. Satt grüne, von Hortensienhecken eingerahmte Wiesen und Weiden mit Wald dazwischen bestimmen das Landschaftsbild. Ein über die Jahrhunderte gewachsenes dichtes Wegenetz hat aus der Insel ein ideales Wandergebiet gemacht. Im Hochland finden sich viele Punkte, die eine wunderbare Aussicht über die Insel und das Meer gestatten.

Eine Besonderheit São Jorges sind die Fajas genannten Landzungen, die am Fuße der Vulkankegel ins Meer ragen. Sie bestehen aus erkalteter Lava oder sind durch Hangrutsche entstanden. Obwohl die Böden

Blick auf Velas.

hier äußerst fruchtbar sind, werden nur noch wenige seit dem Erdbeben von 1980 bewirtschaftet.

Die Insel, auf der mehr Rinder als Menschen leben, ist ein Zentrum der azoreanischen Milchwirtschaft und Käseproduktion. Allerorten trifft man auf Insulaner, die Milchkannen auf einem Maultier oder einem kleinen Ziehwagen transportieren. In mehreren Betrieben wird der schmackhafte Queijo de São Jorge, ein sehr aromatischer Hartkäse, hergestellt. Die einzigartige Gräserzusammensetzung auf den Weiden der Insel und die feuchte, salzhaltige Atlantikluft verleihen ihm seinen besonderen Geschmack. Der beste Käse reift mindestens vier Monate und gilt als Delikatesse.

Die kleine Inselhauptstadt Velas liegt an der Südküste. Ein Rundgang führt vorbei an Geschäften, Cafés und an schönen Bürgerhäusern, die von dem Reichtum, der einst durch den Orangenexport erwirtschaftet wurde, zeugen. Im Hafen legen Fähren, Frachtschiffe und nach einem Ausbau auch kleine Containerschiffe an. Von hier aus fährt man mit dem Boot zur rund 90 km weiter nordöstlich liegenden Insel Terceira.

Bei klarem Wetter sieht man von São Jorge bis zum Ponta do Pico.

Bild oben: Vom Pico da Esperança hat man einen tollen Blick auf die Landschaft von São Jorge.

TERCEIRA

❾ TERCEIRA
Ursprünglich hieß die Insel Jesusinsel, Ilha de Jesus. Aufgrund ihrer geografischen Lage wurde sie als dritte Insel (Terceira) des Azorenarchipels entdeckt. Es ist eher ein Zufall, dass sie auch flächenmäßig die drittgrößte Insel ist. Schon im Anflug zeigt sich eine gleichmäßige Landschaft, in der weite Weideflächen ins Auge springen. Das Inselinnere zeigt mit Hügeln, kleinen Bergen, Seen und Kratern, dass auch Terceira vulkanischen Ursprungs ist.

Auf der Insel und im Hauptort Angra do Heroismo wurde große portugiesische Geschichte geschrieben. Vom Flughafen des Ortes Praia da Vitoria geht die Fahrt zur Inselmetropole Angra do Heroismo, die sich mit ihrem Naturhafen im Schutz des Monte Brasil in einer schönen Bucht ausbreitet.

❿ ANGRA DO HEROISMO
Über viele Jahrhunderte war Angra die Metropole der Azoren, während Ponta Delgada auf der Insel São Miguel weitgehend bedeutungslos war. Angra erhielt 1534 die Stadtrechte und wurde im gleichen Jahr zum Bischofssitz gewählt. Zahlreiche Kirchen und Klöster zeugen von der Bedeutung der Stadt als religiöses Zentrum. Im Laufe der wechselvollen Stadtgeschichte war Angra sogar zweimal die Hauptstadt Portugals. Die Lage des Ortes und der Naturhafen sorgten dafür, dass die Stadt eine wichtige Etappe auf dem Sprung von der Alten in die Neue Welt wurde. Seit den Entdeckungsfahrten von Kolumbus und den anderen großen Eroberern und Entdeckern legten die Schiffe, die häufig mit wahren Schätzen – Gold, Silber, Diamanten, Gewürzen – voll beladen waren, in Angra einen Zwischenstopp ein. Hier wurden die Vorräte aufgefüllt, Frischwasser an Bord genommen, Schiffsreparaturen ausgeführt und die Mannschaften gönnten sich nach tagelanger entbehrungsreicher Atlantiküberfahrt eine kurze Rast. Mancher Seemann musste auch die Dienste der Ärzte in Anspruch nehmen. Die Leistungen der Insulaner wurden dank der reichlichen, wertvollen Ladungen gut entlohnt und bald zeigte sich der erworbene Reichtum in prachtvollen Häusern und einer einzigartigen Anlage der Stadt, die einem

gradlinigen Schachbrettmuster folgte. Angra war ein wichtiges Handelszentrum und eine Großstadt geworden, der viele Jahre später aufgrund des Patriotismus ihrer Bewohner der Beiname do Heroismo verliehen wurde. Zum Schutz des Hafens vor Piraten wurde eine imposante Festung, São João de Batista, auf dem Monte Brasil errichtet. Gegenüber entstand eine weitere Festungsanlage, São Sebastião, sodass sich nähernde Piratenschiffe von dem Kanonenhagel aus beiden Festungen heftig unter Beschuss genommen werden konnten.

Am Neujahrstag 1980 bebte für elf Sekunden die Erde. Danach war nichts mehr wie vorher: Über 60 Menschen starben, es gab Hunderte Verletzte, fast ein Drittel der Bewohner Angras war obdachlos, und die Stadt lag in Trümmern, glich einem Ruinenfeld, darunter natürlich auch die wertvollen Adelspaläste, Bürgerhäuser, Klöster, Kirchen und die Kathedrale. Ein aufwendiges und kostspieliges Projekt wurde in Angriff genommen, nämlich der Wiederaufbau im Stil der Renaissance. 1983 wurde zur Unterstützung dieses Vorhabens die Stadt von der UNESCO als Weltkulturerbestätte ausgezeichnet. Das Ergebnis kann sich sehen lassen. Die Stadt präsentiert sich heute wieder mit einem geschlossenen Stadtbild mit renaissancezeitlichen und barocken Bauwerken. Ein Spaziergang durch die Straßen, Gassen und neuerdings eingerichteten Fußgängerzonen ist ein Muss.

⓫ SÃO MATEUS DA CALHETA

Nach den geschichtsträchtigen und kulturellen Eindrücken in Angra führt eine kurze, aber landschaftlich schöne Kurzetappe auf der EN 1-1 entlang der wilden Küste in den malerischen Küstenort São Mãteus da Calheta. Danach bietet sich ein kurzer Stopp an den Ruinen des Forte do Negrito an. In einer in der Nähe gelegenen Bucht lädt zudem ein Strandbad zu einer Erfrischung ein. São Mãteus, wie der Ort liebevoll von den Insulanern in einer Kurzform genannt wird, ist ein beschaulicher Fischerort, in dem es allerdings recht lebhaft wird, wenn die örtlichen Fischer ihren frischen Fang anlanden und man anschließend in einem der einfachen Restaurants die Meeresfrüchte bei einem Glas kühlen Weißwein genießt.

Bild oben: São Mateus da Calheta schmiegt sich an die tosende Atlantikküste.

GRACIOSA

⑫ GRACIOSA

Die Insel mit ihrem Hauptort Santa Cruz da Graciosa ist die trockenste und zweitkleinste der Azoren und von Landwirtschaft sowie im Nordwesten von Weinbau geprägt. Der hier angebaute Rot- und Weißwein wird gerne auch auf den anderen Inseln ausgeschenkt. Auch der hochprozentige Brannntwein, Aguardente, ist über die Inselgrenzen hinweg beliebt. Graciosa ist in seiner Entwicklung früher wie heute eng mit der Nachbarinsel Terceira verbunden, was sowohl für die Verkehrsanbindung als auch für die wirtschaftlichen Belange gilt. Hier stößt man noch auf Holzkarren, einfache, von Ochsen gezogene Pflüge und Bauern, die auf Pferden, Eseln oder Maultieren unterwegs sind. Die Milchwirtschaft geht auf Heinrich den Seefahrer zurück, der auf den weiten Grasflächen der Insel Schafe und Ziegen aussetzen ließ. Auch Weizen, Gerste und Mais gedeihen. Das Landschaftsbild ist harmonisch und wird nur von kleineren Hügeln mit einigen niedrigen Vulkankegeln gekennzeichnet. Dieser Eindruck spiegelt sich auch im Namen der Insel wider: Graciosa, die Liebliche. Über die Insel verteilt finden sich malerische Windmühlen, die zunehmend wieder schön restauriert werden. Über einem weiß getünchten Sockel erhebt sich in sattem Dunkelrot der Turmkopf mit dem Windrad. Wer etwas für seine Gesundheit tun will, kann in dem mineralhaltigen Thermalwasser von Carapacho Rheuma, Kolitis oder Hautkrankheiten zu Leibe rücken.

CORVO

⑬ CORVO

Zusammen mit der Insel Flores bildet Corvo die Westgruppe der Azoren. Mit einer Fläche von circa 17 km² ist Corvo die kleinste Insel des Archipels. Sie ist die Spitze des Unterseevulkans Monte Gordo, der hier aus dem Atlantischen Ozean herausragt und mit dem Gipfel Morro dos Homens auf 718 m seinen höchsten Punkt aufweist.

Kühe werden durch den rauen Höhenzug der Serra Branca auf Graciosa getrieben.

Bild oben: Das Plateau von Corvo ist von einem kleinen See durchbrochen.

FLORES

⓮ FLORES

Nach einer kurzen Überfahrt erreicht man Flores, die letzte Insel auf dieser Reise und die westlichste des Azoren-Archipels. Das kleine Dorf Fajã Grande ist die westlichste Siedlung Europas und damit einer der markanten Außenposten der Europäischen Union.

Flores, die Blumeninsel, trägt ihren klangvollen Namen zu Recht. Dank des beständigen Wechsels zwischen Sonnenschein und Regen, der das Wetter auf der Insel bestimmt, gedeiht hier eine enorme Vielfalt von Pflanzenarten. Fast das ganze Jahr über blüht und leuchtet es an jeder Ecke in allen Farben.

Die abgeschiedene Lage Flores', das seit dem 16. Jh. besiedelt wurde, prägt bis heute die Mentalität der Bewohner. Die meisten der 4000 Insulaner leben in winzig kleinen Siedlungen an der Küste und betreiben Landwirtschaft. Auch der Hauptort Santa Cruz das Flores ist nicht größer als ein Dorf. Die touristische Infrastruktur befindet sich im Aufbau. Flores' wildromantische Naturlandschaft zieht vor allen Dingen Wanderer, die Einsamkeit und Stille suchen, an: An den Küsten finden

Steinmauern dienen hier als naturnahe Begrenzungen der Felder.

sich steile Klippen, das Inselinnere wird von tiefen Schluchten durchzogen. Hochmoore wechseln mit glasklaren Seen ab, an vielen Stellen stürzen Wasserfälle von steil aufragenden Felswänden in die Tiefe. Der Lagoa dos Patos (Entensee) etwa wird von Dutzenden von Wasserfällen gespeist. Zwischen Ponta da Faja und Fajãzinha fällt der Ribeira Grande über mehrere Stufen tosend ins Tal. In der Nähe des Kratersees Lagoa Funda erinnern die Rochas dos Bordões, beinahe senkrecht aufragende Basaltsäulen, an den vulkanischen Ursprung der Azoren.
Bevor in Santa Cruz das Flores von den Azoren Abschied genommen wird, lohnt in der Nähe des 75-Seelen-Dorfes Caveira südlich von Santa Cruz die Gruta dos Enxareus eine Besichtigung. Die mit einer Länge von 50 und einer Breite von 25 m größte Meereshöhle von Flores, in der einst Piraten Unterschlupf fanden, kann von Santa Cruz aus mit einem Boot erreicht und befahren werden.
Für den Rückflug nach Lissabon bietet es sich an, wieder nach Ponta Delgada auf São Miguel zurückzufliegen, da von dort die meisten Flüge zum europäischen Festland starten.

Wasserfälle speisen kleine Seen bei Fajã Grande.

Bild oben: Caldeira Comprida & Caldeira Funda heißen die beiden Twin Crater Lakes auf Flores.

HOT SPOTS

Vulkanische Kräfte haben die grandiose Inselwelt der Azoren mit ihren traumhaften Landschaften geschaffen. Der warme Golfstrom sorgt zudem für ganzjährig angenehme Luft- und Wassertemperaturen und für eine artenreiche Vegetation. Neben internationalen Hochseeseglern, die bei ihren Transatlantiküberquerungen die Häfen Faial auf Horta oder Ponta Delgada auf São Miguel ansteuern, kommen Naturliebhaber und Wanderer auf die immergrünen Inseln. Es gibt keine Luxushotels und auch keine Top-Restaurants der internationalen Spitzenklasse, dafür eine gastfreundliche und authentische Hotel- und Restaurantszene.

SOLAR DE LALÉM

Ein von den deutschen Auswanderern Gabriele und Gerd Hochleitner liebevoll geführtes kleines Hotel in einem geschmackvollen Landsitz mit einem herrlichen Garten. Das herrschaftliche Haus diente ursprünglich den Donatarkapitänen des portugiesischen Königs als Residenz. Historisches schwingt schon beim Betreten des kleinen Anwesens durch das im Jahr 1742 erbaute Eingangsportal mit. Die kleine Hauskapelle datiert sogar auf das Jahr 1687. Vom Garten mit seinem kleinen Pool aus hat man einen schönen Ausblick auf den Atlantischen Ozean. Antiquitäten und ein stilvolles Ambiente bieten die sechs Zimmer im Haupthaus und die weiteren vier Zimmer im Gartenhaus. Die sympathischen Besitzer und die Mitarbeiter betreuen die Gäste herzlich und kompetent, sodass die Hausgäste voll des Lobes sind. In den schönen Räumen gibt es kulinarische Abende bei romantischer Atmosphäre im Kerzenschein und mit angenehmer Musikuntermalung. Ein Ort der Entspannung und Ruhe.

Estrada Sao Pedro, 9625-391 Maia, São Miguel/Azoren | Tel. +351 296 44 20 04 | E-Mail: info@solardelalem.com | www.solardelalem.com

RESTAURANTE PALADARES DA QUINTA LAGOA

Etwas versteckt in den Hügeln von Lagoa verbirgt sich vollkommen unerwartet hinter einer Mauer aus dunklen Feldsteinen das Restaurant Paladares. Ein trendiger Flachdachbungalow mit viel Glas, der in einem schönen begrünten Innenhof gelegen ist. Auch die Innenräume, die zwischen Rauchern und Nichtrauchern unterscheiden, zeigen sich in einem hellen, modernen Stil mit attraktivem Dekor in hellen und grünen Farbtönen. Die kleine, schmucke Bar lädt zu einem leckeren Aperitif ein. Der Service ist gut, aber das Haus wartet zudem für seine internationalen Gäste mit der Möglichkeit auf, die Menüs per iPad zu betrachten und zu bestellen. Was dann aus der Küche kommt, ist einfach köstlich. Die Gerichte sind rustikal, die Portionen groß und schmecken vorzüglich. Wie wäre es mit einem knusprigen Spanferkel aus dem Holzofen, einem Fischer-Eintopf oder einer Portion Schweinefleisch im Alentejo-Stil (mit Venusmuscheln)? Der Familienbetrieb von Silva, der in der Küche die Fäden in der Hand hat, und seiner Frau Honoria ist ein echter Geheimtipp. Und das Preis-Leistungs-Verhältnis ist geradezu optimal.

Canada de Santa Barbara, 40 | Lagoa, São Miguel/Azoren | Tel. +351 296 965 306 | E-Mail: geral@paladaresdaquinta.pt | www.paladaresdaquinta.pt

Mit Glück entdeckt man beim Whale Watching einen majestätischen Buckelwal.

Ausgewählte Antiquitäten prägen die wenigen Zimmer des Solar de Lalém.

WHALE WATCHING : ESPAÇO TALASSA LDA

Die Azoren liegen im Bereich des Golfstromes, der auch reichlich Plankton und anderes Nahrhaftes für Wale, Delfine und andere Meeresbewohner mit sich führt. 24 unterschiedliche Walarten wurden schon vor den Azoren gesichtet. Es gibt einige offiziell zugelassene Firmen, die Walbeobachtungen anbieten, dazu zählt auch Espaço Talassa auf der Insel Pico. Von Lajes de Pico aus starten die Fahrten. Die Boote sind mit Unterwassermikrofonen ausgestattet, um die Tiere zu orten. Oft kommen die Hinweise aber auch von ehemaligen Walfängern, die von Beobachtungstürmen am Ufer, den Vigia, nach den Tieren Ausschau halten. Und es gibt nichts Schöneres, als mit Delfinen zu schwimmen, ein Angebot der erfahrenen Bootsführer an die Gäste, wenn geeignete Delfinschulen das Boot umrunden.

9930 Lajes do Pico, Pico/Azoren | Tel. +351 292 672 010 | www.espacotalassa.com

HOT SPOTS

Der Außenpool des Terceira Mar ist mit Meerwasser gefüllt und schafft so vor herrlicher Kulisse fast das Gefühl, im Atlantik zu schwimmen.

POUSADA DA HORTA, FORTE DE SANTA CRUZ

Portugal verfügt über 37 Pousadas, die sich in sorgfältig renovierten historischen Gebäuden und Denkmälern niedergelassen haben. Die Pousada da Horta befindet sich in einer stolzen Festung aus dem 16. Jahrhundert, die über der Bucht von Horta thront. Die Ausblicke auf den bekannten Yachthafen und hinüber zur Insel Pico sind atemberaubend schön. Das Haus wurde 2004 eröffnet und ist im regionalen Stil eingerichtet. Ein Schwimmbad lädt zur Erfrischung ein, während das hauseigene Restaurant die Gäste mit regionaler Küche und portugiesischen Weinen verwöhnt. Bei im Ofen gegartem Thunfisch, einem herzhaften Fleischtopf nach Art der Insel Faial oder Grieben auf heimischen Ananasscheiben ist ein kulinarisches Fest gewährleistet.

Rua Vasco da Gama, 9900-017 Horta, Faial/Azoren | Tel. +351 210 40 76 70 |
E-Mail: guest@pousada.pt

PETER CAFÉ SPORT

Die an Weihnachten 1918 eröffnete Bar ist längst kein Geheimtipp mehr. Peter's im Hafen von Horta auf der Insel Faial ist die berühmteste Bar im Nordatlantik, kein Cross-Atlantik-Segler, der hier nicht den ein oder anderen Gin Tonic die Kehle heruntergespült hat. Seit 1975 ist José »Peter« Azevedo am Ruder der Café Sport-Bar. Nach wie vor schauen die Segler der Weltmeere hier vorbei, aber auch ein bunt gemischtes Publikum aus Touristen und Einheimischen besucht die reichlich mit Yachtfahnen dekorierte Hafenbar mit ihrem kosmopolitischen Flair. Klein, rustikal, aber immer lebendig genießt man seinen Drink oder ein kühles Bier. Der Service ist nicht immer der schnellste, aber die Stimmung ist super und wahre Gastlichkeit wird groß geschrieben. Draußen im Yachthafen schmücken bunte Zeichnungen von Segelschiffen, Steuerrädern, Walen, Tintenfischen und anderen maritimen Symbolen den Beton der Mole. Unter Seeleuten heißt es, dass jeder, der den sicheren Hafen erreicht und nichts auf die Mole malt, bei der Weiterfahrt kein Glück mit dem Wetter hat. Also wird gemalt und Horta zum farbenfrohesten Hafen der Welt gekürt. Im ersten Stock des Hauses befindet sich eine große Scrimshaw-Sammlung.

Rua José Azevedo 9, 9900-027 Horta, Faial/Azoren |
Tel. +351 292 292 327 | E-Mail: peter.pt@mail.telepac.pt |
www.petercafesport.com

TERCEIRA MAR

Das Hotel thront in toller Lage oberhalb der Bucht von Fanal mit Blick auf den Berg Brazil auf der Insel Terceira. Die Weltkulturerbestätten von Angra do Heroismo sind nur einen fünfminütigen Spazierweg entfernt. Ein Wellnessbereich mit Pool und Jacuzzis in der Außenanlage laden zum Entspannen ein. Die Zimmer sind gemütlich mit dunklem Holz eingerichtet und mit vielen bunten Kissen und Stoffen dekoriert. Das Restaurant eröffnet einen grandiosen Ausblick auf den Atlantik.

Portoes de Sao Pedro, 1, 9700-097 Angra do Heroismo/Azoren
www.terceiramarhotelazores.com

POUSADA DE ANGRA DO HEROISMO, SÃO SEBASTIÃO

Die Festung, die die zweite Pousada in der Region der Azoren beherbergt, ist ein Meisterwerk militärischer Architektur aus dem 16. Jahrhundert. Teile der Festungsmauern, zwei steinerne Schilderhäuschen und ein Wehrturm sind noch erhalten. Die Pousada liegt im Zentrum von Angra do Heroismo, das seit 1983 Weltkulturerbe der UNESCO ist. Ganz im Kontrast zur Architektur der historischen Wehranlage sind die Zimmer, der Eingangsbereich und das Restaurant modern eingerichtet. Das gute Restaurant kredenzt eine vorzügliche traditionelle Küche und ausgewählte Weine.

Rua do Castelinho, 9700-045 Angra do Heroismo, Terceira/Azoren |
Tel. +351 295 40 35 60 | E-Mail: guest@pousadas.pt

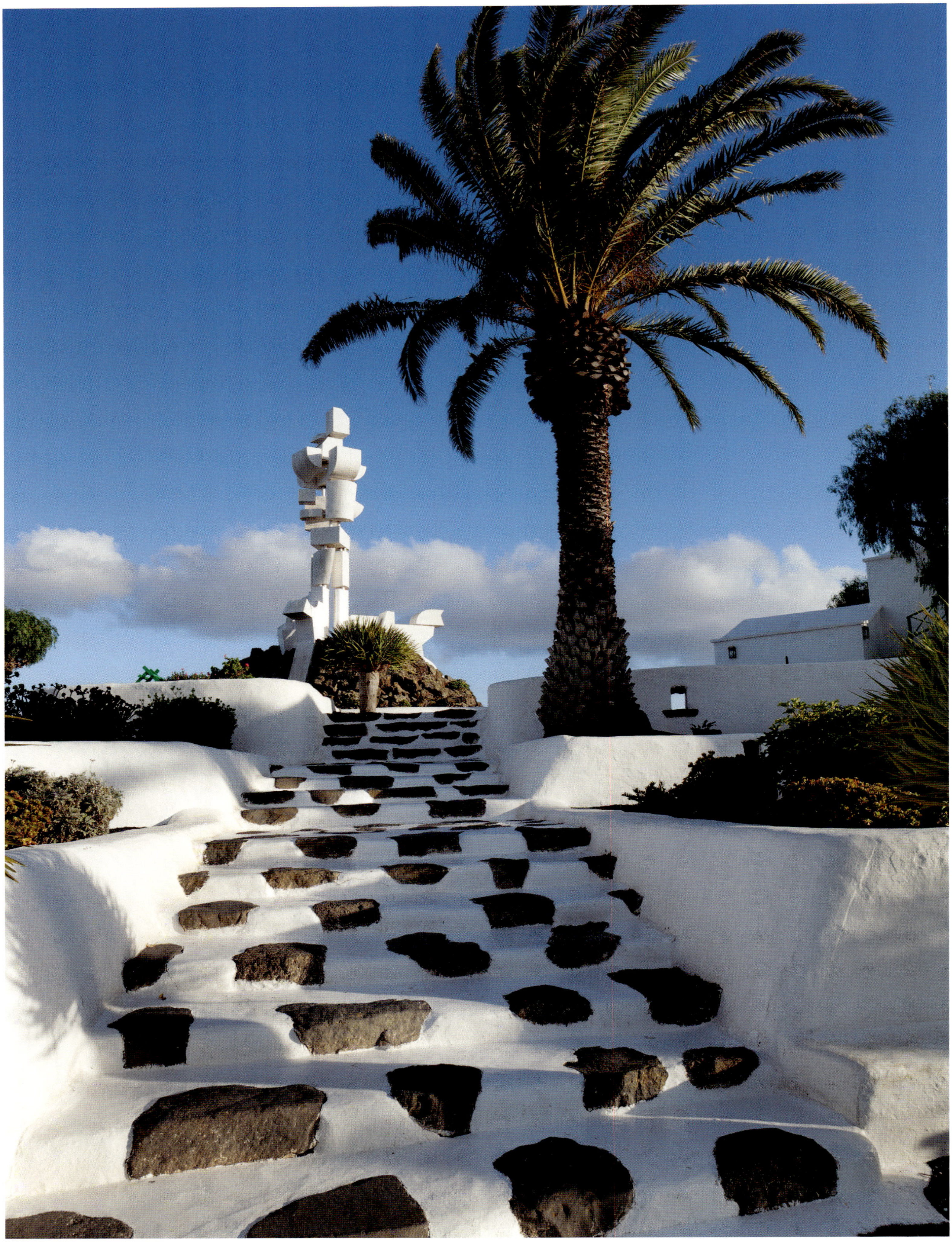

KANAREN

Zwischen Vulkan und Wüste

Politisch gehört die Inselgruppe der Kanarischen Inseln zu Spanien und somit zu Europa. Der europäische, besser gesagt der spanische Einfluss macht sich vor allem in Architektur, Kultur und Lebensart bemerkbar. Doch auch die geografische Nähe zum afrikanischen Festland prägt den Archipel, der eine Vielzahl exotischer Pflanzen und eindrucksvoller Naturphänomene umfasst. Die vulkanische Entstehung ist auf jeder einzelnen Insel nachzuvollziehen.

Die Kanarischen Inseln bilden eine autonome Provinz Spaniens. Der Archipel umfasst die sieben Hauptinseln Lanzarote, Fuerteventura, Gran Canaria, Teneriffa, La Gomera, El Hierro und La Palma sowie einige kleinere Nebeninseln. Zwischen den Inseln bewegt man sich mit Fähren oder Flugzeugen, auf den einzelnen Inseln am besten mit dem (gemieteten) Auto.

Vulkanische Aktivität schuf im Lauf von Millionen von Jahren bizarre Landschaften mit steilen Vulkankegeln und ausgedehnten Calderas (Vulkankesseln). Einige Küstenabschnitte werden von Stränden gesäumt. Wegen der vulkanischen Genese der Kanaren bestehen viele Strände aus schwarzem Lavasand, andere sind mit Sand aus der Sahara bedeckt. Wegen ihrer beeindruckenden Landschaften und des nahezu ganzjährig milden Klimas sind sie eine beliebte Urlaubsregion. Jede Insel hat ihre Besonderheiten, die sie unverwechselbar macht. Lanzarote bezaubert durch seine kargen Vulkanlandschaften und einige schöne Strände. Fuerteventura ist ideal für Sonnenhungrige und Wassersportler. Gran Canaria mit Las Palmas de Gran Canaria als größter Stadt der Inselgruppe zieht Naturfreunde wie Nachtschwärmer an. Auf der größten Insel, Teneriffa, locken die Metropole Santa Cruz de Tenerife mit ihrem kulturellen Angebot und der Teide als höchster Berg Spaniens. La Gomera bietet eine beeindruckende Pflanzenwelt und vielfältige Wandermöglichkeiten. El Hierro als kleinste und abgelegenste Insel der Kanaren ist wegen seiner Ursprünglichkeit attraktiv. La Palma ist die grünste Insel und besitzt fesselnde Vulkanlandschaften.

In den Blickpunkt Europas geriet der Archipel wegen seiner großen strategischen Bedeutung nach der Entdeckung Amerikas durch Christoph Kolumbus. Ab 1600 machte fast jedes Schiff auf dem Weg über den Atlantischen Ozean auf den Kanaren Halt, um Proviant zu laden. Neben dem legalen Handel machte sich auch der illegale breit. Die Kanaren boten Schmugglern und Piraten geeigneten Unterschlupf. Im Zuge der Ausbreitung des spanischen Weltreichs wurden auch die Kanaren kolonisiert. Die ursprüngliche Bevölkerung der Guanchen wurde dabei nahezu vollständig ausgerottet. Die heutigen Bewohner sind spanische Staatsbürger, stehen jedoch dem Mutterland in vielen Fragen kritisch gegenüber. Groß ist die Entfernung nach Madrid, dem Sitz der Zentralregierung.

Blick von der Hochebene La Mercia.

Die kanarische Inselwelt ist für ihre vielfältige Vegetation bekannt. Nicht nur die üppigen Wälder weisen eine artenreiche Flora auf, auch die karg wirkenden Vulkanlandschaften sind nicht ohne pflanzliches Leben. Zu den Besonderheiten der Vegetation gehören die bis zu 20 m hohen Drachenbäume, die sonst nur noch auf den Azoren und Madeira vorkommen, und die Lorbeergewächse, deren Areale in den letzten Jahrzehnten jedoch immer kleiner wurden. An den trockensten Standorten wachsen Kakteen und Sukkulenten wie das Aeonium und die Kandelaberwolfsmilch. In einigen Gebieten ist die Flora in Nationalparks geschützt.

Die wichtigste Einnahmequelle für die gastfreundlichen Bewohner der Kanarischen Inseln ist neben dem Tourismus vor allem die Landwirtschaft. Die vulkanischen Böden sind überaus fruchtbar, wegen der geringen Jahresniederschläge erfolgt die Landnutzung meist im Bewässerungsfeldbau. Die Landschaft wird auch von Terrassen geprägt; sie wurden angelegt, um das an vielen Stellen steile Gefälle auszugleichen. In teils großen Plantagen werden Obst (u.a. Bananen, Zitrusfrüchte und Weintrauben) und Gemüse (vor allem Tomaten) kultiviert. Auch der Fischfang spielt wirtschaftlich eine große Rolle. Das Kunsthandwerk blickt auf eine lange Tradition zurück, wovon man sich in den Museen der Inselhauptstädte ein Bild machen kann.

Bild links: Das Fruchtbarkeitsdenkmal Monumento al Campesino auf Lanzarote.

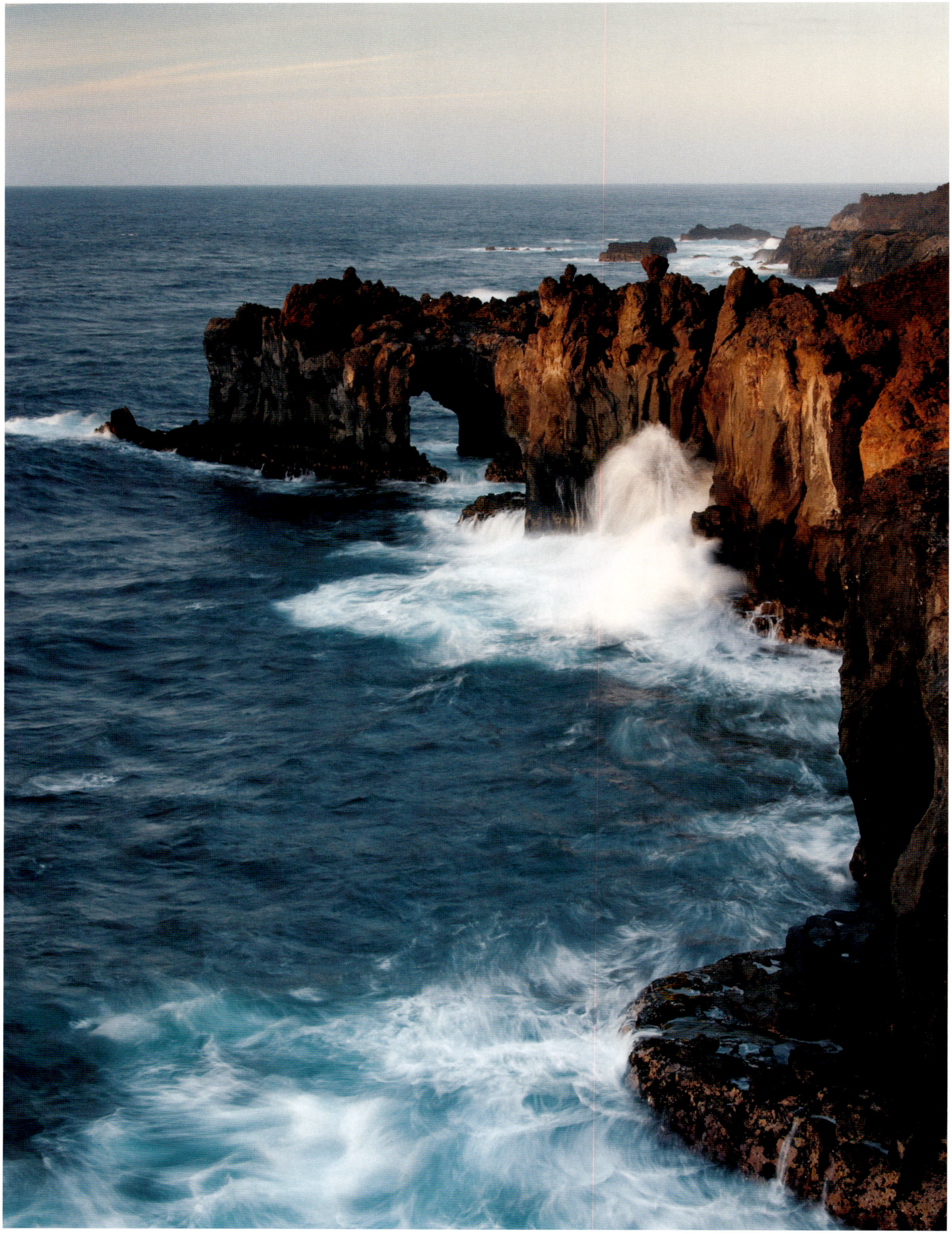

REISEROUTE

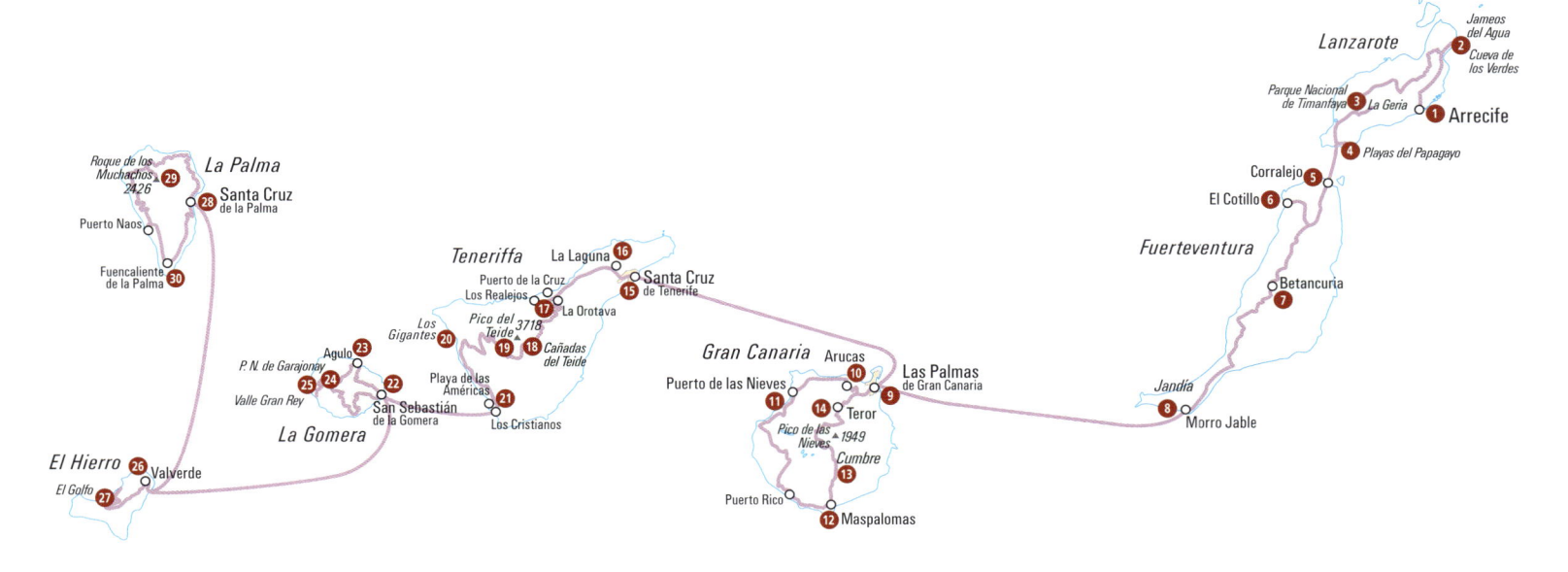

Die Traumroute durch die Kanarischen Inseln beginnt in Lanzarote im Nordosten und verläuft über Fuerteventura, Gran Canaria, Teneriffa, La Gomera und El Hierro nach La Palma im Nordwesten. Jede dieser sieben Hauptinseln der Kanaren ist ein lohnendes Reiseziel. Entsprechend dem vulkanischen Ursprung des Archipels finden sich auf allen Inseln Zeugnisse ihrer lebhaften geologischen Vergangenheit. Das Landschaftsbild ist sehr abwechslungsreich: Sandige Landstriche wechseln mit dichten Wäldern, Gebirgsregionen werden von fruchtbaren Ebenen umrahmt. Bei allen Gemeinsamkeiten hat jede Insel ihren ganz eigenen Charakter.

ROUTENLÄNGE: ca. 1100 km (inklusive Fährverbindungen/Flüge zwischen den einzelnen Inseln)
ZEITBEDARF: mindestens 3 Wochen
START: Arrecife (Lanzarote)
ZIEL: Fuencaliente (La Palma)
ROUTENVERLAUF: Lanzarote, Fuerteventura, Gran Canaria, Teneriffa, La Gomera, El Hierro, La Palma

BESONDERHEITEN: Ein paar Abschnitte (z.B. zu den Playas del Papagayo auf Lanzarote oder in den Cañadas del Teide auf Teneriffa) verlaufen über unbefestigte Straßen. Die Route kann entsprechend dem Angebot an Fährverbindungen/Flügen auch in einer anderen Reihenfolge bereist werden. Nach heftigen Regenfällen kann es auf Gebirgsstrecken zu Steinschlag kommen. Bei Begehung des Pico del Teide auf Teneriffa sollte man auf jeden Fall erfahrener Bergsteiger sein oder sich einer Führung anschließen, das Wetter kann in Gipfelnähe sehr schnell umschwenken. Wassersportler sollten generell auf die mitunter heftige Brandung achten.

AUSKÜNFTE:
Spanisches Fremdenverkehrsamt
Kurfürstendamm 63, 10707 Berlin
Tel. (030) 882 65 43, Fax (030) 882 66 61
E-Mail: berlin@tourspain.es
www.turismodecanarias.com
www.portal-de-canarias.com

Manche Felsen ähneln einer gigantischen Eidechsenhaut.

Verwunschene Wälder gibt es im Garajonay-Nationalpark auf La Gomera.

Bild links: Ästhetischer Kampf der Naturgewalten auf El Hierro.

LANZAROTE

❶ ARRECIFE
Die Hauptstadt Lanzarotes, wo Flugzeuge landen und Fähren anlegen, hat sich in den letzten Jahren zu ihren Gunsten entwickelt. Im Herzen Arrecifes verläuft die Avenida La Marina, die von schönen Gärten gesäumt wird. Zu den Sehenswürdigkeiten zählen die Iglesia de San Ginés, das Castillo de San José und das Castillo de San Gabriel.

❷ CUEVA DE LOS VERDES UND JAMEOS DEL AGUA
Eine gut ausgebaute Straße führt in den Norden Lanzarotes. Dort erwarten den Besucher bizarre Höhlen, die zu einem rund 7 km langen Lavatunnel gehören, der vor 3500 Jahren entstand. Die Cueva de los Verdes ist auf einer Länge von 1000 m begehbar, wofür man bis in 50 m Tiefe hinabsteigt. Nahe der Cueva de los Verdes befinden sich die beiden Jameos del Agua, trichterförmige Kessel in eingestürzten Lavatunneln. César Manrique, dessen Kunstwerke an vielen Stellen der Insel zu bewundern sind, schuf hier mithilfe von Pflanzen und Licht eine einzigartige Welt von Natur und Kunst.

❸ NATIONALPARK TIMANFAYA/LA GERIA
Durch das Zentrum von Lanzarote und von dort nach Westen gelangt man über Haria und Teguise in die Vulkanlandschaft der Montañas del Fuego (Feuerberge) von Timanfaya. In dem 1954 eingerichteten Nationalpark finden sich verschiedenste Zeugnisse vulkanischer Aktivität wie tiefschwarze Lavafelder, Krater und feuerfarbene Vulkankegel. Diese faszinierende Kulisse entstand bei Vulkanausbrüchen, die 1730 begannen und sechs Jahre andauerten. In der Nähe des Nationalparks liegt das Weinanbaugebiet La Geria.

❹ PLAYAS DEL PAPAGAYO
An der Südspitze von Lanzarote liegt der Ferienort Playa Blanca, berühmt für seine von Bars, Bodegas und Restaurants gesäumte Strandpromenade. Von hier erreicht man mit dem Auto – stellenweise über holprige Pisten – die Playas del Papagayo, eine Ansammlung von Strandbuchten, die von Felsen umrahmt werden. Von Playa Blanca aus verkehren Fähren nach Corralejo auf Fuerteventura.

LA GERIA: WEIN VOM VULKAN

Im Zentrum Lanzarotes – etwa zwischen den Orten Uga und San Bartolomé – erstreckt sich La Geria, das größte Weinanbaugebiet der Kanarischen Inseln. Die Lanzaroteños haben hier in mühevoller Arbeit schwarze Lavafelder in Kulturland verwandelt. Die Reben werden zum Schutz vor den starken Winden in Mulden gepflanzt und durch Mauern geschützt – jeder einzelne Weinstock durch eine halbkreisförmige Mauer. Auf den Boden wird dabei eine 10-20 cm dicke Lage poröser Lavabrocken (Lapilli) verteilt. Diese Schicht ermöglicht den Pflanzen die Aufnahme von Wasser, auch ohne Niederschläge. Die Steinchen kühlen nachts schnell ab, die Feuchtigkeit kondensiert an ihnen entsprechend schnell und sickert in das Erdreich zu den Wurzeln.

Bild oben: Funktion und Schönheit sind auf Lanzarote stilvoll vereint: Rebstöcke in ihren Schutzwällen.

FUERTEVENTURA

❺ CORRALEJO
Aus dem einstigen Fischerdorf an der Nordspitze Fuerteventuras hat sich in nur wenigen Jahrzehnten eines der wichtigsten Ferienzentren der Insel entwickelt. Hotelanlagen und Souvenirläden prägen das Flair von Corralejo. Viele Besucher kommen wegen der Sandstrände. Lang gestreckte Dünenlandschaften – darunter auch die Wanderdünen von El Jable – und der blaue Atlantik bilden eine eindrucksvolle Kulisse. Über La Oliva steuert man den nächsten Routenpunkt im Westen an.

❻ EL COTILLO
Im Vergleich zu Corralejo gilt El Cotillo geradezu noch als Geheimtipp. Die starke Brandung hält viele Urlauber fern, in Surferkreisen hingegen gelten die Playas de Cotillo als grandiose Spots. Auffallendstes Bauwerk ist das Castillo de Tostón, ein Turm aus Lavagestein. Er wurde im 18. Jh. zum Schutz des Hafens angelegt, der von Piraten wiederholt bedroht wurde. Über Llanos de la Concepción erreicht man das idyllische und historisch bedeutende Betancuria.

Im Naturschurschutzgebiet von Vallebron zieht ein Regenbogen seinen Kreis.

❼ BETANCURIA
Der nach dem Eroberer Jean de Béthencourt benannte Ort im Inselinneren blickt auf eine reiche Geschichte zurück. Die älteste Siedlung und einstige Hauptstadt Fuerteventuras umfasst eine Reihe interessanter Bauwerke, darunter die Iglesia Nuestra Señora de la Concepción, die den Einwohnern einst als Zufluchtsort vor Piraten diente, und das Convento de San Buenaventura. Von Betancuria führt die Straße nach Süden. In Pájara fallen die aufwendig gestalteten Häuser auf. An der Punta de Guadelupe vorbei geht es zur Halbinsel Jandía, in deren Süden Morro Jable liegt.

❽ MORRO JABLE
Das touristische Zentrum des südlichen Fuerteventura besticht weniger durch architektonische Schmuckstücke als vielmehr durch seine Bedeutung für Wassersportler. Treffpunkt für Urlauber wie Einheimische ist die lang gezogene Strandpromenade am alten Fischerhafen mit ihren Bars und Fischrestaurants.

Bild oben: Manche Orte auf Fuerteventura wie Ajuy haben nicht mehr als 90 Einwohner.

GRAN CANARIA

🟡 LAS PALMAS DE GRAN CANARIA

Die Hauptstadt der Insel erstreckt sich zwischen zwei herrlichen Stränden, der Playa de las Alcaravaneras im Südosten und der Playa de las Canteras im Nordwesten. Las Palmas ist eine dynamische Metropole mit sehr viel spanischem Flair. Die 1478 gegründete Stadt entwickelte sich von einem kleinen Ankerplatz durch den Bau des Hafens zu einem florierenden Wirtschaftszentrum. Die größte und sicherlich lebhafteste Stadt der Kanarischen Inseln birgt eine Reihe von Bauwerken, die den Wandel vom Handelsplatz zu einer der bedeutendsten Hafenstädte Spaniens dokumentieren. Zu den Wahrzeichen der Stadt gehört die fünfschiffige Catedral de Santa Ana. Entsprechend der langen Bauzeit – vom Ende des 15. bis ins 19. Jh. – vermischen sich Elemente verschiedener Stilepochen. Einen guten Überblick über Geschichte und Kunsthandwerk der Insel – darunter auch viele Objekte aus der vorspanischen Zeit – vermittelt das Museo Canario. Das Stadtbild von Las Palmas formen ausladende Plätze und breite Straßen. Die Plaza Santa Ana in der Altstadt wird von schmucken Bürgerhäusern umrahmt, zu

Der Puerto de la Luz von La Palma wird abends seinem Namen gerecht.

feierlichen Anlässen wird sie prachtvoll mit Blumen geschmückt. Nur wenige Kilometer südwestlich von Las Palmas befindet sich der Jardín Botánico, der zu den größten botanischen Gärten von Spanien gehört. Zu den Schmuckstücken der Anlage zählt ihre umfangreiche Kakteensammlung.

❿ ARUCAS

Die westlich von Las Palmas, etwas landeinwärts gelegene Stadt gilt als Heimat des kanarischen Rums. Für den Anbau von Zuckerrohr im 16. Jh. wurden Teile der hiesigen Lorbeerwälder gerodet, Destillerien boten vielen Bewohnern der Umgebung Arbeit. Später wurde der Bananenhandel bedeutsam; ihm verdankt Arucas seinen Wohlstand. Die Plantagen reichen immer noch bis nahe an den Stadtrand. Eine Rumfabrik (Fábrica y Museo del Ron) kann besichtigt werden – Kostprobe inklusive. Stattliche mehrstöckige Häuser, die zwischen den steilen Gassen aufragen, dominieren die Altstadt. Markantestes Bauwerk ist die aus schwarzem Basalt errichtete Iglesia de San Juan Bautista; ihr 60 m hoher Kirchturm ist der höchste der Kanarischen Inseln. Von Weitem wirkt sie wie ein Meisterwerk gotischer Baukunst, etwas zu groß für diese Stadt. Der im Stil der Neugotik gehaltene Kirchenbau (1909–1977) wurde mit eindrucksvollen Rosettenfenstern gestaltet. Wieder zurück auf der Küstenstraße, führt die Route auf der gut ausgebauten, zum Teil vierspurigen Straße nach Westen. Vor Santa María de Guía erreicht man Cenobio de Valerón, wo sich eines der am besten erhaltenen Höhlenensembles der Guanchen befindet.

⓫ PUERTO DE LAS NIEVES

In dem gemütlichen, für seine Vielzahl an Kunstgalerien bekannten Städtchen Agaete führt eine Abzweigung an die Küste nach Puerto de las Nieves, dem Hafen von Agaete. War früher die Fischerei die wichtigste Einnahmequelle, so hat sich mittlerweile auch der Fremdenverkehr als Wirtschaftsfaktor etabliert – vor allem seit Bestehen der Fährverbindung mit Santa Cruz de Tenerife. Die Paseo de los Poetas genannte Uferpromenade wird von Fischrestaurants und Bars ge-

Bild oben: Mit 1949 m Höhe ist der Pico de las Nieves der höchste Berg Gran Canarias.

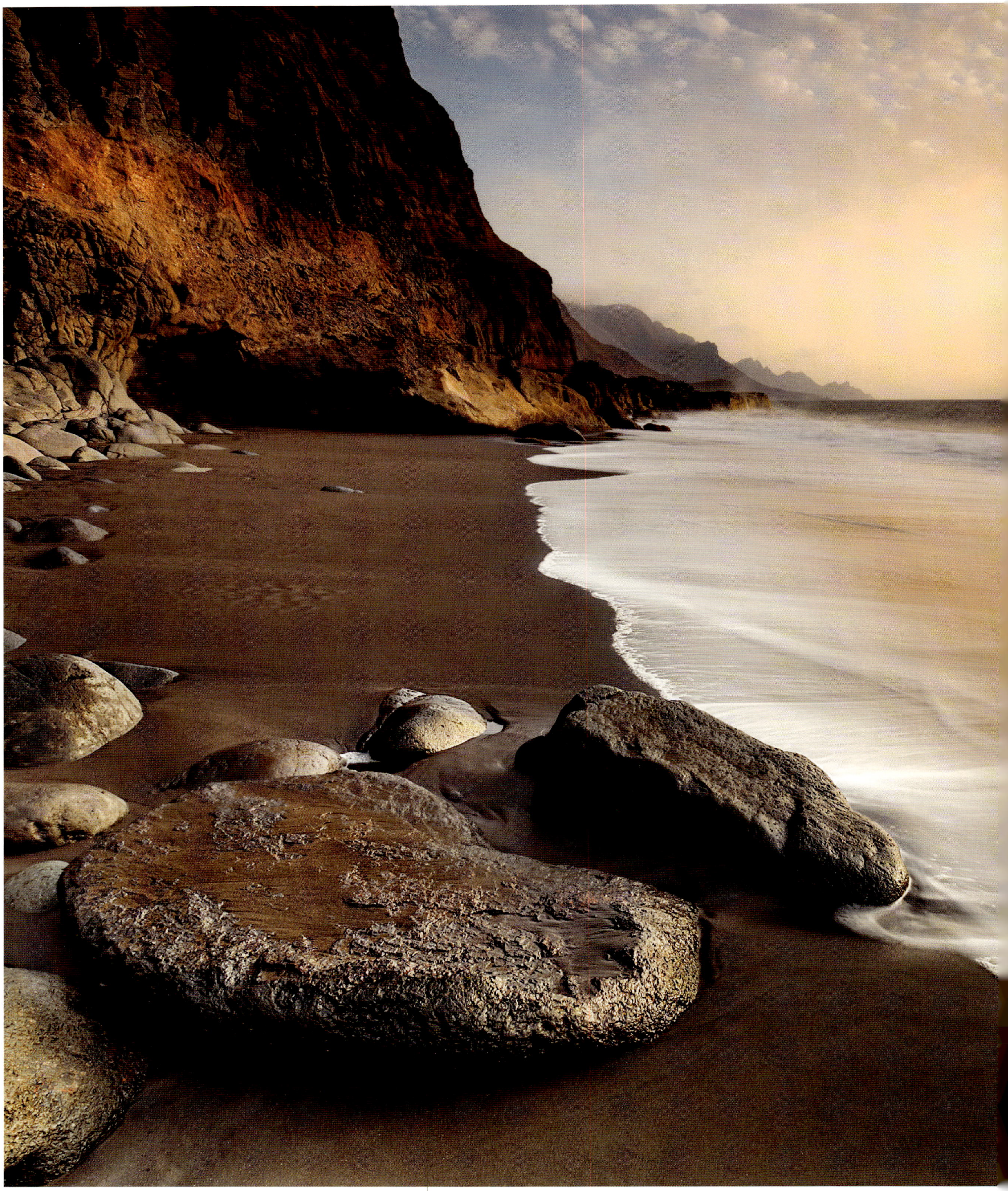

säumt. Ein beliebtes Fotomotiv ist der Dedo de Dios (»Finger Gottes«), eine Felsnadel, die wie ein drohender Finger aus dem Meer herausragt. Durch Wirbelstürme ist der Basaltfelsen stark beschädigt worden. Oberhalb von Puerto de las Nieves erstreckt sich der Parque Natural Tamadaba, ein Naturschutzgebiet mit den ausgedehntesten Kiefernwäldern von Gran Canaria.

Die Weiterfahrt erfolgt entlang der Küste in zahlreichen, teils sehr engen Kurven. Einige Aussichtspunkte laden zur Pause. Inmitten von Tomatenplantagen und Bambushainen liegt der Ort San Nicolás de Tolentino, das Agrarzentrum der Region. Über Mogán und die moderne Feriensiedlung Puerto Rico geht es zur Südspitze der Insel.

⓬ MASPALOMAS

Der Ort an der Südküste ist vor allem wegen der Dünen in seiner Umgebung bekannt. Sie zählen zu den eindrucksvollen Naturphänomenen der Insel. Das 400 ha große Gelände reicht von der Küste bis maximal 1500 m landeinwärts. Je nach Sonnenstand leuchten die Dunas de Maspalomas in unterschiedlichen Farben – von hellgelb bis orange. Begrenzt werden sie vom tiefblauen Meer und von einigen saftig grünen Golfplätzen, die hier vor einigen Jahren angelegt wurden. Zum Meer hin breitet sich die Playa de Maspalomas aus. Dieser eher ruhige Strand geht nach Osten in die Playa del Inglés vor dem gleichnamigen Ferienort über. Hier ist das touristische Zentrum von Gran Canaria, hier gibt es Sonne im Überfluss (die Niederschläge fallen meist im Norden der Insel), und die Bedingungen für Wassersportarten wie Windsurfen sind hervorragend.

⓭ CUMBRE

Von Süden verläuft die Route in das gebirgige Landesinnere von Gran Canaria. Im Barranco de Fataga kommt man durch malerische Dörfer wie Fataga und San Bartolomé de Tirajana. Die Obstbäume werden allmählich von Kiefern und Steineichen abgelöst. In schmalen Serpentinen fährt man zum markanten Roque Nublo (1803 m), über dessen Bergstock sich eine 80 m hohen Felsnadel erhebt, die den Guanchen einst heilig war. Von einer Aussichtsplattform hat man einen grandiosen Blick über Gran Canaria.

Eine schmale Straße führt weiter nach Osten zum Pico de las Nieves. Der Gipfel des mit 1949 m höchsten Berges der Insel ist oft von Wolken verhüllt, an klaren Tagen hingegen scheint Teneriffa zum Greifen nah. Nordwestlich des zentralen Massivs liegt Tejeda, einer der schönsten Orte der Insel, der mit seinen weiß getünchten Häusern und ihren grünen Fensterläden und Holzbalkonen malerisch in einer fruchtbaren Talsenke liegt.

⓮ TEROR

Vorbei am Cruz de Tejeda, einem auf einer Passhöhe stehenden Steinkreuz in 1600 m Höhe, erreicht man Teror, einen Ort von historischer und religiöser Bedeutung. Die Basílica de Nuestra Señora del Pino aus dem 18. Jh. birgt eine Marienstatue sowie barocke, üppig vergoldete Altäre und ist ein wichtiges Wallfahrtsziel. Zu der am 8. September stattfindenden Fiesta de la Virgen del Pino kommen alljährlich Tausende Pilger hierher. Jeden Sonntag findet vormittags auf dem Platz rund um die Kirche ein Markt statt, auf dem Händler aus der Region Lebensmittel und Kunsthandwerk verkaufen. Dann pulsiert das Leben in der sonst eher beschaulichen Stadt.

Teror liegt eingebettet in die atemberaubende Gebirgslandschaft im Norden Gran Canarias und wird oft als Ausgangspunkt für Wanderungen durch den Parque Rural de Doramas genutzt. In dem Gebiet wird Landwirtschaft noch auf traditionelle Weise betrieben.

Bild links: Sunset am Strand von Guayedra.

TENERIFFA

⓯ SANTA CRUZ DE TENERIFE

Weltoffen und doch beschaulich, geschäftig und doch charmant präsentiert sich die Hauptstadt von Teneriffa. Im Hafen, einem wichtigen Knotenpunkt zwischen Europa, Afrika und Amerika, legen Handelsschiffe, Luxuskreuzer, Segelboote und Personenfähren an. Von hier ist es nicht weit zur Plaza de España, dem zentralen Platz der Stadt. Repräsentative Bauwerke umrahmen die Plaza, nicht nur im Karneval ist sie pulsierendes Zentrum von Santa Cruz. In der Nähe steht die 1502 erbaute Iglesia de Nuestra Señora de la Concepción, der wichtigste Kirchenbau der Stadt, deren sechsstöckiger Glockenturm schon von Weitem zu erkennen ist.

Für einen Einkaufsbummel durch Läden mit exklusiven Artikeln bietet sich die Calle Castillo an. An der Plaza de la Candelaria laden viele Cafés und Bars zu einer Pause ein. Doch die Stadt bietet auch einige interessante Kulturtempel, darunter das Museo de la Naturaleza y el Hombre über die Natur- und Völkerkunde Teneriffas und das Museo de Bellas Artes mit Gemälden europäischer Künstler. Für erholsame Stunden im Grünen empfiehlt sich der Parque de Granja mit schönen Bäumen. Von Santa Cruz westwärts führt die Route in Richtung Nordküste.

⓰ LA LAGUNA

In unmittelbarer Nachbarschaft von Santa Cruz liegt das ehemalige politische und geistige Zentrum der Insel. Die Universitätsstadt La Laguna, die mit vollem Namen San Cristobal de la Laguna heißt, wurde 1999 von der UNESCO zum Weltkulturerbe erklärt. Prachtvolle Adelspaläste mit Holzbalkonen sowie erhabene Sakralbauten prägen die einstige Hauptstadt Teneriffas. Sehenswert sind vor allem die Plaza de Adelantado mit dem Nonnenkloster und die Catedral de los Remedios.

⓱ LA OROTAVA/LOS REALEJOS

Vorbei an ausgedehnten Bananenplantagen führt die Route nach Orotava. Das malerische Städtchen liegt oberhalb von Puerto de la Cruz mit ausgedehnten Stränden. La Orotava beeindruckt durch seinen historischen Stadtkern rund um die Plaza de la Constitución und seine

KARNEVAL IN SANTA CRUZ

Jedes Jahr im Februar lockt der Karneval unzählige Touristen in Teneriffas Hauptstadt. Das zweiwöchige Spektakel zählt zu den bedeutendsten in Spanien, nicht nur die einfallsreichen Kostüme und die dröhnenden Rhythmen erinnern an den Karneval in Rio. Besondere Attraktionen inmitten von Spaß, durchtanzten Nächten und üppiger Farbenpracht sind die Darbietungen der als Murgas bekannten Gesangsgruppen.
Bei der Wahl der Karnevalskönigin, die gewöhnlich am Mittwoch der ersten Festwoche stattfindet, wird die Trägerin des fantasievollsten Kostüms zur Siegerin gekürt. Das Spektakel endet mit einem pompösen Umzug, bei dem der »Geist des Karnevals« zu Grabe getragen wird.

Bild oben: Wenn die Sonne untergeht, gehen die Lichter von Santa Cruz an.

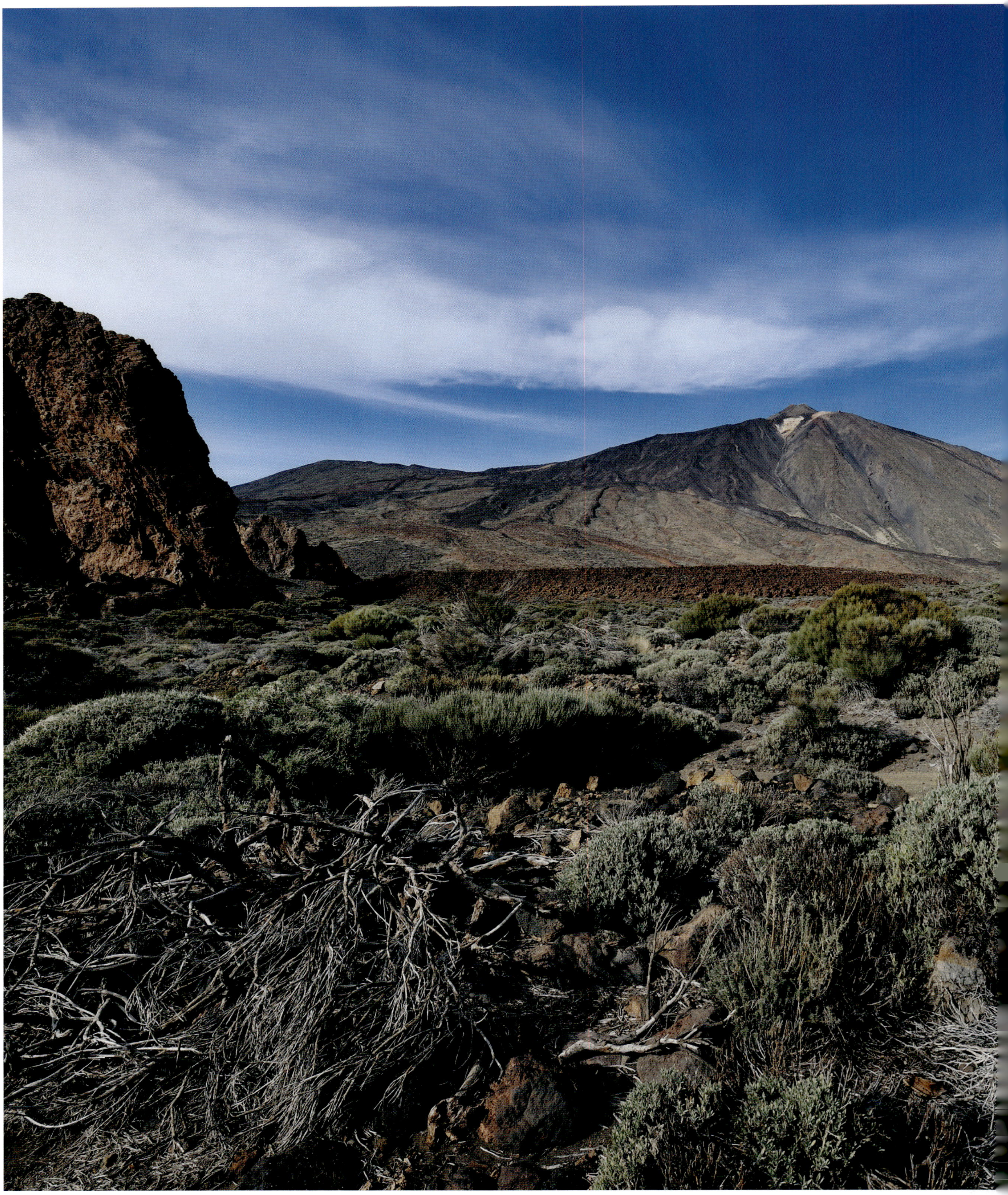

faszinierenden Gärten. Inselweit bekannt ist das Fronleichnamsfest, an dem die Bewohner die Straßen mit einem bunten Teppich aus schwarzem Sand und Blüten in allen Farben schmücken. Die Vielfalt der Vegetation der Insel wird im Botanischen Garten präsentiert. Wenige Kilometer westlich liegt Los Realejos. Vom Mirador de la Corona oberhalb des Ortes hat man eine faszinierende Aussicht über das Orotava-Tal und die weite Küstenlandschaft.

⓲ CAÑADAS DEL TEIDE

Durch das Orotava-Tal nach Norden gelangt man in die Cañadas del Teide, den mächtigen Vulkankessel im Zentrum Teneriffas. Die bizarre Landschaft wurde im Lauf von Millionen von Jahren durch zahllose vulkanische Eruptionen geformt. Das Areal besitzt einen Durchmesser von etwa 17 km, die mittlere Höhe der Cañadas beträgt rund 2000 m. Das gesamte Gebiet steht seit 1954 als Nationalpark Las Cañadas del Teide unter Naturschutz. Das Gelände erinnert stellenweise an eine karge Mondlandschaft, trotzdem ist die Flora durchaus artenreich entwickelt. Zu den bekanntesten Vertretern gehört der Natternkopf, eine bis 2 m hohe Staudenpflanze. An einigen der spektakulärsten Felsformationen wurden Parkplätze angelegt. Zu den landschaftlichen Attraktionen gehört die Felsengruppe Los Roques, deren Felsnadeln etwa 30 m aufragen. Von hier führt ein Wanderweg zu Lavaformationen in verschiedenen Farben – von schwarz über braun bis blaugrün. Die eindrucksvolle Szenerie war wiederholt Kulisse für Kinostreifen und Werbefilme.

⓳ PICO DEL TEIDE

Von nahezu allen Stellen des Nationalparks erblickt man den mit 3718 m höchsten Berg nicht nur der Kanaren, sondern ganz Spaniens. Der majestätische Vulkan ist das auffälligste Wahrzeichen der Inselgruppe. Man sieht ihn von vielen Aussichtspunkten, auch von anderen Inseln, schon beim Anflug auf einen der Flughäfen fasziniert seine Erscheinung. Er lässt sich bei guter Kondition auch zu Fuß erreichen. Eine längere Wanderung führt z.B. vom Parkplatz von Montaña Blanca aus. Bequemer ist jedoch eine Fahrt mit der Seilbahn bis etwa 200 m unterhalb des Gipfels, die restliche Strecke bewältigt man zu Fuß. Der Vulkan ist schon seit Langem nicht mehr aktiv, nur der schweflige Geruch erinnert an die gewaltigen Vorgänge im Erdinneren. Im Winter ist der Gipfel schneebedeckt.

⓴ LOS GIGANTES

Nach Durchqueren des Nationalparks gen Westen hält man sich nordwärts Richtung Santiago del Teide. An der Küste bei Puerto de Santiago erwartet den Besucher einer der markantesten Küstenabschnitte von Teneriffa – die mehr als 500 m hohen Klippen von Los Gigantes. Vom Land wie vom Meer aus sind sie ein überwältigender Anblick. Ein Eindruck von der wahren Ausdehnung der Klippen bietet sich bei einem Bootsausflug. Erst dann kann man nachvollziehen, warum den Ureinwohnern der Kanaren die Klippen als Ende der Welt erschienen. Auf der anderen Seite der Bucht befindet sich der Badeort Los Gigantes, den man zu Fuß erreichen kann.

㉑ LOS CRISTIANOS UND PLAYA DE LAS AMÉRICAS

Die Weiterfahrt der Reise führt in den Süden der Insel zu zwei touristisch bedeutenden Zentren. Die Gegend ist mit ihren mehr als 300 Sonnentagen im Jahr ideal für einen Strandurlaub. Am Hafen von Los Cristianos werden Ausflüge mit Glasbodenbooten angeboten. Auch Taucher und Sportfischer finden hier geeignete Reviere. Von hier besteht eine Fährverbindung mit La Gomera.

Bild links: Der berühmte Pico del Teide.

LA GOMERA

㉒ SAN SEBASTIÁN DE LA GOMERA
Schon bei der Einfahrt in den Hafen von La Gomera spürt man den Charme der Inselmetropole. Yachten liegen hier vor Anker oder tummeln sich in der Umgebung, die Fischerboote wirken wie bunte Farbkleckse. Für viele Besucher ist San Sebastián nur Durchgangsstation, doch das Städtchen hat einiges zu bieten. Der Torre del Conde, ein 16 m hoher Festungsturm (15. Jh.), diente lange Zeit als Zwischenlager für Schiffsfracht. Bei der Fahrt auf der Carretera del Norte zur Nordküste gelangt man durch Hermigua, dessen Wahrzeichen, die Zwillingsfelsen Roques de San Pedro, man schon von Weitem sieht.

㉓ AGULO
Den Norden von La Gomera dominieren üppige Vegetation und attraktive Orte. Ein typisches Beispiel für diese Synthese ist Agulo an der Nordküste, einer der schönsten und wohl ursprünglichsten Orte mit seinen stattlichen Häusern und verwinkelten Gassen. Die Pfarrkirche San Marcos mit einer Christusstatue des kanarischen Bildhauers Pérez

Die moosbewachsenen Bäume im Garajonay-Nationalpark.

Donis zieht viele Besucher an. Bananenterrassen reichen bis an den Ortsrand. Ein besonderes Spektakel findet alljährlich an Ostern statt. Einem alten Brauch zufolge springen junge Männer bei einer großen Fiesta durchs Feuer.

❷⓿ GARAJONAY-NATIONALPARK

Den Park erreicht man von Norden über Las Rosas, in dessen Nähe das Besucherzentrum Juego de Bola durch Ausstellungen und einen botanischen Garten auf Garajonay einstimmt. Der knapp 4000 ha große Nationalpark besteht seit 1981, die UNESCO erklärte das Areal 1986 zum Weltnaturerbe.

Es umfasst die wohl schönsten Lorbeerwälder der Kanarischen Inseln mit mehreren endemischen Baumarten. An den Stämmen wachsen Moospolster, lange Flechten hängen von den Baumkronen. Die notwendige Feuchtigkeit kommt von Wolken, die der Passatwind mit sich bringt. Auf kurzen Wanderungen, die bei den Parkplätzen in Laguna Grande beginnen, kann man in den Nationalpark hineinschnuppern.

Auf dem Gebiet des Nationalparks ragt der Alto de Garajonay, mit 1487 m der höchste Berg auf La Gomera, in die Höhe.

❷❺ VALLE GRAN REY

Das enge Tal, das sich vom gebirgigen Zentrum der Insel bis an die Westküste erstreckt, zählt zu den beliebtesten Urlaubszielen Gomeras. Der Name »Tal des großen Königs« bezieht sich auf Hupalupa, einen Guanchenhäuptling, der 1488 hier eine Rebellion gegen die spanischen Besatzer anführte. In den 1970er-Jahren war das Tal Ziel von Blumenkindern. Idyllische kleine Dörfer sowie Palmenhaine und Felder in üppiger Vielfalt machen den besonderen Reiz des Valle Gran Rey aus. Der gleichnamige Küstenort am Ausgang des Tals hat sich zu einem quirligen Urlauberzentrum entwickelt. Von hier bis nach La Puntilla erstreckt sich die Playa de Valle Gran Rey, einer der schönsten Strände auf Gomera. Im Hafenviertel Vueltas kann man Ausflüge zu den spektakulären Felsklippen Los Órganos und auch Whale-Watching-Touren buchen. In El Hornillo ist es ruhig, hier leben fast nur Einheimische.

Bild oben: Panoramastraßen führen durch die Berge bei Hermigua.

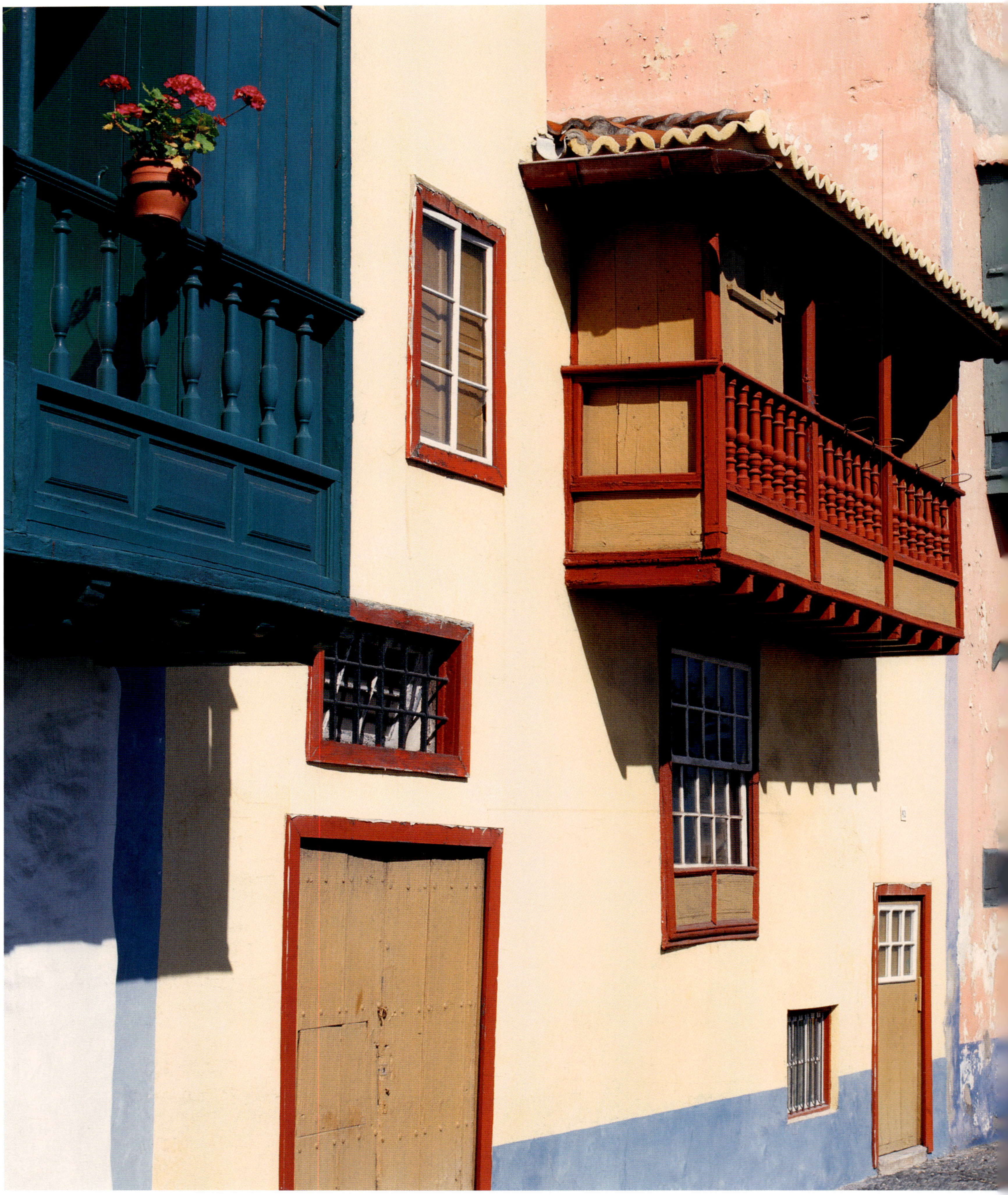

EL HIERRO

㉖ VALVERDE
Wohl jeder Besucher von El Hierro kommt auch nach Valverde, der beschaulichen Hauptstadt der kleinsten und westlichsten Insel des Archipels. Den Ort erreicht man bequem vom Inselflughafen und vom Fährhafen Puerto de la Estaca aus. Valverde ist die einzige der kanarischen Inselhauptstädte, die nicht an der Küste liegt. Zu den markantesten Bauwerken zählt die Kirche Santa María de la Concepción (18. Jh.) mit ihrer Madonnenstatue. Auch ein barocker Altar und eine schöne Holzdecke zieren das Gotteshaus. Auffallendster Profanbau ist das Rathaus, das 1940 im altkanarischen Stil fertiggestellt wurde.

㉗ EL GOLFO
Von Valverde fährt man an San Andrés vorbei bis in eine Höhe von etwa 1300 m. Vom Mirador del Golfo, einem Aussichtspunkt mit herrlichem Blick über die Insel, führt die Route durch Frontera mit seiner Dorfkirche Nuestra Señora de la Candelaria hinunter in die halbkreisförmige Bucht El Golfo. Schließlich erreicht man an der schroffen Küste den kleinen Ort Las Puntas, der zu den meistbesuchten Plätzen der Insel gehört.

LA PALMA

㉘ SANTA CRUZ DE LA PALMA
Die Hauptstadt von La Palma begrüßt den Besucher mit Zeugnissen einstigen Glanzes – viele Adelshäuser mit geschnitzten Balkonen entstanden, als die Stadt wegen des Überseehandels eine Metropole im spanischen Weltreich war. Erst mit der Anlage des Hafens von Santa Cruz de Tenerife ging ihre Bedeutung zurück. Ein Streifzug durch zwei parallel verlaufende Boulevards erschließt die Kostbarkeiten der Stadt: die Avenida Marítima – Promenade am Meer mit Straßencafés und prunkvollen Palästen – sowie die Calle O'Daly – Flaniermeile mit Boutiquen und der dreieckigen Plaza de España, einem der schönsten Plätze der Inselgruppe.

㉙ ROQUE DE LOS MUCHACHOS
Den mit 2426 m höchsten Punkt von La Palma erreicht man entweder direkt von Santa Cruz de la Palma oder auf einer längeren Fahrt, die von der Hauptstadt nach Norden und dann nach Westen führt, nach Santo Domingo de Garafía. Eine Abzweigung von dieser Route führt nach El Tablado im Norden, wo einige alte Drachenbäume stehen. Von Santo Domingo de Garafía geht die Straße in Serpentinen zum Roque de los Muchachos hoch; vom Parkplatz sind es nur wenige Minuten zum Gipfel. Der Blick schweift über die Caldera de Taburiente. Sie hat mit einem Durchmesser von ca. 7 km und einer Tiefe von bis zu 2000 m gigantische Ausmaße. Seit 1985 steht nahe dem Gipfel eines der größten Spiegelteleskope der Welt.

㉚ FUENCALIENTE
Der südlichste Ort von Las Palmas wird von Wein und Vulkanismus bestimmt. Reben reichen bis an den Rand von Fuencaliente, Weinkellereien laden zur Verkostung ein. Der Kraterrand des 657 m hohen San Antonio ist teilweise begehbar.

Bild links: Alte Kolonialhäuser auf Palma.

HOT SPOTS

Die schönsten Hotels und besten Restaurants der Kanarischen Inseln finden sich vor allem auf Lanzarote, Fuerteventura, Gran Canaria und Teneriffa. Obwohl viele Anlagen hier nicht unbedingt klein sind, verleiht ihnen doch die reizvolle Architektur einen individuellen Charme. Die kleineren Inseln bieten dagegen vor allem traumhafte Landschaften. Auf den Kanaren trifft man durchaus häufig auf Sterne- und Meisterköche, die in Hotels, kleineren Restaurants oder Fincas ihre Künste präsentieren.

HOTEL VOLCÁN LANZAROTE
Nur zehn Kilometer vom Nationalpark Timanfaya und ca. 900 Meter vom malerischen Fischerdorf Playa Blanca entfernt liegt das Fünf-Sterne-Luxushotel Volcán Lanzarote direkt am Meer und nur zehn Autominuten von den Playas de Papagayo entfernt. Das Haus besteht aus mehren Gebäuden im typischen Inselstil, die sich wie ein kleines Inseldorf mit Plätzen und Winkeln um ein Hauptgebäude ranken, das als Nachbildung der Kirche von Teguise konzipiert wurde. Alle 255 Zimmer und Suiten haben Terrassen oder Balkone. 48 davon bieten einen wahrhaft königlichen Service mit Aromatherapiebad im Zimmer und sonstigen Annehmlichkeiten. Natürlich dürfen ein beheizbarer Außenpool, Whirlpool und balinesische Betten nicht fehlen. Ein Wellness- und Spa-Bereich laden zur Entspannung ein. Im angrenzenden Sporthafen Marina Rubicón locken Wassersportmöglichkeiten.

C/ El Castillo nº 1, 35580 Playa Blanca-Yaiza, Lanzarote, Spanien | Tel. +34 928 519 185 | E-Mail: reservas@hotelvolcanlanzarote.com | www.hotelvolcanlanzarote.com

GRAN HOTEL ATLANTIS BAHIA REAL
Das Fünf-Sterne-Hotel liegt eingebettet in die weißen Sandstrände von Corralejo mit Blick auf das türkisfarbene Meer und die Inseln Lobos und Lanzarote inmitten einer üppigen tropischen Pflanzenwelt. 2013 wurde es als bestes Luxushotel Spaniens ausgezeichnet. Die Architektur ist im Neomudejar- und Kolonialstil gehalten. Die insgesamt 170 eleganten Zimmer und 72 Suiten sind alle individuell gestaltet. Zur Ausstattung des Hauses gehört auch der orientalisch anmutende Spa-Bereich mit zahllosen Angeboten für Entspannung und Wohlbefinden. Fünf Restaurants bieten in vornehmer Atmosphäre vollendeten Genuss für anspruchsvolle Gaumen.

Avda. Grandes Playas s/n – Corralejo, La Oliva, 35660, Fuerteventura, Spanien | Tel. +34 928 537 153 | E-Mail: reservations.bahiareal@atlantishotels.com | www.bahiarealresort.com/granhotel/de

SEASIDE GRAND HOTEL RESIDENCIA
Das Hotel liegt ganz in der Nähe der Dünen und Strände von Maspalomas inmitten eines Palmenhains. Die vom Pariser Architekt Alberto Pinto entworfenen Zimmer und Suiten sind in typisch spanischem Kolonialstil eingerichtet. Im Wellnessbereich werden vielfältige Massagen, Gesichts- und Körperbehandlungen in elegant ausgestatteten Räumlichkeiten angeboten. Dass hier auch Dampfbad und Sauna zur Verfügung stehen, versteht sich von selbst. Fitnesscenter und Golfmöglichkeiten runden das Freizeitangebot ab. Im Gourmetrestaurant mit seiner Außenterrasse warten kulinarische Köstlichkeiten, und die Poolbar bietet erfrischende Getränke sowie Snacks und Tapas.

Avda. del Oasis 32, 35100 Maspalomas, Gran Canaria, Spanien | Tel. +34 928 72 31 00 | E-Mail: info@grand-hotel-residencia.com | www.grand-hotel-residencia.de

Palmen und blühende Gartenlandschaft des Seaside Grand Hotel Residencia.

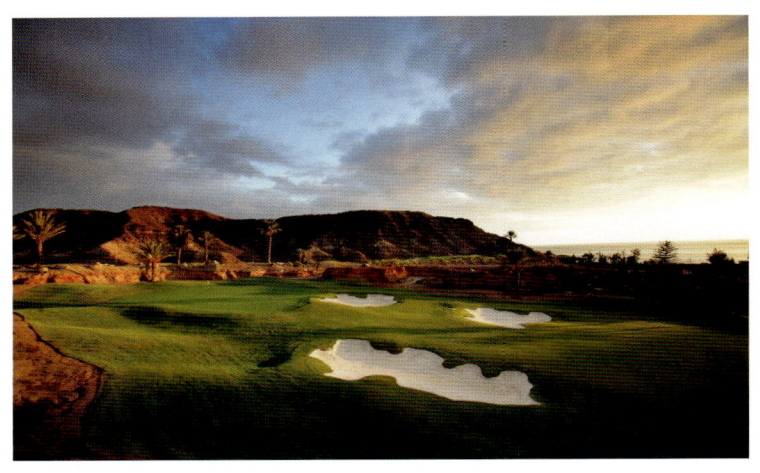

Golfspieler lockt der landschaftlich reizvolle Kurs des Anfi Tauro Golf.

FINCA JUSTUS FRANTZ
Die Finca des deutschen Pianisten und Dirigenten Justus Frantz bietet Abgeschiedenheit und Luxus inmitten von Gärten mit vielen tropischen Gemüse- und Gewürzsorten, Weinbergen, Palmenhainen, Mango-, Avocado- und Orangenplantagen, Feigen- und Pfefferbäumen. Sie liegt bei Maspalomas und durfte schon viele berühmte Gäste willkommen heißen, darunter Helmut Schmidt (der übrigens viele seiner Bücher hier schrieb), Leonard Bernstein und Hermann Prey. Im Restaurant kocht Küchenchef und Kochbuchautor Christian Heumader die frischesten landestypischen Speisen, deren Zutaten überwiegend in den

HOT SPOTS

Der von Dave Thomas gestaltete 18-Loch Golfplatz des Abama hat neben 22 Seen auch Wasserfälle und 25 000 Palmen zu bieten.

Im Oriental Spa Garden des Hotel Botanico gibt es Massagen in einer Pagode.

hauseigenen Gärten geerntet werden. Dazu wird ein hervorragender Wein aus eigener Herstellung gereicht. Ein idealer Ort, um dem Trubel der großen Hotels und Strände zu entfliehen!

Casa de los Musicos, Monte Leon 4, 35100 Maspalomas, Gran Canaria, Spanien | Tel. +34 928 142 218 | www.fincajustusfrantz.com

HOTEL BOTÁNICO & THE ORIENTAL SPA GARDEN

Das Hotel liegt am Fuße des höchsten Berges von Teneriffa – des Pico del Teide – inmitten üppiger Gärten mit fantastischem Blick über Berge und Meer; ganz in der Nähe befinden sich der Strand und das traditionelle Ortszentrum von Puerto de la Cruz. Die Zimmer und Suiten haben teils Blick aufs Meer, teils auf die Berge, und sind luxuriös ausgestattet, meist mit Balkon oder Terrasse. Im Oriental Spa Garden finden Hotelgäste inmitten eines Tropengartens ein umfangreiches Thermalangebot, darunter einen Innenpool, einen beheizten Außenpool, verschiedene Anwendungsräume, Erlebnisduschen und eine thailändische Pagode für Massagen im Freien. Für die aktiveren Gäste bieten zwei Tennisplätze, Fitnessräume und ein Golfplatz Möglichkeiten zu Spiel und Sport. Verschiedene Restaurants locken mit ihrem Ambiente und erlesenen italienischen oder orientalischen Speisen.

Avda. Richard Yeoward, 1 38400 Puerto de la Cruz, Teneriffa, Spanien | Tel. +34 922 381 400 | E-Mail: hotelbotanico@hotelbotanico.com | www.hotelbotanico.com/de

ABAMA GOLF & SPA RESORT

Das Abama Golf & Spa Resort liegt in Guia des Isora, etwa elf Kilometer von den Acantilados de los Gigantos, abseits der Straße vom Pico del Teide nach Los Christianos. Die große Anlage besticht durch afrikanisch-spanisches Design und ist vor allem aufgrund ihres Golfplatzes, der mit einem außergewöhnlichen Parcours lockt, bekannt. Hauptrestaurant ist das M.B., Vorzeigetempel des berühmten Sternekochs Martin Beresategui, der bereits sieben Michelin-Sterne errungen hat. Seine Küche kennzeichnen Kreativität und Erfindungsreichtum ebenso wie Geschmack und Qualität der Zutaten. Das Restaurant selbst strahlt Ruhe und Schlichtheit aus, damit das Erlebnis des Essens absolut im Vordergrund steht.

Carretera General, TF-47, km 9, 38687 Guía de Isora, Teneriffa, Spanien | Tel. +34 922 126 000 | E-Mail: reservations.abama@ritzcarlton.com | www.abamahotelresort.com

FARO CHILL ART

Der kostbar eingerichtete Nightclub gilt als einer der beliebtesten Treffs auf Teneriffa. In den unteren Räumen befinden sich mehrere Bars und eine riesige Tanzfläche. Auf der Dachterrasse laden balinesische Liegen und Cabanas zum Cocktail-Schlürfen ein. Von hier hat man auch einen guten Blick auf die Umgebung.

Centro Comercial Costa Torviscas 79, Playa de las Americas, Teneriffa, Spanien | www.faro.chillart.org

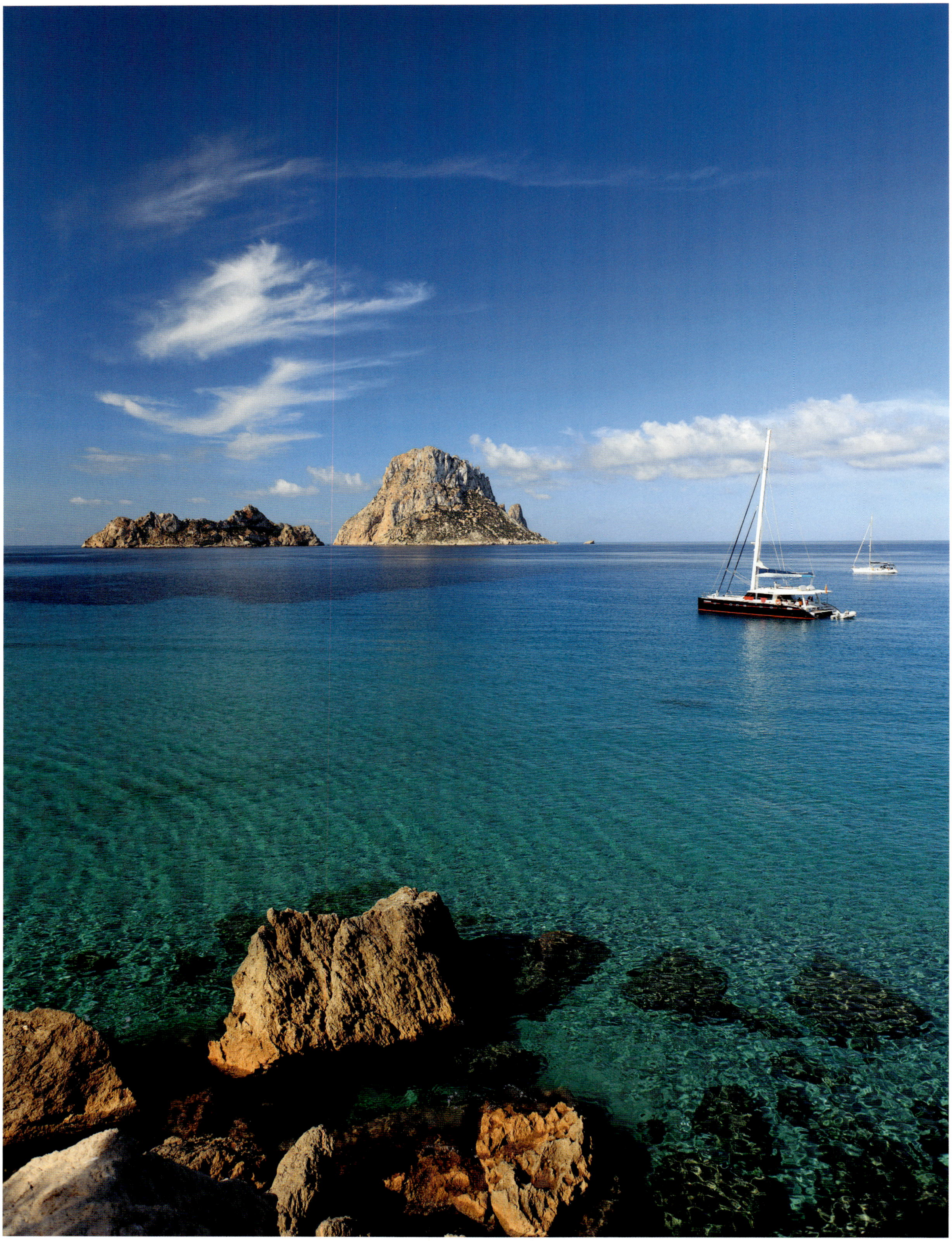

BALEAREN

Perlen im Mittelmeer

Etwa 300 Sonnentage und rund 180 Strände hat auf den Balearen allein schon Mallorca zu bieten. Lange, flache Sandstrände (Platjas), kleine sandige Buchten (Calas) und Kieselstrände an der Steilküste. Kein Wunder, dass hier alljährlich bis zu zehn Millionen Urlauber einfliegen und für jede Menge Trubel, vor allem auf Ibiza, sorgen. Etwas ruhiger geht es auf den Inseln Menorca und Formentera zu. Im Vergnügungsrausch übersehen manche Urlauber die landschaftlichen Schönheiten auf den Inseln.

»Insel des Lichtes« wird Mallorca, die Hauptinsel der Balearen, oft genannt. Viele Künstler hat es wegen der faszinierenden Lichtstimmungen auf der Insel hierhergezogen – von Chopin bis Miró. Wasserratten tummeln sich an den zahllosen Badestränden, Landratten zu Fuß oder auf Fahrrädern erobern die landschaftlichen Schönheiten der Insel, andere machen in den zahllosen Diskotheken die Nacht zum Tage. Aber trotz allem ist Mallorca nicht das »Florida Europas« und auch keine »Nightlife-Insel«, sondern ein Urlaubsparadies mit eigener Identität in Sprache, Kultur, Architektur, Festen, Sitten und Bräuchen.

Durchaus unterschiedlich trotz aller Gemeinsamkeiten sind die drei Schwesterinseln Menorca nördlich von Mallorca, Ibiza und Formentera südlich davon. Ibiza ist weltweit berühmt-berüchtigt für sein ausschweifendes Nacht- und Partyleben bis zum Frühstück am Strand, Formentera gilt als eher ruhige Aussteigerinsel und Menorca präsentiert sich mit seinen zahlreichen prähistorischen Fundstätten als eine Art riesiges Freilichtmuseum, das fast zur Hälfte unter Naturschutz steht.

Schon lange bevor die Balearen zu den beliebten Ferieninseln für sonnenhungrige Urlauber wurden, waren sie begehrtes Objekt phönizischer und griechischer Seefahrer. An die Stelle der Karthager traten 123 v. Chr. die Römer unter dem Konsul Belarius, dem die Inseln ihren Namen verdanken. Den Römern als Besatzern folgten Vandalen, Westgoten und Franken, ehe sich 903 die Mauren auf den Inseln niederließen und sie maßgeblich prägten. Fast 300 Jahre dauerte ihre Herrschaft, bis sie im 13. Jahrhundert im Zuge der Reconquista den spanischen Herrschern weichen mussten. Seither sind die Balearen – außer britischen Intermezzi – eine eigenständige spanische Provinz.

Auf insgesamt 5014 km² leben etwa 870 000 Menschen. Sie sprechen Katalanisch, eine alte Literatursprache, die dem kastilischen Spanisch nahe verwandt ist.

Die meisten der Inseln sind hügelig bis bergig, höchste Erhebung ist mit 1445 m der Puig Major auf Mallorca. Das Klima ist gemäßigt mediterran mit trockenwarmen Sommern und milden Wintern, weshalb die Mandelblüte schon Ende Januar beginnt. 300 Sonnentage gibt es auf der Hauptinsel Mallorca. Tourismus, Dienstleistungsgewerbe und Bauwirtschaft haben mittlerweile die Balearen zu einer der wohlhabendsten spanischen Provinzen gemacht. Der Anteil der Landwirtschaft an der Wertschöpfung allerdings ist im gleichen Zeitraum drastisch gesunken, und das traditionelle Fischereigewerbe leidet zunehmend unter der Überfischung des Mittelmeeres. Hauptanbauprodukte sind Tomaten, Zitrusfrüchte, Aprikosen, Mandeln, Oliven, Johannisbrot und Wein. In den Steineichenwäldern und in der Macchia wird Schweinezucht betrieben.

Zahlreich sind die Feste, die es auf den Balearen gibt. Am Heiligdreikönigstag zum Beispiel wird in Palma mit Schiffssirenen und einem prachtvollen Feuerwerk gefeiert. Besonders eindrucksvoll ist die Semana Santa, die Karwoche in Artá, Sineu und Pollença, wo alljährlich das Historienspektakel »Moros i Cristians« über die (Straßen-)Bühne geht. Petra hingegen ist berühmt für sein Mandelblütenfest, Vilafranca de Bonany für sein Melonenfest und Binissalem für sein Weinfest – um nur einige der balearischen Feste zu nennen.

Die Serra de Tramuntana bei Sa Calobra auf Mallorca.

Bild links: Die kleine Bucht Cala d'Hort auf Ibiza bietet fantastische Aussichten.

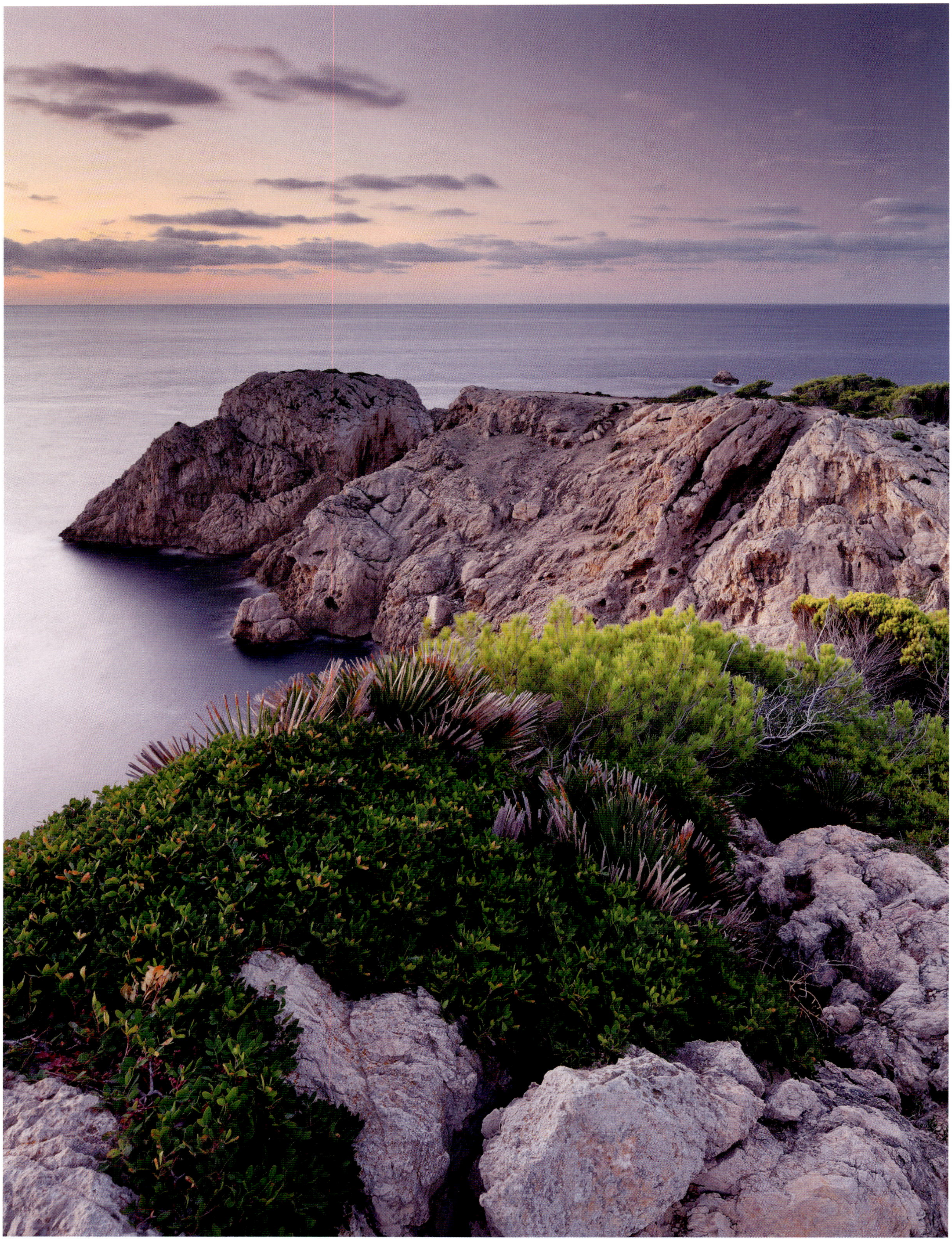

REISEROUTE

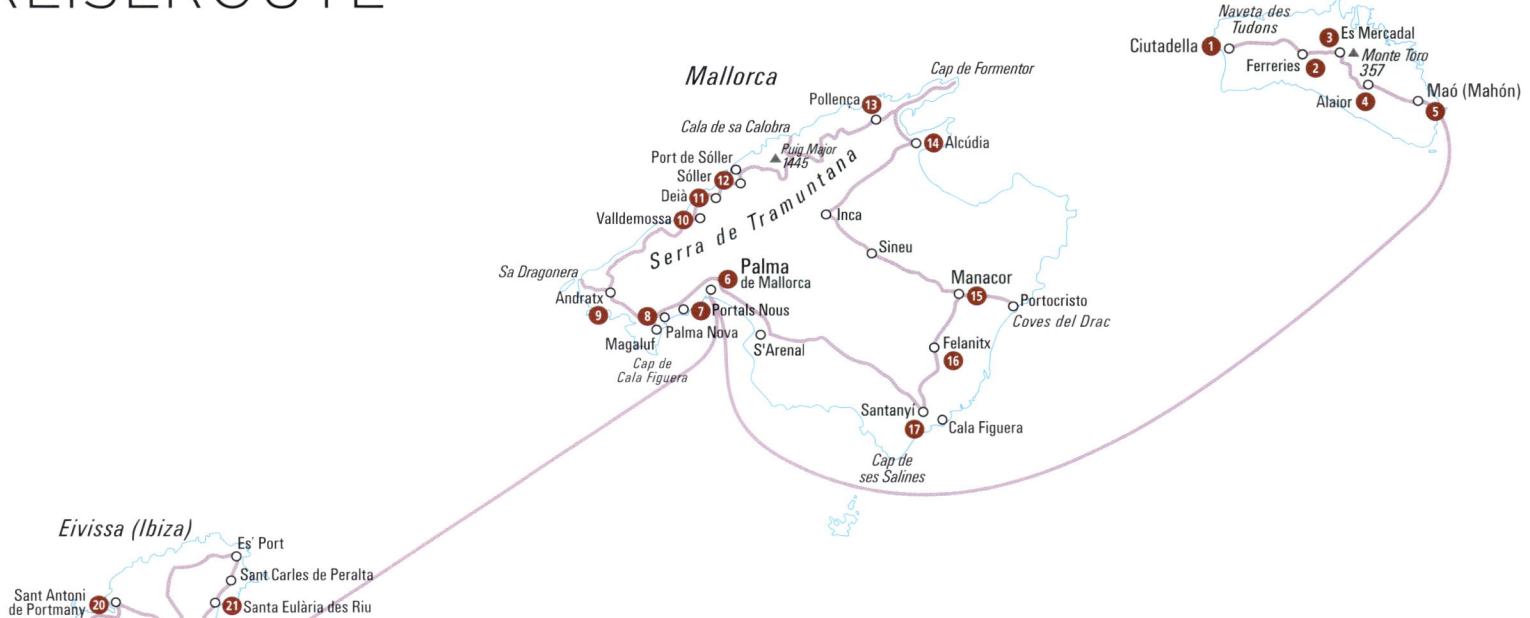

Die Traumroute quer über die Balearen beginnt in Ciutadella auf Menorca und führt durch die Insel bis Maó an der Ostküste und von dort mit dem Fährschiff nach Palma de Mallorca. Nach der anschließenden Inselrundfahrt auf Mallorca geht es wieder mit der Fähre weiter zur Nachbarinsel Ibiza und zu deren Zentrum Eivissa, von dort setzt man zur Insel Formentera über.

ROUTENLÄNGE: ca. 400 km (ohne Überfahrt)
ZEITBEDARF: 10 Tage
START: Ciutadella (Menorca)
ZIEL: Eivissa (Ibiza)

ROUTENVERLAUF: Ciutadella, Alaior, Palma de Mallorca, Valldemossa, Pollença, Manacor, Eivissa, Formentera

BESTE REISEZEIT: Die Inselgruppe sind fast ganzjährig als Urlaubsziel zu besuchen. Baden kann man von Mai bis Oktober.

ÜBERNACHTUNG: Besonders auf Mallorca gibt es Hotels in allen Preisklassen. Informationen zu Fincas: Associacio Agroturisme Balear, www.agroturismo-balear.com und www.rusticbooking.com

VERKEHRSHINWEISE:
Auf den Balearen herrscht Rechtsverkehr und Anschnallpflicht. Gelbe Randstreifen bedeuten Halteverbot; blaue Parkscheine lösen, sonst ist mit hohen Strafen zu rechnen.

AUSKÜNFTE:
Spanisches Fremdenverkehrsamt
Kurfürstendamm 63
10707 Berlin
Tel. (030) 882 65 43, Fax (030) 882 66 61, berlin@tourspain.es

Die Altstadt von Ibiza gehört zum UNESCO-Weltkulturerbe.

Bild links: Die Steilküste von Capdepera auf Mallorca.

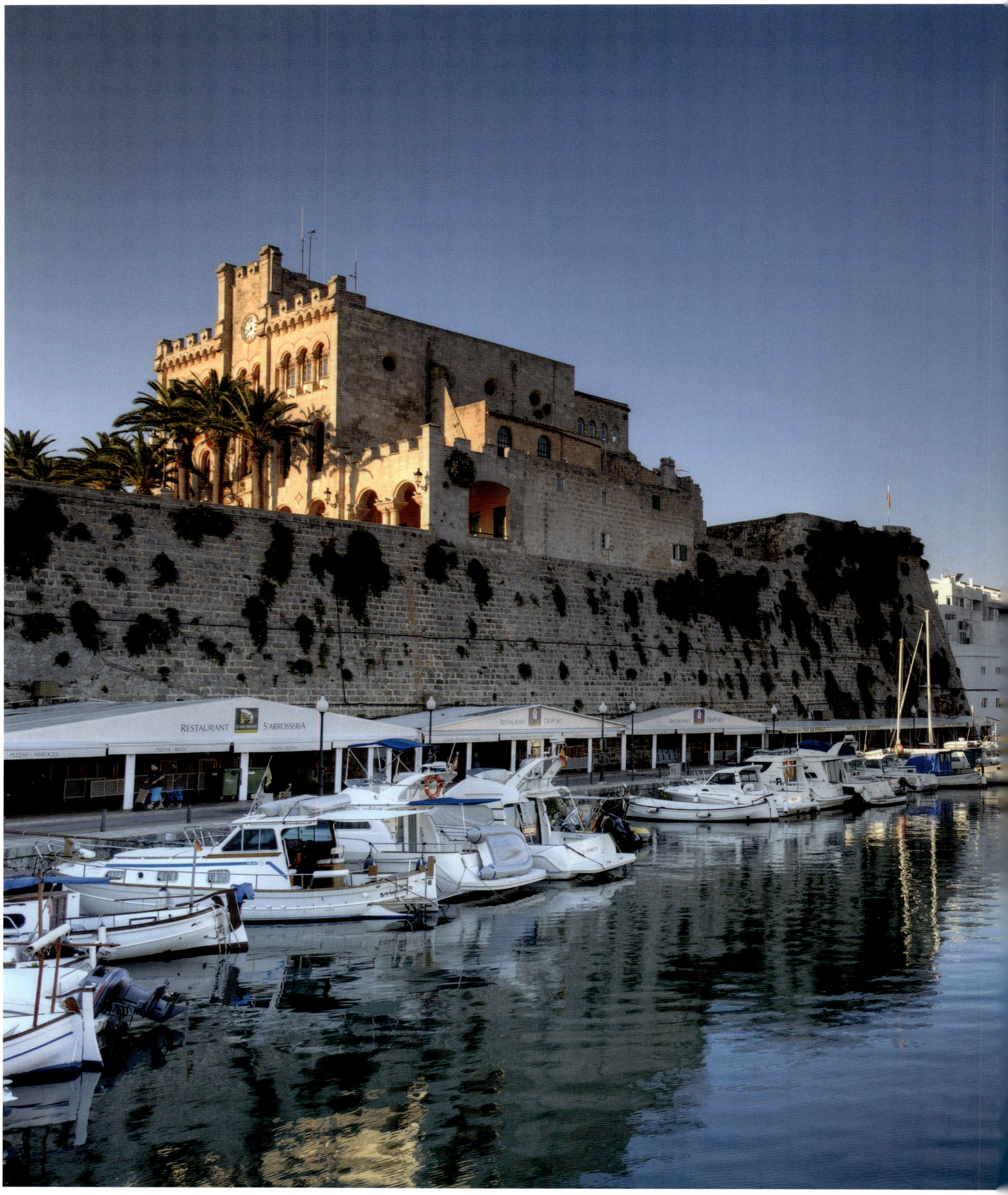
RESTAURANT
S'ARROSSERIA

MENORCA

❶ CIUTADELLA

Dank der malerischen Altstadt, die am Ende eines langgestreckten, engen Naturhafens liegt, gilt der knapp 30 000 Einwohner zählende Ort an der Westküste Menorcas als schönster der Insel. Einen Bummel durch die engen Gassen des Viertels lohnt. An der weitläufigen Plaça des Born bilden Bauten im maurisch-spanischen Stil wie das 1558 entstandene Rathaus einen besonderen Blickfang. Die gotische Kathedrale wurde nach der Eroberung Menorcas durch Alfons III. zwischen 1302 und 1362 an der Stelle eines zerstörten maurischen Gotteshauses errichtet. Auch das Castell de Sant Nicolau aus dem 17. Jh, das über der Hafeneinfahrt von Ciutadella thront, ist sehenswert. Rund um Ciutadella erstrecken sich Sandstrände wie Cala Macarelleta, Cala Morell oder Cala Blanca sowie die Strände von Algayarens mit Wassersportmöglichkeiten. 5 km östlich steht der bedeutendste prähistorische Bau Menorcas, die Naveta des Tudons, eine Grabanlage aus dem 2. Jahrtausend v. Chr. Ganz in der Nähe befindet sich Torre Trencada, eine megalithische Taula mit einem Steinkreis und Höhlen.

Trepucó ist eine der archäologischen Ausgrabungsstätten Menorcas.

PRÄHISTORISCHE KULTUREN

Vermutlich sind die Balearen schon während der späten Kupferzeit, also seit dem 3. Jahrtausend v. Chr., von der Iberischen Halbinsel aus besiedelt worden. Davon zeugen bis heute die Überreste der Navetas (Schiffchen), also megalithische Grab- und Kultstätten, die wie umgestülpte Schiffsrümpfe aussehen. Während der späten Bronzezeit entwickelte sich auf den Balearen die sogenannte Talayot-Kultur (von arabisch atala-ya = Wachturm) mit ihren runden, turmartigen Steinbauten aus Kalksteinblöcken, ähnlich den sardischen Nuraghen. Auf Menorca und Mallorca finden sich Aberhunderte davon. Nur auf Menorca hingegen stößt man massenweise auf Taulas, mehrere Meter hohe Steinblöcke mit einer krönenden Steinplatte, wie überdimensionale Steintische. Bis heute ist ungeklärt, ob diese prähistorischen Bauten kultischen oder astronomischen Zwecken dienten.

Bild links: Ciutadella – ehemalige Hauptstadt Menorcas.

❷ FERRERIES

Von Ciutadella führt die C721 quer durch die Insel nach Ferreries in der Inselmitte, wo die sehenswerte Kirche Sant Bartomeu (17./18. Jh.) steht. Südlich des Ortes liegen die Ruinen der 4000 Jahre alten Siedlung Son Mercer de Baix. Südwestlich davon kann man durch die zauberhafte, 6 km lange Schlucht Barranc d'Algendar mit bis zu 80 m hohen Felswänden wandern, die bis zur Cala Galdana an der Südküste führt. In der Schlucht liegt auch die archäologische Höhle Sa Cova des Càrritx.

❸ ES MERCADAL

Der Ort mit seinen weiß getünchten Häusern wird überragt von einer zum Restaurant umgebauten Windmühle. Auch ansonsten ist Mercadal bekannt für seine ausgezeichneten Restaurants. Einen Besuch wert sind die Reste der riesigen maurischen Zisterne Aljub, die noch heute genutzt wird. Wer gern wandert, sollte den nahe gelegenen Monte Toro besteigen, mit 357 m die höchste Erhebung Menorcas mit einer Christusstatue und tollem Rundblick über die Insel.

Von Mercadal aus lohnt sich ein Ausflug zum nördlichsten Punkt Menorcas, dem 90 m hohen Cap de Cavalleria mit seinem Leuchtturm. Hier befindet sich außerdem ein interessantes Freilichtmuseum mit Ausstellungen zu Historie, Flora und Fauna. Ebenfalls eine Stippvisite wert ist der Ort Fornells an einer tief ins Land ragenden Bucht, an der ein schöner Sandstrand, ein Golfplatz und das Spezialgericht »caldereta de langosta«, ein köstlicher Langusteneintopf, warten.

❹ ALAIOR

Von Mercadal führt die Straße weiter zum drittgrößten Ort Menorcas, bekannt für seinen Käse »Queso Mahón« und seine Schuhproduktion. Sehenswert sind die Kirchen Santa Eulária und San Diego sowie der verträumte Friedhof Cementiri. In der Umgebung liegen die prähistorischen Fundstätten Torralba d'en Salort und Torre d'en Gaumés, die größte Anlage dieser Art auf Menorca.

❺ MAÓ

Von Alaior aus führt die Straße fast schnurgerade weiter nach Maó, auch Mahón genannt, die Hauptstadt Menorcas. Besichtigen sollte man vor allem die Kirche Santa Maria mit ihrer prachtvollen Orgel und den Mercat Claustre del Carme. Dieser Fisch- und Gemüsemarkt residiert in dem Kreuzgang eines ehemaligen Klosters. Das Museu de Menorca wartet mit einer umfangreichen archäologischen Sammlung auf. An der Promenade von Port Maó, dem größten Naturhafen Europas, locken zahlreiche Restaurants, Bars und Boutiquen. Auch in dem lebhaften historischen Zentrum finden sich viele Einkaufs- und Ausgehmöglichkeiten. Die aus dem 11. Jh. stammende Festung Sant Felipe an der Hafeneinfahrt wurde zum Schutz vor plündernden Korsaren errichtet. In der Umgebung von Maó liegen mehrere prähistorische Denkmäler wie die Taula de Trepucó und die Ruinen der Siedlung Talati de Dalt. Maó ist durch regelmäßig verkehrende Fähren mit Palma de Mallorca verbunden.

Bild oben: Die Cala Macarella gehört zu den beliebtesten Badebuchten Menorcas.

MALLORCA

❻ PALMA DE MALLORCA

Schlicht La Ciutat, die Stadt, nennen die Mallorquiner die Hauptstadt der Balearen. Das unbestrittene Zentrum des internationalen Fremdenverkehrs der Inselgruppe erstreckt sich am Ende der breiten Bucht von Palma an der Südwestküste Mallorcas.

Mit ihrem mittelalterlichen Stadtkern, dem »centro histórico«, ist Palma de Mallorca eine der schönsten Städte Spaniens, überragt von der mächtigen gotischen Kathedrale La Seu, einem der prunkvollsten Kirchenbauten der Welt. Sie steht auf den Grundmauern einer maurischen Moschee. Das 44 m breite Mittelschiff beeindruckt vor allem durch seine gewaltige Breite, die unvollendeten Haupttürme sind 67,5 und 47,8 m hoch und spiegeln sich wider im künstlich angelegten See Parc de la Mar. Die 11,5 m große Buntglasrosette an der Apsis zählt zu den größten ihrer Art.

Neben der Kathedrale gibt es noch 30 weitere Kirchen in der Stadt, darunter Sant Francesc mit dem längsten Kreuzgang Europas und dem Grab von Ramón Llulls, dem »spanischen Luther« (1235-1315).

Sehenswerte weltliche Bauwerke sind der Palau Reial de l'Almudaina (13. Jh.), den Mallorcas erster König Jaume I. (1276-1311) über dem maurischen Schloss errichten ließ, und die spätgotische Seehandelsbörse Sa Llotja (15. Jh.) sowie Reste der maurischen Bäder Banys Arabs und nicht zu vergessen insgesamt 72 ehemalige Stadtpaläste mit schönen Innenhöfen - den sogenannten Patios.

Flanieren, einkaufen und sich (nachts) amüsieren kann man entlang des platanengesäumten Passeig des Born und rund um die malerischen Plätze Plaça Major, Plaça Cort und Plaça Weyler mit schönen Jugendstilfassaden, wie dem Teatro Principal, dem Gran Hotel und dem Museu d'Art Espanyol Contemporani. Weitere sehenswerte Museen sind das Museu de Mallorca (Volkskunde und Maurenzeit), Casal Solleric (moderne Kunst) sowie die Kunstzentren Pelaires und Sa Nostra - und natürlich die Fundació Pilar i Joan Miró.

Ausgiebig Zeit zum Shopping hat man außer am Passeig des Born in der Avinguda Jaume III und in den von der Plaça Major abzweigenden Gassen und Straßen. Kulinarisches wird auf dem Mercat de l'Olivar an-

Abends wird die Altstadt von Palma hübsch illuminiert.

geboten. In den Straßen und Gassen zwischen Sa Llotja und dem Passeig Marítim tobt das Nachtleben Palmas.

Auf einem 140 m hohen Hügel erhebt sich das Castell de Bellver, dessen Bau von Jaume II. um 1309 in Auftrag gegeben wurde. Die strategisch an günstiger Stelle errichtete Burg dominiert die Bucht von Palma. Die Verteidigungsanlage fungierte zeitweise als Gefängnis für politische Häftlinge. Vom Dach des Kastells kann man einen wunderschönen Ausblick auf Palma de Mallorca und die Serra de Tramuntana genießen. In der westlichen Vorstadt von Palma, unterhalb des Castell de Bellver und der Fundació Pilar i Joan Miró, in der seit 1993 etwa 3000 Werke des Künstlers hängen, liegt der Palacio de Marivent, die Sommerresidenz des spanischen Königs.

Palma liegt an der Nordspitze der Badia de Palma, der zweitgrößten Bucht Mallorcas mit flach ins Wasser führenden Sandstränden. Sie gehören zu den beliebtesten Stränden auf Mallorca. Dadurch ist der 1997 fertiggestellte Flughafen Son Sant Joan südöstlich von Palma zum größten Charterflughafen Europas geworden. Von hier aus ist es fast nur ein Katzensprung zu den drei bekanntesten Urlaubsorten an der Ostküste der Badia: Can Pastilla, Ses Maravelles, S'Arenal – ein Küstenstreifen, an dem bezüglich Strand- und Wassersport so gut wie alles geboten wird, einschließlich einem ausschweifenden Nachtleben, vor allem in Ses Maravelles.

Bild oben: Die Kathedrale La Seu aus dem 13. Jh. gehört zu den schönsten Kirchenbauten der Welt.

❼ PORTALS NOUS

Der Weg entlang der Westküste der Badia de Palma führt zunächst nach Portals Nous mit seinem großen Yachthafen entlang der Flaniermeile am Wasser mit all ihren Edelrestaurants, Bars und der Platja d'Illetes. Familien mit Kindern sei auf jeden Fall das nahegelegene »Marineland« auf dem Weg nach Palmanova empfohlen. Hier gibt es ein preisgekröntes Delfinarium und spektakuläre Shows mit exotischen Vögeln, Seelöwen und Pinguinen.

❽ PALMA NOVA/MAGALUF

Die zwei inzwischen zusammengewachsenen Orte sind fest in britischer Hand. Bis zur südlichen Landspitze der westlichen Badia de Palma reihen sich die Strandbuchten aneinander bis zum Cap de Cala Figuera. Alle Badeorte an der Westküste der Badia de Palma gehören verwaltungstechnisch zu Calvía, einer Kleinstadt, der 1997 von der EU ein Umweltpreis zugesprochen wurde.

❾ ANDRATX

Von Palmanova führt die C719 weiter nach Andratx durch die Urlaubsorte Santa Ponça und Peguera. An der nahegelegenen Cala Fornells ist die Feriensiedlung des Architekten Pedro Otzoup einen Besuch wert. Wesentlich beschaulicher geht es in Andratx selbst zu, z. B. mittwochs auf dem Wochenmarkt. Sehenswert ist das neugotische Stadtschloss Son Mas mit seinen »talaias« (Wehrtürmen). Das etwas südlich gelegene Port d'Andratx ist einer der schönsten Naturhäfen Mallorcas mit zahlreichen Luxusyachten vor Anker, Auge in Auge mit dem sehenswerten Cap de sa Mola. Ehe die Fahrt weitergeht nach Valldemossa, sollte man unbedingt einen Ausflug nach Sant Elm machen, denn von hier aus verkehrt eine Fähre hinüber zum Parc Natural auf der Insel Sa Dragonera (15 min.). Über 320 Pflanzenarten hat man hier gezählt, seltene Vogelarten brüten hier, darunter die schwarzen Eleonorenfalken. Wieder zurück in Andratx, führt die kurvenreiche Straße parallel zum Verlauf der Küste bis nach Banyalbufar, einem der stimmungsvollsten Orte Mallorcas mit steilen Treppengassen links und rechts der Straße, Terrassengärten maurischer Herkunft und herrlichen Ausblicken auf das Meer. In der Umgebung liegen Ruinen ehemaliger Wehrtürme, wie der Mirador de Ses Animes und der Mirador de Ricardo Roca.
Von Banyalbufar aus lohnt sich eine kleine Fahrt ins Inselinnere nach Puigpunyent im Herzen der Serra de Tramuntana, die am Galatzó auf 1026 m Höhe ansteigt. Der Berg liegt im Naturpark Reserva Puig de Galatzó mit spektakulären Wasserfällen und einem Naturlehrpfad.

❿ VALLDEMOSSA

Wieder zurück auf der C710, führt die Straße weiter zu diesem viel besuchten Bergdorf am 1064 m hohen Puig de Teix mit seiner berühmten Kartause, deren Mönchszellen bereits im 19. Jh. in Zwei- bis Dreizimmer-Wohnungen umgewandelt wurden. Hier lebten 1838/39 Frédéric Chopin und George Sand, was seither Musikliebhaber aus aller Welt anlockt. Im August findet hier alljährlich ein Chopin-Festival statt. Im nahe gelegenen Port de Valldemossa thront Son Marroig, die einstige Sommerresidenz des österreichischen Erzherzogs Ludwig Salvator, die man besichtigen kann.

⓫ DEIÀ

Seit Langem ist das idyllische Bergdorf wegen seiner Lage und Lichtstimmungen eine Art Künstlerkolonie – berühmte Namen sind Robert Graves, Ernst Fuchs, Arik Brauer, Eric Clapton und Mike Oldfield. Nördlich davon hängen im beschaulichen Ort Lluc Alcari die Häuser wie Schwalbennester am Fels.

Bild: Von Son Marroig hat man eine grandiose Aussicht.

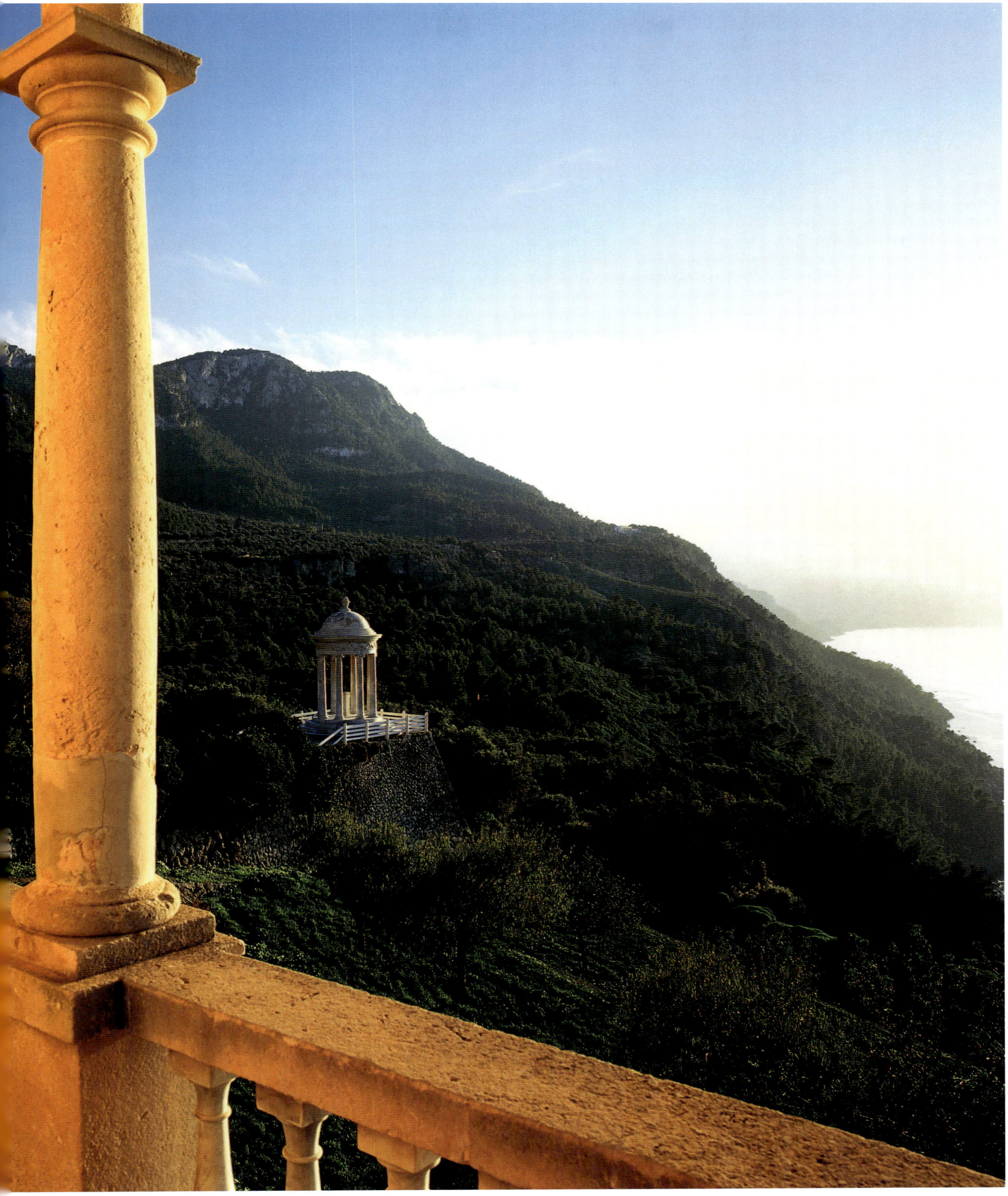

⓬ SÓLLER/PORT DE SÓLLER

Die Kleinstadt liegt in einem von steilen Bergflanken eingeschlossenen Talkessel, umgeben von Orangen- und Feigenplantagen. Sehenswert sind die Kirche Sant Bartomeu und die Häuserfassaden ringsum. Alljährlich sorgt das Historienspektakel »Moros i Cristians – Ses valentes dones« (Mauren und Christen und ihre tapferen Frauen) am Strand für Aufregung, das an den Sieg der Frauen von Sóller über türkische Piraten erinnert. Wenige Kilometer entfernt liegt an der Küste Port de Sóller. Der quirlige Hafenort ist berühmt wegen seiner kreisförmigen Bucht sowie für seine Straßencafés und guten Restaurants. Wieder zurück auf der C710, vorbei am 1445 m hohen Puig Major, zweigt linkerhand eine serpentinenreiche Nebenstraße ab hinüber zur Cala de sa Calobra mit der Schlucht des Torrent de Pareis.

⓭ POLLENÇA UND CAP DE FORMENTOR

Der einige Kilometer abseits der Küste gelegene Ort gilt als Kulturhauptstadt Nordmallorcas. Die Kunstschaffenden, die sich hier niedergelassen haben, verleihen ihm ein unkonventionelles Flair. In den engen Gassen der schönen Altstadt sind viele edle Designerläden und Kunsthandwerksbetriebe ansässig, an der von Platanen bestandenen Plaça Major, dem zentralen Treffpunkt von Jung und Alt, gibt es jede Menge Straßencafés und Restaurants, die zum gemütlichen Verweilen einladen. Die Kirche Nostra Senyora dels Àngels an der Nordseite des Platzes stammt ursprünglich aus dem 13. Jh. und wurde zu Beginn des 20. Jh. innen mit Werken moderner Künstler ausgestattet. Die Büßertreppe führt über 364 Stufen hinauf zum Kalvarienberg in 170 m Höhe mit herrlichem Blick über die Stadt und ihr Umland. Ein Ausflug zu den spektakulären Klippen am Cap de Formentor, dem nördlichsten Punkt der Balearen-Insel, gehört unbedingt dazu. Von Port de Pollença aus schlängelt sich eine Serpentinenstraße durch die stark zerklüftete Gebirgslandschaft der Halbinsel Formentor und eröffnet immer wieder neue atemberaubende Ausblicke auf die bis 384 m aufragenden Felswände der Steilküste. Direkt am Kap weist ein Leuchtturm Schiffen den Weg.

Der geschützte Hafen und eine Schmalspurbahn sind die Highlights von Sóller.

Bild oben: Der Leuchtturm an der Steilküste von Cap de Formentor.

Der natürliche Felsbogen Es Pontas liegt vor der Cala Santanyi.

⓭ ALCÚDIA

Von Pollença führt die Straße entlang des Küstenverlaufs der Badia de Pollença weiter nach Alcúdia, einst maurische Hauptstadt der Insel und Tor zur Halbinsel La Victoria und zum Cap d'es Pinar. In dem Ort selbst sehenswert ist die Stadtmauer aus dem 13. Jh. mit zwei Stadttoren, innerhalb deren die Kirche Sant Jaume steht. Die Bucht zwischen Pollença und Alcúdia/Cap d'es Pinar ist nahezu 30 km lang und gesäumt von schier endlosen Stränden.

Von Alcúdia führt die Route in Richtung Süden bis nach Inca, der drittgrößten Stadt Mallorcas, die bekannt ist für ihre traditionellen Kellerlokale und ihre Lederwaren. Von dort geht es ins Landesinnere bis Sineu im Herzen der Insel. Sehenswert sind dort die alte Dorfkirche und der Palacio Real, heute ein Nonnenkloster. Wer es einrichten kann, sollte das Mandelblütenfest in Petra im Februar (zweiter Sonntag) auf dem Weg nach Manacor und das Melonenfest in Vilafranca de Bonany Ende August/Anfang September besuchen – der Ort ist berühmt für seine honigsüßen Melonen.

⓮ MANACOR

Die zweitgrößte Stadt Mallorcas ist ein Verkehrsknotenpunkt und bisher vom Massentourismus weitgehend verschont geblieben. Bekannt ist sie für ihre Kunstperlenproduktion auf Naturstoffbasis. Von hier aus lohnt sich ein Ausflug an die Küste nach Portocristo, v. a. wegen der Coves del Drac, riesiger Tropfsteinhöhlen, mit dem größten unterirdischen See Europas.

⓯ FELANITX

Die am Rand des Serres de Llevant, eines Mittelgebirges im Südosten Mallorcas, gelegene Stadt hat viel von ihrem ursprünglichen Charme bewahrt. Viele Touristen nutzen sie als Ausgangspunkt für Ausflüge zur Ruine des mittelalterlichen Castell de Santueri oder auf den 509 m hohen Puig de Sant Salvador, auf dem ein Kloster mit einer kostbar ausgestatteten Wallfahrtskirche thront. Die Mönche haben das Kloster unterdessen verlassen und man kann hier als Gast gut essen und übernachten. In Felanitx laden malerische Altstadtgassen mit guten Einkaufsmöglichkeiten zu einem Bummel ein. Die Kirche Sant Miquel erreicht man über eine imposante Freitreppe.

⓰ SANTANYI

Noch weiter südlich kommt man in einen Ort, in dem sich Kunsthandwerker, Galeristen und Gastronomen zusammengefunden haben, zumeist im Dienst deutscher Residenten in der Umgebung. Unweit davon erstreckt sich die Cala Figuera, einer der schönsten Urlaubsorte Mallorcas. Oder man macht einen kleinen Schlenker vorbei an alten Windmühlen bei Ses Salines bis zum Küstenort Còlonia de Sant Jordi. Weiter geht die Fahrt in Richtung Campos und von dort zum Marktflecken Llucmajor mit dem nahe gelegenen 549 m hohen Puig de Randa, auf dem gleich drei Klöster nisten.

Über den berühmt-berüchtigten Urlaubsort S'Arenal geht es zurück nach Palma de Mallorca, von wo aus eine Fähre regelmäßig hinüber nach Ibiza verkehrt.

Bild rechts: Die kleine Bucht Cala S'Amonia gilt noch immer als Geheimtipp.

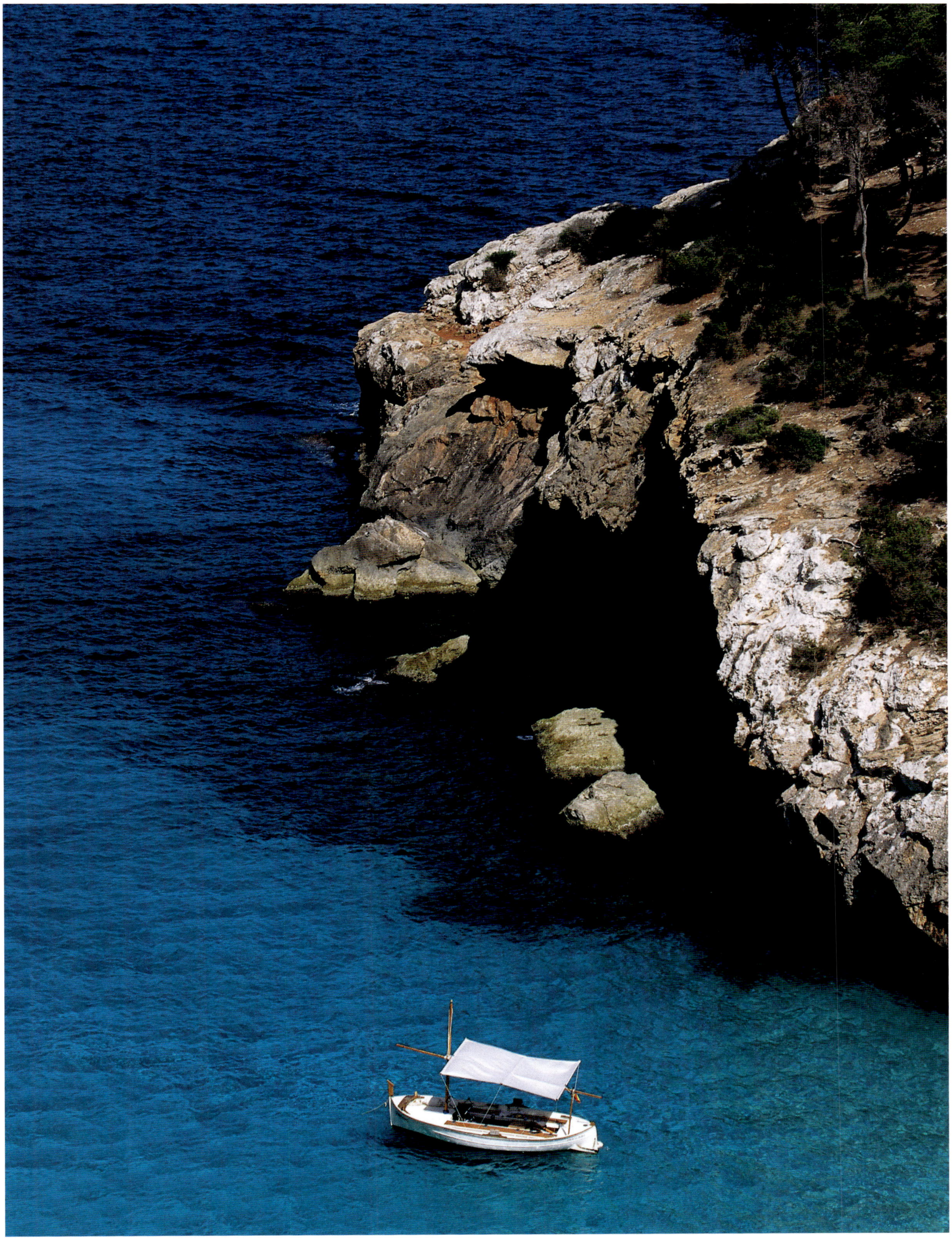

IBIZA

⓲ EIVISSA

Die Hauptstadt Ibizas ist eine karthagische Gründung und eine der ältesten mediterranen Metropolen. Verschachtelte weiße Häuserkuben und eine ockerfarbene Festungsmauer drumherum, überragt von der Kathedrale, prägen das Bild der Altstadt. Sie besteht aus zwei Teilen: der Oberstadt Dalt Vila innerhalb der Festungsmauern und der Unterstadt mit dem ehemaligen Fischerviertel Sa Penya und dem alten Hafenviertel La Marina. Hier beginnt für viele Besucher die Stadterkundung, vorbei am Korsarendenkmal in der Passeig des Moll, schräg gegenüber der Kirche Sant Elm. Durch das Viertel Sa Penya zieht sich die schmale Carrer de la Verge hindurch mit all den Boutiquen, die den spielerisch verwahrlosten Ibiza-Look berühmt gemacht haben. Die denkmalgeschützte Oberstadt Dalt Vila ist von einem vollständig erhaltenen Mauerring aus dem 16. Jh. umgeben und kann durch drei Tore betreten werden, den Haupteingang bildet das Portal de ses Taules. Am höchsten Punkt von Dalt Vila ragt die Kathedrale Santa Maria de las Nieves in den Himmel, eingerahmt vom Bischofspalais und einem archäologischen Museum und überragt vom Kastell. Auf dem Weg in die Unterstadt kommt man an der dem Stadtheiligen gewidmeten Kapelle Sant Ciriac und der Barockkirche Santo Domingo vorbei.

⓳ CAP JUEU

Die Weiterfahrt in südwestliche Richtung über Sant Josep de sa Talaia und Cala d'Hort führt zum Cap Jueu, der Südwestspitze der Insel. Nach einem kleinen Fußmarsch erreicht man hoch über der Steilküste den Torre del Pirata (18. Jh.). Die Weiterfahrt führt küstenparallel über die moderne Feriensiedlung Cala Vedella nach Sant Antoni de Portmany.

⓴ SANT ANTONI DE PORTMANY

Der Ort gehört zu den großen Touristenzentren Ibizas mit einem sehenswerten alten Stadtkern. Frequentiert werden sie von einem weitgehend jugendlichen Publikum, was für eine ausgesprochen lebendige Atmosphäre sorgt – nicht nur nachts, sondern auch tagsüber an den umliegenden Stränden entlang der Bucht Badia de Sant Antoni, wie

FORMENTERA

Cala Tarida, Cala Comte, Cala Bassa, Cala Grassico, Cala Salada und Punta Sa Galera.

㉑ SANTA EULÀRIA DES RIU
Wer dem Trubel in Eivissa zumindest zeitweise enfliehen und die Insel erkunden möchte, sollte sich zurück in Richtung Osten bewegen bis zu diesem wesentlich ruhigeren Ort. Überragt wird das Städtchen von den weißen Mauern der Kirche Santa Eulária (16. Jh.) auf einem 52 m hohen Hügel. Im Lauf der Jahre ist der Hippiemarkt im 6 km entfernten Es Canyar zu einem beliebten Spektakel angewachsen.
Von Santa Eulária führt die Straße weiter nach Sant Carles de Peralta, wo samstags ein Kunsthandwerksmarkt stattfindet. Weiter Richtung Norden kommt man nach Es' Port an der Cala de Sant Vicent. Über den landeinwärts gelegenen Ort Sant Vicent de sa Cala geht es weiter durch die Serra de la Mala Costa zum Dorf Sant Joan de Labritja. Von hier aus führt die Straße in westlicher Richtung über Santa Gertrudis de Fruitera zurück nach Eivissa.

㉒ FORMENTERA
Ab Eivissa verkehrt eine Fähre nach Port de la Savina auf der nur etwa 100 km² großen Schwesterinsel Formentera. Sie gilt noch immer als Traumziel für all jene, die reif für die Insel sind. Ihre Anziehungskraft verdankt sich nicht zuletzt den einzigartigen Lichtverhältnissen, dem glasklaren Wasser des Meeres und feinsandigen, kilometerlangen Badestränden wie denen von Illetes und Llevant im äußersten Norden oder der sich über sechs Kilometer hinziehenden Platja de Migjorn an der Südküste. Sandige Buchten wechseln sich allerorten ab mit Klippen, Pinienwälder mit Kornfeldern und Weingärten, dazwischen stehen immer wieder einsame Fincas. Der Duft von Rosmarin, Lavendel, Thymian hängt fast überall in der Luft und beflügelt Radfahrer oder Wanderer auf der Strecke von La Savina bis Sant Francesc und von dort über Sant Ferran de ses Roques bis nach El Pilar de la Mola im äußersten Osten der Insel. Der den Sommer über mittwochs und samstags in den Abendstunden stattfindende Hippiemarkt von El Pilar erinnert an die Zeit, als Formentera ein Mekka für Aussteiger war.

Bild oben: Vor Ibiza liegen die kleinen, unter Naturschutz stehenden Inseln Es Vedrá und Es Vedranell.

HOT SPOTS

Die Balearen mit den Inseln Mallorca, Menorca, Ibiza und Formentera gehören zu den beliebtesten Ferienzielen Europas. Die hier ausgewählten Hotels und Restaurants sind jedoch lediglich eine Auswahl für Menschen, die das Besondere schätzen: die abgeschiedene Lage, das schöne Ambiente, die Wellnessangebote oder die auserlesenen Speisen.

HOTEL RURAL MORVEDRA NOU

Dieses Landhotel mit seinen 19 Zimmern liegt im Süden Menorcas, etwa sieben Kilometer von Ciutadella; untergebracht ist es in einem umgebauten Landhaus aus dem 17. Jahrhundert. In dieser ländlichen Idylle dürfen die Gäste Ruhe und Abgeschiedenheit genießen. Im großen Garten trägt ein Pool zur Entspannung bei; für das leibliche Wohl ist in Bar und Restaurant bestens gesorgt. Wem der Sinn nach noch mehr Aktivitäten steht, kann hier Fahrräder ausleihen.

Camí de Sant Joan de Missa, km 7, 07760 Ciutadella de Menorca, Menorca, Spanien | Tel. +34 971 35 95 21 oder +34 971 35 95 12 |
E-Mail: morvedra@morvedranou.es | www.morvedranou.es/de

Der kleine Fischerort Alcaufar lädt zum Bummeln ein.

HOTEL RURAL ALCAUFAR VELL

Das Hotel liegt in zauberhaft ländlicher Umgebung, nur zwei Kilometer vom Dorf San Lluis und dem Strand von Cala Alcaufar entfernt. Nach Mahó sind es etwa zehn Kilometer. Das geschichtsträchtige Gebäude stammt aus dem 14. Jahrhundert, wurde vor Kurzem komplett renoviert und bietet allen Luxus und Komfort, den man sich nur wünschen kann. Die 21 Gästezimmer sind voll klimatisiert und verfügen über Internetzugang. Im herrlichen Garten lädt das schimmernde Wasser des Pools zum Schwimmen ein, ein Tennisplatz lockt die Tennisbegeisterten; Tauchen, Surfen, Segeln und Kanufahren können arrangiert werden. In Bar und Restaurant findet der Tag seinen kulinarischen Höhepunkt. Weitere Restaurants sind in weniger als fünf Minuten erreicht.

Carretera Alcalfar, km 8, 07710 Sant Lluis, Menorca, Spanien |
Tel. +34 971 15 18 74 | E-Mail: hotel@alcaufarvell.com | www.alcaufarvell.com

Die geschmackvoll eingerichteten Zimmer des Sant Joan de Binissaida.

HOTEL SANT JOAN DE BINISSAIDA

Das Sant Joan de Binissaida liegt nur zehn Minuten von Mahó-Zentrum zwischen Es Castell und Sant Lluís; es handelt sich um ein luxuriöses Landhotel in einem Herrenhaus (18. Jh.), dessen Ursprünge auf einen menorquinischen Bauernhof mit arabischen Wurzeln zurückgehen. Das Meer ist in zehn Gehminuten zu erreichen. Die zwölf Zimmer mit Namen wie »Wagner-Suite« oder »Mozartzimmer« sind alle im typisch menorquinischen Stil eingerichtet, jedes davon besitzt einen ganz individuellen Charme. Der Swimmingpool des Hotels und das reiche Angebot an Massagen lassen Körper und Seele zur Ruhe kommen. Das hoteleigene Restaurant bietet schmackhafte Gerichte mit frischem Fisch und Fleisch sowie Gemüse aus dem eigenen Garten und ist mit dem berühmten Restaurant Ses Forquilles in Mahó verbunden.

Camí de Binissaida 108, 07720 Es Castell, Menorca, Spanien |
Tel. +34 971 355 598 | E-Mail: santjoan@binissaida.com | www.binissaida.com

SES FORQUILLES

Das Ses Forquilles ist ein modern und elegant eingerichtetes Restaurant in Mahó, dessen Chefkoch mit dem Michelinstern ausgezeichnet wurde. Im Vordergrund steht weniger die bestechende Lage des Hauses als vielmehr die exzellente Küche, die kreativ mit hervorragenden und frischen agrarischen Produkten umgeht. Impulse aus der mediterranen und der asiatischen Küche bestimmen die exzellenten Gerichte, die mit großer Professionalität und erstaunlicher Perfektion zubereitet werden. Ein sehr aufmerksamer und sympathischer Sommelier-Service führt kundig durch die umfangreiche und erlesene Weinliste. Besonders empfehlenswert sind Tartar, Sashimi aus rotem Thunfisch sowie die Blutwurst auf Bohnen- und Kartoffelgemüse – und noch einiges mehr.

Carrer de Sa Rovellada de Dalt 20, 07703 Mahó, Menorca, Spanien |
Tel. +34 971 35 27 11 | www.sesforquilles.com

HOT SPOTS

Die luxuriösen Suiten des Residencia verfügen über einen eigenen Pool.

Das Restaurant La Fortaleza im historischen Hotel Cap Rocat.

LA RESIDENCIA
An der Nordwestküste Mallorcas am Rande des Künstlerdorfes Deià, inmitten grüner Berge und nur einen Katzensprung von einer hübschen Badebucht entfernt, befindet sich das im mediterranen Stil gehaltene La Residencia. Es besteht aus zwei Gutshäusern, die in üppige Gärten und Zitrushaine eingebettet sind. Gäste können hier bei einem Buch oder bei den verschiedensten Wellnessbehandlungen die gewünschte Entspannung genießen. Für Aktivurlauber lädt das Umland zum Bergwandern ein.

Son Canals s/n, 07179 Deià, Mallorca, Spanien | Tel. +34 971 63 6046 |
E-Mail: reservas@laresidencia.com | www.hotellaresidencia.es

CASTELL SON CLARET
Am Rande des im Hinterland gelegenen Dorfes Es Capdellà unweit von Andratx und Palma im Südwesten der Insel liegt das Castell Son Claret direkt in den Ausläufern des Tramuntana-Gebirges. Üppige Gärten rahmen das Haus ein und bieten Luxus und Ruhe. Das Haupthaus stammt aus dem 18. Jahrhundert und schafft so das unverwechselbare Flair mediterraner Geschichte. Am Pool können die Gäste mit einem atemberaubenden Blick auf das Tramuntana-Gebirge die Seele baumeln lassen. Die angebotenen Massagebehandlungen tragen ebenfalls zur Entspannung bei. Unweit des Castells beginnen zahlreiche Wanderwege, und Kunst- und Kulturbeflissene kommen in erreichbarer Nähe ebenfalls auf ihre Kosten. Im Zaranda, dem Restaurant des Hotels, kocht Sternekoch Fernando Pérez Arellano höchstpersönlich und verwöhnt seine Gäste mit originellen Speisen aus der Region. Auf der umfangreichen Weinkarte locken mallorquinische und spanische Weine. Der Gastraum lädt mit seiner elegant-modernen Ausstattung zum Verweilen ein.

Carretera Es Capdellà-Galilea, Km 1,7, 07196 Es Capdellà, Calvía, Mallorca, Spanien |
Tel. +34 971 138 620 | E-Mail: info@castellsonclaret.com |
www.castellsonclaret.com

CAP ROCAT
Wohnen in ehrwürdigen Gemäuern, das bietet das einmalige 5-Sterne-Haus Cap Rocat. Eine Militärfestung aus dem 19. Jahrhundert wurde liebevoll und umsichtig zu einem Luxusresort umgestaltet. An der Steilküste von Cala Blava thront das Kastell-Hotel oberhalb einer ruhigen Bucht und bietet neben grandiosen Aussichten auf Palma ein einzigartiges Urlaubserlebnis. Die vielen Säle und Gewölbe des Rocat sind mit hochwertigen Kunstwerken ausgestattet, die historischen Kasematten wurden zu eleganten Suiten ausgebaut. Im lauschigen Innenhof findet sich das hervorragende Restaurant La Fortaleza, zudem werden in einer historischen Küche im mallorquinischen Stil Weindegustationen veranstaltet. Für das Wohlbefinden der Gäste sorgen das Spa und der Infinity Pool.

Carretera d'enderrocat, 07609 Cala Blava, Mallorca, Spanien |
Tel. +34 971 74 78 78 | E-Mail: info@caprocat.com | www.caprocat.com

ST. REGIS MARDAVALL RESORT
Hier bilden die traumhafte Kulisse des Tramuntana-Gebirges und die schöne Architektur des Hotels eine einzigartige Einheit. Das Hotel liegt unweit von Portals Nou, und von den 130 luxuriösen Zimmern genießen die Gäste eine schöne Aussicht auf das Meer und die üppigen Gartenanlagen. Einige Suiten verfügen über einen eigenen Pool. Bei traditionellen chinesischen Behandlungen kann man sich im Arabella Spa ausgiebig verwöhnen lassen. In der Bar munden die Cocktails, manchmal bei Livemusik. Das Es Fum (»Der Rauch«) ist das Gourmet-Restaurant des Hotels. Im noblen Innenraum und auf der Terrasse mit Meerblick wird die mediterrane Art de Cuisine beinahe schon inszeniert. Unter Chefkoch Thomas Kahl wurde das Restaurant Ende des Jahres 2011 mit einem Michelin-Stern geehrt.

Carretera Palma-Andratx 19, 07181 Costa d'en Blanes Mallorca, Spanien |
Tel. +34 971 629 629 | E-Mail: reservas.mallorca@starwoodhotels.com |
www.stregismardavall.com/de

HOT SPOTS

SON BRULL HOTEL & SPA
Das 5-Sterne-Hotel Son Brull & Spa liegt eingebettet in eine Umgebung mit Olivenhainen, Weingärten, Mandel-, Zitronen- und Orangenbäumen am Fuße des Puig de Maria. Das ist der Berg in Pollença, von dem aus man einen atemberaubenden Blick über die Bucht von Pollença und das Cap de Formentor genießt. Jedes der 23 geräumigen Zimmer ist anders eingerichtet und lädt mit all seinen Annehmlichkeiten zur Erholung ein. Einige Suiten haben eine eigene Terrasse. Der Spa-Bereich lockt mit Schwimmbad, Jacuzzi, Sauna, Dampfbad und Tennisplatz. Draußen sorgt ein Pool für Abkühlung, und im Gourmet-Restaurant können die Gäste den Tag kulinarisch ausklingen lassen.

Carretera Palma-Pollença PM 220, km 49,8, 07460 Pollença, Mallorca, Spanien | Tel. +34 971 53 53 53 | E-Mail: info@sonbrull.com | www.sonbrull.com

MELIÁ CALA D'OR BOUTIQUE HOTEL
Etwa zehn Kilometer östlich von Santanyi liegt das Hotel Meliá Cala d'Or Boutique in Cala d'Or, wo die einzigartige Architektur der Gebäude über die Jahre hinweg erhalten geblieben ist. Nur 250 Meter trennen die Anlage von Zentrum und Sandstrand. Inmitten eines großen, prächtig bewachsenen Gartens verleiht die traditionelle Bauweise Mallorcas dem Ganzen einen besonderen Charakter. Die 49 Zimmer sind mit eleganten Möbeln im mallorquinischen Stil eingerichtet. Spa und Fitnessbereich, Outdoor-Pool und ein überdachter beheizter Pool sorgen für eine angenehme Beschäftigung.

Portinatx 16-18 , 07660 Cala d'Or, Santanyí, Mallorca, Spanien | Tel. +34 971 64818 | E-Mail: melia.cala.dor@melia.com | www.melia.com/melia_cala_d_or

ES RACO DES TEIX
Unter den Gastronomen von Mallorca gilt Josef Sauerschells Es Raco des Teix als das beste Restaurant auf Mallorca. Sauerschell stammt aus Franken und hat in vielen Top-Küchen Europas gearbeitet. Seit dem Jahr 2000 betreibt er das in einem typisch mallorquinischen Haus untergebrachte Es Raco im Bergdorf Deià am Fuße des Teix-Berges und zaubert die köstlichsten Gerichte. Im Jahr 2002 wurde Sauerschell ein Michelin-Stern verliehen. Er gilt als Vorreiter der heutigen Gourmetszene auf der Insel.

C/ Sa Vinya Vella 6, 07179 Deià, Mallorca, Spanien | Tel. +34 971 639 501 | E-Mail: info@esracodesteix.es | www.esracodesteix.es

HOTEL-RESTAURANT VALLDEMOSSA
Frederic Chopin bezeichnete das Bergdorf Valldemossa einst als das schönste Fleckchen Erde auf der ganzen Welt. In diesem, nicht zuletzt dank des Aufenthalts des Komponisten so berühmten Orts liegt das Hotel-Restaurant Valldemossa inmitten von Oliven- und Orangenhainen; die Küche wird hohen Ansprüchen gerecht. Die Speisekarte bietet raffinierte Vorspeisen, frische mallorquinische Fisch- und Fleischgerichte, vegetarische Speisen und köstliche Desserts. Von Speiseraum und Terrasse genießt man reizvolle Ausblicke auf die Berge und die typisch mallorquinischen Häuschen des Dorfes.

Carretera Vieja de Valldemossa s/n, 07170 Valldemossa, Mallorca, Spanien | Tel. +34 971 612 626 | E-Mail: info@valldemossahotel.com | www.valldemossahotel.com

Das malerische Bergdorf Valldemossa verwöhnt mit tollen Restaurants.

LAS TERRAZAS BEACH CLUB
Von der Strandliege und von der VIP-Terrasse dieses Clubs hat man einen herrlichen Ausblick auf die kleine angrenzende Bucht, etwa 30 Kilometer südwestlich von Palma de Mallorca. Tagsüber kann man im Club, der zugleich ein Restaurant ist, speisen. Am Abend verwandelt sich der Club aber in eine Lounge, in der ein DJ auflegt.

Av. Illetas 52A, 07018 Illetas, Mallorca, Spanien | Tel. +34 97 140 1031 | www.balnearioilletas.com

HOTEL AGROTURISMO CAS GASI
Das Cas Gasi ist ein Boutiquehotel auf Ibiza inmitten von atemberaubenden Orangenplantagen, Gemüsegärten und mediterranen Pinienwäldern. Das schöne Landhaus liegt am Rande des Dorfes Santa Ger-

Köstliche Tapas, apart angerichtet, findet man in den Bars auf Mallorca.

HOT SPOTS

Nightlife bis zum frühen Morgen – dafür ist vor allem das Pacha auf Ibiza bekannt. Das Kirschenlogo schmückt nicht nur den Club, sondern auch allerlei beliebte Souvenirs.

trudis de Fruitera, nur zwölf Kilometer von der Bucht und dem lebendigen Nachtleben von Sant Antoni de Portmany entfernt. Der Swimmingpool inmitten grüner Gärten eignet sich ideal für einen geruhsamen Nachmittag. Die Zimmer sind im traditionellen Stil mit Holzdecken und Terrakotta-Böden ausgestattet. Das Gourmet-Restaurant serviert authentische mediterrane Küche mit frischen Produkten aus eigenem Anbau.

Camino Viejo de Sant Mateu s/n, 07814 Santa Gertrudis de Fruitera, Ibiza, Spanien | Tel. +34 971 19 77 00 | E-Mail: info@casgasi.com | www.casgasi.com

RESTAURANT SA CAPELLA
Im einzigartigen Ambiente einer Kirche aus dem 16. Jahrhundert – die allerdings nie geweiht wurde – mit ihren rauen Steinwänden und hohen Decken lässt sich im Sa Capella bei San Antoni de Portmany stilvoll dinieren. Der erstklassige Service tut das Seine dazu, damit ein Essen mit fangfrischem Fisch, saftigem Fleisch und verführerischen Desserts zu einem unvergesslichen Erlebnis wird. Die Gartenterrasse ist ideal für laue Sommernächte und romantische Stunden.

07840 San Antoni de Portmany, Ibiza, Spanien | Tel. +34 971 3400 57 | E-Mail: calesacapella@hotmail.es | www.ibiza-restaurants.com/sacapella

PURA VIDA BEACHCLUB & RESTAURANT
Das Pura Vida liegt direkt an der Playa Niu Blau in Santa Eulària des Riu. Im schicken Design präsentiert sich das Gourmet-Restaurant, in dem authentisch mediterranes Essen in Spitzenqualität kreativ weiterentwickelt wird. Die cremefarbenen Sonnenliegen und Strandbetten laden zum Entspannen mit Champagner und Cocktails ein. Feierliche Hochzeiten und romantische Vollmond-Dinner sowie sonstige Events lassen sich hier leicht und problemlos arrangieren.

Carretera a Es Canar, Km 1,5, Playa Niu Blau, 07840 Santa Eulària des Riu, Ibiza, Spanien | Tel. +34 971 33 97 72 | www.puravida-ibiza.com

PACHA
Unweit des Yachthafens von Ibiza-Stadt befindet sich der älteste und sicherlich bekannteste Club der Insel. Das Pacha ist vor allem wegen seiner großen Zahl prominenter Gäste berühmt. Zu diesen gehörten u. a. Kate Moss, Kylie Minogue, Shakira oder Prinz Harry in jungen Jahren. Wie es sich gehört, treten im Pacha weltbekannte DJs auf.

Carrer de Lluís Tur i Palau 18-20, 07800 Ibiza, Spanien | Tel. +34 971 31 35 35 | E-Mail: info@pacha.net | www.pacha.com

ES RAM RESORT
Das Resort liegt am Ende eines 1,5 Kilometer langen Weges in einem Pinienwald. Die neun eleganten Doppelzimmer bieten Ausblicke aufs Meer. Bei traumhaften Sonnenuntergängen kann man sich unter freiem Himmel massieren lassen und in mit Baldachinen beschatteten Tagesbetten, die in den Klippen aufgestellt wurden, die Ruhe genießen. Im Restaurant werden Fisch- und Meeresfrüchtegerichte mit einem guten Wein serviert.

Camino Es Ram, Route de la Mola, bei El Pilar de la Mola, Formentera, Spanien | Tel. +34 606 874429 | E-Mail: booking@esramresort.com | www.esramresort.com

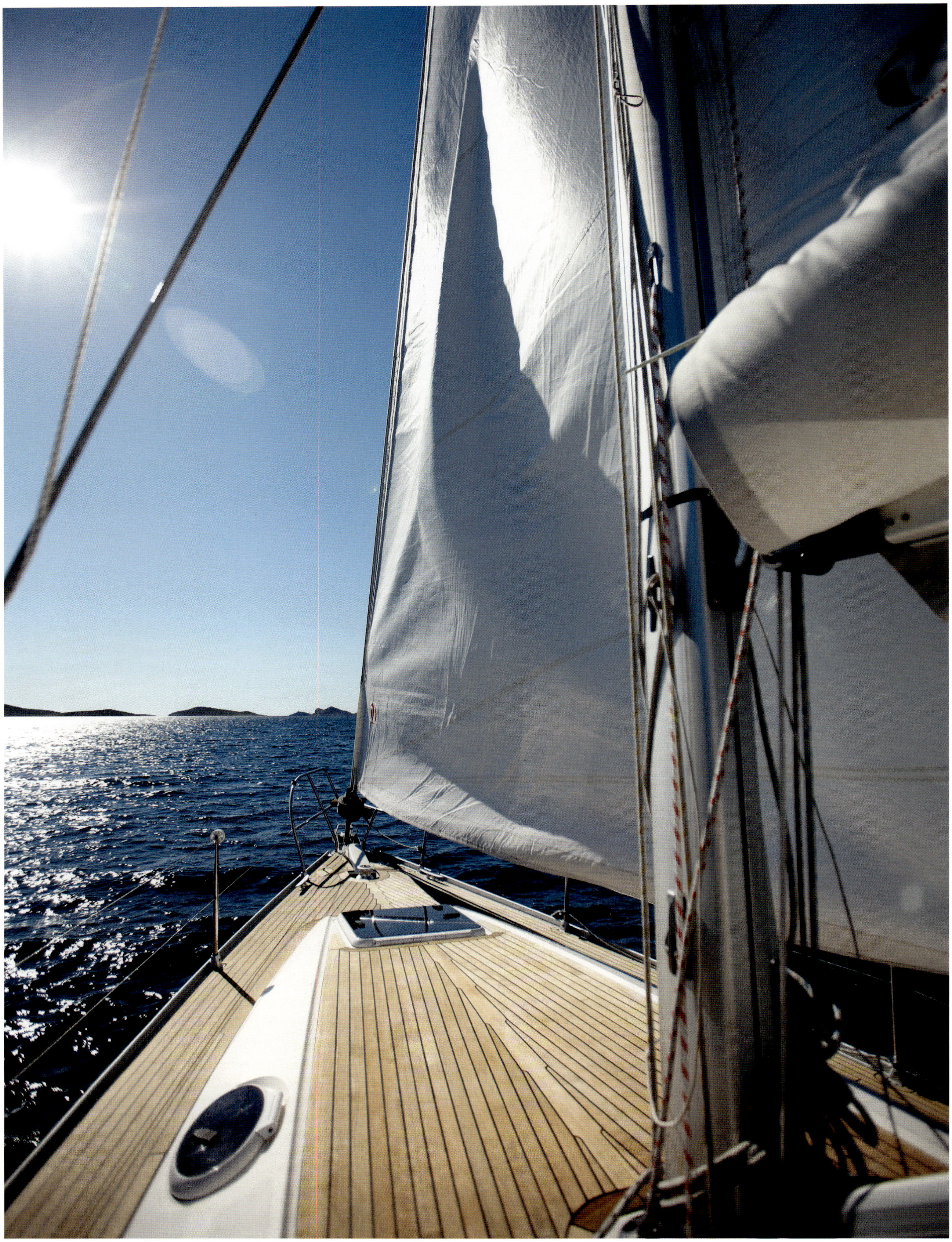

KROATIEN

Buchten, Strände und historische Städte an Kroatiens Küste

Die kroatische Küste Istriens und Dalmatiens zum Adriatischen Meer mit ihren über 1200 vorgelagerten Inseln ist ein Paradies für Kapitäne und Mannschaften auf ihren Segelschiffen, Motorseglern oder Motorbooten. Hier macht Inselhüpfen Spaß, also wird der Anker gelichtet und es heißt »Leinen los«.

Bekannte Urlaubsinseln wie Krk, Cres, Lošinj, Rab, Pag, Hvar oder Brač, aber auch unbewohnte kleine Eilande und Küstenabschnitte mit vielfältigen Naturschönheiten laden zum Entdecken und Erholen ein. Romantische kleine Fischerdörfer, herrliche Häfen und alte Seeräuberstädtchen mit einer herzlichen Bevölkerung, die echte Gastfreundschaft lebt, lassen jeden Hafenstopp und Landgang zu einem Erlebnis werden. Ein Sprung ins kristallklare, azurblaue Wasser der Adria sorgt für eine Abwechslung unterwegs und zudem für eine willkommene Erfrischung an langen Sonnentagen. Malerische, geheime Buchten, die häufig menschenleer sind, fordern zum Verweilen auf. Faszinierende Naturschönheiten, die entlang des Küstenstreifens oder auch im näheren Hinterland der Küste leicht zu erreichen sind, runden das breite Freizeitangebot ab. Dubrovnik, die unbestrittene »Perle der östlichen Adria« ganz im Süden des Landes, ist der Höhepunkt am Ende dieser Tour. Die wichtigsten Einschiffungshäfen an der Küste sind Rijeka, Zadar, Trogir oder Dubrovnik.

An der Adriaküste und auf den Inseln herrscht mediterranes Klima mit heißen, durchweg trockenen Sommern sowie milden, meist regenreichen Wintern. Kroatiens Küste ist sonnenverwöhnt, und man kann bis weit in den Herbst hinein noch wohlig warme Temperaturen genießen. Und bei durchschnittlich 21 °C Wassertemperatur im Oktober ist Baden immer noch ein angenehmes Vergnügen. Temperaturstürze, die vorwiegend im Herbst und Winter vorkommen, produzieren Fallwinde, Bora genannt, die auch schon einmal heftig ausfallen können und somit sind Skipper zur Vorsicht gemahnt. In den Sommermonaten ist der Maestro unterwegs, der über dem Meer abgekühlte Luft zum Landesinneren transportiert. Unter diesen klimatischen Bedingungen findet man an der Küste und auf den Inseln eine mediterrane Flora. Stolz aufragende Zypressen, knorrige Ölbäume, Pinienwäldchen, Steineichen und Agaven beherrschen das harmonische Landschaftsbild. Kalkstein baut die Landschaft auf, die durch Verkarstung und an manchen Orten auch Unterhöhlung charakterisiert werden kann. Sandstrände sucht man zwar nicht vergeblich, sie sind aber eher Mangelware an den kroatischen Küsten. Die Küsten und Strände sind in der Regel felsig oder kiesig, was die Badefreuden aber nicht trübt: Das warme Wasser der Adria ist schließlich glasklar und ermöglicht an vielen Stellen einen guten Blick zum Meeresgrund in mehreren Metern Tiefe. Kein Wunder, dass auch Schnorchler und Taucher voll auf ihre Kosten kommen und die interessante Unterwasserwelt der Adria erkunden.

Blick auf Hvar und seine vorgelagerten Hölleninseln.

Istrien und Dalmatien sind mit ihrer langen Geschichte aber auch ein Reiseziel mit Sehenswürdigkeiten, die von einer reichen und vielfältigen Kultur und Architektur geprägt sind. Konsequenterweise hat die UNESCO mehrere Denkmäler zum Weltkulturerbe erhoben, darunter Poreč, die Kathedrale des Heiligen Jakob in Šibenik, der Nationalpark Plitvicer Seen, Trogir, der Diokletianpalast in Split und die Altstadt von Dubrovnik.

Das Erlebnis Inselhopping lässt sich in den Gewässern der kroatischen Adriaküste in unterschiedlichen Formen genießen: Wer keine Segelyacht oder kein Motorboot sein Eigen nennt, kann bei zahlreichen Anbietern ein Boot chartern oder bequem als Reisegast in einer Gruppe an Bord einchecken und sich von einem erfahrenen Kapitän samt Mannschaft, natürlich auch mit Stewart und Koch, durch die traumhafte Inselwelt der Adria schippern lassen. Wer mit seinem eigenen, hochseetauglichen Boot unterwegs ist, hat die Freiheit an über 13 000 Ankerplätzen oder in einem der vielen Naturhäfen oder den gut ausgestatteten Marinas festzumachen. Bei einem schmälerem Reisebudget kann Islandhopping aber auch mit den hervorragenden Fährverbindungen zwischen der Küste und den bewohnten Inseln mit etwas mehr Organisationsaufwand in die Tat umgesetzt werden.

Ein Tipp für alle Kapitäne: Zwischen der Kvarner Bucht im Nordwesten und Dubrovnik im Südosten sind die Ortsangaben »oben« und »unten« im Sprachgebrauch der Einheimischen anders definiert. Die Menschen halten sich an die Meeresströmung der Adria und die fließt vom Canale d'Otranto nach Norden zum Golfo di Trieste, ist man beispielsweise in Šibenik, liegt Opatija unten und Dubrovnik oben.

Bild links: Vor keiner Küste liegen so viele Inseln wie in Kroatien – ein ideales Segelrevier.

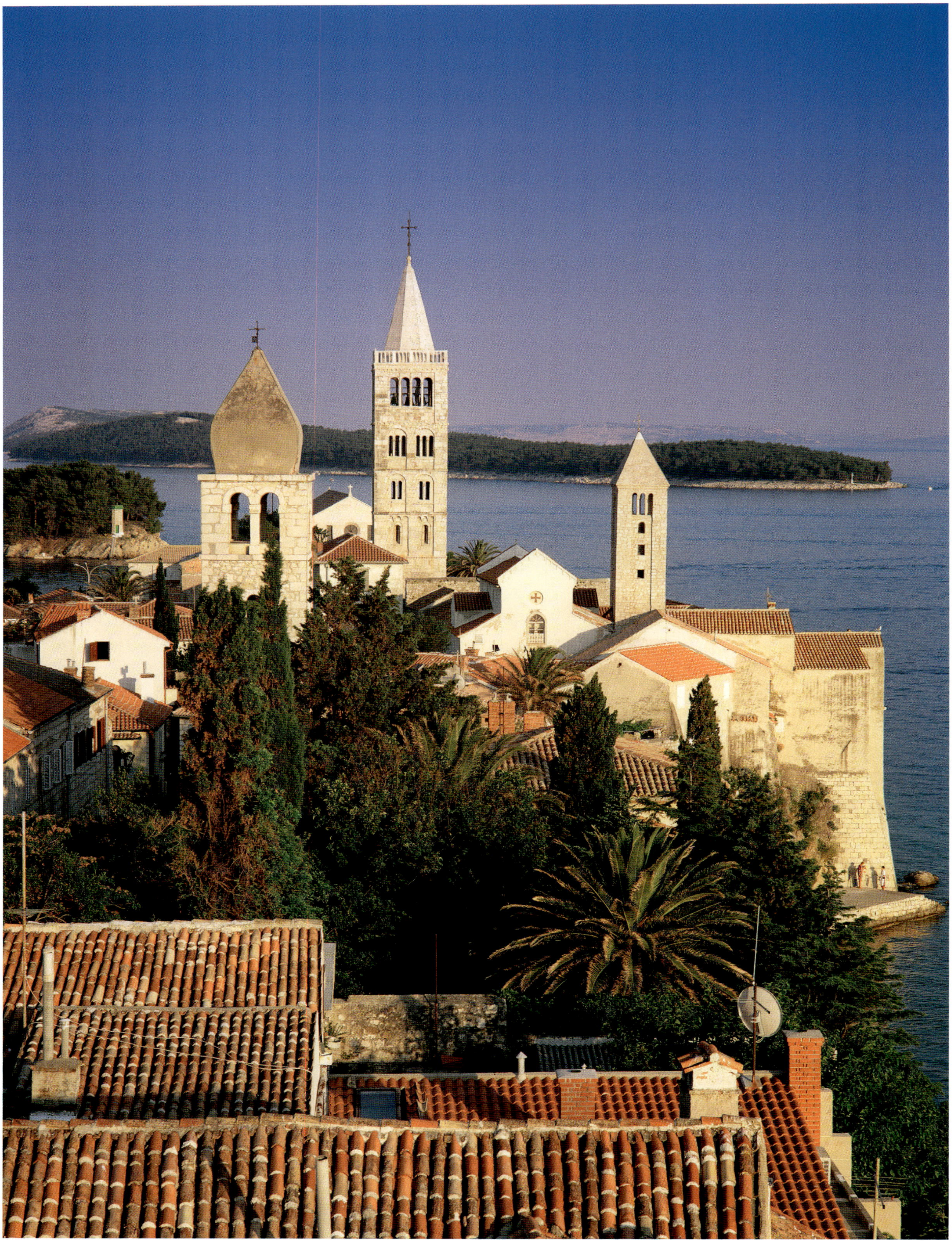

REISEROUTE

Der Törn durch die Inselwelt Kroatiens beginnt im Kurort Opatija, alternativ kann man auch in der nur wenige Kilometer entfernten Hafenstadt Rijeka in der Kvarner Bucht starten. Die vorgeschlagene Route kann in Teiletappen bewältigt werden.

ROUTENLÄNGE: ca. 960 km
ZEITBEDARF: mindestens 2 bis 3 Wochen je nach Einschiffungshafen
START: Opatija
ZIEL: Dubrovnik
ROUTENVERLAUF: Opatija, Cres, Lošinj, Krk, Rab, Pag, Kornat, Šibenik, Trogir, Split, Brač, Hvar, Vis, Korčula, Mljet, Dubrovnik

VERKEHRSHINWEISE:
Man erreicht Kroatien über den Flughafen von Zagreb. Während der Saison werden auch folgende Flughäfen angeflogen: Pula, Rijeka, Zadar, Split oder Dubrovnik.
Auf dem Landweg bieten sich für zwei Routen an: München-Tauernautobahn-Udine-Triest- Rijeka-Opatija oder München-Tauernautobahn-Karawankentunnel- Ljubljana-Rijeka.

MARITIME REGELUNGEN:
Schiffe mit einer Motorleistung über 15 kW benötigen eine Wassersporthaftpflichtversicherung. Für jedes Mitglied der Crew muss eine Rettungsweste vorhanden sein. Für die Benutzung einer Signalpistole wird der Europäische Feuerwaffenpass verlangt; die Pistole muss unter Verschluss gehalten werden. Alle Boote unter einer Gesamtlänge von zwölf Metern müssen einen Mindestabstand von 50 Meter zu Badestränden und zur Küste einhalten; Schiffe von über 12 Metern Länge müssen einen Abstand von 150 Meter einhalten.

AUSKÜNFTE:
Kroatische Zentrale für Tourismus, www.croatia.hr
Adriatic Croatia International Club, www.aci-club.hr
Association of Nautical Tourism, Bulevar Oslobodenja 23, Rijeka, Tel. +385 1/20 91 47.

Bild links: Markante Glockentürme prägen die Silhouette der Altstadt von Rab.

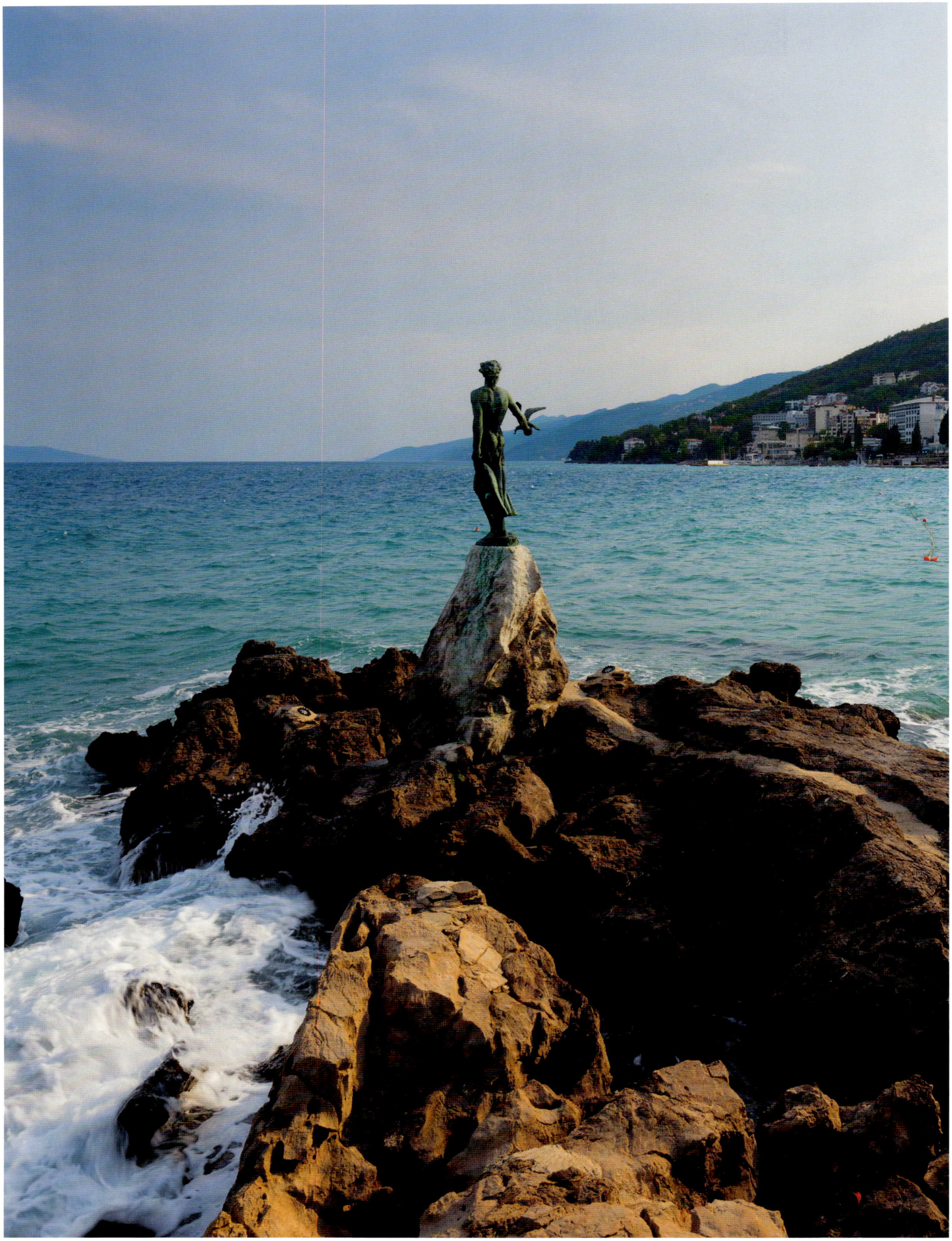

OPATIJA

❶ OPATIJA

Schon die Benediktiner wussten das milde Klima, die Schönheit der Landschaft und die Adriaküste im Nordosten der Halbinsel Istriens zu schätzen und errichteten ein Kloster (kroatisch »opatija«). Als der gut begüterte Iginio Scarpa aus Rijeka für seine Gattin die Villa Angiolina inmitten eines Parks erbauen ließ und später die Bahnlinie Wien – Triest bis nach Opatija führte, begann der Aufstieg des kleinen Fischerdorfes zu einem internationalen Kurort. Wer damals etwas auf sich hielt, kurte im noblen Heilbad an der Adria. Noch heute umgeben der Charme der österreichisch-ungarischen Monarchie und das Flair der Belle Époque das Seebad. Ein Spaziergang entlang der zwölf Kilometer langen Seepromenade Lungomare, die von Volosko bis nach Lovran führt, bringt gesunde Salzpartikel aus der Meeresbrandung in die Lungen.

Das Fischerdorf Valun auf der Insel Cres ist in mediterranes Grün eingebettet.

CRES

❷ CRES

Rund 60 Kilometer lang erstreckt sich das schmale und nur wenig besiedelte Cres. Der Nordteil der Insel wird von Wiesen und Wäldern mit Eichen, Hainbuchen und Kastanien bedeckt, während der Süden karg und felsig ist. Schier unendliche Trockenmauern durchziehen die Landschaft, die den hier häufig noch frei weidenden Schafen einige Gräser und Kräuter bieten. Eingebettet in grüne Hügel liegt in einer Bucht an der Westküste die Inselhauptstadt Cres. Neben dem modernen Yachthafen ist der malerische alte Hafen Mandrac und die venezianisch geprägte Altstadt mit ihren kleinen Gässchen, Palästen, Toren und Kirchen einen Bummel wert. Einen Abstecher lohnt das mittelalterliche Lubenice, das 378 Meter über dem Meer thront und eine wunderbare Aussicht gewährt. Bis auf wenige Einwohner ist der Ort so gut wie verlassen, die Läden und die örtliche Schule sind schon lange geschlossen. Jeden Freitagabend erklingen klassische Melodien während der Musiknächte (Juli und August), ein weiterer Grund den Ort zu besuchen.

LOŠINJ

❸ LOŠINJ

Lošinj führt scheinbar nahtlos von der Nachbarinsel Cres südlich weiter, wirkt aber wesentlich grüner. Ein Kanal, der von einer Drehbrücke überspannt ist, trennt jedoch die beiden Inseln in der Kvarner Bucht mit ihrer gemeinsam verlaufenen Geschichte. Bekannt sind die Gewässer der Insel für die dort lebenden Delfine. Deshalb wurden die Küsten um Lošinj von Naturschützern zu einem Unterwasserschutzgebiet für Delfine erhoben. Das großzügige Mali Lošinj, dem man deutlich ansieht, dass es von der Seeschifffahrt profitiert hat, und das liebliche Veli Lošinj sind die beiden Hauptorte, deren Häfen gerne angelaufen werden. Mediterrane Atmosphäre und gepflegte Gastlichkeit bieten die Restaurants an den Hafenbecken. Selbstverständlich munden die tagesfrischen Meeresfrüchte mit einem gekühlten Wein bei einem malerischen Sonnenuntergang einfach himmlisch.

Majestätisch blickt der imposante Gänsegeier.

DIE GÄNSEGEIER VON CRES

Im Norden der Insel Cres bieten die zerklüfteten Klippen bei Beli den auffallend rückläufigen Beständen von Gänsegeiern einen der letzten Nistplätze. Der Vogel ist im ausgewachsenen Zustand mit einem Gewicht von ungefähr 14 Kilogramm und mit einer Flügelspannweite von bis zu 250 Zentimeter ein eleganter Segelflieger. Die Vögel ernähren sich ausschließlich von Aas. Die traditionelle extensive Schafhaltung ist in Kroatien allerdings sehr stark zurückgegangen und so finden die Tiere kaum noch Kadaver. Touristenboote und Motorsegler sollten in großem Abstand die Klippen passieren, um die Vögel und vor allem die Jungtiere nicht aufzuscheuchen. Ein engagiertes Team des Eko Centar Caput Insulae unterhält hier eine Pflegestation für verletzte Vögel und bietet interessierten Tierliebhabern auch verschiedene Freiwilligen- und Bildungsprogramme an. Zurzeit beweisen rund 80 Brutpaare, dass sich der Einsatz lohnt und die Erhaltung der Art gute Aussichten hat.

Bild links: Opatijas Wahrzeichen ist die Statue »Gruß an das Meer« vor der Promenade.

KRK

❹ KRK

Die größte Insel Kroatiens erreicht man gut vom Festland über eine mautpflichtige Brücke. Das ist aber auch der Grund, dass die Insel mit ihren Ferienorten Omišalj, Njivice und Malinska in den Sommermonaten oft überfüllt ist. Krk ist der Hauptort der Insel und ein guter Ausgangspunkt für die Erkundung des Eilandes. Hier siedelten ursprünglich die Illyrer, im Anschluss die Griechen und später die Römer. Die Stadt Krk besteht aus zwei unterschiedlichen Teilen: Modern zeigen sich der Hafen und die sich anschließenden Strände mit Hotels und Campingplätzen. Die mittelalterliche Altstadt bietet sich für einen Stadtbummel durch die mit Kopfsteinen gepflasterten Gassen an. Teilweise sind die alten Mauern und Türme noch erhalten. Die romanische Kathedrale Mariä Himmelfahrt und das Kastell aus dem 12. Jh., das einst die Stadt vor Piratenangriffen schützte, sind die Hauptsehenswürdigkeiten. Südöstlich von Krk ist das kleine Städtchen Punat mit seiner großen Marina und zwei Werften ein beliebter Hafen bei Seglern, die auch gerne das Franziskanerkloster auf der Insel Košljun besuchen.

Der Renaissancezwiebelturm der Quirinskirche am Fischerhafen von Krk.

RAB

❺ RAB

22 Kilometer lang, zwischen drei und zehn Kilometer breit, insgesamt 94 Quadratkilometer groß, das sind die Ausmaße einer der meistbesuchten Inseln Dalmatiens. Vom Festland aus betrachtet erscheint die Insel karg und unwirtlich. Auf der Westseite sind die Berghänge mit Wäldern bedeckt und es gedeihen Wein, Oliven, Feigen und Orangen. Das Adriastädtchen Rab ist der Hauptort der Insel. Schon von Weitem dominieren markante Glockentürme das beschauliche Ortsbild. Sie stehen an der Kloster- und Kirchengasse, der Gornja. Der 26 Meter hohe Dom-Campanile kann bestiegen werden. Als Flaniermeile gilt die Srednja mit ihren kleinen Geschäften und Cafés sowie den Kaufmannspalästen. Ein beliebter Treffpunkt ist der Trg Municipium Alba, ein schöner Platz mit einladenden Cafés und Eisdielen unter Palmen, der vom gelben ehemaligen Rektorenpalast im romanischen Stil beherrscht wird. Bereits vor über 100 Jahren wurde die Stadt Rab zum Seebad und Kurort erhoben. Übrigens: Rab weist kilometerlange Sandstrände auf, eine Besonderheit, da felsige oder steinige Strände vorherrschen.

PAG

❻ PAG

Weitgehend vegetationslos, karg und felsig ist die Insel Pag in der Kvarner Bucht. Die verkarstete Landschaft erinnert mancherorts an eine Mondszenerie. Dort, wo noch einige dürre Büsche und magere Kräuterwiesen ihren Standort haben, grasen Schafe. Der Schafskäse mit der typischen Salznote sowie die edle Pager Spitze sind in Kroatien und weit über die Grenzen hinaus beliebte Produkte der Insel, die über eine Brücke mit dem Festland verbunden ist. Der Salzhandel im 15. Jh. brachte genug Geld ein, dass das historische Städtchen Pag prächtig gedieh. Der zu seiner Zeit bekannte Baumeister Juraj Dalmatinac plante die Stadt mit einem rechtwinkligen Straßenraster. Auf dem hübschen gepflasterten Marktplatz erinnert ein Denkmal an ihn. Zentral liegt die Kirche der heiligen Maria, der niemals komplett fertiggestellte Palast für den Bischof sowie der Rektorenpalast, der das sehenswerte Spitzenmuseum beherbergt. Wer einmal richtig feiern will, sollte Novalja ansteuern. In diesem lebhaften Ferienort ist viel los und am nahen Zrce-Strand laden Bars und Clubs zur Party.

Bild oben: Segelyachten im Hafen von Rab, im Hintergrund einer der schönsten dalmatinischen Glockentürme.

KORNAT

❼ KORNAT

Die Kornaten und der 1980 zum Nationalpark erhobene Nacionalni Park Kornati lassen sich am besten mit dem Schiff erkunden. Die rund 150 Inseln und Riffe verteilen sich auf 320 Quadratkilometer Fläche. Die Inseln, die teilweise bis zu 100 Meter aus dem kristallklaren Wasser der Adria emporragen, sind die von Wind und Wasser abgerundeten Gipfel eines versunkenen Gebirges. Die Eilande sind verkarstet und ihr bizarres Landschaftsbild kennzeichnen Höhlen, Grotten, Klippen und Spalten, allesamt typische Karstformen. Die beiden größten Inseln des Archipels sind Kornat und Zat. Die Mehrzahl der überwiegend vegetationslosen Inseln wirkt klein und kahl, da die ursprüngliche Pflanzendecke mit Steineichen durch Rodung vollständig vernichtet wurde. Die Inseln erscheinen wie gleichmäßig abgerundete Felsbuckel, die verstreut im Meer liegen. Auch die Unterwasserwelt ist im Nationalpark unter Schutz gestellt, da es hier eine einzigartige Unterwasserflora und -fauna gibt. Ein Paradies für Taucher und Schnorchler. Für den Besuch des Nationalparks ist ein Eintrittspreis zu entrichten.

ŠIBENIK

❽ ŠIBENIK

An der Mündung der Krka baut sich das reizvolle Küstenstädtchen Šibenik terrassenförmig über dem Naturhafen, der durch einen fjordartigen Kanal mit dem Meer verbunden ist, auf. Architektonisches Schmuckstück und markantes Bauwerk in der Silhouette der Stadt ist die auf der UNESCO-Welterbeliste stehende Kathedrale des heiligen Jakob. Die Kirche vereint in gelungener Art und Weise Stilelemente der Gotik und der Renaissance. Mehrere große Baumeister waren für den Kirchenbau verantwortlich: Francesco di Giacomo, Juraj Matejevič Dalmatinac und Nikola Firentinac. Die angewandten Bautechniken sind genial. Der gesamte Bau – auch das einzigartige Tonnengewölbe – wurde aus Stein errichtet. Gegenüber dem Dom findet man auf dem Hauptplatz der Stadt den Bischofspalast und die früher als Rathaus genutzte Loggia. Neben zahlreichen Kirchen lohnt ein Besuch der Festung auf dem Sankt-Anna-Hügel. Nach der Bewältigung vieler schweißtreibender Treppenstufen bietet sich ein fantastischer Blick über die Altstadt und die Bucht sowie zu den vorgelagerten Inseln.

Die Kathedrale des heiligen Jakob ist Sibeniks überragendes Bauwerk.

NACIONALNI PARK KRKA

Die Krka, die unterhalb von Kroatiens höchstem Berg, Dinara (1831 m), beim Ort Knin entspringt, hat auf ihrem Weg zur Mündung in die Adria bei Sibenik eine eindrucksvolle canyonartige Schlucht in die Karstlandschaft gegraben. Das Ergebnis dieses Naturschauspiels ist eine faszinierende Flusslandschaft mit Seen, Anstauungen, Stromschnellen und sieben großen Wasserfällen, die spektakulär in die satt grünen Uferbereiche eingebettet sind. Seit 1985 besteht der Krka-Nationalpark, der zu den beliebtesten Natursehenswürdigkeiten Kroatiens zählt. Über 220 Vogelarten haben hier ihren Lebensraum, aber auch ein erfrischendes Bad im kühlen Nass ist erlaubt.

Bild oben: Die eindrucksvollen Wasserfälle der Krka stürzen über Kalksteinterrassen.

TROGIR

⑨ TROGIR

Nachdem das Schiff in der ACI Marina Trogir festgemacht hat, wird das auf einer künstlich angelegten Insel erbaute historische Schmuckkästchen Trogir mit seiner Altstadt, die seit 1997 von der UNESCO geschützt ist, besucht. Ursprünglich bauten die Griechen Tragurion zu einem bedeutenden Hafen im Mittelmeer aus. In der Folgezeit wurde die Stadt von unterschiedlichen Völkern beherrscht. Auf die byzantinische Herrschaft folgten Kroaten, Normannen, Venezianer, Österreicher und Bosnier. Eine Brücke verbindet die mittelalterliche Stadt mit dem Festland. Lohnenswert ist eine Besichtigung der Kathedrale, die in mehreren Bauabschnitten zwischen dem 13. und 16. Jh. errichtet wurde. Das Westportal ist ein Meisterwerk der Bildhauerkunst, ein Werk von Meister Radovan (1240). Vom Campanile, einem grazilen Glockenturm aus dem 16. Jh., hat man einen fantastischen Blick über die malerische Altstadt mit ihren Gässchen und romantischen Hinterhöfen. Während eines Bummels auf der Promenade Riva genießt man das lebhafte Treiben und hat einen guten Ausblick auf die Insel Ciovo.

Die mittelalterliche Inselstadt Trogir ist Weltkulturerbe der UNESCO.

Bild oben: Trogir wird durch eine Klappbrücke mit dem Festland verbunden.

SPLIT

Die Kathedrale Sveti Duje mit ihrem überkuppelten Zentralraum.

❿ SPLIT

Die zweitgrößte Stadt Kroatiens zeigt sich bei der Einfahrt in den natürlichen Hafen als eine moderne Stadt. Hinter wogenden Palmen und einladenden Cafés und Restaurants entlang der Flaniermeile Riva erheben sich urbane Hochhäuser. Die mittelalterliche Altstadt wurde auf den Resten des Diokletianpalastes errichtet. Der römische Kaiser Diokletian hatte sich an diesem schönen Platz an der dalmatinischen Küste zwischen 295–305 seinen Alterspalast bauen lassen. Die Palastanlage umfasst eine Fläche von 31000 Quadratmetern und erstreckt sich 215 Meter in ost-westlicher Richtung. Mauern umgeben das schmucke Viertel. An jeder Seite gewähren Tore den Zugang, sie sind nach Metallen benannt: Goldenes, Silbernes, Bronzenes und Eisernes Tor. Innerhalb der Anlage stehen heute rund 220 Häuser. Fast 3000 Menschen leben in diesem historischen Areal. Die Gassen säumen Geschäfte, Boutiquen, Bars, Cafés und Restaurants. Das achteckige Mausoleum für Kaiser Diokletian wurde durch die Erweiterung um eine Eingangshalle und eines Glockenturmes in einen Dom umgewandelt.

Bild oben: Die Kathedrale des hl. Domnius auf Split gehört zusammen mit dem Palast zum UNESCO-Weltkulturerbe.

BRAČ

⓫ BRAČ

Lange Zeit lebten die Menschen auf der drittgrößten Adriainsel von der Landwirtschaft, die vom Obst- und Weinanbau geprägt ist. Daneben werden auch Oliven, Mandeln, Feigen und Lavendel angebaut. Vom zunehmenden Tourismus hat Brač profitiert. Heute ist die Insel mit ihrem Hauptort Supetar während der Hochsaison gut besucht. Der höchste Berg der adriatischen Inseln, der Vidova Gora (778 m), lohnt einen Ausflug. Über eine kleine Nebenstraße, die von der Nord-Süd-Inselverbindung abzweigt, führt der Weg durch lichte Pinienwälder zu diesem Aussichtspunkt, der bei klaren Verhältnissen die Sicht bis zu den Inseln Hvar und Korčula gewährt. Der weiße Kalkstein der Insel ist der Exportschlager. Sowohl der Diokletianpalast in Split als auch das Weiße Haus in Washington, D.C., wurden aus diesen glänzenden, festen Steinen erbaut. Der Kiesstrand Zlatni Rat ist das Ziel vieler Besucher. Vom Hafen des lebendigen Örtchens Bol führt ein rund zwei Kilometer langer Spazierweg auf der von Pinien gesäumten Promenade zum »Goldenen Horn«, einer 300 Meter langen Landzunge mit feinem weißen Kies.

HVAR

⓬ HVAR

Das elegante Hvar zählt zu den schönsten Inseln weltweit. Sie weist die meisten Sonnenstunden Kroatiens auf. Lavendelfelder in allen Schattierungen der Farbe Lila, Weingärten, Olivenbäume und Pinienwälder kennzeichnen das Landschaftsbild. Die der Adriaseite zugewandte Stadt Hvar ist kosmopolitisch und zieht mit ihrem Nachtleben in den Sommermonaten Feierwütige an. Hier wird in den Restaurants und Szenebars die Nacht zum Tage gemacht. Wenn man mit dem Schiff auf die Stadt zufährt, eröffnet sich ein fantastischer Blick: die palmengesäumte Promenade, wehrhafte Stadtmauern, die Festung Spanjol, die von den Franzosen errichtete Festung Napoleon und die vielen kleinen Häuser der Fischer und Einheimischen. In der Altstadt schlendert man auf blanken Marmorwegen umher und am rechteckigen Hauptplatz Trg Svetog Stjepana, der bis zum Ufer reicht, genießt man das Sehen und Gesehenwerden. An der südlichen Seite des Platzes steht das Arsenal, das der venezianischen Galeerenflotte als Werft diente. Im obersten Stockwerk gilt das Stadttheater, das im Jahr 1612 gegründet wurde, als eines der ältesten seiner Art.

VIS

⓭ VIS

Griechen gründeten im 4. Jh. v. Chr. die Siedlung Issa an der Stelle, wo sich heute die Stadt Vis befindet. Die Küste ist steil und teilweise exponiert, hat aber bei den beiden Orten Vis und Komiza gut zugängliche Buchten. Lange Zeit wurde die Insel als Militärstützpunkt genutzt und war für Besucher gesperrt. Viele Einheimische kehrten zu dieser Zeit der Insel den Rücken. Mehr und mehr schätzen Touristen und Einheimische die Abgeschiedenheit und Ruhe dieser schönen Insel.

Bild rechts: Das Hafenbecken von Hvar.

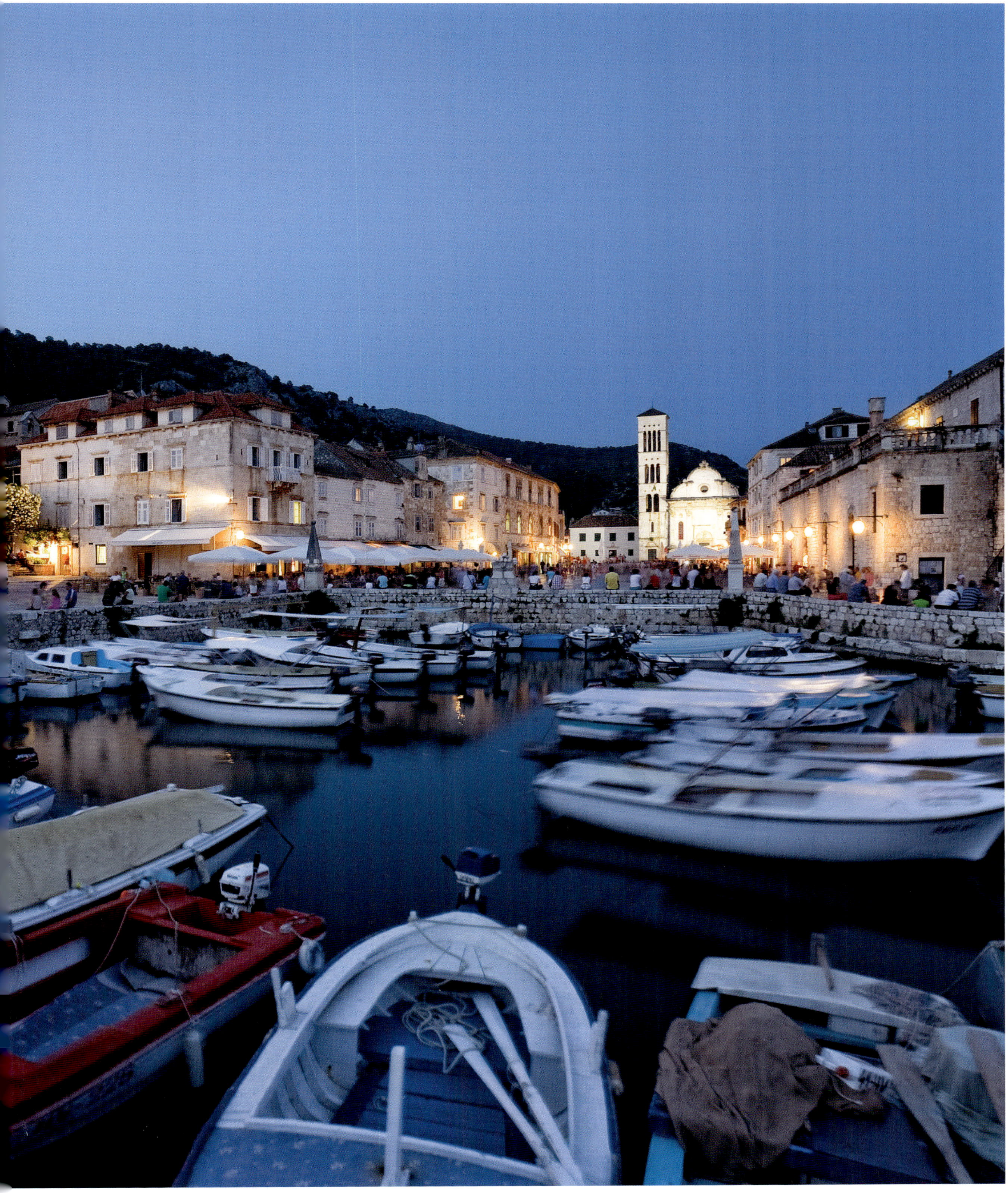

KORČULA

⓮ KORČULA

Korčula ist die sechstgrößte Adriainsel Kroatiens. Sie liegt westlich der Halbinsel Peljesac, von der sie durch einen Meeresarm getrennt ist. Griechische Siedler nannten die Insel wegen der dunklen Kiefernwälder Korkyra Malaina, schwarzes Korčula. Die Römer gaben ihr den Namen Corcyra Negra. Im Jahr 1298 fand in den Gewässern vor der Insel eine bedeutende Seeschlacht zwischen den Venezianern und Genuesern statt. Während der Kämpfe wurde Marco Polo, ein angeblicher Sohn der Stadt Korčula, von den Genuesern gefangen genommen. Schon bei der Annäherung vom Meer an Korčula zeigt sich die befestigte Altstadt wie eine Miniaturausgabe von Dubrovnik. Reste eines mittelalterlichen Mauergürtels, der von Rundtürmen unterbrochen ist, umschließen die auf einer Halbinsel gelegene Stadt. An der höchsten Stelle erhebt sich die Kathedrale Sv. Marko, in der Nachbarschaft liegt der Bischofspalast. Im Marco-Polo-Haus soll der venezianische Weltreisende geboren sein. In den Sommermonaten wird regelmäßig der Moreška-Säbeltanz, ein Tanz mit einer über tausendjährigen Tradition, aufgeführt.

MOREŠKA-SÄBELTANZ

Der Moreška-Säbeltanz ist ein ritualisierter Tanz, der früher im gesamten Mittelmeergebiet verbreitet war und sich bis heute auf der Insel Korčula erhalten hat. In den Sommermonaten wird der Tanz regelmäßig aufgeführt. Er stellt den Kampf zwischen dem Guten und dem Bösen dar. Der in Schwarz gekleidete König will die begehrenswerte Muslimin Bula zwingen, seine Liebe zu erwidern, doch sie liebt den Weißen König (der allerdings in Rot gekleidet ist). Beide Könige bringen ihre Krieger in Stellung und der Tanz symbolisiert den Kampf. Schließlich siegt das Gute und der Weiße König gewinnt Bula. Der Tanz stellt im übertragenen Sinn den ehemaligen Konflikt zwischen Osmanen und Arabern dar.

MLJET

Ein großer Teil des Inselparadieses Mljet ist ein Nationalpark.

⓯ MLJET

Illyrer und in der Folge Römer siedelten auf der Insel Mljet. In Homers Odyssee ist nachzulesen, dass die Nymphe Calypso hier den schiffbrüchigen Odysseus verführt und in ihrer Höhle sieben Jahre gefangen gehalten haben soll. Als geeignete Häfen für einen Besuch des Nacionalni Park Mljet im Westen der Insel bieten sich Pomena und Polače an. Der Nationalpark wurde 1960 gegründet. Zwei Salzwasserseen, der Malo Jezero und der Veliko Jezero, die durch einen kleinen Kanal miteinander verbunden sind, gehören zum Schutzgebiet. Auf dem größeren See liegt auf einer Insel ein Benediktinerkloster aus dem 12. Jh., das man mit Fährbooten erreichen kann. Das Kloster wurde 1869 aufgegeben und in der Folgezeit in unterschiedlicher Weise genutzt. Zu Titos Zeiten beherbergte es ein Hotel, heutzutage kommen Feinschmecker, um im Restaurant Melita zu speisen. Wer Ruhe sucht ist auf Mljet gut aufgehoben. Mljet ist übrigens der einzige Ort Europas, wo es wilde Mungos gibt. Sie wurden um 1910 von den Inselbewohnern hier angesiedelt, um der damaligen Schlangenplage Herr zu werden.

Bild oben: Korčulas malerische Altstadt schiebt sich auf einer Landzunge ins Meer.

DUBROVNIK

⓰ DUBROVNIK

Das sehenswerte Dubrovnik klammert sich wie eine Muschel an die Felsenküste. Das Zentrum der süddalmatinischen Küstenregion war im Mittelalter bekannt als die legendäre Seefahrerrepublik Ragusa, die zu ihrer Zeit zu den reichsten Städten Europas zählte. Der bekannte englische Dichter Lord Byron bezeichnete die Stadt mit ihren vielen Architekturdenkmälern aus Gotik und Renaissance treffend als »Perle der Adria«. Die Stadt ist von mächtigen Mauern aus dem 15. Jh. umgeben. Trutzige Tore gehören ebenfalls zur Befestigungsanlage, die lange Zeit als uneinnehmbar galt. Doch wurde die Stadt trotzdem zweimal schwer getroffen. 1667 wütete ein schweres Erdbeben und während der Belagerung 1991–1992, als heftiger serbischer Granatbeschuss in der Altstadt über 70 Prozent der Häuser beschädigte. Dank internationaler Hilfe wurden die Kriegszerstörungen fast vollständig beseitigt. Die zerbombten Dächer leuchten wieder in den unterschiedlichsten Rottönen. Dubrovnik wurde bereits 1997 in die Liste des UNESCO-Weltkulturerbes aufgenommen. Ein Besuch Dubrovniks sollte unbedingt auch einen

Die gewaltige Festung Lovrijenac wehrte Angreifer vom Land und Meer ab.

Spaziergang auf der zwei Kilometer langen Stadtmauer, die teilweise bis zu 25 Meter hoch ist, beinhalten. Der Haupteingang und der Kartenverkauf sind direkt neben dem Pile-Tor (1537) mit der alten Zugbrücke. Der Eintritt berechtigt auch zur Besichtigung der Festung Trdava Lovrijenac, die außerhalb des Tores über einige Treppenstufen zu erreichen ist. Shopping, Einkehren oder auch einfach nur Schauen kann man auf der Stradun, der Einkaufsmeile der Stadt. Am Abend sollte ein Bummel durch die Altstadt unternommen werden. Hier herrscht dann ein reges Treiben bis weit in die Nacht hinein. Über der Stadt erhebt sich der Berg Srd, der einen fantastischen Panoramablick auf die Stadt und die Adria gewährt. Über eine Seilbahn ist die Bergstation in nur fünf Minuten bequem zu erreichen. Ein lohnenswerter Tagesausflug führt von Dubrovnik nach Montenegro. Hier lohnt ein Besuch der Hafenstadt Kotor in der gleichnamigen Bucht. Die alte Handelsstadt mit ihrem natürlichen Hafen war im Mittelalter ein bedeutendes wirtschaftliches und kulturelles Zentrum. Seit 1979 steht Kotor als Welterbestätte unter dem Schutz der UNESCO.

In den Lokalen der Altstadt von Dubrovnik lässt es sich gemütlich tafeln.

Bild oben: Dubrovnik konnte sich dank seiner Befestigungsanlagen über Jahrhunderte als unabhängige Republik behaupten.

HOT SPOTS

Bereits seit Mitte des 19. Jahrhunderts, als wohlhabende Österreicher die mediterrane Schönheit und die klimatische Gunst von Opatija an der Kvarner Bucht zu ihrem bevorzugten Kurort wählten, ist Kroatien ein beliebtes Reiseziel. Istrien und die dalmatinische Küste und Inselwelt sind seit den 1970er-Jahren populär, jedoch unterbrochen von den unruhigen Jahren des Kroatienkrieges. Heute zählt Kroatien weltweit zu den Top-Reisedestinationen.

MIRAMAR

Das Adria-Relax-Resort Miramar liegt malerisch in einer kleinen Bucht nur wenige Gehminuten vom Zentrum Opatijas entfernt. Im Stil der Belle Epoque entführt das Hotel seine Gäste in die glanzvolle k. u. k.-Zeit und lässt die große Tradition von Abbazia-Opatija als Kur- und Erholungsort zeitgemäß wieder aufleben. Ausgezeichnete Qualität und besten Service garantiert die österreichische Hoteliersfamilie Holleis. Ob im Schloss am Meeresstrand, in der Villa Neptun oder in den neu erbauten Villen im mediterranen Stil, die Gäste empfängt ein luxuriöser Komfort in den Zimmern. Für Körper, Geist und Seele ist ein umfangreiches Wellnessangebot vorhanden.

Ive Kaline 11 | HR-51410 Abbazia/Opatija | Tel. +385 51 28 00 00 |
E-Mail: info@hotel-miramar.info | www.hotel-miramar.info

MOZART

Das noble Mozart residiert in einem prächtigen Jugendstilgebäude aus dem Jahr 1894, das sich in hellem Rosa präsentiert. Die Zimmer sind stilvoll mit antiken Möbeln eingerichtet, und das ganze Haus erstrahlt im Glanz von einst. Die Hotellobby spiegelt den Art-déco-Stil und ein Pianist spielt leise Mozart. Die regulären Zimmer haben einen Blick zum Garten, während die Deluxe-Zimmer einen Balkon zum Meer aufweisen. »Sehen und gesehen werden« ist das Motto auf der Terrasse mozArt, die zwischen dem Hotel, dem Meer und dem beliebtesten Strandbad Opatijas liegt. Ein kleiner, aber feiner Wellnessbereich rundet das Angebot dieses vornehmen Hotels ab.

Marsala Tita 138 | HR-51410 Opatija | Tel. +385 51 71 82 60 |
E-Mail: info@hotel-mozart.hr | www.hotel-mozart.hr

LE MANDRAC

Ein gemütlicher, halbstündiger Spaziergang entlang der Promenade Lungomare führt von Opatija zum benachbarten Küstenort Volosko. Im hübschen Fischerdorf mit dem kleinen Hafen haben sich in den letzten Jahren einige gute Restaurants etabliert, darunter Le Mandrac direkt am alten Fischerhafen gelegen. Dieses vorzügliche Gourmetlokal zählt mit seinen trendigen Menüs zu den besten Restaurants Kroatiens. Frischer Fisch und Meeresfrüchte werden kreativ und handwerklich bestens zubereitet. Wie wäre es beispielsweise mit *limun buzara*, frischen Meeresfrüchten an einem leichten Zitronenschaum mit regionalem Schinken?

Supilova Obala 10 | HR-51410 Volosko/Opatija | Tel. +385 51 70 13 57 |
www.lemandrac.com

Das Miramar mit seinem schlossartigen Hoteltrakt liegt direkt an der Adria.

Das Vestibul Palace ist Teil des Diokletianpalasts in Split.

HOT SPOTS

Moderne Architektur des Falkensteiner Hotel & Spa Iadera.

Von den Terrassen der Villa Dubrovnik sieht man zur Altstadt hinüber.

Dubrovnik hat einen kleinen, aber sehr schönen Stadtstrand zu bieten.

PLAVI PODRUM
Das Restaurant blickt auf eine fast hundertjährige Geschichte zurück und bietet hervorragende traditionelle Fischgerichte, die mit frischen Kräutern und teilweise mit raffiniert beigemischten Trüffeln stimmig abgeschmeckt sind. Das Schwarze Risotto sollte man sich auf keinen Fall entgehen lassen. Das Restaurant liegt schön eingebettet dem Meer zugewandt und ist mit allerlei aufwendigen maritimen Deko-Elementen geschmückt, was ein wenig kitschig wirkt, dennoch ist die Atmosphäre eher formell. Ein weiteres Plus dieses Restaurants ist die breite Weinauswahl. Kein Wunder, ist doch die Besitzerin eine mehrfach ausgezeichnete Sommelière.

Supilova Obala 12 | HR-51410 Volosko/Opatija | Tel. +385 51 70 12 23

VESTIBUL PALACE
Das zur Hotelgruppe der Small Luxury Hotels of the World gehörende schicke Stadthotel bietet höchsten Komfort und Luxus, stilvoll in einem alten Stadthaus, das zum Diokletianpalast im Herzen der Stadt gehört. Es empfiehlt sich, rechtzeitig zu reservieren, da es nur sieben Zimmer und Suiten gibt. Edle Materialien, viel Leder und uraltes Holz sowie freigelegte Mauern und alle modernen Annehmlichkeiten verwöhnen die Gäste. Eine Bar, ein Restaurant und ein Weinkeller runden das Angebot ab. Oder man genießt einfach das Altstadtflair bei einem Drink unter den Sonnenschirmen vor dem Hotel.

Iza Vestbula 4 a | HR-21000 Split | Tel. +385 21 32 93 29 |
www.vestibulpalace.com

FALKENSTEINER HOTEL & SPA IADERA
Das exklusive Resort ist am höchsten Punkt im Falkensteiner Hotels & Residences Punta Skala gelegen und bietet eine traumhafte Aussicht auf die Adria und die vorgelagerten Kornaten. Das Haus gilt zurzeit als das beste Resort und Wellnesshotel Kroatiens. Die offene moderne Architektur strahlt mediterranes Flair aus und wird mit einem Top-Service allen Ansprüchen gerecht. Saunen und Pools sowie ein türkisches Hamam gehören zur luxuriösen Ausstattung des Iadera Spa.

Punta Skala BB, Petrcane | HR-23231 Zadar | Tel. +385 800 10 10 11 11

VILLA DUBROVNIK
Ein mehrfach ausgezeichnetes Boutiquehotel der Spitzenklasse. Die moderne Architektur des Gebäudes passt sich hervorragend in die Landschaft ein. Prominent auf den Klippen gelegen, sind die Ausblicke auf die Dubrovniker Altstadt, über die Adria und zur Insel Lokrum fantastisch. 56 Zimmer, Suiten und die Villa Kolin bieten zeitgenössischen Luxus. Die Sinne erfreuen, die Seele baumeln lassen, dem Körper etwas Gutes angedeihen lassen, das alles bietet die Villa Spa. Ein Besuch der Prosciutto Wine Bar auf dem Dach der Villa ist ein Muss. Ein schöner Sonnenuntergang bei einem Cocktail bleibt unvergessen.

Vlaha Bukovca 6 | HR-20000 Dubrovnik | Tel. +385 20 500 300 |
E-Mail: reservations@villa-dubrovnik.hr

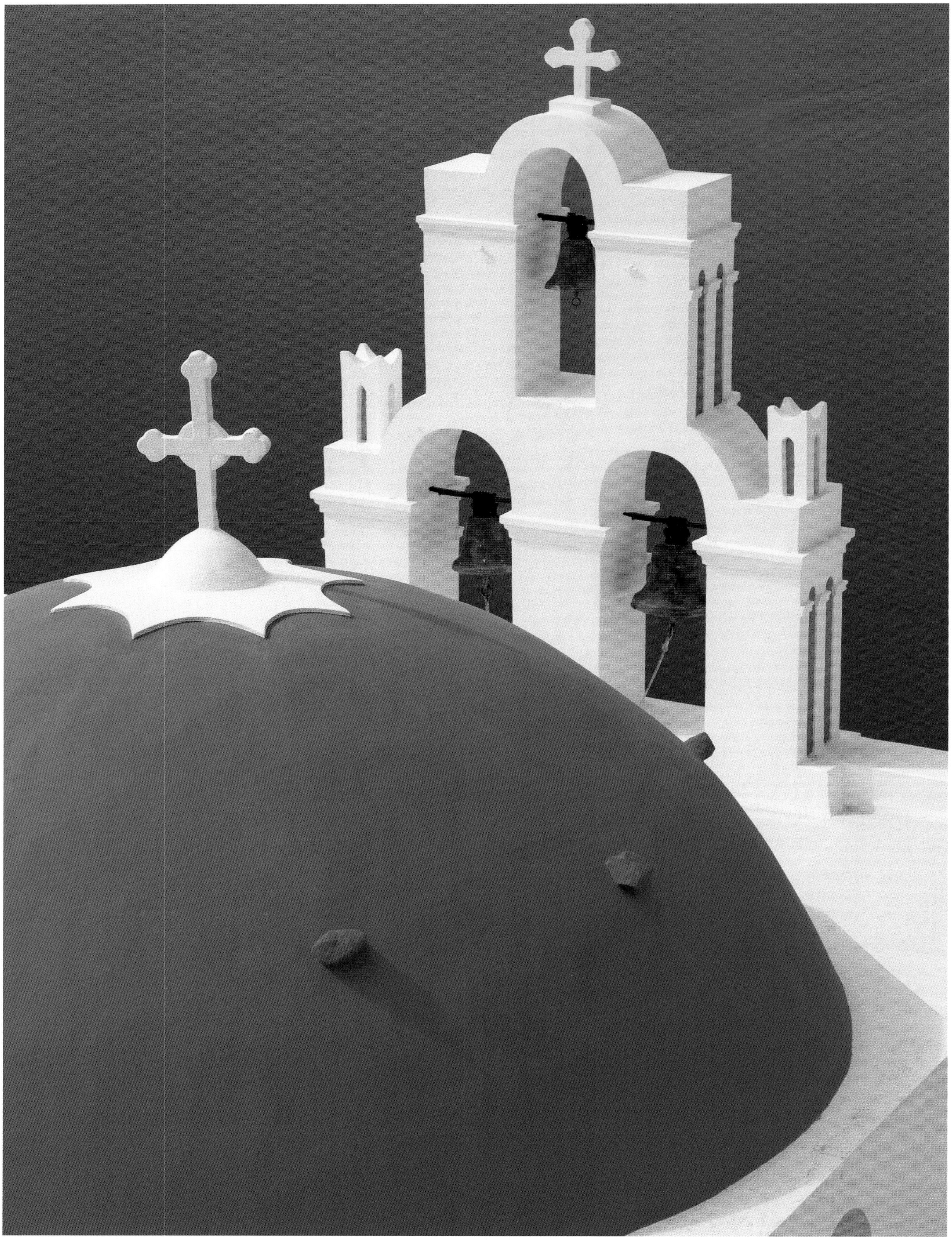

KYKLADEN

Griechenland erleben von Ándros bis Kythnos

Unter den mediterranen »Küsten des Lichts« ist die Inselwelt der Kykladen von einzigartiger Schönheit – dank der immer wieder anderen felsbraunen Inselformen, die sich aus dem dunklen, vom Sonnenlicht funkelnden Blau des Meeres heben. Strahlende Kontraste zu Fels und Meer bieten die malerischen weißen Kykladendörfer, die Strände und die Flotte der Fährschiffe.

Kykladen heißt Ringinseln, abgeleitet von dem altgriechischen Wort »kyklos« (Kreis). Für die Stadtstaaten der griechischen Antike und ihren Schiffsverkehr mit Kreta und Kleinasien besaßen die Inseln Bedeutung, doch sie waren auch schon in der jüngeren Steinzeit besiedelt. Wie viele Inseln zählen zu den Kykladen? Die Antwort auf die oft gestellte Frage hängt ganz davon ab, was man als Insel gelten lässt und was nur eine Felsklippe ist. 31 Inseln haben mehr als 5 km² Fläche, von insgesamt 150, aber auch von über 200 Inseln wird gesprochen. Die größte ist Náxos, das in archaischer Zeit seine Vormacht behauptete. Eine Sonderstellung kam seit etwa 1000 v. Chr. dem nördlicher gelegenen kleinen Delos zu, wegen seiner Tempelstätten für Apollon, den Schutz- und Heilgott. Der Apollonkult von Delos zog Pilger aus ganz Griechenland an. Genau wie heute noch die Fülle der antiken Stätten Touristen aus aller Welt auf die Kykladen lockt.

Doch antike Tempel und Statuen sind nur eines von mehreren starken Motiven für eine Kykladenreise. Die Inseln sind mit traumhaften Buchten und Stränden gesegnet, der ganze Archipel ist ein Paradies für Skipper, die auf oft mehrwöchigen Segeltörns von Insel zu Insel hüpfen. Auch die Kykladenarchitektur der weißen Dörfer, deren Häuschen sich wie fantastische Würfelskulpturen an die Hänge schmiegen und die von engen, verwinkelten Gassen und Treppenwegen durchzogen werden, lockt viele Urlauber an. Die bodenständige Küche mit Fischgerichten, viel frischem Gemüse, Schafskäse und Oliven wird vielfach variiert, auf den Inseln gekelterte Weine sind gehaltvoll und aromatisch. Die Winzer lassen ihre Reben übrigens bodennah wie rundliche Nester wachsen, damit Laub und Trauben von der Hitze und dem Wind nicht ausgetrocknet werden.

Die Möglichkeit, während eines Kykladenaufenthaltes gleich mehrere Inseln kennenzulernen oder wiederzusehen, wird immer öfter genutzt – und wenn in den Sommermonaten die großen Fähren und die immer häufiger eingesetzten schnellen »Flying Dolphins« häufig verkehren, bieten sich viele Inselkombinationen an. Besonders reizvoll kann das Inselspringen sein, wenn man sich einige Tage auf einer der viel besuchten Inseln – zum Beispiel dem vulkanischen Santorin oder dem schicken Mykonos – umsieht und dann auf eine der noch ursprünglicheren Inseln wie Amorgós, Folégandros, Antiparos oder Sérifos wechselt.

Weiß getünchte Windmühlen vor blauem Himmel: das ist Santorin.

Der Tourismus hat das Leben auf den Kykladen stark verändert und zu Modernisierungen in allen Bereichen des Alltags geführt. Die wachsenden Besucherzahlen haben auch dafür gesorgt, dass die noch vor wenigen Jahrzehnten akute Abwanderung von großen Teilen der Bevölkerung gebremst wurde. Damals drohten die Inseln zu veröden, die Schönheit der weißen Dörfer zu verfallen. Weil Fischerei und Landwirtschaft nicht genug einbrachten, zog es vor allen Dingen die junge Generation nach Athen aufs Festland.

Bild links: Die Kuppel der griechisch-orthodoxen Kirche von Thira auf Santorin: ein Wahrzeichen der Kykladen.

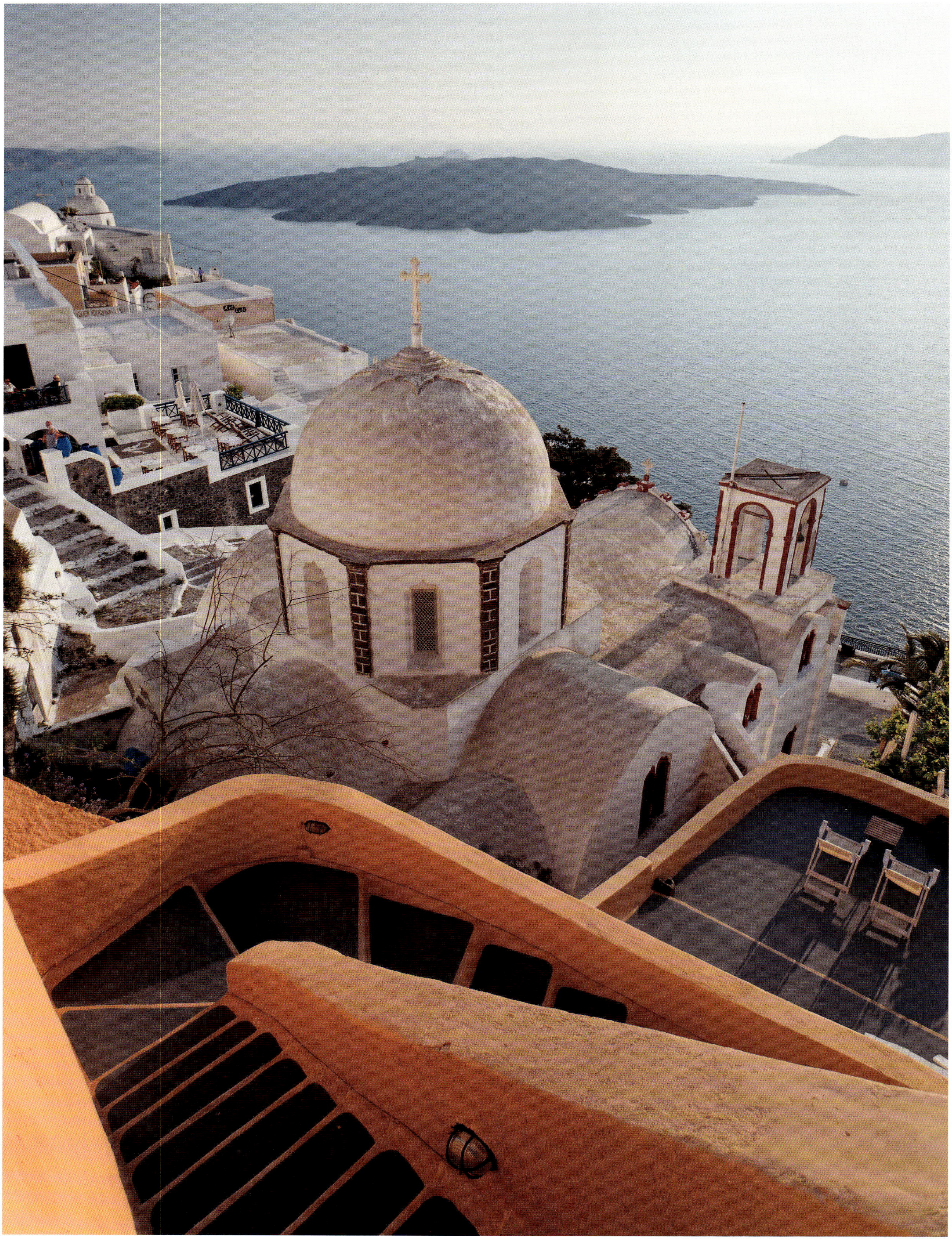

REISEROUTE

Natur und Kultur – reges Leben herrscht auf den wichtigsten Touristeninseln wie Mykonos oder Santorin, weitaus stiller geht es auf vielen der unbekannteren Inseln zu, in denen noch die Einheimischen dominieren. Ein Erlebnis eigener Art bietet das unbewohnte Delos mit seinen herrlichen antiken Relikten und Statuen.

ROUTENLÄNGE: ca. 800 km
ZEITBEDARF: ca. 2 Monate
START: Ándros
ZIEL: Kythnos
ROUTENVERLAUF: Ándros, Tínos, Mykonos, Delos, Syros, Páros, Antíparos, Náxos, Amorgós, Íos, Santorin, Anáfi, Mílos, Sifnos, Kythnos

VERKEHRSHINWEISE:
Die Fahrpläne der Fähren ändern sich häufig. Die vorgeschlagene Route ist ohne Umwege am besten mit einer privaten Yacht zu realisieren (hierzu gibt es zahlreiche Charterangebote!).

AUSKÜNFTE:
Griechische Zentrale für Fremdenverkehr,
Neue Mainzer Str. 22,
60311 Frankfurt/Main,
Tel. (069) 257 82 70
www.greek-islands.de
www.kykladen.de

In der Abenddämmerung ist Naxos-Stadt in ein warmes Licht getaucht.

Bild links: Thira, der Hauptort Santorins, wurde an einem Steilhang 300 Meter über dem Meer errichtet.

ÁNDROS

❶ ÁNDROS

Mit 380 km² Fläche zählt Ándros, die nördlichste, auch zu den größten Inseln der Kykladen – und viel gibt es zu sehen. Besucher, die zuvor bereits südlichere Ägäis-Inseln kennengelernt haben, erleben schon am Hafen Batsi eine Überraschung. So viele grüne Felder und Berghänge haben sie nicht erwartet. Quellen sprudeln und Bäche rauschen. Dass es hier Wald-, Park- und Gartengrün gibt, hat im 19. Jh., nach dem Ende der Osmanenherrschaft, wohlhabende Reeder aus Athen sowie pensionierte Kapitäne dazu motiviert, sich auf Ándros anzusiedeln. Ein Entschluss, der von der günstigen Lage zu Athen noch bestärkt wurde. Am besten lässt sich das nachprüfen, wenn man sich vom Hafenort Batsi quer über die Berghöhen hinüber zur Ostseite der Insel begibt.
Die Inselhauptstadt Chora liegt auf einer Landzunge, in ihre Altstadt tritt man durch einen historischen Torbogen ein und findet sich auf schmalen Gassen zwischen weiß getünchten Häusern und Kirchen.
Auf der Landzunge erinnert eine Festungsruine an ihren Bauherrn, den Venezianer Martino Dandolo, herrschte die Serenissima hier doch seit dem 13. Jh., bis Chaireddin Barbarossa sie 1537 vertrieb. Der Freibeuter war zum Admiral des Sultans Süleyman avanciert und eroberte für ihn zahlreiche Ägäis-Inseln.
Unbedingt besuchenswert sind zwei Museen in der Altstadt, die im 20. Jh. von der Reederfamilie Goulandris, genauer: von der Vasilis and Elsa Goulandris Foundation gestiftet wurden: das Archäologische Museum und das Museum der Modernen Kunst. Auf Ándros kann man auch den Wehrturm aus hellenistischer Zeit, orthodoxe Klöster mit Ikonostasen und Bergdörfer auf windumtosten Höhen sehen.

TÍNOS

❷ TÍNOS

Nur ein schmaler Meeresarm trennt Ándros von der Nachbarinsel Tínos. Die Insel – mit 194 km² die drittgrößte unter den Kykladeninseln – hat mehrere schöne Sandstrände und grüne Täler. Vom Nonnenkloster Kechrovounou hat man einen grandiosen Rundblick über die Insel. Außerdem ist die Insel ein berühmter Wallfahrtsort und Pilgerstätte zum Marienbild in der Wallfahrtskirche Panagia Evangelistria. Der Name der Kirche geht auf die Nonne Pelagia zurück, die nach einer Vision 1823 die Marienikone auffand – bei den Überresten einer fast tausend Jahre zuvor abgebrannten byzantinischen Kapelle. An gleicher Stelle entstand die Wallfahrtskirche mit prächtiger Hauptfassade über breiten Freitreppen und offenen Arkaden. Hunderttausende Pilger steigen alljährlich die breite Straße vom Hafen zur Kirche über der Stadt hinauf, manche auf Knien. Zu den Marienfesten am 25. März und am 15. August wird die Marienikone zum Hafen getragen.
Mit den zahllos variierten geometrischen Schmuckbändern ihrer Ein- und Ausflugsöffnungen sind die Taubentürme (Peristerionas) eine Augenweide. Sie finden sich nicht nur auf Tínos, hier aber mit rund 800 quadratischen Türmen am häufigsten. Die Venezianer, die im Hochmittelalter auf Tínos herrschten, aßen nun mal gern Täubchen.
Durch das Taubenturmtal bei Kambos kommt man zu den Marmorsteinbrüchen beim Bildhauerdorf Panormos im Nordwesten von Tínos, zu den beiden Panormos-Museen mit Werken einheimischer Künstler.

Bild links: Sonnenuntergang auf Ándros.

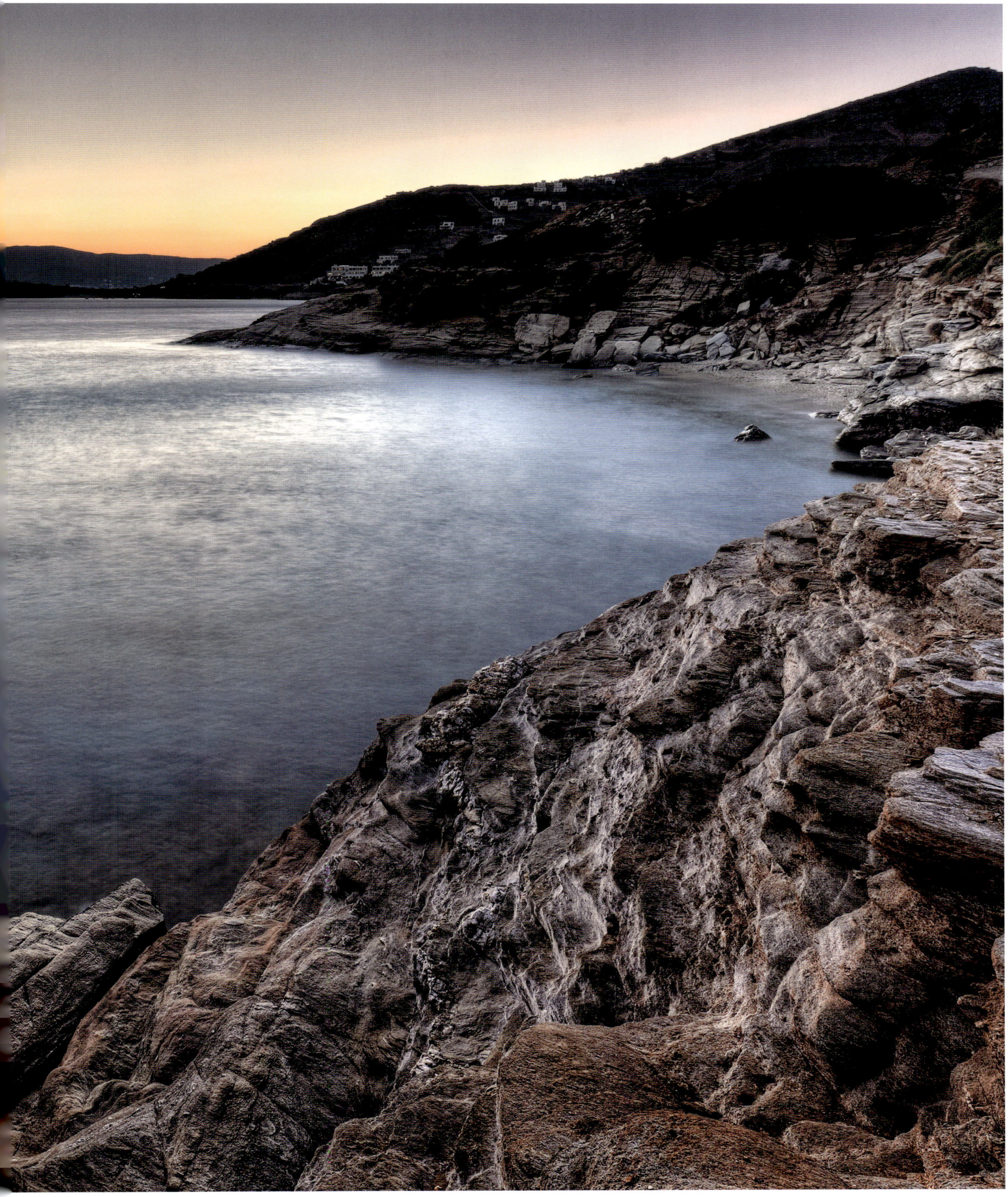

MYKONOS

❸ MYKONOS

Vor hundert Jahren waren es Bewunderer der griechischen Antike, die auf Mykonos Station machten, um auf dem nahen Delos die Stätten des Apollonkults zu besuchen. Sie hatten auch Augen für das beispielhaft schöne Ortsbild der Chora (Hauptort der Insel, auch Altstadt), Künstler und Lebenskünstler zogen ein. Seit rund 50 Jahren sind die Reichen und Schönen oft auf Mykonos anzutreffen. Die langen Strände um die Chora sowie an der Süd- und Südostküste sind von heftigem touristischen Zulauf bestimmt. Doch an den zumeist baumlosen Küsten und Buchten gibt's immer noch Abschnitte, wo man noch allein ist. Mindestens vier Museen sind besuchenswert: das Nautiko Moussio (Seefahrt seit minoischer Zeit), das Archäologische Museum, das Volkskundliche Museum und das Haus der Lena (bürgerliches Wohnen im 19. Jh.). Das architektonisch ungewöhnlichste Gebäude von Mykonos, die Kirche Panagia Paraportiani (wörtlich: vor den Pforten der – nicht mehr vorhandenen – Burg), wuchs seit dem Mittelalter mit immer neuen Anbauten.

Mykonos-Stadt mit Hafen.

166 KYKLADEN

Bild oben: Windmühlen sind das Wahrzeichen der Kykladen-Insel Mykonos.

DELOS

❹ DELOS

Fremdartig, fast herausfordernd steht die Reihe der Marmorlöwen vor dem Hügelhorizont der Insel, die dem Apollon geweiht war. Die einst mindestens neun Skulpturen waren Symbole für den als Gott des Lichts, der Weissagung und der Künste verehrten Sohn des Zeus und der Leto. Sie fungierten wohl auch als Schutzzeichen oberhalb des Prozessionswegs, auf dem die Pilger vom Hafen zum heiligen See gingen. Von diesem weiß man heute nur noch den Platz; er wurde 1926 zugeschüttet.

Im Gründungsmythos des Delos-Kults spielte der heilige See eine Hauptrolle. Zeus nämlich hatte mit der Göttin Leto Zwillinge gezeugt, Apollon und Artemis. Sehr zum Zorn seiner Gattin Hera, die alle Städte und Inseln Griechenlands gegen Leto aufhetzte, sie sollten ihr keinen Ruheplatz für die Geburt gewähren. Nur das ziemlich armselige, kleine Delos (nur 3,8 km²) erbarmte sich, unter der Bedingung, der Sohn der Leto werde hier seinen ersten Tempel erbauen lassen. Als Leto nach langen Wehen am heiligen See ihre Götterkinder zur Welt gebracht hatte, fing die Insel zu blühen an, alles erstrahlte in goldenem Licht, Felswände, Olivenbäume und auch ein Fluss. Historisch gesichert ist die Geschichte der Insel als bedeutendes religiöses Zentrum vom 7. bis 1. Jh. v. Chr. Im Jahre 543 v. Chr. hielt es der athenische Herrscher Peisistratos für notwendig, zur religiösen Reinigung alle Gräber auf Delos auf die benachbarte Insel Rínia zu verlegen. Delos war ein Treffpunkt des attischen Seebundes. Zwischen 477 und 454 v. Chr. wurde die Bundeskasse hier aufbewahrt. Später wurde Delos von Athen unabhängig, 166 v. Chr. erklärten es die Römer zum Freihafen. Von dem Überfall Mithridates VI., des Königs von Pontos am Schwarzen Meer, der 88 v. Chr. gegen Rom aufstand, erholte sich die Stadt jedoch nicht mehr.

Will man die historischen Zusammenhänge verstehen, sollte man sich vor der Besichtigung der heiligen Stätten und der Wohnquartiere auf der Insel einen guten Reiseführer zulegen. Besonders sehenswert sind die kunstvollen Mosaikarbeiten im »Haus des Dionysos« und im »Haus der Delfine«, sehr informativ ist außerdem das Museum mit seinem Modell der antiken Stadt.

Bild oben: Im Haus des Dionysos sind einige der schönsten hellenistischen Mosaikwerke zu sehen.

SYROS

❺ SYROS

Mit 86 km² ist Syros fast genauso groß wie Mykonos, politisch jedoch bedeutender: Die Inselkapitale Ermoúpoli ist nämlich Hauptstadt der Kykladen. Fast wäre der freundliche Ort an den Hängen zweier Stadthügel nach der Befreiung von den Türken um 1830 sogar statt Athen zur Hauptstadt des neuen Königreichs Griechenland erhoben worden. Ermoúpoli – es wurde in den Freiheitskriegen nach dem Gott Hermes, dem Patron der Händler und Reisenden, benannt – zeigt zum Meer hin eine attraktive Stadtsilhouette, besitzt geräumige Plätze und zu den Zwillingshügeln hinauf malerische Treppengassen.

Auf dem östlichen Hügel glänzt die blaue Kuppel der orthodoxen Kathedrale, auf dem westlichen, steileren ragt die katholische Agios-Georgios-Kathedrale über den festungsartigen Klostermauern auf. In ihrem näheren Umkreis zeigt sich das Leben dörflich. Unten in der Stadt gibt es Märkte, das Apollontheater, nach dem Vorbild der Mailänder Scala erbaut, und ein archäologisches Museum.

Für Inselerkundungen empfiehlt sich vor allem der grüne, fruchtbare Süden von Syros. Beim hoch gelegenen Dorf Episkopi und auch im südlicheren Possidonia überrascht eine reiche Villen- und Parkkultur, die noch ins 19. Jh. zurückreicht. Wer touristisch wenig berührte Badeorte schätzt, macht sich zum Dorf Kini auf, wer höhere Ansprüche an Hotels hat, wird Galissas mit seinem breiten Strand vorziehen.

PÁROS

❻ PÁROS

Das südöstliche Viertel im Ring der Kykladen ist sehr beliebt: Ob Páros oder die noch größere Nachbarinsel Náxos, ob Íos oder Amorgós, ob Thíra/Santorin oder die Menge der kleineren Inseln dazwischen – in diesem Südost-Bereich steigern sich die Inselkonturen, die Größe der Strände und die Kykladenarchitektur der Dörfer.

In Páros kann man Marmorbrüche besichtigen, aus denen seit dem 8. Jh. v. Chr. der parische Marmor exportiert wurde. Das Christentum hinterließ bereits in sehr früher Zeit seine Spuren: Zwei Kapellen, die später in die Panagia Ekatontapiliani im Inselhauptort Parikia integriert wurden, stammen schon aus dem 4. Jh. Die »Hunderttorige« – so heißt ihr Name übersetzt – ist eine Kreuzkuppelkirche aus dem 6. Jh. und eines der bedeutendsten Bauwerke der Kykladen. Erst in der zweiten Hälfte des 20. Jh. wurde nach Umbauten und Erdbebenschäden die ursprüngliche Gestalt wiederhergestellt.

Die marmornen Stufen und der Bischofsthron in der Apsis waren schon in frühchristlicher Zeit ein Versammlungsort der Geistlichen. In der dreischiffigen Hauptkirche zeigt die marmorne Altarwand Ikonen des 17. Jh. Im Baptisterium überdauert noch das in den Boden eingelassene kreuzförmige Taufbecken, das der damals noch ausschließlich üblichen Erwachsenentaufe diente. Die ganze Anlage der Panagia Ekatontapiliani wurde auf Fundamenten eines antiken Tempels erbaut. Für die Kirchenglocken sparte man sich den Turm, sie hängen an den starken Stämmen einer Zypresse.

Parikia selbst, der Inselhauptort, ist mit seiner Altstadt, dem Kastroviertel, ein attraktives Beispiel der Kykladenarchitektur. Von der ehemals venezianischen Burg ist ein starker Turm erhalten, erbaut mit Säulen-

Páros-Stadt in der Abenddämmerung.

trommeln und Quadersteinen antiker Tempel. Nachts geht es in den Bars und Restaurants am Hafen oft geräuschvoll her, Páros ist eine der meistbesuchten Inseln. Vor allem wegen seiner Strände, aber auch als weiträumig ländliche Wanderlandschaft. Im Inselinnern liegt das Gebirgsstädtchen Lefkes inmitten von Terrassenfeldern am Hang des Agios Ilias, mit schattigen Cafés an der Platia und steilen Treppengassen.

Eine besondere Attraktion ist das Moussio Laikou Politismou tou Aigaiou, ein Privatmuseum ägäischer Volkskultur. Sein Gründer, der Hotelier und Sammler Giorgios Pittas, hat es mit glücklicher Hand geschaffen und seinem Hotel Lefkes Village angegliedert. Der Besucher gewinnt einen Eindruck von der jahrtausendealten Kultur der Bauern, Handwerker und Seeleute.

Und die Badeorte der Insel Páros! Die schönsten finden sich in der Bucht von Náousa im Norden, teils – wie beim Dorf Kolymbithres – mit fantastischen Gesteinsformationen, weiter nach Osten an der Langeri-Halbinsel, an der Ostküste selbst bei Longaras und Chrissi Akti, schließlich im Süden bei Akrotiri und Alyki.

ANTÍPAROS

❼ ANTÍPAROS

Die nicht mehr als 35 km² große Insel liegt vor der Westküste von Paros. Beide waren bis zur Jungsteinzeit mit einer Landbrücke verbunden. Heute verkehren Fähren im 30-Minuten-Takt zwischen ihnen.

Antíparos ist zwar stiller und ruhiger als die große Schwesterinsel, doch da auch Antíparos lange, feinsandige Strände bietet, ist es im Lauf der Jahre längst nicht mehr nur Ziel von Tagesausflügen, sondern ein richtiger Urlaubsort geworden. Es gibt Ferienanlagen, Hotels, Tavernen, einige Geschäfte und ein reges Nachtleben.

Ganz im Süden von Antíparos steigt man rund 90 m über Treppen in die Tiefe: Die Spilion Agiou Ioannou, die Tropfsteinhöhle des heiligen Johannes, zählt zu Griechenlands meistbesuchten und ist die wohl bedeutendste Sehenswürdigkeit der Insel.

Bild rechts: Die blaue Kuppel der Kathedrale von Ermoúpoli auf Syros.

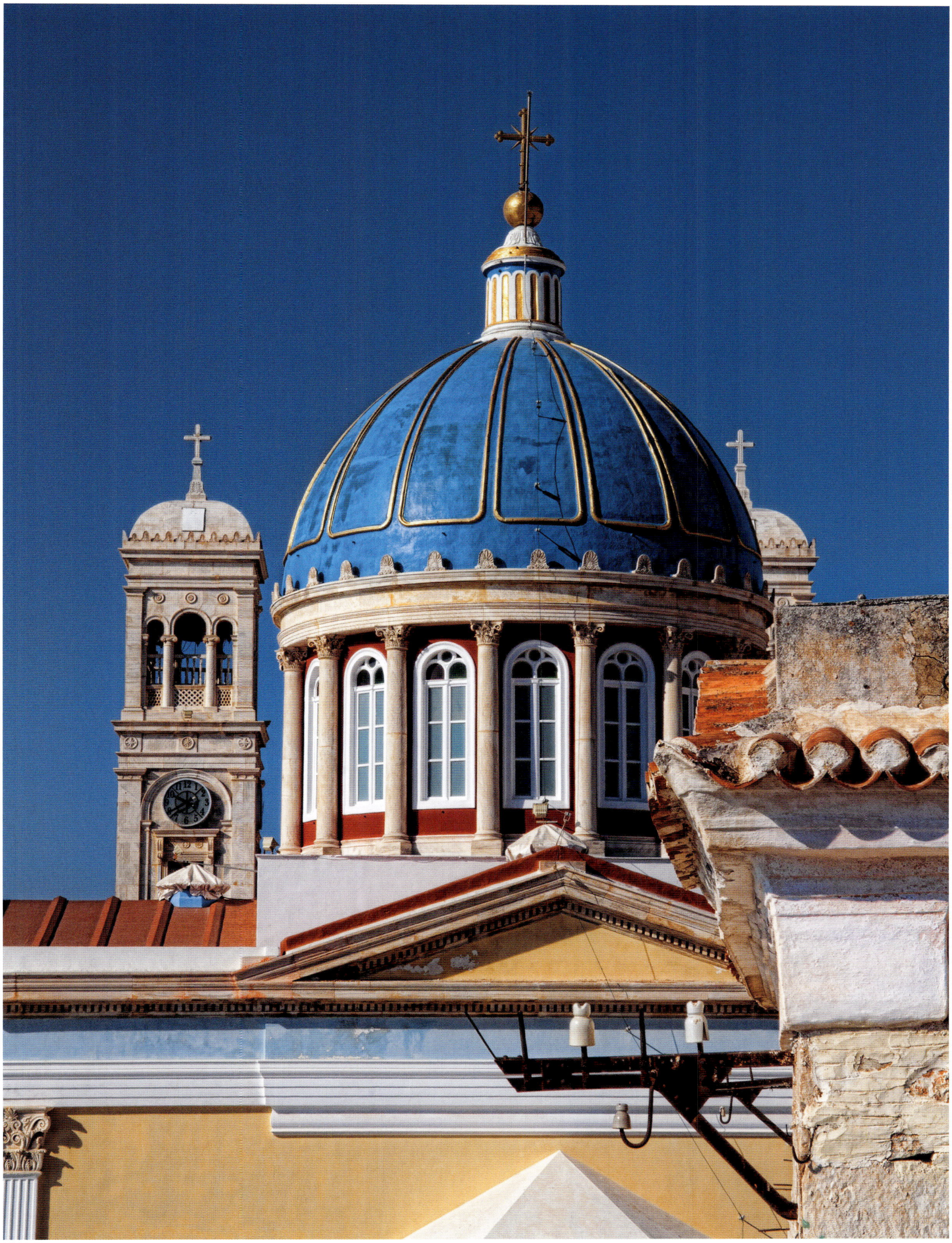

Die Ruinen eines archaischen, der Demeter geweihten Tempels, der vermutlich um 530 v. Chr. auf Náxos errichtet wurde.

NÁXOS

❽ NÁXOS

In Náxos, der Hauptstadt der größten Kykladeninsel (448 km²) kann man am Vormittag die reiche Sammlung von Kykladenidolen im Archäologischen Museum bewundern, am Nachmittag die stimmungsvolle Altstadt durchstreifen und gegen Abend zur Portara auf der Halbinsel Palateia nördlich vom Hafenbecken pilgern. Die Portara, ein monumentales Marmortor, ist Wahrzeichen von Náxos und der einzige Überrest eines riesigen Tempelbaus, der im 6. Jh. v. Chr. zu Ehren des Gottes Apollon entstehen sollte. Mit weitem Ausblick auf die Stadt und das Meer ist das 6 m hohe Steingebälk besonders im Morgenlicht einen Spaziergang wert.

In Náxos wurde auch eine Gebirgsgrotte unterhalb des 999 m hohen Zas-Gipfels (»Zas« neugriechisch für Zeus) verehrt, wo der auf Kreta geborene Zeus aufgewachsen sein soll.

Als Hausgott gilt auf Náxos vor allem Dionysos, der Gott des Weines. Vasen und Trinkschalen zeigen die berühmte Legende, wie der Jüngling Dionysos sich der Gefangenschaft auf einem Seeräuberschiff entzog: Plötzlich überwucherten Weinreben Deck und Masten, wilde Tiere legten sich dem Gott zu Füßen und die Piraten sprangen voller Schrecken ins Meer.

Eine besondere Form von Marmoridolen brachte die bronzezeitliche Kykladenkultur des 3. Jt. v. Chr. hervor. Die schlanken, meist weiblichen und oft kreativ abstrahierten Figuren sind wenige Zentimeter bis lebensgroß und waren ein früher Höhepunkt europäischer Kunst. Sie fanden sich zumeist in Gräbern auf Náxos, Páros, Tínos und Amorgós. Die Sammlung im Museum von Náxos ist die zweitgrößte nach jener im Museum für kykladische Kunst in Athen.

Náxos war bis zu seiner Zerstörung durch die Perser 490 v. Chr. das Machtzentrum der Ägäis, danach musste sich die Insel der Herrschaft Athens fügen. Erst unter den Venezianern, die Náxos 1207 zum Zentrum des »Herzogtums Náxos« machten und dort die bis heute erhaltene Burg erbauten, gelang ein neuer Aufschwung. Damals entstand die katholische Kathedrale im höchsten Bereich des Burgviertels. Nördlich davon im Viertel Bourgos findet man über 40 orthodoxe Kirchen und Kapellen. Noch weiter in Richtung Portara legten jüngste Ausgrabungen die Reste einer antiken Siedlung frei, die nun als Freilichtmuseum zugänglich ist.

Vergleichbar dem »Koloss von Náxos« ist die etwa 6 m lange Skulptur des »Kouros von Flerio«. Sie wird in Melanes, südöstlich der Stadt Náxos, im Garten eines Privathauses von den Besitzern gezeigt. Ebenfalls sehr sehenswert ist die beim Bergdorf Moni in der Inselmitte gelegene Kirche Panagia Drossiani, die einige der ältesten byzantinischen Wandmalereien birgt.

DER KOLOSS VON NÁXOS

Weit durch den gebirgigen Norden von Náxos muss reisen, wer eine der rätselhaftesten Marmorfiguren der griechischen Antike bestaunen will. Die Landschaft ist großartig mit ihren silbrigen Ölbaumwäldern, tief eingeschnittenen Tälern und einsamen Höhen. Die Bergdörfer am Wege haben Sehenswertes vorzuweisen, zum Beispiel Apiranthos vier Museen. Die Höhenstraße wird schmaler, das letzte Wegstück führt als Pfad bei einem antiken Marmorsteinbruch oberhalb von Apóllonas durch dichten Wald. Dort liegt eine beinahe 11 m lange Monumentalfigur, die von den antiken Bildhauern nicht vollendet wurde. Vermutlich wegen Fehlern und Rissen im Marmor, doch der Kouros, die Jünglingsgestalt, die wohl entstehen sollte, ist auch noch in ihrer grobschlächtigen Unvollkommenheit eindrucksvoll.

Bild rechts: Das stattliche Tor am Apollon-Tempel auf Naxos.

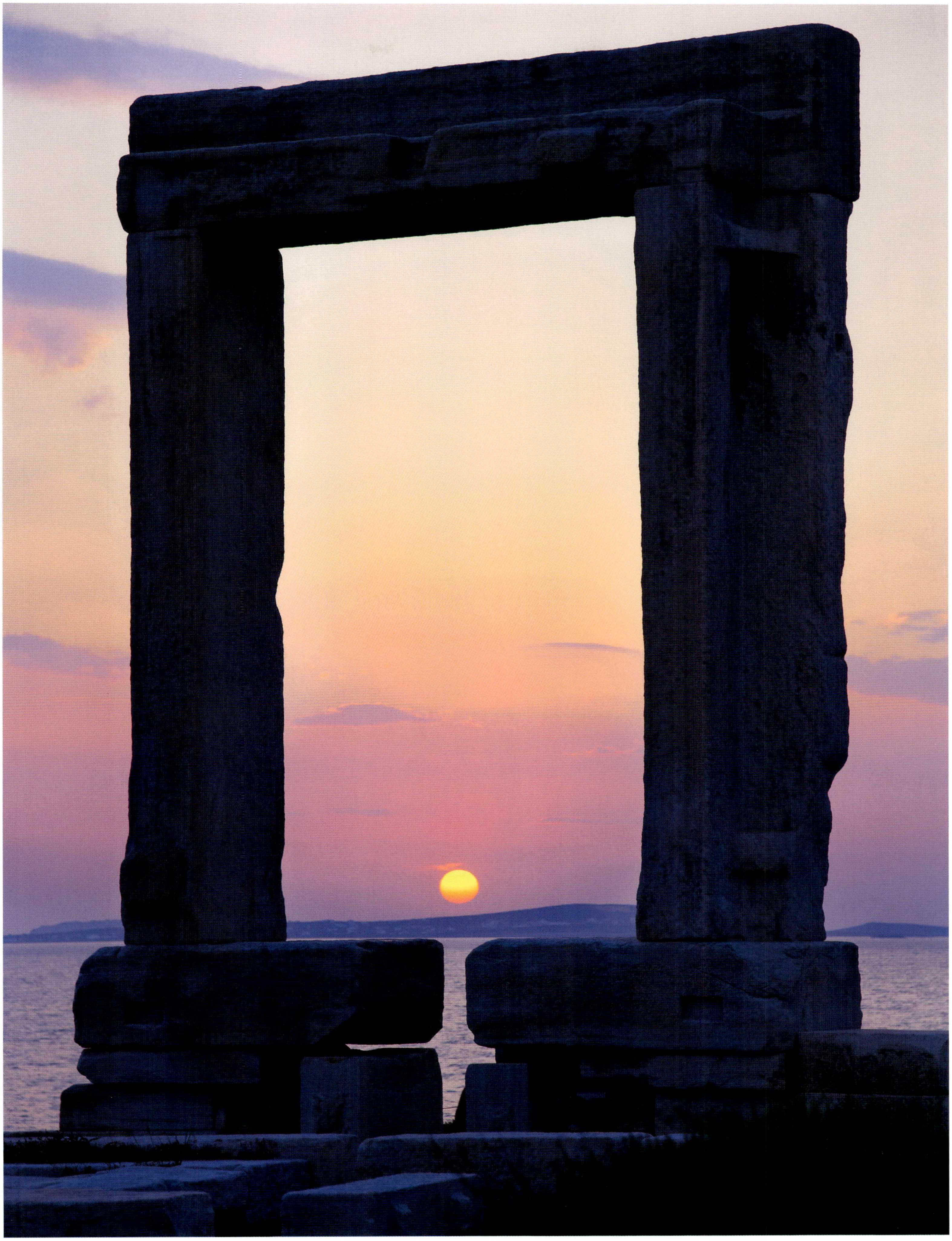

AMORGÓS

❾ AMORGÓS

Die eine Fläche von 120 km² umfassende, östlichste Kykladen-Insel präsentiert sich als wilde Schönheit, die auf einer Länge von 33 km als bis zu 823 m hoher Gebirgsrücken aus dem Meer ragt. Obwohl Amorgós, seit Luc Bresson hier 1988 den Kultfilm »Im Rausch der Tiefe« drehte, trendy ist, findet sich hier vielerorts noch unberührte Natur. Das zerklüftete, von dicht bewaldeten Tälern durchzogene und zu Küste steil abfallenden Gebirge gilt als Trekkingparadies, das man auf abgeschiedenen Pfaden durchstreifen kann.

Die im Zentrum der Insel gelegene 500-Seelen-Chora von Amorgós lehnt sich mit den weißen Würfeln ihrer Häuser an die fast senkrecht aufsteigenden Wände eines mächtigen Bergkegels an und wird von einer alten venezianischen Festung überragt.

Auch das Kloster Hozoviótissa aus dem 11. Jh., das sich in eine aus dem Meer aufsteigende Steilwand an der Südküste einfügt und das deshalb oft mit den Méteora-Klöstern verglichen wird, bildet einen unvergesslichen Blickfang.

Die Chora von Amorgós.

Bild oben: Das in eine Steilwand gebaute Kloster Hozoviótissa fasziniert durch seine eigentümliche Lage.

ÍOS

⑩ ÍOS

Nach Íos reist man wieder Richtung Westen und wird vermutlich auf Páros oder Náxos noch einmal das Schiff wechseln müssen – nicht alle Inseln sind direkt miteinander verbunden. Vielleicht laufen die Schiffe auch einige der Inselchen der kleinen Ostkykladen an, wie Kato Koufonisi und Epano Koufonisi, Schinoussa und Iráklia. Sie hießen früher auch Eromonisia, die Verlassenen, Einsamen. Heute leben auf jedem dieser Inselwinzlinge kaum mehr als 100 oder 200 Menschen, aber Gäste finden sich gern dort ein.

Mit einer Gesamtfläche von 108 km² gehört Íos zu den größeren Inseln der Kykladen. Seit die Hippies es in den 1970er-Jahren für sich entdeckten und Strandpartys veranstalteten, hat sich Íos zu einem touristischen Zentrum des Archipels entwickelt. Obwohl die Insel mittlerweile über ein gut ausgebautes Straßennetz verfügt und das Angebot an Hotels groß ist, finden sich abseits der besonders von jugendlichen Touristen frequentierten Chora, dem Hauptort der Insel, immer noch idyllische Plätzchen, die den Reiz des Unverbrauchten haben.

Die Fähren legen in dem malerischen Hafen von Gialos an. Obwohl der in einer geschützten Bucht gelegene Ort mit einigen schönen Sandstränden lockt, zieht es die meisten Urlaubsgäste dann doch in die ein Stück weiter landeinwärts gelegene Chora. Der historisch gewachsene Ort zieht sich einen steilen Bergkegel hinauf und wird auf der anderen Seite am Talgrund durch eine neuere Hotel- und Wohnhaussiedlung ergänzt.

Wenn die Inselüberlieferung nicht fabuliert, sind die meisten der angeblich 365 Inselkirchen und -kirchlein von reuevollen Piraten gestiftet worden, die einen hohen Anteil der Bevölkerung ausmachten.

Mehr noch als an den teils schon sehr alten Kirchen sind die Inselbesucher jedoch an den langen Stränden interessiert, vor allem an dem ungefähr 1 km langen feinsandigen Mylopotas-Strand, der in der Nähe der Chora an der Westküste liegt und der zu den schönsten Kykladen-Stränden zählt. Ruhiger geht es am Aghia-Theodoti-Sandstrand im Nordosten der Insel zu. Einige andere Strände liegen an versteckten kleinen Buchten und sind nur zu Fuß zu erreichen.

Bild oben: Die weiß getünchte Kirche Agia Irini in der Nähe von Yialos wurde im 17. Jh. errichtet.

SANTORIN

⓫ SANTORIN (THÍRA)

Eine Landschaft wie aus einem surrealistischen Traum: Im Rund steil abstürzender Kraterwände ragen schwarz verkohlte Inseln aus einem weiten, unterm Sonnenlicht leuchtend blauen oder türkisfarbenen Meeresbecken. Ungeheure vulkanische Kräfte waren am Werk, begruben eine blühende Stadt und ließen von einem einstigen Vulkankegel nur einen nach Westen zweifach durchbrochenen Inselring übrig. Ursprünglich hieß die Insel Strongyle (»die Runde«).

Nach der Vulkankatastrophe in der Ägäis im 16. Jh. v. Chr. war das verbliebene Kraterrund von Thera/Thíra mit einer bis zu 30 m hohen Schicht aus Tuff- und Bimsgestein überdeckt. Erst drei Jahrhunderte später wurde es wieder besiedelt, anfangs von Phöniziern, seit etwa 1000 v. Chr. auch von dorischen Griechen. Erdbeben haben die Insel – heute international als Santorin oder Santorini bekannt – bis in die jüngste Vergangenheit erschüttert. 1956 wurde noch einmal ein Großteil der Siedlungen vernichtet. Dank der Weitsicht der Verantwortlichen wurde Thíra im Stil traditioneller lokaler Bauformen wieder aufgebaut. Weiße oder in hellen Pastelltönen gestrichene, oft würfelförmige kleine Häuser, die ineinander verschachtelt scheinen und durch Treppen, Terrassen oder Höfe miteinander verbunden sind, verleihen der Stadt ihr unverwechselbares Gesicht. Thíra ist ganz auf Touristen eingestellt. Im Zentrum, einem Geflecht schmaler Gassen und Sträßchen, herrscht fast ganzjährig dichtes Gedränge und reges Treiben. Hier reiht sich Bar an Bar und Restaurant an Restaurant. Die Geschäfte bieten lokales Kunsthandwerk, hochwertigen Schmuck, Kleidung und kulinarische Köstlichkeiten an.

Der 12 km lange Kraterrandweg führt aus der Stadt nach Norden bis in den kleinen Ort Oia und gewährt spektakuläre Ausblicke auf das in der Sonne glitzernde Meer und die in allen Erdfarben leuchtenden Kraterwände. Nach Osten blickt man weit über die sich zur Meeresküste senkende Ebene, auf den Flugplatz nah der Küste und auf das Hügelland im Südosten. Eine Tour dauert etwa vier Stunden.

Genau genommen ist Santorin die dominante Insel eines kleinen Archipels. Auf der Karte wie ein weit aufgerissener Rachen anzusehen, blickt sie auf die viel kleinere Insel Thirassia im Westen und umfängt zugleich die noch gar nicht so alten Inselchen Palea Kameni (aus dem Meer emporgehoben 1570) und Nea Kameni (1707). Andere Inseln und Inselchen stiegen aus dem Meer auf und versanken nach einiger Zeit wieder darin. Häufig verkehrende Fährboote sorgen für den Transport von Insel zu Insel. Beste Strände hat Santorin selbst, im Süden bei Akrotíri und im Osten bei Kamári, aber auch Palea Kameni und Thirassia bieten Bademöglichkeiten.

Ganz im Süden der Insel wurde eine bronzezeitliche Siedlung entdeckt, die vermutlich bei dem Vulkanausbruch von 1600 v. Chr. mit einer dicken Ascheschicht überzogen und dadurch konserviert wurde. Die stattlichen, mit kunstvollen Fresken geschmückten Gebäude, die auf dem Gelände von Akrotiri gefunden wurden, belegen, dass auf Santorin vor der Katastrophe Träger einer frühen Hochkultur lebten. Überreste von Leichen wurden nicht gefunden. Daher ist anzunehmen, dass die Menschen durch die der Eruption vorausgehenden Erdbeben gewarnt wurden und die Insel rechtzeitig verlassen konnten.

TANZ AUF DEM VULKAN

Die Ankunft einer Fähre vor Santorin gleicht einem »Tanz auf dem Vulkan«. Bevor die Schiffe im Hafen von Thira vor Anker gehen, gleiten sie durch einen Einsturzkrater, den ein immer noch aktiver Feuerberg bei einem Ausbruch vor 3600 Jahren zurückließ. Geologische Untersuchungen belegen, dass durch diese sogenannte minoische Eruption eine bis auf 1000 m ansteigende Insel zerstört wurde und im Meer versank. Im Zuge der Entleerung der Magmakammern während des Ausbruchs bildeten sich offensichtlich riesige unterirdische Hohlräume, die das ganze Eiland zum Einsturz brachten. Der Krater wurde geflutet, nur Teile seines Randes ragen seitdem aus dem Meer und bilden das Archipel von Santorin.

Bild oben: Die blaue Kuppel der orthodoxen Kirche des Dorfes Imerovigli ist ein Wahrzeichen Santorins.

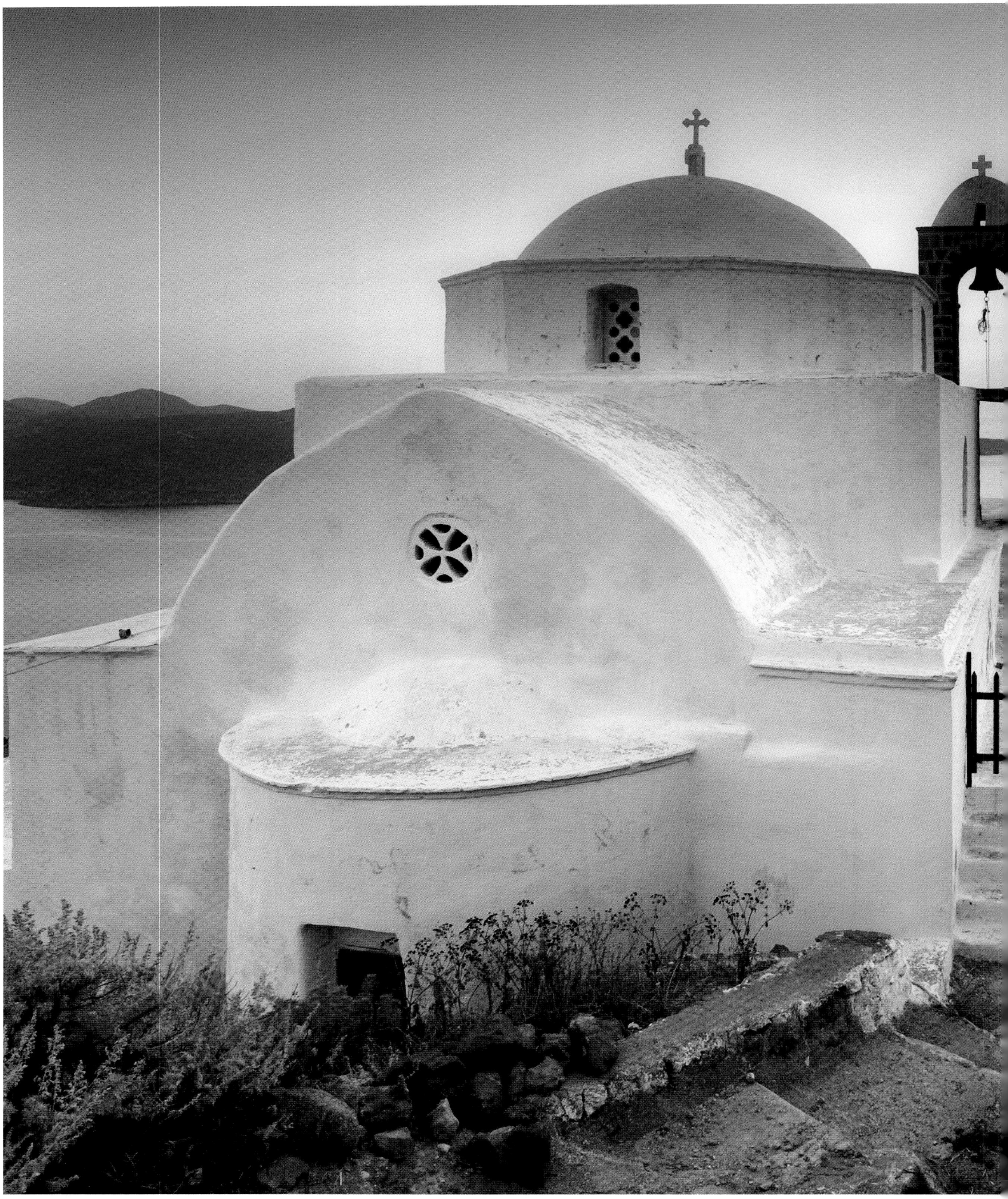

ANÁFI

⓬ ANÁFI
Nur wenige kommen nach Anáfi, zu der »Strahlenden«, wie ihr Name sagt. Denn Anáfi, die südöstlichste der Kykladen, ist zwar nicht vom Rest der Welt abgeschnitten, aber die Fähren verkehren nicht jeden Tag, bei schlechtem Wetter auch mehrere Tage nicht.
Viele Felswände ragen steil unmittelbar über dem Meer auf, doch gibt es um den Ormos Katalimatsa im Süden der nur 38 km² großen Insel auch sehr gute Sandstrände.

MÍLOS

⓭ MÍLOS
Die Insel im Südwesten der Kykladen liegt ein wenig abseits der großen Touristenströme und hat ihren Gästen doch einiges zu bieten. Jahrmillionen dauernde vulkanische Aktivität hat eine facettenreiche Landschaft geformt und Mílos ein unverwechselbares Gesicht verliehen. Das mit dem Profitis Ilias, einem erloschenen Vulkan, im Westen bis auf 748 m ansteigende Hügelland besteht vorwiegend aus Lava, die klippenreichen und im Norden steilwandigen Küsten sind mit bizarren Gebilden aus hellem Bimsstein und rötlichem Basalt übersät. Zwar fand der letzte große Vulkanausbruch auf Milos in vorgeschichtlicher Zeit vermutlich vor rund 60 000 Jahren statt, vielerorts erinnern aber schwefelhaltige Thermalquellen und rauchende Fumarolen an den auch heute noch sehr unruhigen Untergrund. Der Vulkanismus hat nicht nur die Landschaft geprägt, ihm verdankt Milos auch seinen Reichtum an Bodenschätzen. Archäologische Ausgrabungen in Filakopi an der Nordostküste belegen, dass auf der Insel bereits um 2000 v. Chr. Werkzeuge aus dem Vulkanglas Obsidian hergestellt und Schwefel, Alaun sowie Bimsstein abgebaut wurden. Bis heute ist der Export wertvoller Mineralien und seltener Erze ein bedeutender Wirtschaftszweig.
Fähren legen in Adámas an der tief ins Land schneidenden, breiten Bucht von Milos an der Nordküste an. Das kleine Hafenstädtchen hat sich zum touristischen Zentrum der Insel mit einem wachsenden Angebot an Hotels, Restaurants und Tavernen entwickelt.
Viele Urlauber, die mit der Fähre in Adámas ankommen, zieht es aber sofort wenige Kilometer weiter nach Plaka, dem auf einer Felsenhöhe thronenden Hauptort von Mílos, einem traditionellen Kykladendorf, in dem die Zeit stehen geblieben zu sein scheint
Von der Kapelle Mesa Panagia auf dem Festungshügel über der Stadt hat man eine schöne Aussicht über Milos und seine Nachbarinseln.
Plaka ist als Standort verschiedener Museen bekannt. Das Volkskundemuseum ist in einem alten Wohnhaus mit Webstube, das Archäologische Museum in einer klassizistischen Villa untergebracht. Auch die frühchristlichen Katakomben und die Fischersiedlung Klima lohnen eine Besichtigung.
Leider nicht zu sehen ist die Venus von Milo, eine der bekanntesten hellenistischen Statuen, die vermutlich im 1. Jh. v. Chr. geschaffen und im 19. Jh. von einem Bauern bei der Feldarbeit in der Nähe von Plaka gefunden wurde. Die Schöne wurde nämlich unter abenteuerlichen Umständen von einem französischen Offizier nach Paris gebracht, wo sie im Louvre zu bewundern ist.

Bild links: Die Kirche Panagia Thalassitra auf Mílos.

SIFNOS

⓮ SIFNOS

Eine antike Legende erzählt, die Sifnier seien dank ihrer Gold- und Silberminen so reich geworden, dass sie in Delphi ein prächtiges Schatzhaus erbauen konnten und dort dem Gott Apollon jedes Jahr ein goldenes Ei spendeten. Als sie in ihrem Geiz aber einmal nur ein vergoldetes Ei brachten, schickte Apollon eine Flut in die Bergwerke, und mit dem Reichtum hatte es ein Ende. Darum der Name Sifnos, denn »sifnos« bedeutet leer. Das gilt, was Touristen betrifft, zumindest in der sommerlichen Saison nicht mehr. Zu den Schönheiten der Insel zählt noch mehr: zum Beispiel das Kykladendorf Kastro auf der Höhe einer grünen Bergkuppe über der Meeresweite, auch das malerisch auf einem Felsvorsprung erbaute Moni Chrisopigi, das von Faro aus zu erwandern ist, und nicht zuletzt die feuerfeste Keramik, die hier noch in traditionellen Werkstätten entsteht.

Das Kloster Panagia Poulati auf Sifnos.

KYTHNOS

⓯ KYTHNOS

Lang gestreckt von Süd nach Nord erhebt sich die zu den westlichen Kykladen gehörende gebirgige Insel aus dem Meer. Im 19. Jh. ließ Griechenlands erste Königin nach dem Ende der Türkenherrschaft, Amalia, an den schon in der Antike genutzten heilenden Quellen das Thermalbad Loutra anlegen. Es ist bis heute das einzige natürliche Thermalbad der Kykladen. Aber nicht nur wegen der Quellen kommen besonders Griechen – ausländische Touristen kommen eher selten – gern auf die etwa 99 km² große Insel, sondern auch wegen der günstigen Verbindungen zu Athens Hafen Piräus und wegen der Badestrände, die sich nördlich und südlich vom Hafenort Mérichas die Küste entlang ziehen. Mérichas ist mit seinen roten Ziegeldächern und breiten Gassen nicht kykladentypisch. Dagegen ist ein Spaziergang durch den Hauptort Chora – 160 m über dem Meer – reizvoll wegen der vielen weiß auf das Straßenpflaster gemalten Blumen, Schiffe, Fische und anderer Motive. Jedes Jahr zu Ostern entstehen sie neu.

Bild links: Kuppel der Klosterkirche Panagia Poulati.

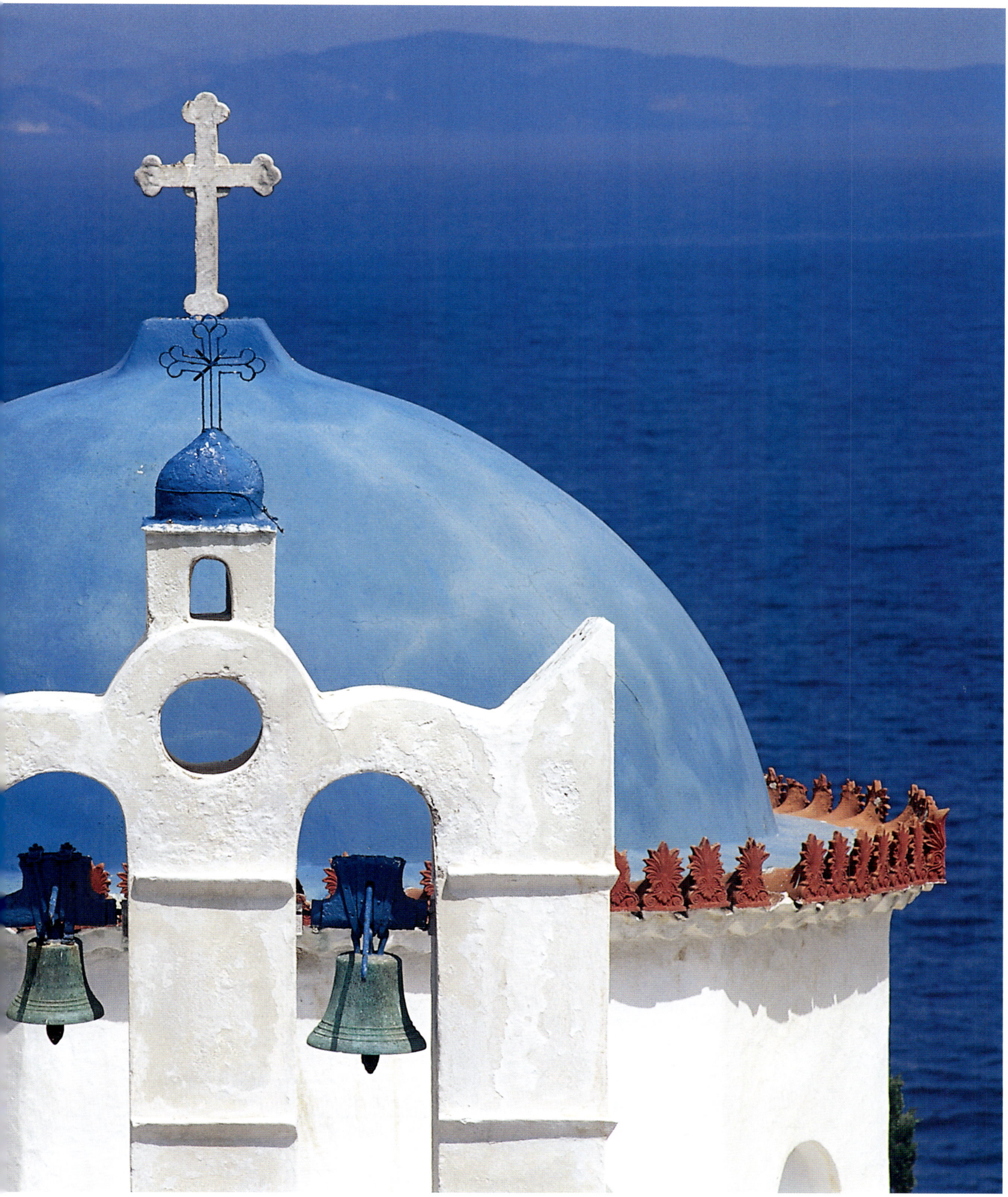

HOT SPOTS

Die Kykladen locken mit einer Vielzahl von Inseln, von denen jede ihren eigenen Charakter besitzt, etwa Mykonos mit seinen Windmühlen, Santorin mit seiner eindrucksvollen Caldera oder Paros, das den Marmor für viele antike Heiligtümer lieferte. Allen gemeinsam sind Sonne, Meer, herrliche Strände, lebensfrohe Musik sowie ausgezeichnete Hotels und Restaurants mit hervorragender Küche.

THEOXENIA
Malerisch direkt hinter den berühmten Windmühlen von Mykonos-Stadt gelegen, wartet das schmucke Design-Hotel Theoxenia auf seine Gäste. Stilistisch in den 1960er-Jahren verankert, kontrastieren hier das durchdachte, farbenfrohe Interieur und die herrlichen Außenanlagen in traditionellem Baustil. Wer nicht um die Ecke das lebhafte Hafenviertel Little Venice besuchen will, kann sich im hoteleigenen Spa und dem Restaurant vergnügen.

Kato Mili, 84600 Mykonos, Griechenland | Tel. +30 22890 22230 | www.mykonostheoxenia.com

Das durchgestylte Theoxenia liegt direkt hinter den Windmühlen von Mykonos.

KIVOTOS HOTEL
Aus der Villa einer wohlhabenden Familie entstand eines der schönsten, wenn nicht das schönste Boutique-Hotel auf Mykonos. Die luxuriöse Ausstattung der Zimmer wurde mit viel Liebe zum Detail gestaltet. Nach einem Tag am Meerwasser-Pool, am Privatstrand oder im Spa können die Gäste in einem Gourmetrestaurant speisen. Ein besonderer Service: Gäste können ein Dinner in Zweisamkeit irgendwo auf dem Gelände des Hotels, etwa direkt am Meer oder im Garten, genießen.

Ornos Bay, 84600 Mykonos, Griechenland | Tel. +30 22890 24094 | E-Mail: kivotos@kivotosmykonos.com | www.kivotosclubhotel.com

CAPRICE
Seit mehr als 25 Jahren ist die Bar Caprice das abendliche Ziel der Reichen und Schönen auf Mykonos. Sie liegt im malerischsten Viertel der Stadt Mykonos, genannt »Little Venice«, und bietet an einer Seite einen hinreißenden Blick auf das Meer und die belebte Strandpromenade. Es gibt einen Zugang von der Strandpromenade aus und einen weiteren von der kleinen kopfsteingepflasterten Straße, an der das Caprice liegt. Allabendlich geht es hier rund, oft ist es brechend voll: einfallsreiche leckere Cocktails und gute Musik locken die In-Crowd.

Agion Anargyron Street, Mykonos, Griechenland | Tel. +30 22890 23641 | www.caprice.gr

Romantisches Dinner auf der Terrasse des Kivitos Hotel.

ASTIR OF PÁROS
Das Astir of Páros genießt schon seit einiger Zeit den Ruf, eines der Top-Hotels der Kykladen zu sein. Der Privatstrand ist von Felsen umgeben. Wenn man Ausflüge mit dem Hubschrauber machen möchte – kein Problem: Auf dem Anwesen liegt ein eigener Hubschrauberlandeplatz. Dass Gäste mit der eigenen Yacht kommen können, versteht sich von selbst. Zum Hotel gehören mehrere Restaurants, darunter das Gourmetrestaurant Poseidon. Gekocht wird mit Produkten des hauseigenen Bio-Bauernhofs. Mit Blick auf den weitläufigen Strand und den erfrischenden Swimmingpool wird den Gästen hier im sicherlich edelsten der Restaurants des Hotels ein anregendes Candlelight-Dinner von höchster Qualität serviert. Die Küche verbindet mediterrane und internationale Einflüsse in kreativer und innovativer Weise. Zu den köstlichen Speisen erklingt passend leise Klaviermusik.

Kolymbithres, 84401 Naoussa, Páros, Griechenland | Tel. +30 22840 51976 | E-Mail: info@astirofparos.gr | www.astirofparos.gr

NÁXOS ISLAND HOTEL
Das neue 5-Sterne-Hotel auf Náxos huldigt in seinen Suiten der eigenen Insel. Jedes der Zimmer ist nach einem Ort auf Náxos benannt. Ein ganz besonderes Highlight des Hauses ist auch das Restaurant

HOT SPOTS

Abendliche Stimmung beim Kivitos Hotel auf Mykonos, wo der Blick über den Pool zum Ägäischen Meer schweift.

Die dramatische Lage des Chromata Hotel an der Caldera.

Zeus neben dem Swimmingpool auf dem Dach des Hauses, wo griechische und internationale Küche serviert wird.

Agios Prokopios Beach, 84300 Naxos, Griechenland | Tel. +30 22850 44100 |
E-Mail: info@naxosislandhotel.com | www.naxosislandhotel.com

VANILIA

Fast wichtiger als das Essen ist hier das Ambiente. Das Restaurant befindet sich in einer Windmühle von 1872. Von den Terrassen aus haben die Gäste einen Blick auf die Caldera. Gekocht wird griechisch: Fisch und Meeresfrüchte dominieren die Karte, zudem exzellente Nudel- und Fleischgerichte. Keinesfalls verzichten sollte man auf das Dessert.

Main Square, 84700 Firostefani, Santorin, Griechenland |
Tel. +30 22860 25631 | www.vanilia.gr

SELENE

Erklärtes Ziel des Besitzerehepaares Yiorgos und Evelyn Hatziyannakis ist es, ihre Gäste mit der griechischen Küche und der Kultur von Santorin bekannt zu machen. Natürlich lassen sich die Gerichte auch einfach passiv genießen, doch wie viel interessanter ist es, in einem Kochkurs auch deren Zubereitung zu erlernen. Außerdem bietet das Selene auch die Selene Experiences an, eine Mischung aus Essen und Kultur: Da folgen etwa einem Glas Wein ein Museumsbesuch und ein abschließendes Essen.

84700 Pyrgos, Santorin, Griechenland | Tel. +30 22860 22249 |
E-Mail: info@selene.gr | www.selene.gr

CHROMATA

Das Chromata ist ein modernes Luxushotel im kleinen Ort Imerovigli auf Santorin. Eindrucksvoll an der Calderakante gelegen, bietet es von seinem Infinity Pool tolle Ausblicke. Die Suiten sind ganz in weiß eingerichtet und eine moderne Interpretation des traditionellen griechischen Stils.

Imerovigli, 84700 Santorin, Griechenland | Tel. + 30 22860 23227 |
E-Mail: info@chromata-santorini.com | www.chromata-santorini.com

DOMAINE SIGALAS

Das Essen steht bei der Domaine Sigalas zwar nicht im Mittelpunkt, ist aber doch ein Highlight des ganzen Erlebnisses. Nach einem Spaziergang durch die herrlichen Weingärten des Weingutes gibt es eine Verkostung von edlen Tropfen aus den für Santorin typischen Rebsorten wie Assyrtiko (weiß), Aidani (weiß), Mandilaria (rot) und Mavrotragano (rot). Und zur Weinprobe werden Spezialitäten der Kykladen serviert.

84702 Oia, Santorin, Griechenland | Tel. +30 22860 71644 |
www.sigalas-wine.com

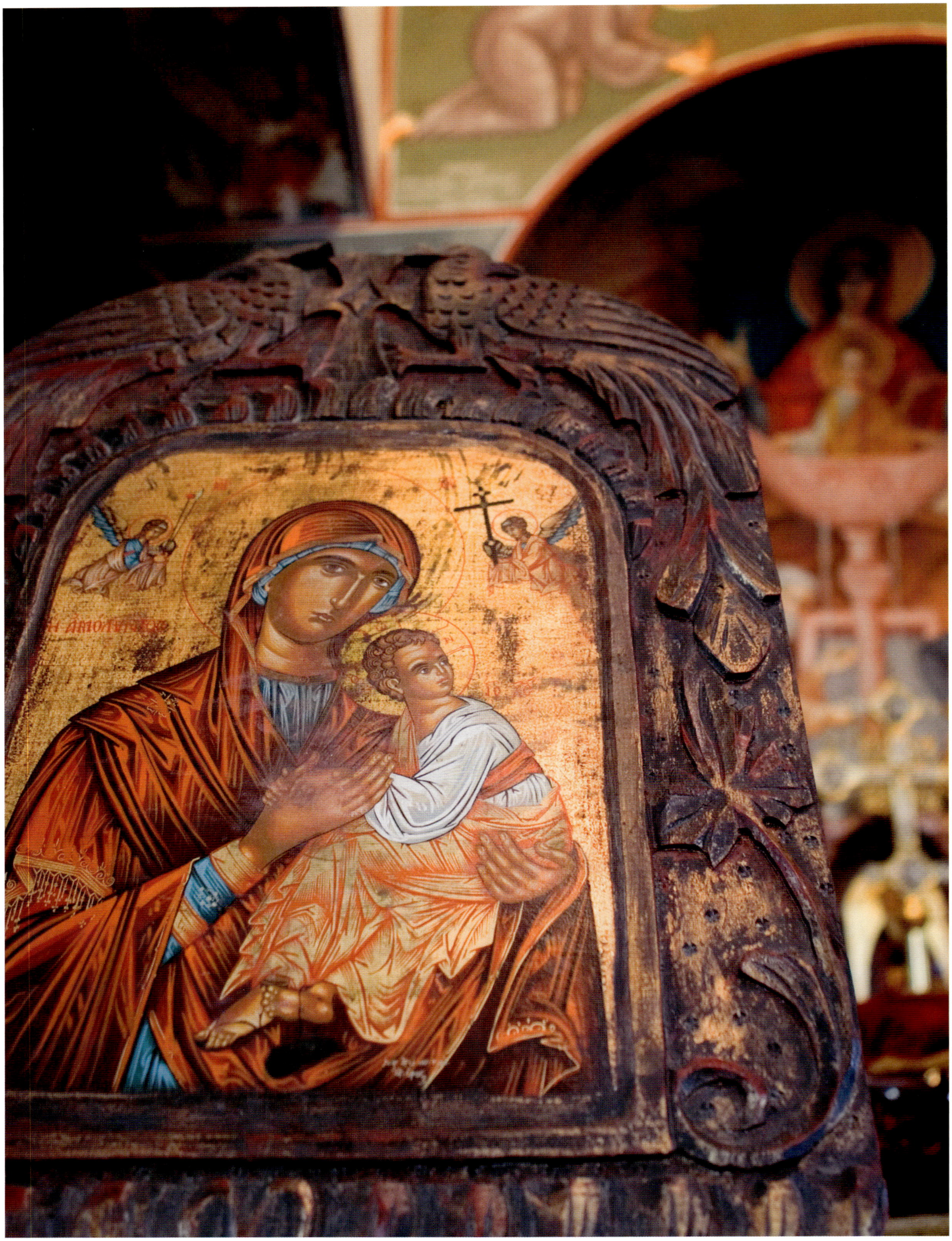

SPORADEN

Inselhüpfen von Lesbos nach Rhodos

Griechenland besteht nur zu einem Viertel aus Festland. Der Rest ist ein Meer voller Inseln. Wie ein Rosinenkuchen, der in sieben Inselregionen aufgeteilt ist. Sechs davon liegen in der Ägäis. Diese Reise pickt aus den über 3000 Inseln Griechenlands eine Gruppe heraus: die Südlichen Sporaden, die sogenannten »verstreuten Inseln«. Zusammen mit den nordägäischen Inseln Lesbos und Chios vermitteln sie am besten einen Eindruck von der Vielgestaltigkeit der ägäischen Eilande.

Diese Traumroute stellt eine Reise durch die Jahrtausende dar. Und durch die verschiedensten Kulturen. Römer, Kreuzritter, Türken, Italiener hinterließen ihre Handschrift auf den Inseln. Die Sporaden sind die Überreste eines Gebirges, das vor 30 Millionen Jahren vom Meer überflutet wurde, sodass nur noch die Gipfel herausragen. Diese bilden heute die zahlreichen Inseln der Ägäis. Ausgrabungen belegen, dass sie bereits seit etwa 7500 v. Chr. besiedelt sind.

Die minoische (3. Jahrtausend v. Chr.) und die mykenische Kultur (2. Jahrtausend v. Chr.) waren die ersten Einflüsse in der Region, die bis etwa ins Jahr 1000 v. Chr. reichten. Dann übernahmen die Dorer, die vom Balkan her einwanderten, die Vorherrschaft. Es folgte die römische Zeit, die byzantinische, die venezianische, die osmanische – und alle Besatzer, Besucher und Bewohner hinterließen ihre Spuren. So auch der Kreuzritterorden der Johanniter, der 1306 nach Verlust des Muttersitzes in Akkon (Palästina) Rhodos als neue Heimat auserkoren hatte. Die Burgen und Bauten der Kreuzritter sind in der Region allgegenwärtig. Doch auch die Johanniter wurden vertrieben und das Osmanische Reich nahm ihren Platz ein. Allen späteren Kulturen dienten oft altertümliche Tempel und Paläste als Grundlage für ihre Bauten.

Das Land der Götter und Gelehrten hat seine Mythen und Zeugnisse bis heute bewahrt. Und die zu Stein gewordenen Geschichten von Gottheiten, Dichtern und Denkern sind Begleiter auf der Reise durch die Südlichen Sporaden. Das Heraion auf Sámos ist fast so berühmt wie jener Mann, der auf Sámos geboren wurde: der Philosoph und Mathematiker Pythagoras, den noch heute jeder Schüler kennt. Das dem Heilgott Asklepios geweihte Asklepion auf Kós ist die bedeutendste Ausgrabungsstätte in der Ägäis – sein geistiger Vater ist Hippokrates, dessen Eid Ärzte in aller Welt bis auf unsere Tage schwören. Chios gilt als die Geburtsstätte Homers, des Dichters der Ilias und der Odyssee, auf Pátmos zeugt das weltberühmte Johanneskloster von der Offenbarung des Evangelisten, auf Ikaría wird die Legende vom fliegenden Ikarus wieder lebendig. Die Vulkanlandschaft auf Nissyros gilt als einzigartiges Naturwunder. Auf Kálimnos gehen die Schwammtaucher ihrer gefährlichen Arbeit nach, auf Karpathos hat sich viel an

Romantischer Sonnenuntergang bei Kefalos auf der Insel Kos.

ursprünglicher griechischer Tradition erhalten und auf Rhodos wurde das Mittelalter quasi konserviert. Das zum UNESCO-Weltkulturerbe gehörende historische Zentrum von Rhodos-Stadt wartet mit zahlreichen baulichen Zeugnissen aus der glanzvollen Ära des Johanniter-Ritterordens auf.

Die Reise startet auf Lesbos, wo im Jahr 610 v. Chr. die Dichterin Sappho geboren wurde. Ihr verdankt die Liebe zwischen Frauen ihren Namen. Von den Inseln der östlichen Ägäis gingen viele Impulse aus, die sich auf alle Bereiche des menschlichen Lebens auswirkten – schon allein deshalb sind sie eine Reise wert.

Bild links: Byzantinische Ikonenmalerei in einer Hafenkapelle auf Lesbos.

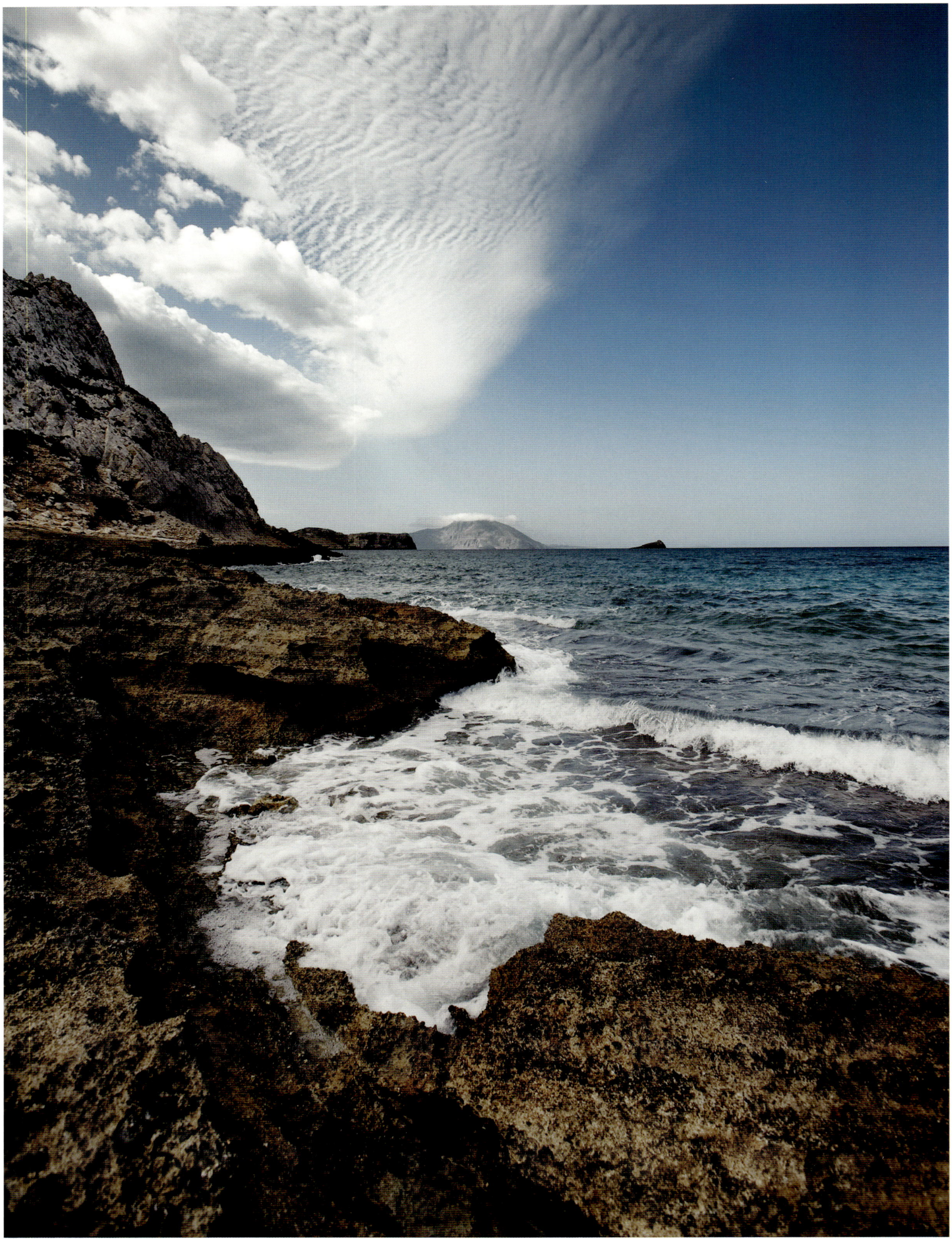

REISEROUTE

Beim Inselspringen in der Ägäis führt die kombinierte Schiffs- und Autoreise von Nord nach Süd durch den Archipel der Südlichen Sporaden. Die Route beginnt auf Lesbos, der drittgrößten Insel Griechenlands (1630 km²). Nach ihr wurde die lesbische Liebe benannt. Die Landschaft ist geprägt von endlosen Ölbaumhainen, was Lesbos zum zweitwichtigsten Olivenlieferanten des Landes macht.

ROUTENLÄNGE: 1630 km (davon 800 km auf dem Seeweg)
ZEITBEDARF: ca. 4 Wochen
START: Mytilíni auf Lesbos
ZIEL: Rhodos-Stadt
ROUTENVERLAUF: Lesbos, Chios, Sámos, Ikaría, Pátmos, Léros, Kálimnos, Kós, Níssiros, Tílos, Rhodos, Kárpathos, Rhodos.

BESONDERE HINWEISE:

Die Schreibweisen griechischer Namen variieren, da es keine einheitliche Norm für die Umschrift gibt. Es findet sich ein halbes Dutzend Schreibweisen für dieselben Ortsnamen. Zudem tragen viele Orte zwei oder drei Namen.

VERKEHRSHINWEISE:

Auf fast allen Inseln gibt es Mofas, Motorräder und Autos zu mieten; zwischen den Inseln verkehren Autofähren.

AUSKÜNFTE:

Griechische Zentrale für Fremdenverkehr
Neue Mainzer Str. 22,
60311 Frankfurt/Main,
Tel. (069) 257 82 70 oder www.greek-islands.de

Bild links: Die wilde Klippenküste nahe Arkassa auf Karpathos.

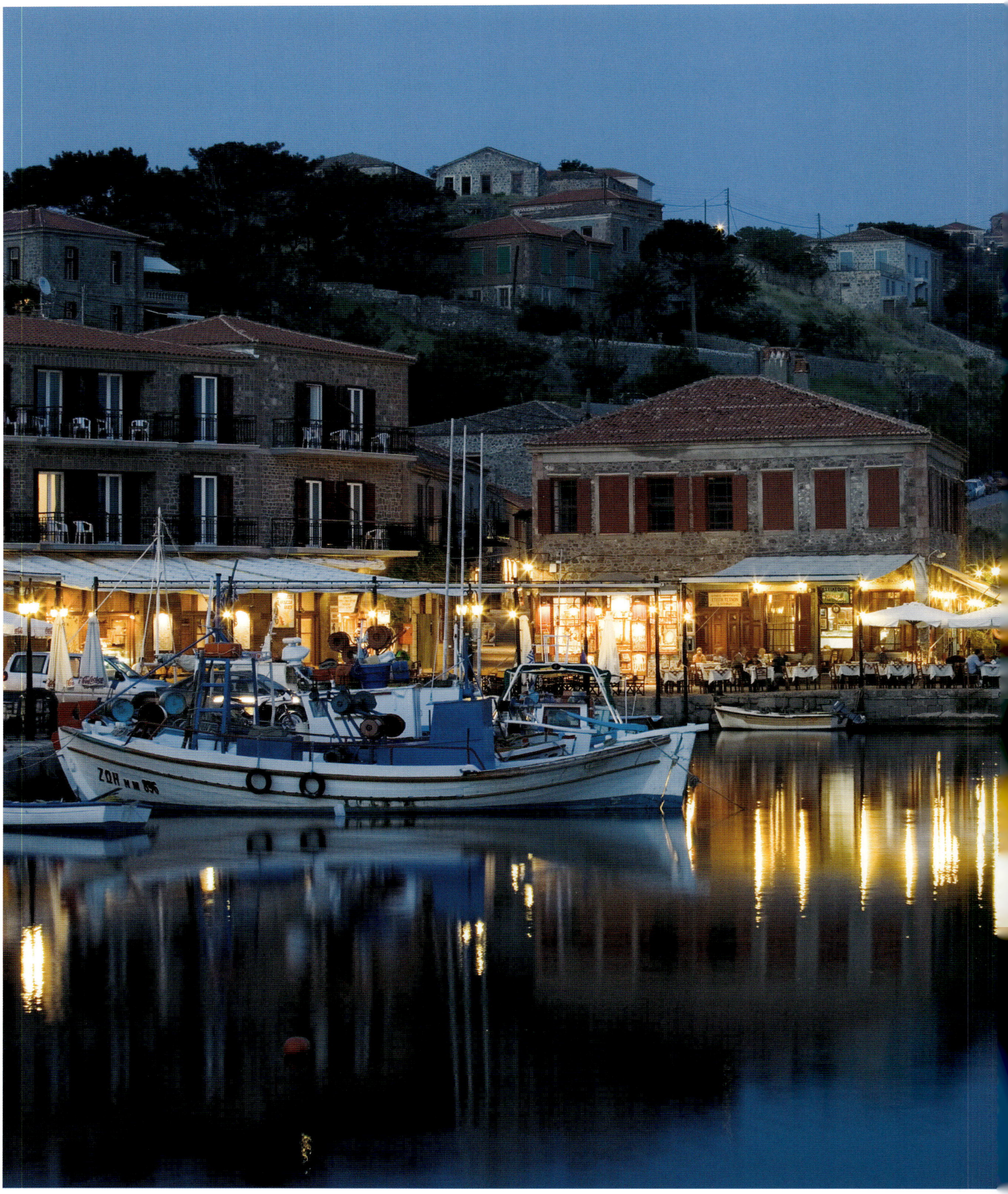

LESBOS

❶ MYTILÍNI
So heißt die Hauptstadt von Lesbos, doch wird oft auch die gesamte Insel so genannt. Schließlich lebt mehr als ein Drittel der 90 000 Inselbewohner hier. In Mytilíni wurde der Dichter Alkaios (620 v. Chr.) geboren, aus dem Vorort Vareia stammt der wohl bedeutendste neugriechische Maler Theophilos (1868-1934) und an der Philosophenschule lehrte im 4. Jh. v. Chr. Aristoteles. Bei einem Bummel durch die Stadt fühlt man sich wie im Orient. Moscheen und andere Zeugnisse islamischer Architektur erinnern an die Osmanen, die zwischen 1462 und 1912 über Lesbos herrschten. Auch einige Bauten aus der Antike sind erhalten, darunter Hafenanlagen aus dem 5. Jh. v. Chr. sowie ein Theater aus dem 3. Jh. v. Chr.

Durch bergiges fruchtbares Land führt eine schmale Straße Richtung Norden, über weite Strecken direkt an der Ostküste der Insel entlang, bis ins etwa 56 km entfernte Míthimna.

❷ MÍTHIMNA
Die auch Molivos genannte Hafenstadt liegt am Fuße des 968 m hohen Berges Lepetymnos. Das noch nicht einmal 2000 Einwohner zählende malerische kleine Dorf lockt mit seinem von pittoresken Bauten im byzantinischen Stil geprägten historischen Ortskern zahlreiche Besucher an. Er steht unter Denkmalschutz. Die Stadt ist rund um einen Felsen gebaut, auf dessen Spitze eine genuesische Burg aus dem 14. Jh. thront. Im Hafen selbst schaukeln bunte Holzboote, deren Spiel man von urgemütlichen Tavernen aus beobachten kann.

❸ PETRA
Nur 7 km südlich von Míthimna liegt in einer Ebene am Meer das Dorf Petra, das dank zweier außergewöhnlicher christlicher Gotteshäuser eine Attraktion ist. Die wichtigere davon ist die 1747 erbaute Wallfahrts- und Klosterkirche Panagia Glykofiloussa, die auf einem Felsen über dem Ort thront und die nur über 114 Treppenstufen zu erreichen ist. Ein weiterer Pilgerort ist im Ortszentrum die Kirche Agios Nikolaos aus dem 15. Jh. Auch in dem 400 m hoch gelegenen Dorf Ypsilometopo, das zu der Gemeinde Petra gehört, finden sich zwei sehenswerte Sakralbauten. Die 1807 errichtete Kirche Taxiarchon wartet mit Ikonenmalerei auf, die Kapelle Agios Dimitris wurde 1954 an der Stelle eines frühchristlichen Gotteshauses errichtet.

Auf der Weiterfahrt Richtung Westen wechselt das Landschaftsbild, die Gegend wird karger. Nach etwa 42 km erreicht man Eressós.

❹ ERESSÓS
In diesem Ort wurde um 610 v. Chr. Sappho geboren, die zu den ganz großen Dichterinnen der Weltliteratur zählt. Weil sie sich mit jungen Mädchen umgab, die sie in musischen Dingen unterrichtete und die sie in ihren Texten leidenschaftlich beschrieb, kam bereits im Altertum der Begriff »lesbische Liebe« für gleichgeschlechtliche Partnerschaften auf – auch wenn sich Sappho zu Männern hingezogen fühlte. Auch der Philosoph Theophrast (372 v. Chr.) ist in Eressós zur Welt gekommen. Der Ort ist Ausgangspunkt für Erkundungsfahrten durch eine spektakuläre Gebirgslandschaft und bis zum »Steinernen Wald«, einer Ansammlung von Millionen Jahre alten versteinerten Baumstämmen.

Der Strand Skala Eressou in der Nähe von Eressós gilt als der schönste von Lesbos. Quer über die Insel führt die Landstraße 36 auf 77 km zurück nach Mytilíni, von wo aus man auf die Insel Chios übersetzt.

Bild links: Blick auf den Hafen von Míthimna.

CHIOS

❺ CHIOS-STADT

In der Hauptstadt des 842 km² großen naturbelassenen Eilandes, das für sich in Anspruch nimmt, die Geburtsstätte Homers, des bedeutendsten Epikers der Antike, zu sein, ist das historische Kastro-Viertel mit städtebaulichen Spuren aus dem 10. Jh. besonders sehenswert. Chios-Stadt ist auch Ausgangspunkt für die Besichtigung des 15 km entfernten weltberühmten Kloster Néa Moni.

❻ MESTÁ

Chios ist die Insel des Mastix, jenes Strauchs, aus dem das kostbare Harz gewonnen wird, das einst in der Industrie unentbehrlich war und noch heute für die Aromatisierung von Parfüms und Lebensmitteln verwendet wird. Es gibt 21 sogenannte Mastix-Dörfer aus dem Mittelalter. Das am besten erhaltene unter ihnen ist Mestá 34 km südwestlich von Chios-Stadt. Enge Winkel und Gässchen, häuserübergreifende Dächer, aber auch einladende Tavernen prägen das Ortsbild.
Zurück in Chios-Stadt steht die Überfahrt nach Sámos an.

Blick auf die Klosterkirche von Néa Moni.

KLOSTER NÉA MONI

Die weltberühmte Klosteranlage Néa Moni nahe dem Dorf Karyes wurde 1042 von Kaiser Konstantin IX. gegründet – dort, wo ein Einsiedler eine Ikone der Muttergottes gefunden hatte. Das Nonnenkloster gilt als Inbegriff byzantinischer Sakralkunst.
Trotz des Massakers von 1822 und trotz eines verheerenden Erdbebens 1881 sind einzigartige Mosaiken erhalten geblieben und konnten architektonisch wertvolle Elemente wiederhergestellt werden. Die Künstlern aus Konstantinopel zugeordneten Einlegearbeiten gelten als weltweit herausragendes Kulturgut.

Bild rechts: Windmühlen in Chios-Stadt.

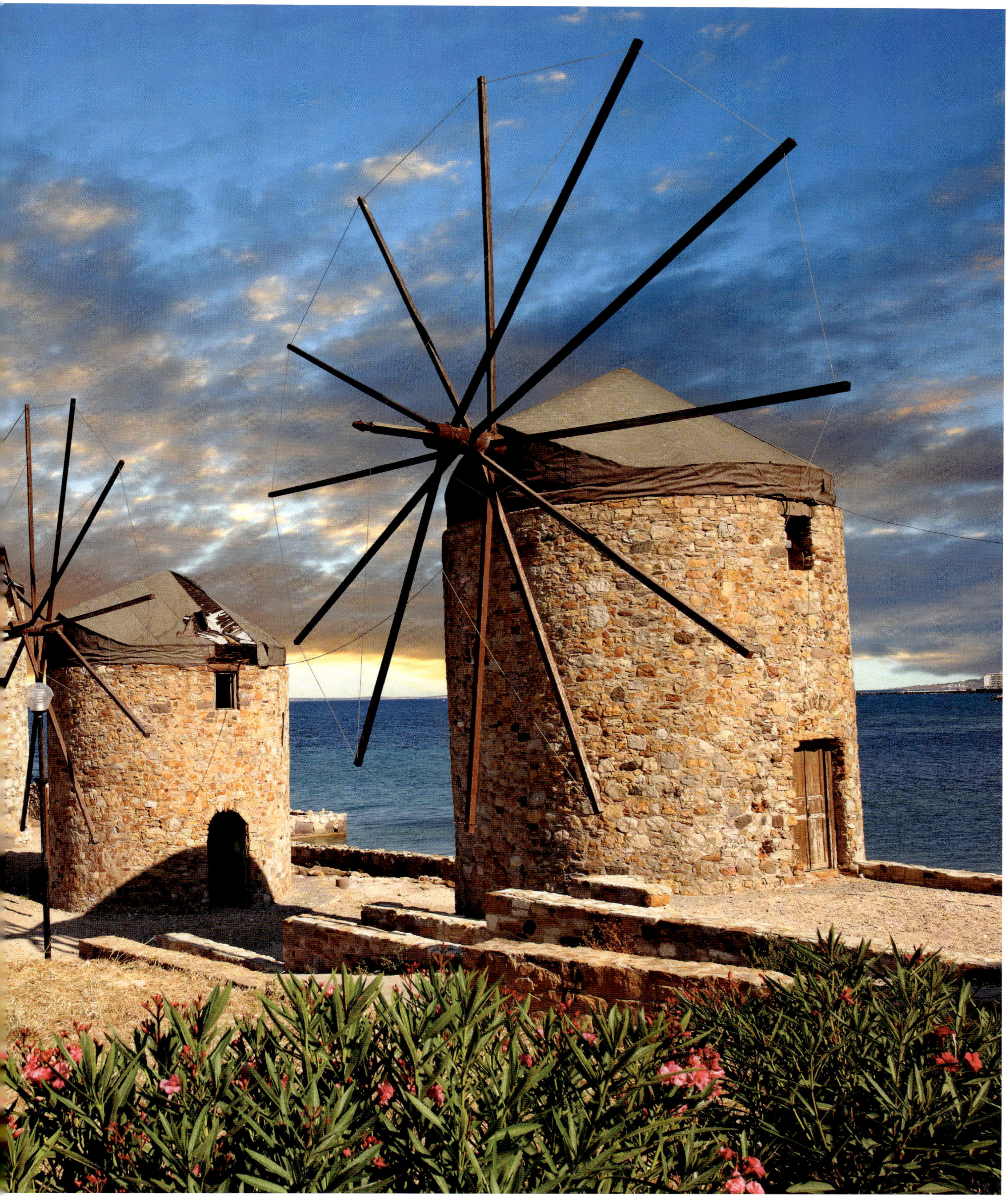

SÁMOS

❼ SÁMOS-STADT

Der auch Vathy genannte Ort ist seit 1832 die Hauptstadt der Insel. Er wirkte mit noch nicht einmal 10 000 Einwohnern recht verschlafen, wären da nicht die Gäste und Besucher. Sámos-Stadt ist eine der beiden Metropolen der Pythagoras- und Hera-Insel, die auf 473 zumeist grünen und gebirgigen Quadratkilometern ein beliebter Ort für Naturliebhaber ist. Die Hauptstadt teilt sich in die »neue« Stadt mit Hafenpromenade und Geschäftsstraße und in die Oberstadt Ano Vathy mit dörflichem Charakter auf einem Hügel über dem Meer, wo sie ursprünglich zum Schutz vor Seeräubern angelegt worden war. Dort lohnt der Besuch der Hauptkirche Kirche Agios Nikolaos (18. Jh.). Wichtigste Sehenswürdigkeit ist allerdings das Archäologische Museum. Es birgt Ausgrabungsstücke aus dem Heraion, die während der letzten 95 Jahre von deutschen Archäologen zusammengetragen wurden. Die fast 5 m große Marmor-Statue eines Koúros (altgriechisch für Jüngling) gilt als die bedeutendste Griechenlands. Man verlässt die Stadt auf der Straße Sofouli (62) und nimmt dann die Inselstraße 11 km Richtung Süden. Nach nur einer Viertelstunde Fahrt durch eine Hügellandschaft erreicht man Pythagório.

❽ PYTHAGÓRIO

Der heute nur noch 1700 Einwohner zählende Hafenort liegt an der Stelle des antiken Sámos, wo vermutlich über 25 000 Menschen gelebt hatten. Von dieser Zeit (6. Jh. v. Chr.) zeugen noch heute Teile der Stadtmauer, die einst 7 km lang war. Früher (und für einige noch heute) hieß die Stadt Tigani. Sie wurde 1955 umgetauft, um den berühmtesten Sohn der Stadt, den samischen Philosophen und Mathematiker Pythagoras (um 570 bis um 510 v. Chr.) zu ehren. An der Hafenmole steht ein fast dreieckiges Pythagoras-Denkmal, das an dessen Lehrsatz $a^2 + b^2 = c^2$ erinnert. Pythagoras baute hier das erste künstliche Hafenbecken des Mittelmeers. Der einst 1,1 km lange, völlig waagerechte Wasserleitungstunnel durch einen Berg ist eine technische Meisterleistung der Antike. Der nach dem Architekten benannte »Tunnel des Eupalinos« stellt heute eine wichtige Sehenswürdigkeit dar.

Wahrzeichen Pythagórios ist das Kastro auf einem Felsen über dem Meer. Teile des Kastro-Ensembles sind eine 1823 im griechischen Freiheitskampf gegen die Türken aus antiken Bauteilen erbaute Burg, die größte Kirche der Stadt Metamorphosis tou Christou, Ruinen aus mehreren Epochen und Reste der ersten Ansiedlung der Insel. Der Hafen der Stadt gilt als einer der schönsten der Sporaden.

❾ IRÉO

Wer Pythagório in Richtung Chora verlässt und nach 3 km beim Flughafen links abbiegt, der erreicht nach 11 km Fahrt durchs Landesinnere mit schöner Aussicht Iréo. Pithagório und Iréo gehören seit 1992 zum Weltkulturerbe der UNESCO. Übersetzt heißt der Name Iréo: Der Ort, welcher der Göttin Hera gehört. Iréo ist Ausgangspunkt für den Besuch des Hera-Heiligtums Heraion. Aber nicht nur: Von hier aus wird der steinerne zinnenbewehrte Turm Pyrgos Sarakinis (16. Jh.) mit der Doppelkirche Agios Ioannis (17. Jh.) besucht, die zum Johanneskloster auf Pátmos gehört. In der entgegengesetzten Richtung liegt Agios Nikolaos.

Idyllische Binnenorte sind weitere lohnende Ziele in der unmittelbaren Nähe Iréos. Die Weiterfahrt in Richtung Nordwesten über Myli, Pyrgos und Platanos quer über die Insel ist ein Erlebnis für sich.

❿ KARLOVÁSSI

Nach knapp 40 km kurvenreicher Strecke durch Kiefern- und Olivenwälder mit zum Teil spektakulären Ausblicken erreicht man Karlovássi, die zweitgrößte »Metropole« (6000 Einwohner) von Sámos. Die große wirtschaftliche Bedeutung, die der Stadt im 19. Jh. zukam, hat sie verloren, viele Fabrikgebäude stehen leer.

1958 ist die Stadt durch Zusammenlegung mehrerer kleiner Ortschaften entstanden, sodass sie sich sehr weitläufig entlang der Küste, aber auch ins Landesinnere erstreckt. Das Stadtbild wird geprägt von schmucken Villen aus dem 19. Jh. Sehenswert ist die auf einer Anhöhe erbaute Kirche Agias Trias.

Der Fährhafen Karlovássis ist ebenso bedeutend wie der in Vathy. Von hier aus nimmt man die Fähre nach Foúrni.

Bild oben: Der Hafen von Pythagório im Abendlicht.

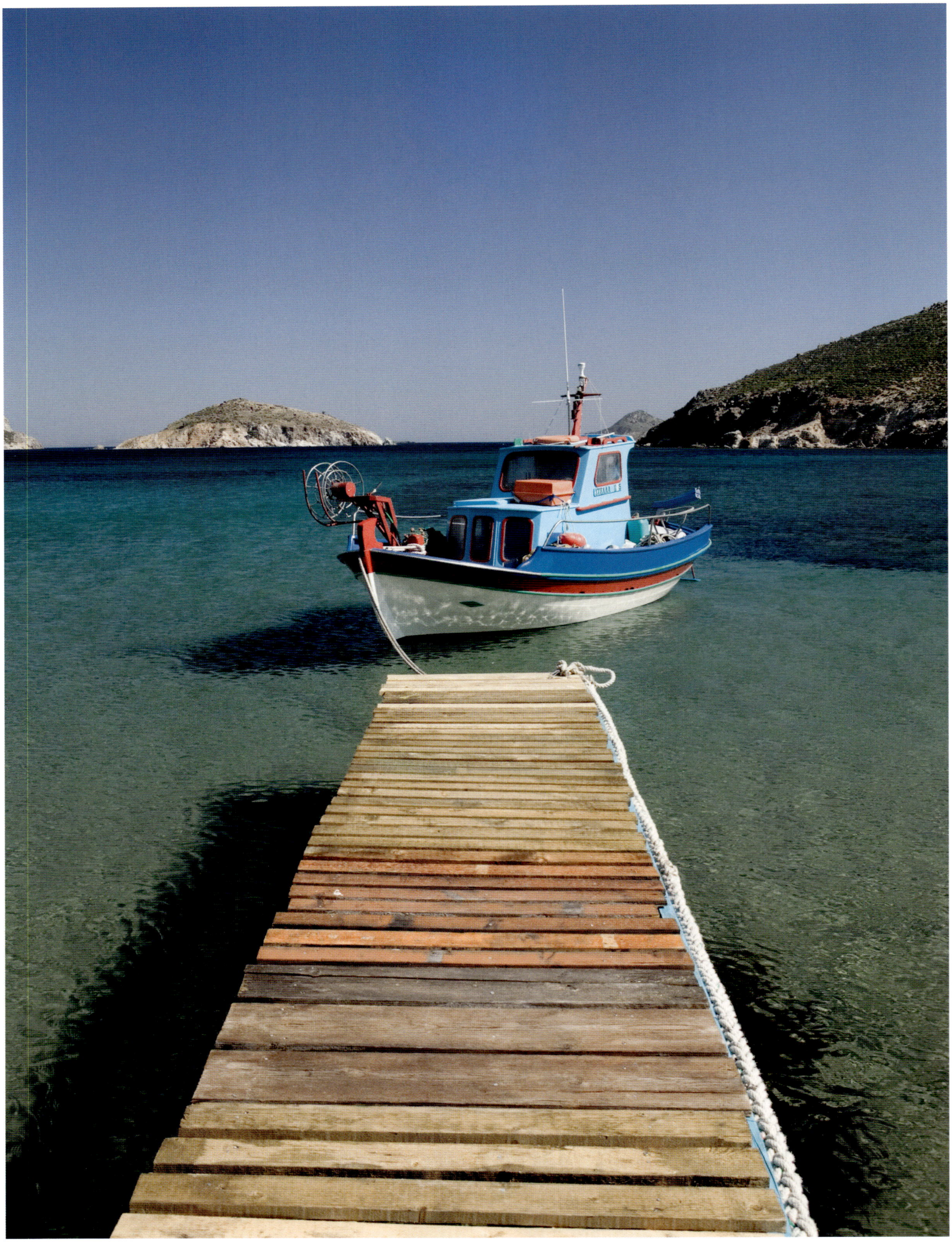

FOÚRNI

⓫ FOÚRNI
Foúrni ist eine zusammengewürfelte Gruppe aus rund 20 kleinen Inseln, die vom Massentourismus noch immer verschont geblieben sind. Nahezu alle 1800 Einwohner leben im Hauptort Foúrni, nur rund 400 Fischer wohnen in der Nachbarstadt Chryssomiliá oder auf der Nebeninsel Thymena. Trotz der spärlichen Besiedelung herrscht reges Treiben in Foúrni, man kann die ganze Nacht hindurch Besorgungen machen oder Tavernen besuchen. Zwei gut ausgebaute Straßen führen jeweils 15 km nach Norden zur Nachbarstadt und nach Süden, wo die Hauptsehenswürdigkeit der Mini-Insel liegt: das Kloster Agios Ioánnis. Gesellschaftliches Zentrum Foúrnis ist der Fährhafen, von wo aus die Überfahrt nach Ikaría erfolgt.

IKARÍA

⓬ IKARÍA
Das 255 km² große Eiland verdankt seinen Namen der Ikarus-Sage. Das Atheras-Gebirge (1033 m) teilt die Insel auf der gesamten Länge von 40 km in eine fruchtbare Nord- und eine felsige Südhälfte. Hauptort und Verwaltungssitz Ikarías ist Ágios Kírikos mit dem Ikarus-Denkmal und dem Thermalheilbad »Therma«. Von der Stadt aus führt eine kurvige Inselstraße in den Norden und den Nordwesten, wo in einem Wald das Theoktisti-Kloster liegt. Im Küstenort Nas können Reste eines Artemis-Tempels besichtigt werden. In der Nähe von Kampos befindet sich die Ruine der antiken Stadt Oinoi, im Altertum der bedeutendste Ort der Insel. Von Ágios Kírikos aus geht die Fähre nach Pátmos.

PÁTMOS

⓭ SKÁLA
Pátmos ist die nördlichste Insel der Dodekanes (»Zwölfinseln«), wie die Inselgruppe mit zwölf herausragenden der insgesamt 160 Inseln in der Ost-Ägäis genannt wird. Kreuzfahrtschiffe und Fähren legen in der Bucht des Naturhafens Skála an. Venezianische Einflüsse in der Architektur sind heute noch in Teilen der erhaltenen Bausubstanz an der Hafenfront zu erkennen. Seinen Namen hat der größte Ort der Insel von dem griechischen Wort für Treppe – Skála –, da eine imposante Treppe hinauf zu einem der bedeutendsten Heiligtümer der griechisch-orthodoxen Kirche führt: zur Höhle der Apokalypse und zum Johannes-Kloster (siehe rechts), der Hauptattraktion des Ortes.

⓮ PÁTMOS-STADT
Etwa 4 km von Skála entfernt liegt der Inselhauptort Pátmos, ebenfalls Ausgangspunkt für den Besuch der beiden Heiligtümer, die genau in der Mitte zwischen Skála und Pátmos liegen. Die Klöster, Kirchen und religiösen Stätten der bereits in der Bibel namentlich genannten Insel haben Pátmos 1983 per Gesetzesbeschluss zur »heiligen Insel« gemacht. Doch weniger auf diesen Umstand ist die Beliebtheit von Pátmos bei Besuchern zurückzuführen. Diese schätzen vielmehr das mittelalterliche Ambiente mit uralten verwinkelten Gassen, die jahrhundertealten Villen und die prächtige Aussicht des im 12. Jh. rund um das Kloster entstandenen Hauptortes.
Der gesamte Ort steht unter Denkmalschutz. Als typisches Herrenhaus gilt das im Jahr 1625 erbaute Simandiri-Haus, das einst von einem Kapitän bewohnt wurde. Nicht weit davon liegt das idyllische Nonnenkloster Zoodochos Pigi.

⓯ GRIKOS
Eine asphaltierte Straße führt in weitem Bogen 2,1 km hinunter ans Meer, zur Bucht Grikos mit dem gleichnamigen charmanten kleinen Fischerdorf. Grikos ist ein Zentrum des Tourismus auf Patmos. Seine Badestrände – darunter der Psili Ammos mit feinem Sand – reichen bis zu einer nur 200 m breiten Landenge, die zusammen mit der vorgelagerten Insel Tragonissi das Bild des Inselsüdens prägt. Die Höhlen des markanten Felsens Kalikatsou südlich der Ortschaft mit ihren in den Stein gehauenen Stufen dürften früher bewohnt gewesen sein.
Auf einer guten Teerstraße geht es 4 km zurück nach Skála zur Überfahrt nach Lipsi.

Festungsgleich überragt das Johanneskloster Chios-Stadt.

DIE HEILIGE INSEL PÁTMOS UND DAS JOHANNESKLOSTER

Die 12 km lange Insel Pátmos zählt wegen der Heiligtümer der griechisch-orthodoxen Kirche zu den bedeutendsten Inseln der Ägäis. Die »Höhle der Apokalypse«, wo der Evangelist Johannes seine Offenbarung niedergeschrieben haben soll und das dortige Kloster machen Pátmos zur bekannten Pilgerstätte. Auch der Apostel Johannes lebte ab 95 n. Chr. zwei Jahre in der Verbannung auf Pátmos. Der Ort der Offenbarung gilt als heilig.
Das Johanneskloster wurde 1088 von dem Mönch Christodolous gegründet. Das Kloster Moni Agios Ioannis Theologos wurde im Laufe der Jahrhunderte immer wieder umgebaut und renoviert. Die Schatzkammer birgt noch heute außergewöhnliche Kostbarkeiten, wie die Mosaikikone des hl. Nikolaus aus dem 11. Jh., sakrale und profane Kunstwerke aus dem 17. Jh. sowie wertvolle Schriften. Als Teil von Chios-Stadt gehören das Kloster und die Höhle zum UNESCO-Welterbe.

Bild links: Auf Patmos gibt es viele malerische Buchten.

LIPSI

⓰ LIPSI

Die nicht mehr als 17,3 km² große Insel, die mit ihrer höchsten Erhebung, dem Skafi, 277 m aus dem Meer ragt, ist vermutlich bereits seit prähistorischer Zeit permanent bewohnt. Urkunden gibt es jedoch erst aus dem 13. Jh. Darin ist die damalige Zugehörigkeit Lipsis zum Johanneskloster auf Pátmos beschrieben. Die Vorfahren der heutigen Bewohner kamen erst im 17. Jh. auf die Insel. Auf Lipsi gibt es fast ebenso viele Kirchen, Einsiedeleien und Klöster wie Familien. Die Natur ist über weite Strecken unberührt. Die Landschaft ist hügelig und zum großen Teil felsig, die vielen kleinen Täler sind trotz permanenter Wasserknappheit fruchtbar. In den malerischen Gassen des Hauptorts Lipsi an der Südküste geht es meist beschaulich zu. Es gibt einige gute Lokale, die fangfrischen Fisch anbieten. Sehenswert ist die Wallfahrtskirche Miropolis mit den Ikonen Panagia ti Mavri (»Schwarze Muttergottes«) und Panagia tou Charou (»Muttergottes des Todes«), denen Wunder zugeschrieben werden. In der Nähe der Stadt finden sich auch viele schöne Badestrände. Von Lipsi aus geht die Fähre nach Léros.

An der buchtenreichen Küste der Insel Lipsi.

LÉROS

⓱ LÉROS

Die Fähre landet im Hafen von Ágia Marina, dem wohl einzigen wirklich schönen Ort der Insel. Der Hafen ist mit Plátanos zusammengewachsen, dem Hauptort des rund 54 km² großen Eilands. Augenfällig ist die mittelalterliche Johanniterburg mit dem Kloster Panagia tou Kastrou, die hoch über dem Ort auf einem Felsen thront und von der aus man eine fantastische Aussicht über die Insel genießen kann.

Léros wurde im Laufe der Geschichte von verschiedenen Besatzungsmächten regiert. Im Zweiten Weltkrieg war der Ort eine Häftlingsinsel, danach im Bürgerkrieg (1945-1949) Umerziehungslager für verschleppte Kinder und während der Juntaherrschaft (1967-1974) Internierungslager für mehr als 3000 politische Gegner. Wandmalereien von Häftlingen in der Kirche Agia Matrona Kioura im Norden der Insel sind die einzigen Zeugnisse dieser Gräuel.

Man verlässt Léros über Xirokambos im Süden der Insel – ganz in der Nähe direkt am Meer liegt die kleine Höhlenkirche Panagia Kavouradena –, wo die Fähren nach Kálimnos ablegen.

KÁLIMNOS

⓲ KÁLIMNOS

Kálimnos (109 km²) gilt als Insel der Schwammtaucher. Hier ist die einzige Schwammfischerflotte Griechenlands zu Hause, die heute aber mit beträchtlichen Schwierigkeiten zu kämpfen hat, weil die Schwämme durch Krankheiten dezimiert wurden. Weitere Einnahmequellen sind der Fischfang, der Apfelsinen-, Zitronen- und Mandarinenanbau sowie zunehmend der Tourismus.

Die Prachtvillen im Hauptort Kálimnos stammen noch aus der Zeit vor dem Niedergang der Schwammtaucherei. Das Nautische Museum der Stadt konserviert die Erinnerung an das lange Zeit so florierende Gewerbe, diesem Museum angeschlossen ist eine Sammlung mit Volkskunst. Besuchenswert sind die Orte Vathys, herrlich an einer tiefen Bucht gelegen, und Chorio, über dem sich die Ruinen eines zum Schutz vor Piraten erbauten Kastro (9. Jh.) erheben. Auch eine Heilquelle (Therma, 1 km südlich von Kálimnos-Stadt) gibt es. Auf dem vorgelagerten Inselchen Telendos finden sich einige schöne Strände zum Relaxen. Von Kálimnos aus fahren die Fährschiffe nach Kos.

Bild oben: Blick von der Johanniterburg hinunter nach Plátanos auf Léros.

KÓS

⓮ KÓS-STADT

Die Insel des Hippokrates ist mit 290 km² das drittgrößte Dodekanes-Eiland. Wie die Insel heißt auch die größte Stadt Kós (18 000 Einwohner), die bereits im 4. Jh. v. Chr. als Handelshafen entstand. Den antiken Mandraki-Hafen gibt es heute noch, wenn auch meist nur für Ausflugsschiffe, die Yachten und Tragflügelboote legen östlich davon an. Dazwischen thront das Neratzia-Kastell, das die Johanniter-Kreuzritter im 15. Jh. auf den Grundrissen einer byzantinischen Festung zum Schutz des Hafens erbauen ließen. Unmittelbar dahinter markiert die bedeutende Hadji-Hassan-Pascha-Moschee (1786 erbaut) den Beginn des antiken Marktplatzes Agora aus dem 4. Jh. v. Chr. Neben dem Minarett der Moschee steht eine Platane, unter der schon Hippokrates und der Apostel Paulus gelehrt haben sollen. Botaniker bezweifeln das und halten eher ein Alter von 500 Jahren für realistisch. Das Asklepion, in dem Hippokrates' Heilkunst tatsächlich angewendet wurde, ist die Hauptsehenswürdigkeit von Kós. Es liegt 3 km südwestlich der Stadt in Fahrtrichtung Platani (nach 1,5 km rechts abbiegen).

Agios Stefanos auf Kós mit der gleichnamigen Kirche im Hintergrund.

⑳ ANTIMÁHIA

Auf derselben Ausfallstraße geht es weiter in das 29 km entfernte Dorf Antimáhia, das in 140 m Höhe auf einer zerklüfteten Hochebene liegt. Bereits in der Antike war der Ort besiedelt. Der Name bezieht sich auf Herakles und dessen Sohn Antimachos. Besonders sehenswert sind die Überreste des Kastells Palea Antimáhia, der größten Burgruine auf Kós. Die mächtige Festung wurde im 13. Jh. von Rittern des Johanniterordens errichtet. Während der Belagerung von Kós durch die Osmanen im 15. und 16. Jh. zogen sich die Bewohner der umliegenden Dörfer hinter die Festungsmauern zurück. Erst zu Beginn des 19. Jh. wurde die Siedlung auf dem Burgareal aufgegeben. Nur zwei kleine Kirchen haben sich erhalten. Eine 260 Jahre alte Windmühle und ein traditionelles Bauernhaus aus Naturstein sind weitere Sehenswürdigkeiten in dem mehrfach von Erdbeben heimgesuchten Ort. Man verlässt Antimáhia Richtung Südwesten und umfährt den nahe gelegenen Flughafen in einer großen Kurve. Dann führt die Hauptstraße der Insel durch eine Landenge in das 15 km entfernte Kéfalos.

㉑ KÉFALOS

Der rund 2000 Einwohner zählende Ort im Westen von Kós liegt etwas abseits der großen Touristenströme und präsentiert sich als beschauliches kleines Dorf. Der Fischfang ist bis heute eine wichtige Einnahmequelle der Bevölkerung. In der unmittelbaren Nachbarschaft von Kéfalos finden sich die Überreste des antiken Astypalaia, der ersten Hauptstadt von Kós und wahrscheinlich der Geburtsort von Hippokrates. Nach einem großen Erdbeben im Jahre 412 v. Chr., das den Ort fast vollständig zerstörte, verlor er seine Bedeutung und gewann den alten Rang nie wieder zurück. In Kéfalos lohnen besonders die beiden Klöster Agios Ioannis Thimianos und Agios Theologos sowie die frühchristliche Basilika Agios Stefanos einen Besuch. Eine Reihe weiterer Kirchen und Kapellen sowie die Reste einer Ritterfestung können bei ausgedehnten Wanderungen erkundet werden. Auch Spuren eines hellenistischen Theaters aus dem 2. Jh. v. Chr. sind dabei zu entdecken. Kéfalos ist Ausgangspunkt für eine Stippvisite oder aber die Weiterfahrt auf die etwa 44 km entfernte Nachbarinsel Níssiros.

Bild oben: Der wilde Strand von Limnionas auf Kós.

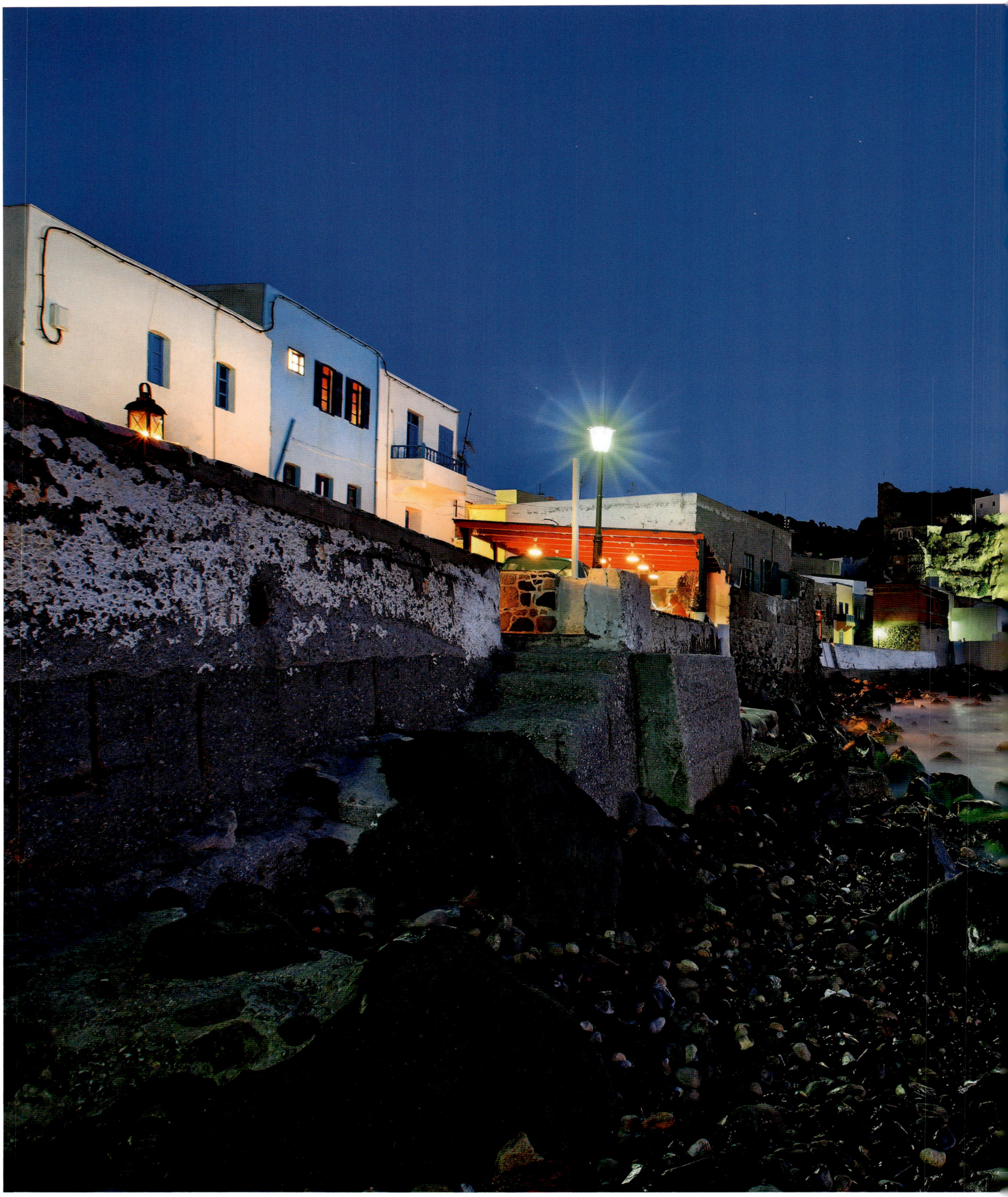

NÍSSIROS

㉒ NÍSSIROS

Die Insel umfasst nur 42 km², wirkt aber durch ihre kahle weitläufige Kraterlandschaft viel größer. Nach der griechischen Mythologie riss der Meeresgott Poseidon mit seinem Dreizack ein Stück Erde aus der Insel Kós, um es gegen seinen Kampfgegner zu schleudern. Daraus sei dann die Insel Níssiros entstanden. Über 100 000 Tagestouristen kommen allein vom »Mutterland« Kós pro Jahr hierher, die Caldera von Níssiros gilt als Naturwunder. Diesem Ansturm von Gästen steht eine Zahl von nur rund 1000 Einwohnern gegenüber. Fast die Hälfte davon lebt im Hauptort Mandráki an der Nordküste. Hier sind auf 140 m Höhe das Kloster Panagia Spiliani (18. Jh.) und Ruinen der zuvor errichteten Johanniterburg (14. Jh.) zu sehen. Das Kloster birgt eine byzantinische Höhlenkirche. In Mandráki legen die Fähren nach Tílos ab.

TÍLOS

㉓ TÍLOS

Das 63 km² große sehr bergige Eiland (höchste Erhebung: Profitis Ilias mit 651 m) ist dünn besiedelt. 500 Einwohner verteilen sich im Wesentlichen auf die zwei Ortschaften Megálo Horío und Livádia. Ein weiterer Ort, Mikro Horío, ist eine Geisterstadt, die seit 1967 menschenleer ist. In der Mitte der 16 km langen Insel liegt die Höhle Charkadió, wo 1978 Knochen des um 4500 v. Chr. ausgestorbenen urzeitlichen Zwergelefanten *Paleodoxon falceroni* gefunden worden sind. Die Auswertung der mehr als 2000 Funde ist im Museum von Megálo Horío auf spannende Weise dokumentiert. Sehenswert auf Tílos sind zahlreiche Johanniterkastelle aus dem 14. und 15. Jh, das Kloster Ágios Pandeleimon (14.-18. Jh.) sowie die alte (16 Jh.) und vor al em die neue Kirche Taxiarchis Michail (19.Jh.) in Megálo Horío mit wertvollen Ikonen und einem kunstvoll geschnitzten Lettner. Fels-, Kies- und Sandbuchten laden zum Baden ein.
Von dem kleinen und unscheinbaren Hafenort Livádia verlassen die Fähren die Insel Tílos in Richtung Rhodos.

VULKAN VON NÍSSIROS

Die kreisrunde Vulkaninsel Níssiros südlich von Kós ist vor 50 Millionen Jahren durch Seebeben und unterseeische Vulkanausbrüche entstanden und durch weitere Eruptionen bis 15 000 v. Chr. geformt worden. Obwohl der Vulkan aktiv ist, liegt der letzte Ausbruch fünf Millionen Jahre zurück. Seine Tätigkeit beschränkt sich seitdem auf den Ausstoß von schwefelhaltigen heißen Dämpfen, was aber gelegentlich zu Erdbeben führt. Im Grunde ist die gesamte Insel ein Vulkan. Sie besteht aus einem bis zu 698 m hohen, hohlen Lavaberg. Die Caldera ist 3,5 km lang, 1,5 km breit und fast 500 m tief. Die Hälfte davon ist grünes Weideland, der Rest ist eine kahle Lava-Wüste. In der Caldera gibt es weitere fünf Krater.

Bild links: Mandraki, Hauptort der Insel Níssiros.

RHODOS

⓴ RHODOS-STADT

Nicht umsonst nennt die griechische Mythologie die Hauptinsel des zu den Südlichen Sporaden gehörenden Dodekanes-Archipels ein Geschenk des Sonnengottes Helios an seine Gattin Rhode. Seit alters her werden in den fruchtbaren Tälern der gebirgigen und bis auf 1215 m ansteigenden Insel Wein und Oliven, Aprikosen und Pfirsiche angebaut. Seit der Antike wurde immer wieder um diesen kleinen Garten Eden gekämpft. Nach dem Zerfall des Alexanderreiches wechselten Römer, Byzantiner, Johanniter, Osmanen, Italiener und Deutsche sich in der Herrschaft über Rhodos ab. 1943 wurde die Insel von deutschen Truppen besetzt und die jüdische Bevölkerung nach Auschwitz deportiert. Seit 1948 gehört Rhodos zu Griechenland. Dank seiner landschaftlichen Reize, des mediterranen Klimas, traumhafter Badestrände und eines reichen kulturellen Erbes hat es sich zu einem Urlaubsparadies par excellence entwickelt.

Das historische Zentrum von Rhodos-Stadt, der an der Nordostspitze gelegenen Inselkapitale, präsentiert sich als faszinierender Mix aus mittelalterlicher europäischer und osmanischer Architektur und steht deshalb seit 1988 auf der UNESCO-Welterbeliste steht.

Die Anfänge von Rhodos-Stadt reichen zwar bis in die Antike zurück, aber erst die Kreuzritter des Johanniterordens, die von 1310 bis 1523 über die Insel herrschten, haben ihr ein unverwechselbares Gesicht verliehen. Sie bauten den unter byzantinischer Herrschaft bedeutungslos gewordenen Ort zu einer Festung aus, errichteten Kirchen, Paläste und Herbergen für ihre Ordensbrüder.

Die Osmanen, die Rhodos 1523 eroberten, hinterließen einige prachtvolle Moscheen und ein Basarviertel.

Der alte Mandraki-Hafen wird von einer 400 m langen Mole begrenzt, auf der sich die drei oft fotografierten Windmühlen sowie das Fort Agios Nikolaos befinden. Einst soll die Hafeneinfahrt von dem berühmten Koloss von Rhodos bewacht worden sein, heute wird sie von einem Hirsch und einer Hirschkuh, die auf hohen Säulen sitzen, beschützt.

⓴ IALYSOS

Man verlässt Rhodos-Stadt auf der Westküstenstraße und fährt dicht am Meer entlang, bis man nach 10 km den heute auch Trianda genannten Ort Ialysos erreicht. Es ist die vermutlich älteste mykenische Küstensiedlung auf Rhodos, ihre Geschichte geht bis etwa 1450 v. Chr. zurück. Als die Dorer um 1000 v. Chr. die Insel besiedelt hatten, wurde Ialysos als einer von drei selbstständigen Stadtstaaten ausgerufen. Die Stadt war in der Antike berühmt, weil sie einen dreifachen Olympia-Sieger, Diagoras, hervorgebracht hat.

⓴ KÁMIROS SKALA

Auf derselben Küstenstraße geht es parallel zum Meer 40 km weiter bis nach Kámiros Skala und den Ausgrabungen nördlich davon in der antiken Stadt Kámiros.

Sie war der kleinste der drei dorischen Stadtstaaten und hatte ihre Blütezeit im 6. Jh. v. Chr. Die Grundrisse der Bauten und der in Terrassenform angelegten Stadtelemente sind noch gut zu erkennen. Zentraler Ort war die Agora mit einem Tempel (3. Jh. v. Chr.), der vermutlich Apollon geweiht war. Kámiros Skala, früher vermutlich der Seehafen der antiken Stadt, ist heute ein kleiner Fischerort und Fährhafen.

Einen schönen Blick auf die Insel Hálki beispielsweise hat man vom Kastell von Kritinia.

Durch das Thalassini-Tor gelangt man in die Altstadt von Rhodos-Stadt.

Die Ritterstraße in der Abenddämmerung.

DIE STADT RHODOS UND DIE RITTERSTRASSE

Nirgends wird das Mittelalter so lebendig wie in der Ritterstraße (»Odós Ippotón«) in der Altstadt von Rhodos. Das Straßenbild des 15. und 16. Jh. mit den Bauten des Johanniter-Ordens blieb erhalten. Dieser Ritterorden entstand zur Zeit der Kreuzzüge, um gegen die »Ungläubigen« zu kämpfen. Nachdem das Heilige Land in der Schlacht von Akkon (1291) verloren wurde, zogen sich die Kreuzfahrer über Zypern schließlich nach Rhodos zurück, das sie unter dem Großmeister Fulko von Villaret 1306 eroberten und zur Festung ausbauten. Auf beiden Seiten der Ritterstraße reihen sich noch heute die Herbergen der nach Sprachgemeinschaften getrennten Landsmannschaften (»Zungen«) aneinander. Der 1940 frei rekonstruierte Großmeisterpalast (14. Jh.) am Westende der Ritterstraße ist eine der Hauptsehenswürdigkeiten von Rhodos. Als der osmanische Herrscher Süleiman I. der Prächtige 1523 die Johanniter bezwang und Rhodos eroberte, wurde der Großmeisterpalast als Gefängnis genutzt. Später wohnten türkische Kaufleute in den Palästen und Herbergen der nun heimatlosen Johanniter.

Bild links: An der Einfahrt des alten Hafens von Rhodos-Stadt.

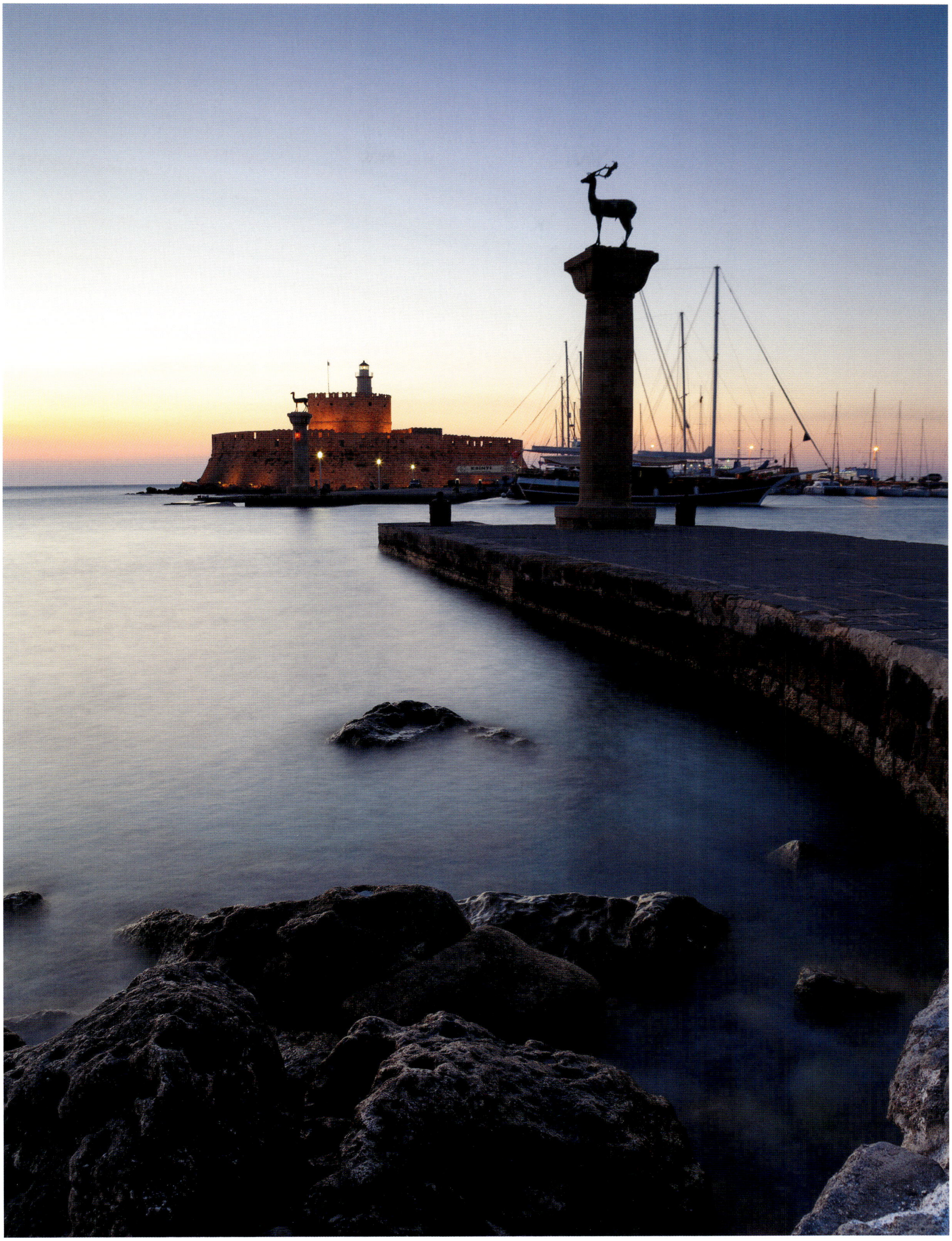

❷⓻ APOLAKKIA

Rhodos ist von einem langen, bis zu 1215 m hohen Gebirgrücken durchzogen. Einen Eindruck von der Landschaft bekommt man bei der Weiterfahrt Richtung Süden. Die Straße entfernt sich nach Kámiros Skala vom Meer und führt mit prächtiger Aussicht am Kap Mónolithos vorbei nach Apolakkia. Unterwegs kann auf einem Felsen eine byzantinische Burg besichtigt werden. Sehenswert ist die Basilika Ágia Irini und die etwas abseits gelegene idyllische Kapelle Ágios Georgios o Vardas (um 1250). Quer über die Insel geht es auf der kurvigen Inselhauptstraße weiter Richtung Osten, wo sie in die Küstenstraße mündet, die nach Lindos führt.

❷⓼ LINDOS

Nach 41 km ist Lindos erreicht, der meistbesuchte Ort der Insel. Der einzige Naturhafen auf Rhodos ist denkmalgeschützt. Lindos war der mächtigste der drei dorischen Stadtstaaten, er besaß mehr als die Hälfte des gesamten Eilands. Aus dem Ortsbild unterhalb der Akropolis stechen Kapitäns- und Herrenhäuser vor allem aus dem 17. Jh. hervor. Die Architektur ist von arabischen, byzantinischen und ägäischen Elementen geprägt. Vorbei an Archangelos geht es 55 km zurück nach Rhodos-Stadt.

Rekonstruierte Säulenreihe auf der Akropolis von Lindos.

DIE INSEL RHODOS UND DIE AKROPOLIS VON LINDOS

Die von einem mittelalterlichen Johanniter-Kastell eingefasste antike Akropolis von Lindos auf einem steilen Felsen über dem Meer ist das kunst- und kulturgeschichtlich bedeutendste Vermächtnis der Insel Rhodos. Kernstück ist der Tempel der Göttin des dorischen Stadtstaates Lindos, Athena Lindia. Ihr widmeten bereits im frühen 7. Jh. v. Chr. die Dorer einen Altar, der um 550 v. Chr. von dem Tyrannen Kleoboulus als Tempel ausgebaut und nach einem Brand 342 v. Chr. noch prächtiger wiedererrichtet wurde. Im Inneren des Heiligtums wurde eine Statue der Göttin aus Gold, Marmor und Elfenbein verehrt. Die Kreuzritter erkannten die strategische Bedeutung der 120 m hoch gelegenen Akropolis und bauten sie zu einer Festung (15. Jh.) aus. Die gesamte Anlage ist zugänglich und über 300 Stufen zu erreichen. Den Besucher erwartet u. a. eine ionische Säulenhalle aus dem 2. Jh. n. Chr. Sie war mit 87 m so breit wie die gesamte Akropolis.

Bild links: Bucht bei Faliraki im Norden Rhodos'.

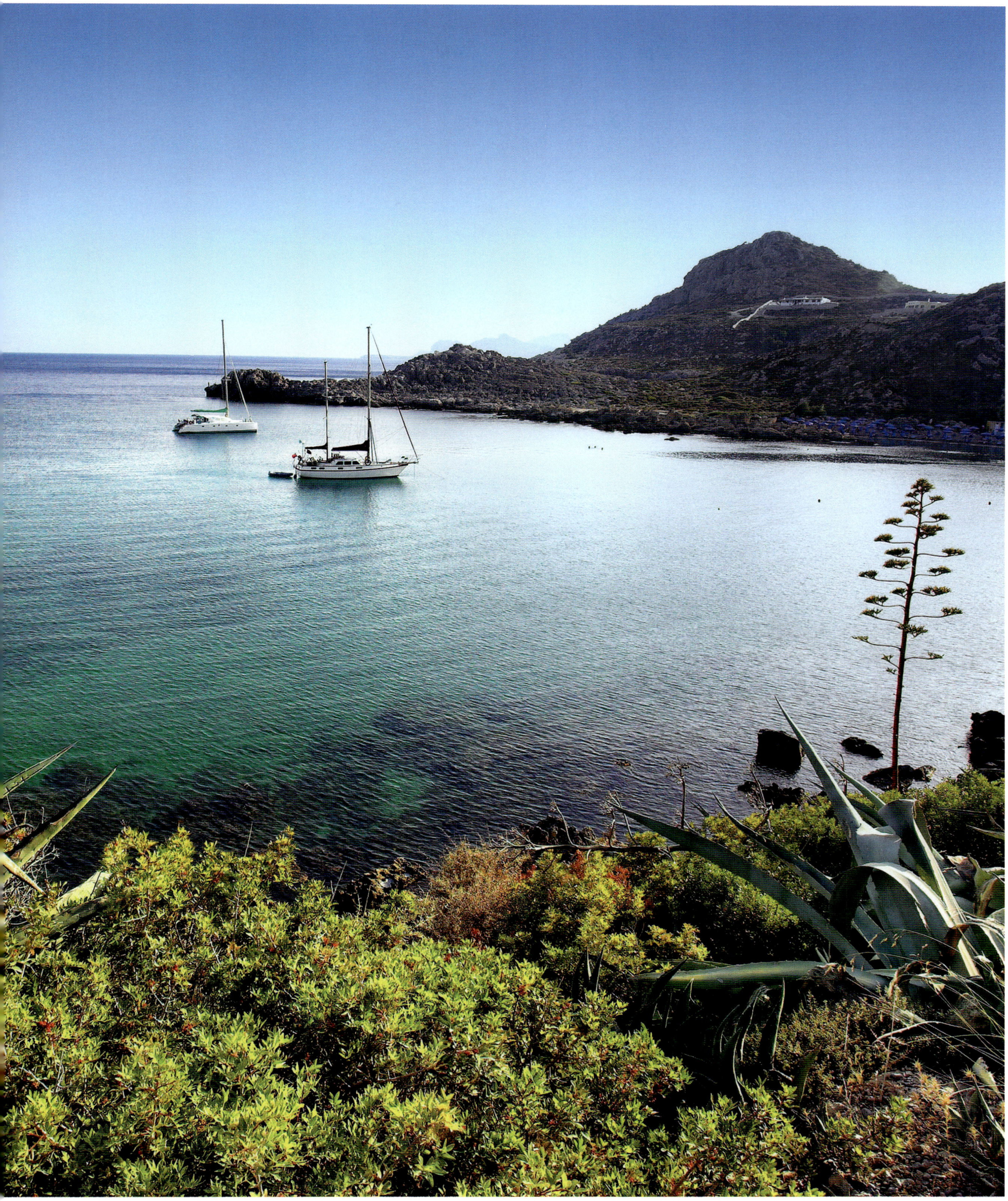

KÁRPATHOS

㉙ KÁRPATHOS-STADT

Von Rhodos aus lässt sich die südliche Nachbarinsel Kárpathos (301 km²) in 4 bis 6 Stunden per Linienschiff erreichen. Es ist die zweitgrößte Insel der Dodekanes und eine der ursprünglichsten. Im Altertum (um 1000 v. Chr.) entstanden hier die vier Städte Arkesia, Thoantion, Vrykos und Poseidion. An Poseidions Stelle steht heute Kárpathos-Stadt, die auch Pigadia genannte Hauptstadt und gleichzeitig der Haupthafen der Insel in der fast kreisrunden Bucht. Hauptsehenswürdigkeit ist die frühchristliche Basilika Ágia Fotini. Sie wurde im 6. Jh. zum Andenken an die Märtyrerin Fotini errichtet und ist weitgehend verfallen. Zu sehen sind noch ein halbes Dutzend Säulen und Säulenfragmente sowie handwerkliche Chorschranken mit Reliefs. Ein Hügel im Hafen war vermutlich Standort einer Akropolis, doch Spuren der antiken Stadt Poseidion finden sich nicht. Antike Relikte gibt es dagegen in Arkássa, das etwas südlicher an der Westküste liegt. Dazu fährt man entlang der Hauptstraße quer über die Insel.

㉚ ARKÁSSA

Nach etwa 16 km ist das bei Badegästen beliebte Arkássa erreicht. Hier stößt man beim Besuch des Kaps Paleokastro auf Spuren des antiken Arkesia. Auf dem Felsen stand die dorische Akropolis. Auch Reste eines venezianisch-türkischen Kastells finden sich hier. Aus dem 4. bis 6. Jh. stammt die frühchristliche Kirche Agia Anastasia. Bei Arkássa liegen die schönsten Uferabschnitte. Die Bucht Ágios Nikolaos 0,5 km westlich des Ortskerns ist der beliebteste Sandstrand von Kárpathos. Nördlich davon erinnert ein modernes Denkmal an sieben Inselbewohner, die nach der Verwüstung der Insel durch deutsche Truppen im Herbst 1944 in einem winzigen Boot Hilfe holten. An dem Denkmal vorbei verlässt man den Ort auf der Küstenstraße, die Richtung Norden in das 50 km entfernte Ólympos führt. Man passiert dabei den mit 1215 m höchsten Berg der Dodekanes, den Kali Limni. Der Weg führt durch eine Gebirgslandschaft und bietet sensationelle Ausblicke.

㉛ ÓLYMPOS

Eingebettet in einen steilen Hang tauchen plötzlich die weißen und pastellfarbenen Häuser, Kirchen und Windmühlen des schon oft als schönstes Bergdorf Griechenlands gerühmten Ortes auf. Ólympos wurde 1420 von Bewohnern der heute verwaisten Nachbarinsel Saria und des antiken Vrykos gegründet, die in den Bergen Schutz vor Piraten suchten. Nirgendwo sonst in Griechenland hat sich – dank der Abgeschiedenheit, die sich das Dorf bis in die 1980er-Jahre bewahrte – die ursprüngliche Kultur so erhalten wie hier. Die Häuser werden im traditionellen Stil gebaut, noch heute wird der altertümliche dorische Dialekt gesprochen und insbesondere die Frauen tragen ihre traditionellen Trachten nicht nur bei Festlichkeiten. Brot wird heute noch gemeinsam in Steinöfen gebacken und jahrhundertealte Bräuche werden gepflegt, jetzt freilich auch motiviert durch den Tourismus, der genau das von den Olympiern erwartet. Dennoch werden die Feste in Ólympos unbeeindruckt von den Gästen und Zuschauern farbenfroh und herzlich gefeiert, insbesondere das Osterfest. Der Hafen von Ólympos heißt Diafáni (18. Jh.) und liegt ca. 10 km entfernt an der Ostküste. Erst 1975 entstand der Fährhafen. Er ist Ausgangspunkt für einen Ausflug zu der nur rund 100 m von der Nordspitze Kárpathos' entfernten Nachbarinsel Saria (16 km²) und für die Rückfahrt nach Rhodos, wo unsere Inselrundfahrt endet.

Bild: Ágios Nikolaos und der Badeort Arkássa.

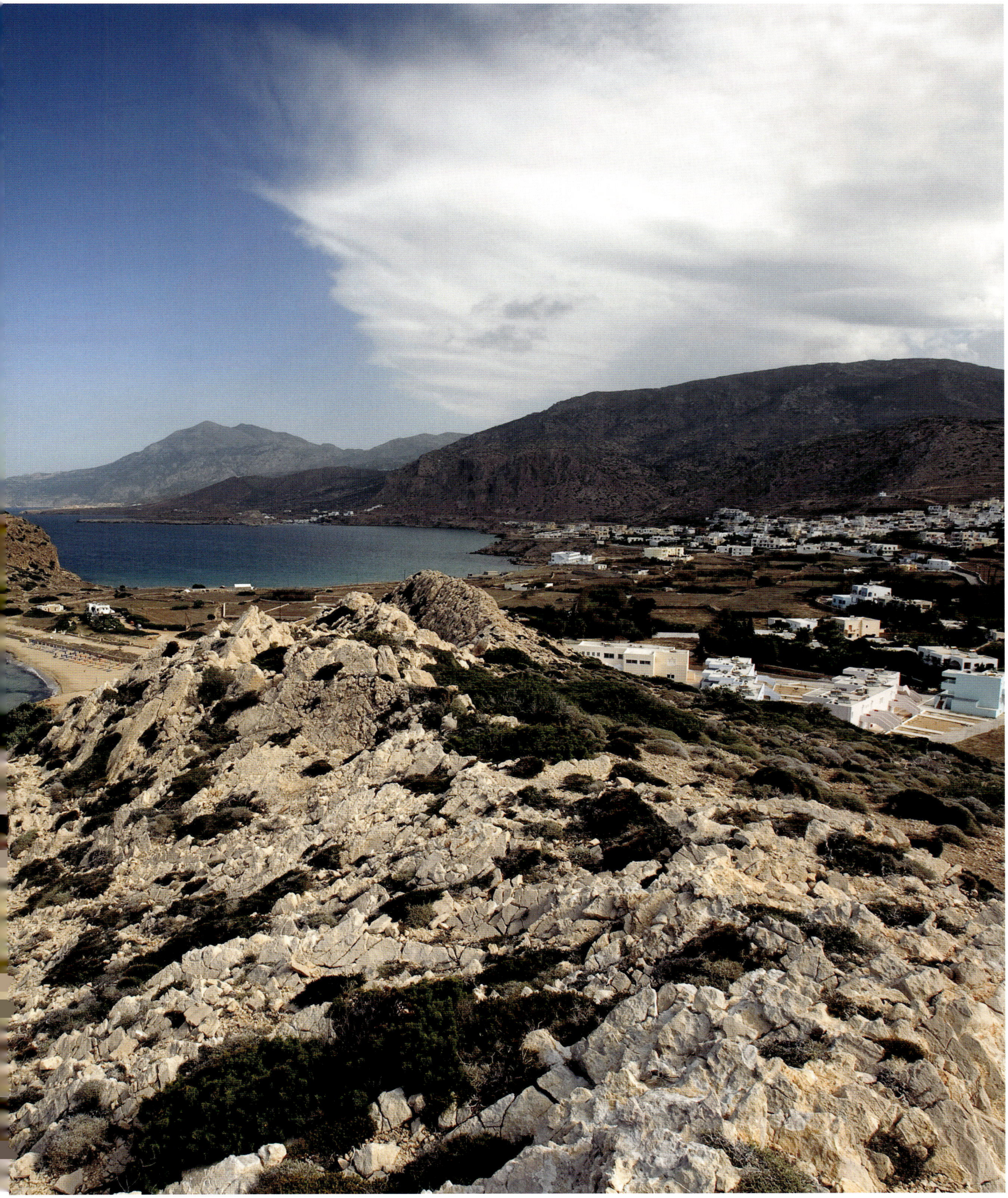

HOT SPOTS

Die Angebote für Urlauber auf den Inseln zwischen Lesbos und Rhodos sind so bunt und vielfältig wie die Inselwelt selbst. Traumhaft schöne Hotelanlagen mit weitem Blick über das Meer findet man ebenso wie ungewöhnliche Unterkünfte in uralten Baudenkmälern. Gute griechische Küche bekommt man dagegen auch in vielen kleinen Tavernen, die zu einem Ort in Griechenland einfach dazugehören. Dass Fisch und Meeresfrüchte hier ganz besonders frisch schmecken, versteht sich von selbst.

AQUA BLU BOUTIQUE HOTEL & SPA

In unmittelbarer Nähe der Inselhauptstadt Kós auf der gleichnamigen Dodekanes-Insel und nicht allzu weit vom Lambi Beach liegt dieses kleine 5-Sterne-Boutique-Hotel, das zu den »Small Luxury Hotels of the World« gezählt wird. Der sehr feine Sandstrand mit seinen vielfältigen Wassersportmöglichkeiten ist schnell erreicht, aber auch die pittoreske historische Altstadt lässt sich vom Hotel aus problemlos erkunden. Das ansprechend klar und modern gestaltete Haus überzeugt mit einem umfangreichen Service und darüber hinaus mit Sauna und Spa sowie einem Wellnessbereich und Dampfbad. Zur Hotelanlage gehören zudem weitflächige Außen- und Innenpools. Für das leibliche Wohl sorgen das erstklassige Cuvee-Restaurant und das umfangreiche Cocktailangebot der Pool-Bar.

Ethelonton Paleon Polemiston, 85300 Kós-Stadt, Griechenland |
Tel. +30 22420 22440 | E-Mail: info@aquabluhotel.gr | www.aquabluhotel.gr

BARBOUNI

Im Barbouni werden traditionelle griechische Spezialitäten hervorragend und auf durchaus moderne, zeitgenössische Weise zubereitet. Die Küche hat sich vor allem auf frischen Fisch und Meeresfrüchtegerichte spezialisiert, andere Speisen spielen lediglich eine untergeordnete Rolle. Neben der Qualität der Speisen machen auch das Ambiente und die schöne Lage am Meer den Besuch zu einem rundum erfreulichen Erlebnis.

G. Averof 26, 85300 Kós-Stadt, Griechenland | Tel. +30 22420 20170 |
E-Mail: info@barbouni.com.gr

SPIRIT OF THE KNIGHTS BOUTIQUE HOTEL

Nur sechs Zimmer besitzt das bemerkenswerte, in einem historischen Gebäude aus der Zeit der Kreuzritter untergebrachte Boutique-Hotel in der sehenswerten, wunderschönen Altstadt von Rhodos. Die eindrucksvollen Räumlichkeiten mit Namen wie Ritterzimmer, Pascha-Suite, Osmanische Suite oder Großmeister-Suite wurden ganz individuell in historischem Stil gestaltet und sind mit handgefertigtem Mobiliar bestückt. Für Entspannung sorgen ein Außen-Jacuzzi und die Terrasse; das Spirit of the Knights besitzt zwar kein hoteleigenes Restaurant, aber dank der zentralen Lage findet man Bars und Tavernen praktisch vor der Haustür.

Alexandridou 14, 85100 Rhodos-Stadt, Griechenland | Tel. +30 22410 39765 |
E-Mail: info@rhodesluxuryhotel.com | www.rhodesluxuryhotel.com

Die von Palmen gesäumte Poolanlage des Aqua Blu ist Treffpunkt der Gäste.

LINDOS BLU

Mit 70 Zimmern deutlich größer ist dieses Luxushotel von Lindos. Es liegt lediglich ein wenig außerhalb der Stadt an einem Hang direkt am Meer. Die Anlage ist architektonisch reizvoll und besticht durch ihr zeitgemäßes Design. Große Glasflächen lassen viel Licht in die Räume hinein, und von allen Zimmern, Suiten und Villen aus blickt man direkt auf die azurblaue Wasserfläche des südöstlichen Ägäischen Meers. Die Zimmer sind geschmackvoll in unterschiedlichen Farbtönen gestaltet; als Gast in den kleinen Villen oder Maisonettes freut man sich über eine eigene Terrasse und den eigenen beheizten Swimmingpool. Ein weiterer Pluspunkt sind die zwei ausgezeichneten Restaurants und das umfangreiche Wellness-Angebot mit Massagen, Sauna, Dampfbad und unterschiedlichen Beauty-Anwendungen.

Vlicha Lindos, 85107 Rhodos, Griechenland | Tel. +30 22440 32110 |
E-Mail: info@lindosblu.gr | www.lindosblu.gr

HOT SPOTS

Eigene Pools und Terrassen zeichnen das Lindos Blu aus.

Perfekte Entspannung bei einer Hot Stone-Massage.

Einer der Hauptpools des Atrium Prestige in abendlicher Beleuchtung.

ATRIUM PRESTIGE THALASSO SPA RESORT
Wer vollkommen ungestört im eigenen Pool relaxen möchte, sollte sich eine Villa im Atrium Prestige gönnen. Die weitläufige Anlage am Strand von Lachania im Süden der Insel Rhodos bietet elegante, im mediterranen Stil erbaute Bungalows, die so geschickt gebaut sind, dass keine fremden Blicke überraschen. Im Hauptrestaurant hat man einen atemberaubenden Panoramablick auf Ägäis und Mittelmeer, die hier an der Südspitze von Rhodos aufeinandertreffen. Das Thalasso Spa verwöhnt die Gäste mit zahlreichen Anwendungen, die auf die natürliche Heilkraft des Meeres setzen.

85109 Lachania, Rhodos, Griechenland | Tel. +30 22440 46222 |
E-Mail: reservations@atriumprestige.gr | www.atriumprestige.gr

WONDER
Das im Jahr 2001 eröffnete Restaurant zählt zu den längst etablierten und renommierten Häusern der Stadt Rhodos; Kritiker und Gäste vergeben in der Regel Bestnoten für Qualität und Service. Die Speisekarte ist international ausgerichtet und mischt Elemente der traditionellen griechischen Küche mit den Kochkünsten anderer europäischer und asiatischer Länder. Eine gute Weinauswahl sorgt für ein perfekt abgestimmtes Erlebnis.

El. Venizelou 16-18, 85100 Rhodos-Stadt, Griechenland | Tel. +30 22410 39805 |
www.restaurantwonder.gr

WASSERSPORTZENTRUM KIOTARI
Dieser kleine Anbieter in Kiotari, etwa zwölf Kilometer südlich von Lindos gelegen, hat eine breite Palette von Aktivitäten für sportliche Wasserfreunde im Angebot: Segeln mit der Yacht, Windsurfen am langen Strand direkt vor Ort, Katamaranausflüge, Wasserski- und Wakeboard-Fahrten und als besonderes Highlight rasante Trips mit dem Jetbike. Für Anfänger in den unterschiedlichen Disziplinen stehen natürlich auch Kurslehrer bereit. Außerdem verleiht das Center führerscheinfreie Motorboote.

85109 Kiotari, Rhodos, Griechenland | Tel. +30 22440 46048 |
E-Mail: info@wassersport-rhodos.de | www.wassersport-rhodos.de

LA GORGONA
In dem kleinen Fischerort Diafani im Nordosten von Kárpathos und nicht weit von dem bekannten Bergdorf Ólymbos entfernt, hat die Italienerin Gabriella 1999 ihr Restaurant eröffnet. Natürlich überrascht es nicht, dass sie hier die köstlichsten Gerichte ihrer alten und ihrer neuen Heimat auf den Tisch bringt: Serviert werden griechische wie italienische Vorspeisen und Hauptgerichte, aber auch selbst gemachte Nachspeisen und Torten; den Abschluss bildet dann ein echt italienischer Espresso. Das Haus mit Außenterrasse liegt am kleinen Platz im Ort mit Blick aufs Meer.

85700 Diafani, Kárpathos, Griechenland | Tel. +30 22450 51509 |
www.gorgonakarpathos.it

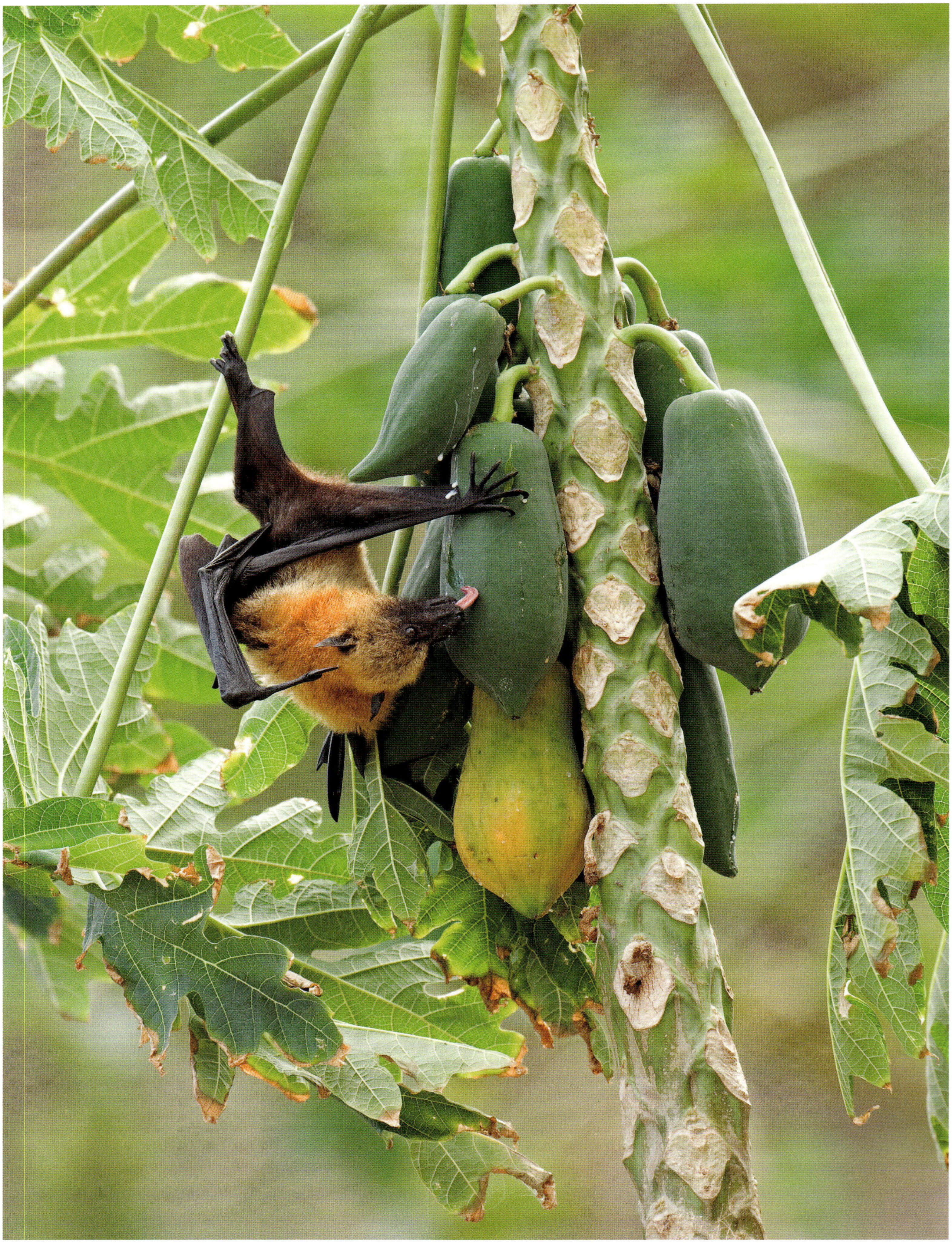

INDISCHER OZEAN

Stippvisite auf den Vulkan-, Granit- und Koralleninseln

Die Inseln im Indischen Ozean gleichen tropischen Paradiesen, die neben Sonnenschein und langen Sandstränden auch Palmen, üppige Vegetation und fröhliche Bewohner haben. Eine Fahrt durch diesen noch weitgehend intakten Garten Eden zeigt auch das faszinierende Spektrum der Landschaften, der Pflanzen- und Tierwelt und die bunt gemischte Bevölkerung.

Zwischen Indien und der südlichen Ostküste Afrikas breiten sich mitten im Indischen Ozean zahlreiche einzelne Inseln und Archipele von großer Vielfalt aus. Drei verschiedene Typen sind hier zu unterscheiden: hohe, bergige Granit-, hohe Vulkan- sowie flache Koralleninseln. Zu den Granitinseln zählen die inneren Seychellen, die östlichste Inselgruppe dieses Archipels. Die äußeren Seychellen und einige wenige Inseln der anderen Archipele sind sehr flach und bestehen überwiegend aus Korallenkalk. Alle anderen Inseln sind vulkanischen Ursprungs.

Das Aldabra-Atoll überrascht mit bizarren Felsskulpturen.

»Inseln des Überflusses« nannten die Franzosen die Seychellen, und die Holländer berichteten von Mauritius, dass die Edelhölzer nicht zu erschöpfen seien. Die ersten Siedler kamen in ein tropisches Paradies. Es gab vor der Ankunft der ersten Europäer keine Besiedlung. Ägyptische und phönizische Händler kannten die Inseln aber schon lang, weil sie die Monsune dieser Region für ihre Seereisen ausnutzten. Etwa um Christi Geburt begannen die Einwanderungen malaiisch-polynesischer Seefahrer aus dem indonesischen Raum, die über die nächsten Jahrhunderte Madagaskar besiedelten. Im 9. und 10. Jh. gründeten dann arabische Kaufleute Handelsniederlassungen an Ostafrikas Küste wie etwa auf Sansibar.

Die Holländer errichteten 1598 einen festen Stützpunkt auf Mauritius, gaben aber 1710 ihre Niederlassungen wieder auf. Sie ließen eine vollkommen veränderte Insel zurück. Wälder waren abgeholzt, Edelhölzer fast vollständig verschwunden. Neue Nutzpflanzen waren eingeführt worden: Kokospalmen, Zuckerrohr, Tabak, Baumwolle, Ananas und Bananen. Die Franzosen hatten 1654 die Nachbarinseln Réunion und Rodriguez in ihren Besitz gebracht und übernahmen später auch die verlassene Insel Mauritius. Von dort aus wurden Erkundungsfahrten unternommen, bei denen die Seychellen entdeckt und besiedelt wurden. In der französischen Ära veränderten sich die Inseln durch weitere Abholzung der Wälder und durch Anbau von Baumwolle, Indigo und Zuckerrohr. Réunion und vor allem Mauritius sind heute fast ganz mit Zuckerrohr bedeckt. Umfangreiche Gewürzplantagen entstanden auf Réunion, Madagaskar, den Seychellen und Sansibar.

1841 verkaufte der Sultan der Komoreninsel Mayotte seine Insel an die Franzosen. In den nächsten Jahrzehnten annektierte Frankreich die restlichen drei Inseln der Komoren. Die englisch regierten Inseln der Seychellen wurden 1976, Mauritius 1968 unabhängig. Von den Inseln unter französischer Herrschaft blieben Réunion sowie die Komoreninsel Mayotte französisch. Die anderen Komoreninseln wurden 1974 unabhängig.

Auf den Inseln des Indischen Ozeans leben Menschen verschiedener Religion, Hautfarbe und Kultur friedlich zusammen. Auf den Seychellen und den auch Maskarenen genannten Inseln Mauritius, Réunion und Rodriguez wird Kreolisch gesprochen, eine Sprache, die sich aus dem Französisch der Siedler und afrikanischen Elementen der Sklaven entwickelt hat. Auf den Komoren spricht man Shikomore, das eng mit Suaheli verwandt ist.

Wer die Inselwelt des Indischen Ozeans besucht, ist schnell von der landschaftlichen Verschiedenartigkeit fasziniert. Von der flachen sandigen Koralleninsel, der bergigen Granitinsel bis hin zu den Vulkanformationen bietet sich dem an Naturschönheiten interessierten Besucher ein reiches Wunderland für neue Eindrücke.

Bild links: Die bevorzugte Nahrung der Fruchtfledermaus sind Früchte, Nektar und Pollen.

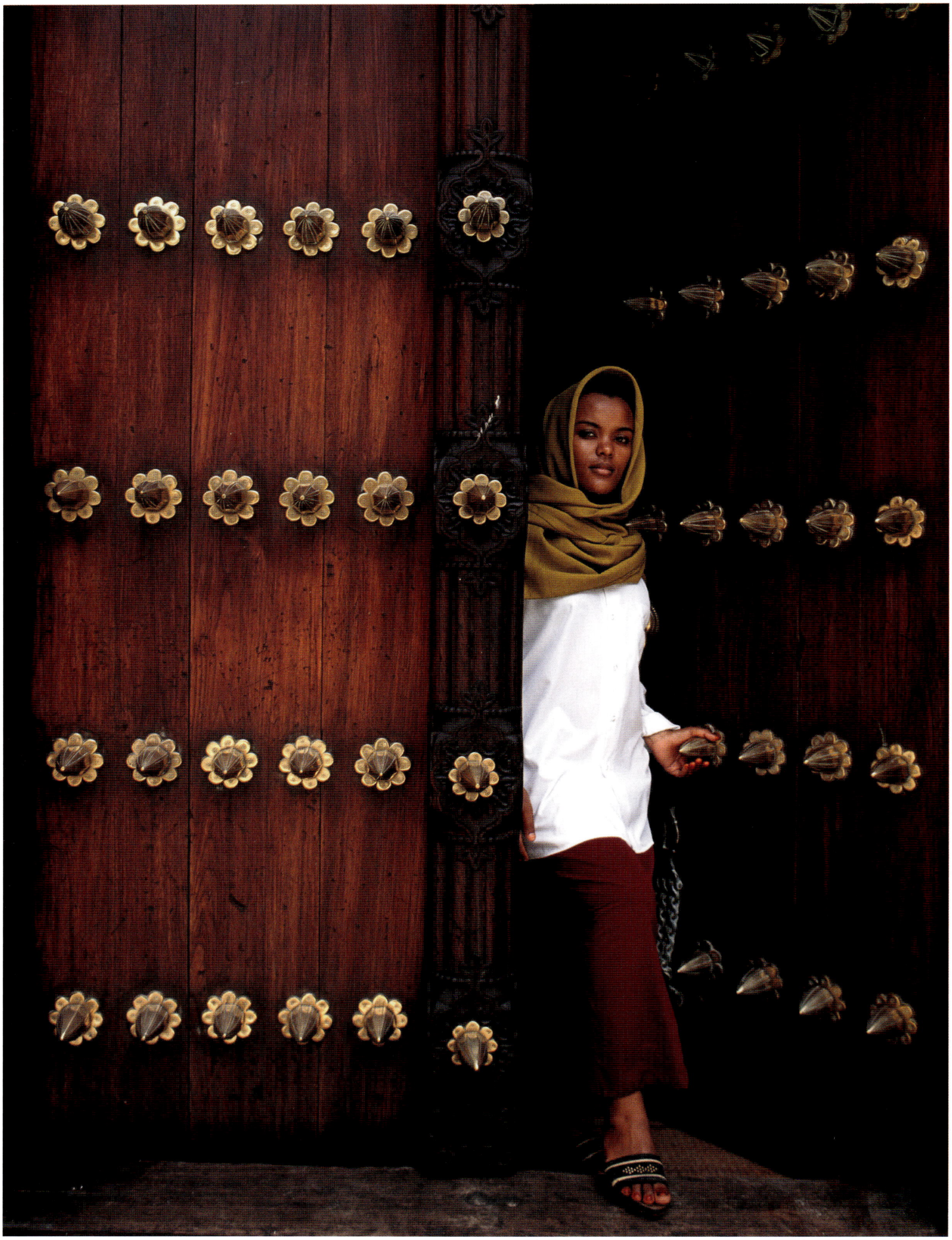

REISEROUTE

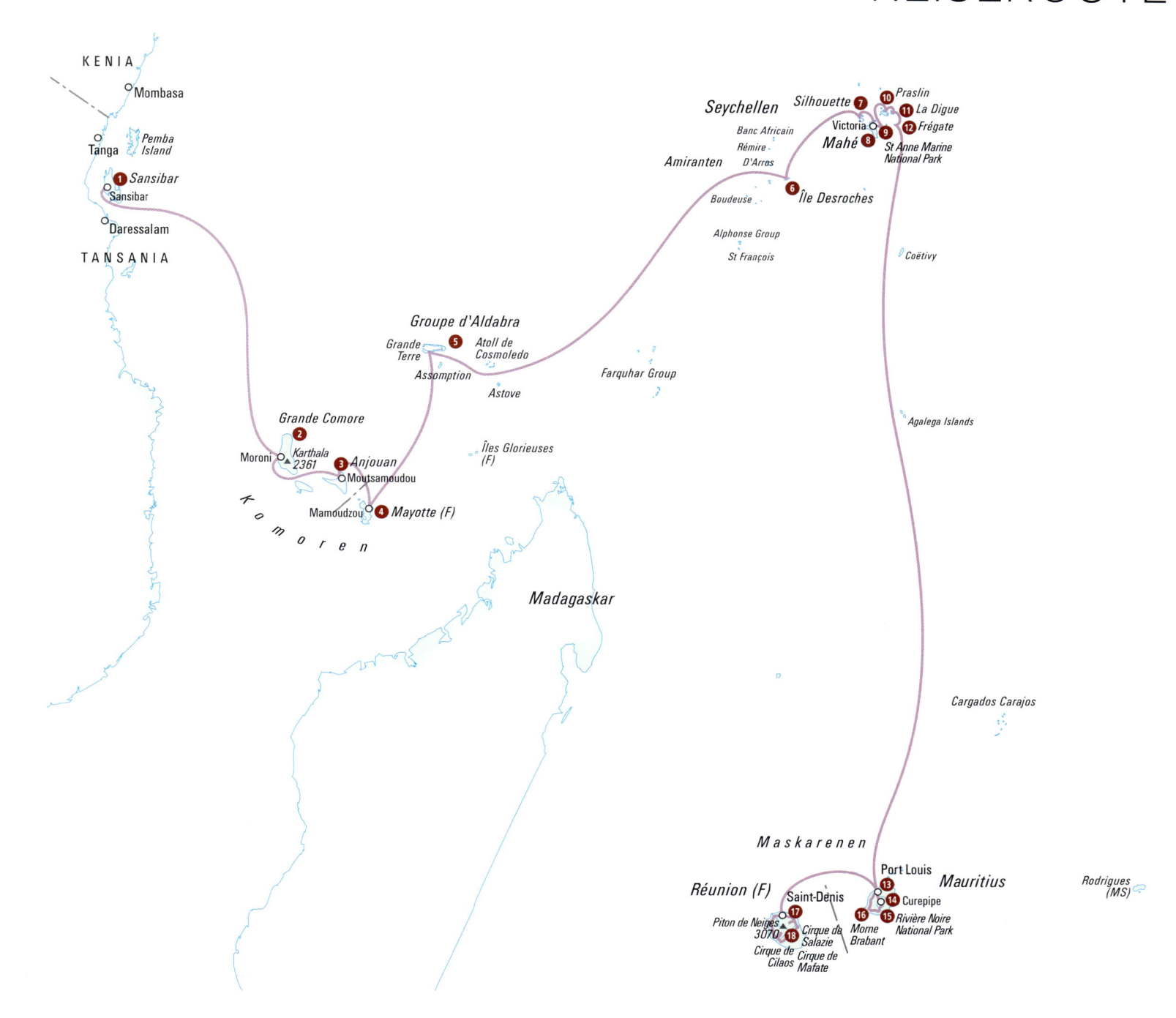

Die Inselwelt des Indischen Ozeans ist für eine große Vielfalt an unterschiedlichen Reisetypen interessant. Wassersportler, vor allem Taucher finden ein wahres Paradies. Naturliebhaber stoßen auf fremdartige hochinteressante Tier- und Pflanzenarten. Und historisch Interessierte können die Inseln auf den Spuren der Kolonialmächte besichtigen.

ROUTENLÄNGE: ca. 5000 km
ZEITBEDARF: mind. 7 Wochen
START: Sansibar
ZIEL: Réunion
ROUTENVERLAUF: Sansibar, Grande Comore, Mayotte, Mahé, Praslin, Mauritius, Réunion

VERKEHRSHINWEISE:

Deutsche, Österreicher und Schweizer benötigen für die Route einen noch sechs Monate gültigen Reisepass. Es gibt Flugverbindungen zwischen Mahé (Seychellen), Réunion, Mauritius und Grande Comore. Mayotte kann nur von den anderen Komoreninseln sowie von Réunion aus angeflogen werden. Fährverkehr verbindet Mauritius mit Réunion und den Seychellen.

AUSKÜNFTE:

Sansibar (Tansania): www.tanzania-web.com
Komoren und La Réunion: www.de.franceguide.com
Seychellen: www.seychelles.com
Mauritius: www.mauritius.net

Bild links: Märchenhafte Eingänge schmücken die Häuser in Sansibar.

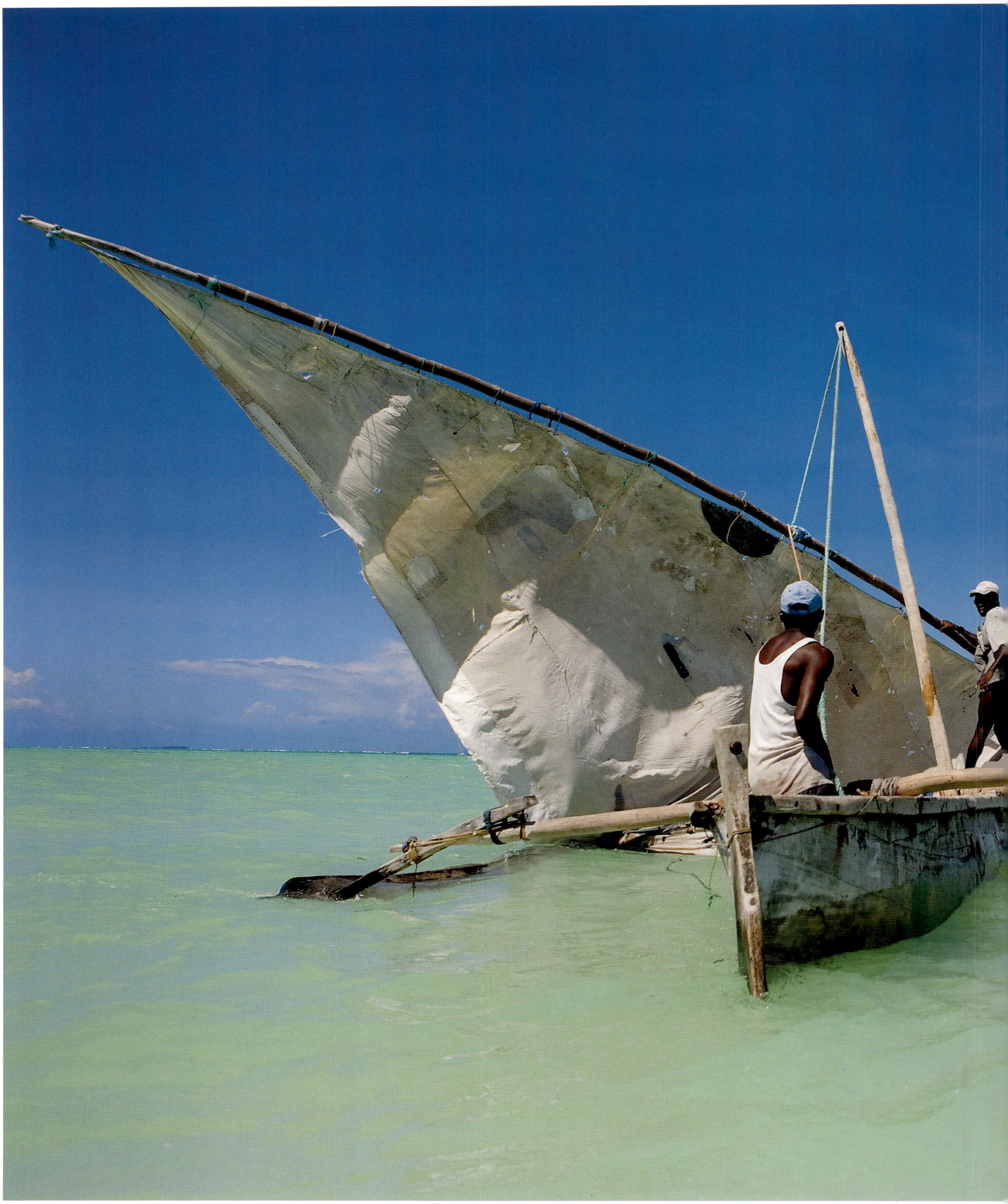

SANSIBAR

❶ SANSIBAR

Der vor der ostafrikanischen Küste gelegene Archipel umfasst zwar die beiden Inseln Unguja und Pemba sowie einige kleine Eilande, wenn wir von »Sansibar« sprechen, ist aber meist die größte Insel Unguja gemeint. Bis heute ruft allein der Name bei vielen Menschen Träume von exotischen Abenteuern und märchenhaftem Reichtum wach. Als Handelsknotenpunkt, an dem Warenströme aus Afrika, der arabischen Welt sowie dem Indischen Ozean zusammentrafen, war Sansibar in der Tat über die Jahrhunderte ein Treffpunkt von Kaufleuten und Glücksrittern aus aller Welt. Unter den Omani, die von 1698 bis weit in die zweite Hälfte des 19. Jh. über Sansibar herrschten, blühte der Handel mit Gewürzen, Elfenbein – und Sklaven. 1964 wurde Sansibar, das seit 1890 britisches Protektorat war, mit dem zwei Jahre zuvor unabhängig gewordenen Tanganjika zu dem neuen Staat Tansania vereinigt. Nach Jahren der Isolation beginnt es sich zu einem luxuriösen tropischen Ferienparadies zu entwickeln. Von Sansibar sind es rund 750 km in südöstlicher Richtung bis zur Hauptinsel der Komoren.

Bunt und kunstvoll verhüllt auf Sansibar.

STONE TOWN

Die Attraktion der Inselhauptstadt Sansibar-Stadt ist das historische Zentrum Stone Town, das als Weltkulturerbe unter dem Schutz der UNESCO steht. Stone Town gilt als herausragendes Beispiel einer historisch gewachsenen Swahili-Stadt mit omanischen Wurzeln. 1840 wurde Sansibar Hauptstadt der Herrscher von Oman. Danach blühte der Handel mit Elfenbein, Gold, Gewürzen und Sklaven. Auf dem Gelände des einstigen Sklavenmarktes erhebt sich heute die Kathedrale von 1873. Zeugnisse der Omani-Herrschaft sind der frühere Sultanspalast »People's Palace« mit dem »House of Wonders«, das Gebäude des Nationalmuseums, Beit al-Amani, und das arabische Fort. Sehenswert sind auch die alte Apotheke, das Livingstone-Haus und die verzierten Eingangstüren der aus Korallenkalk errichteten Wohnhäuser.

Bild links: Ein Fischerboot am Matemwe Beach.

GRANDE COMORE

❷ GRANDE COMORE (NGAZIDJA)

Der im Süden gelegene 2361 m hohe Mt. Karthala beherrscht die jüngste Insel der Komoren. Mit einem Kraterdurchmesser von mehr als 1 km besitzt er den größten aktiven Vulkankrater unseres Planeten.
Seit 1857 gab es rund ein Dutzend Ausbrüche, zuletzt 1977. Der Vulkanismus ist überall auf der Insel gut sichtbar. Der Norden der Insel ist eine steinige Ebene (La Grille), Landwirtschaft ist dort kaum möglich. Die Spitzen von La Grille wie auch die Flanken des Karthala sind mit Nebelwäldern bewachsen. Die ständige Feuchtigkeit begünstigt das Wachstum von Epiphyten (Aufsitzerpflanzen). Die größte Stadt der Insel – und zugleich Hauptstadt der Komoren – ist Moroni an der Westküste von Grande Comore. Sie ist der Verkehrsknotenpunkt für Flug- und Seeverbindungen zu den anderen Komoreninseln und zum afrikanischen Festland. Von hier aus verkehren Fähren zu der rund 150 km südwestlich gelegenen Insel Anjouan.

Der idyllische Hafen von Moroni auf Grande Comore.

ANJOUAN

❸ ANJOUAN (NDZOUANI)

Die Küsten der bergigen Insel ragen steil aus dem Meer auf, in der Mitte befinden sich die beiden rund 1500 m hohen Vulkane Ntingui und Trindini. Durch Kratereinbrüche und Erosion haben sich an ihren Flanken große Hochtäler gebildet, die Cirques. Der Cirque de Bambao, von steilen, bis zu 1000 m hohen Hängen eingerahmt, nimmt den gesamten Zentralteil der Insel ein.
Anjouan ist berühmt für seine Ylang-Ylang-Plantagen, die Öl für die Parfümindustrie liefern. Außerdem gibt es auf der Insel auch Nelkenbäume, deren Knospen zwischen Juli und November gepflückt und zum Trocknen auf den Straßen ausgebreitet werden. Von Anjouan verkehren kleine Flugzeuge und Fähren zur rund 100 km südöstlich gelegenen Insel Mayotte.

Der Sonnenuntergang färbt die Küste Anjouans zartrosa.

MAYOTTE

❹ MAYOTTE

Die geologisch betrachtet älteste Insel der Komoren besteht aus den Resten eines Schildvulkans. Die Flussmündungen bilden tiefe Buchten, die heute mit Mangroven bewachsen sind. Die Insel, die zu Frankreich gehört, ist von einem der schönsten Barrierereifen der Welt umgeben, das 140 km lang ist. Im Süden formt es ein Doppelriff, eine weltweite Seltenheit. Innerhalb der Lagune gibt es hervorragende Schnorchel- und Tauchmöglichkeiten. Mayotte hat Naturliebhabern einiges zu bieten, etwa die vielen Affenbrotbäume, deren große weiße Blüten nachts ihren angenehmen Duft verströmen, oder die endemischen, oft sehr zutraulichen Mayotte-Makis, die in den Hotelanlagen von den Gästen gern gefüttert werden.
In nördlicher Richtung gelangt man nach rund 350 km in das rund 440 000 km² große Meeresgebiet der äußeren Seychellen, zu denen rund 60 kleine Inseln gehören.

Der spektakuläre Moya Beach von Mayotte.

Bild rechts: So fantastisch blüht Ingwer, erkundet von einem kleinen Gecko.

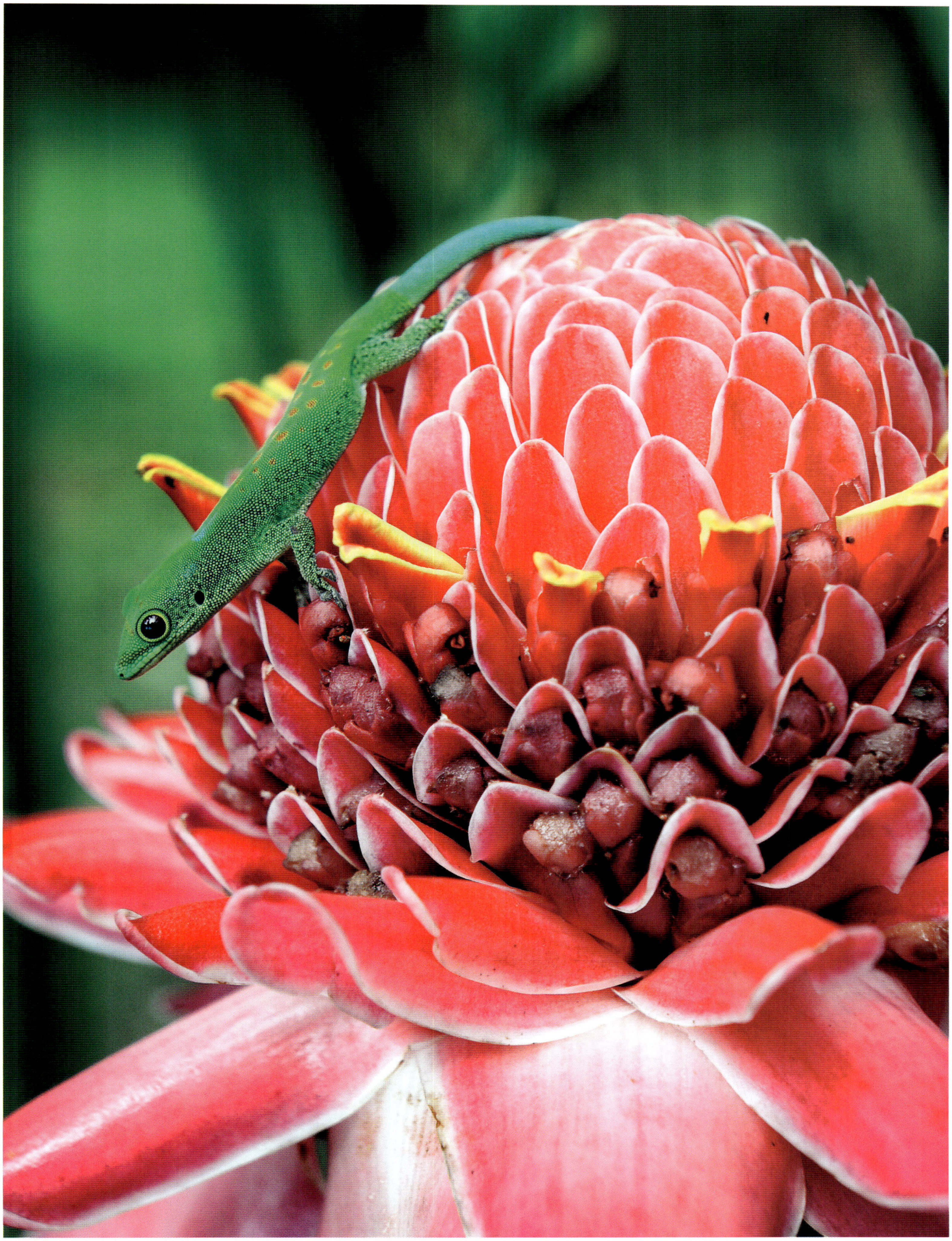

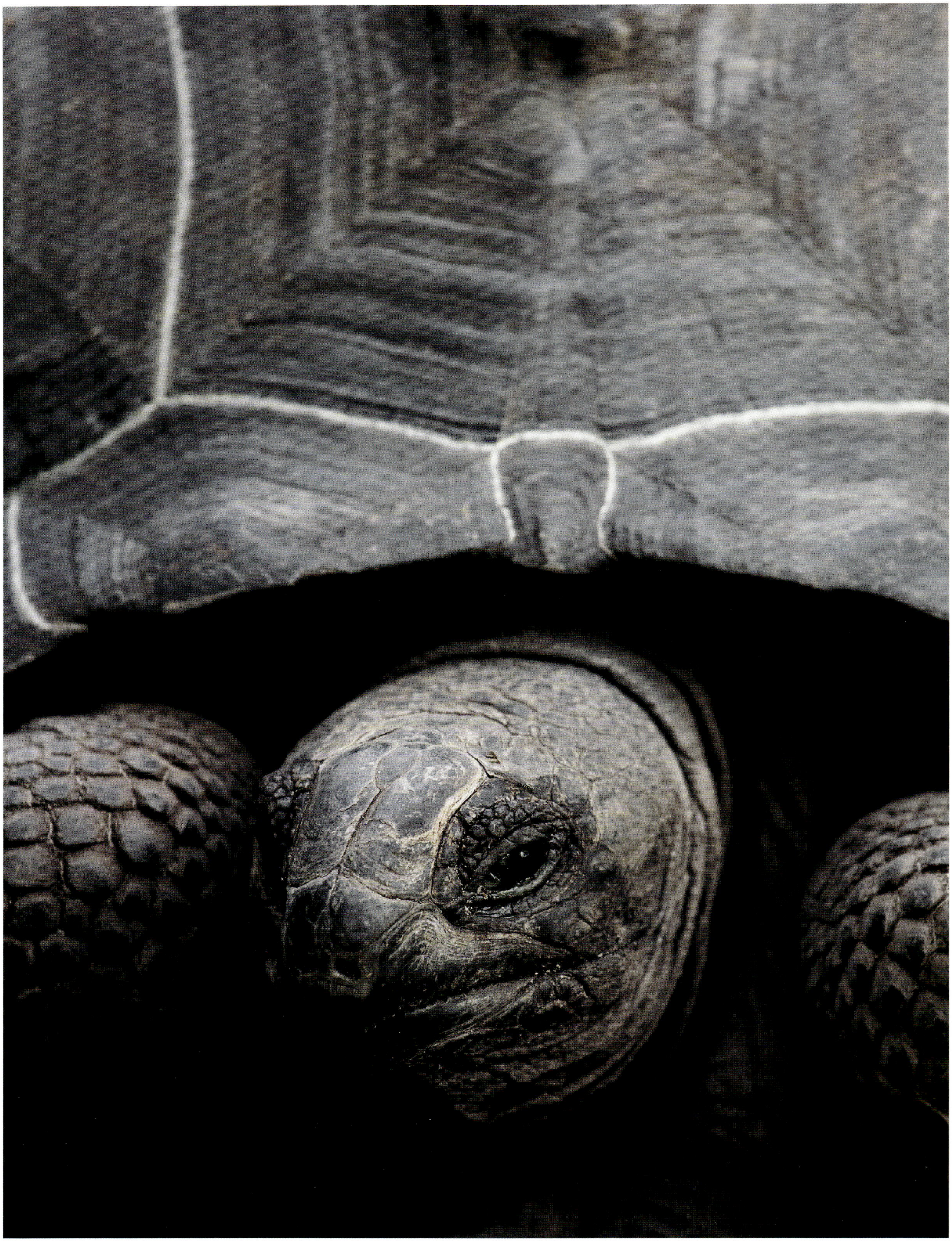

GROUPE D'ALDABRA

❺ GROUPE D'ALDABRA

Das Atoll, das zur Republik Seychellen gehört, umfasst vier Inseln mit 135 km². Der größte Teil der Oberfläche besteht aus einem 125 000 Jahre alten Korallenriff, das über den Meeresspiegel gehoben wurde. Durch Verwitterung zersetzte sich der Kalkstein zu einer zerklüfteten, scharfkantigen Oberfläche. Der Tidenhub beträgt hier mehr als 3 m, bei Ebbe fällt die gesamte Lagune leer. Die ständige Wasserbewegung hat die unteren Teile großer Korallenblöcke so ausgewaschen, dass sie wie auf Säulen stehen und weit ausladende Tische bilden, die über das Wasser herausragen. Grand Terre, die Hauptinsel des Atolls, seit 1982 UNESCO-Welterbe, ist das letzte Refugium der Riesenschildkröte im Indischen Ozean.

ÎLE DESROCHES

❻ ÎLE DESROCHES

Die nur etwas mehr als 3 km² große Insel gehört zum Amiranten-Archipel und damit zu den Outer Islands der Seychellen, die im Unterschied zu den Inner Islands aus Korallenriffen entstanden sind. Desroches ist dicht mit Kokospalmen bewachsen und von einem feinsandigen Traumstrand umgeben. Ein Korallenriff schirmt die Insel und das glasklare, türkisfarbene Wasser ihrer Lagune vom offenen Ozean ab. Nach wie vor ist die Produktion von Kopra, getrocknetem Kokosfleisch, eine wichtige Einnahmequelle für die Bewohner. Wie überall auf den Seychellen wird hier Wert auf die Bewahrung der Natur gelegt.

Unverkennbar, die lustig zu beobachtenden Rotfußtölpel.

Bild links: Das Aldabra-Atoll besitzt auch endemische Riesenschildkröten.

SILHOUETTE

❼ SILHOUETTE

Rund 300 km nordöstlich des Amiranten-Archipels liegt Silhouette, die westlichste der Inner Islands und mit einer Fläche von rund 20 km² die drittgrößte Seychelleninsel. Dicht bewaldete Bergkuppen, die mit dem Mount Dauban bis auf 704 m aufragen, bestimmen hier das Landschaftsbild. Bis heute ist die Insel, auf der nicht mehr als 200 Menschen leben, kaum erschlossen und ihre Natur daher weitgehend intakt geblieben, auch wenn vor Kurzem im Norden von Silhouette ein Luxus-Resort errichtet wurde. Allerdings wacht die Island Conservation Society der Seychellen darüber, dass bei der touristischen Entwicklung die empfindlichen Ökosysteme keinen Schaden nehmen. Die gesamte Insel und die Gewässer um sie herum sind als Nationalpark ausgewiesen. Unter Experten ist Silhouette als Rückzugsgebiet bedrohter Tiere und Pflanzen sowie als Region mit der größten Artenvielfalt im westlichen Indischen Ozean bekannt. Die Insulaner leben von der Kopra-Produktion sowie vom Zimt-, Avocado-, Kaffee- und Tabakanbau.

Der Indische Ozean ist unter anderem Heimat von Husarenfischen.

LEBEN IM MEER

Die Inselwelt des Indischen Ozeans zählt wegen ihrer Artenvielfalt und Farbenpracht zu den schönsten Unterwasserlebensräumen der Welt. Taucher können einen ungeheuren Reichtum an Fischarten und an zahllosen schönen Kegelschnecken in Hunderten verschiedener Arten entdecken.

Zu den beeindruckendsten Bewohnern der Unterwasserwelt gehört der harmlose Mantarochen, der mit geisterhafter Eleganz durchs Wasser gleitet. Er erreicht eine Spannweite von bis zu 7 m und ein Gewicht von bis zu 2 t. Husarenfische zählen aufgrund ihrer giftigen Kiemenstacheln zu den gefährlicheren Meeresbewohnern dieser Region. Da sie nachts jagen, begegnen ihnen Taucher nur sehr selten.

Weitere typische Meeresbewohner des Indischen Ozeans sind die bis zu 3 m großen Zackenbarsche. Sie sind durch ihr Fleckenmuster gut getarnt, wenn sie ihrer Beute, Fischen, Krebsen und Tintenfischen, auflauern.

MAHÉ

❽ MAHÉ

Die gebirgige Hauptinsel der Seychellen ist zugleich ihr politisches und wirtschaftliches Zentrum. Etwa 90% der Seychellenbewohner leben hier, auch die zwei wichtigsten Häfen, der internationale Flughafen und die Hauptstadt Victoria sind auf Mahé zu finden. Dennoch gibt es auch hier üppige Wälder, Zimt- und Teegärten sowie ruhige Sandstrände. Victoria ist mit 25 000 Einwohnern eine der kleinsten Hauptstädte der Welt. Das Wahrzeichen der Stadt ist der Clock Tower. Der bunte Sir Selwyn Clarke Market bietet alles, was auf den Seychellen an Gewürzen, Früchten und Gemüse wächst und was an Delikatessen im Meer gefangen werden kann.

Insgesamt gibt es nicht weniger als 68 Strände auf Mahé. Der berühmteste ist Beau Vallon an der nördlichen Westküste: 3 km weicher, weißer Sand, dazu eine Reihe von Hotels und alle Möglichkeiten zum Wassersport. Von Mai bis November ist der Strand für Wasserski ideal.

Ein wahrhaftiger Traumstrand ist der Beau Vallon Beach.

❾ STE. ANNE MARINE NATIONAL PARK

Der gesamten Ostseite von Mahé ist ein Korallenriff vorgelagert. Um die schönsten Korallengebiete zu schützen, wurde 1973 der Ste. Anne Marine National Park als erster Nationalpark im Indischen Ozean gegründet. Er liegt 5 km östlich des Hafens von Victoria und umfasst ein rund 1,5 km² großes Gebiet, in dem sechs kleine Granitinseln liegen. Auf der größten von ihnen, Ste. Anne, wohnten die ersten Siedler der Seychellen, wohl, weil die Mahé umgebenden Mangrovensümpfe das Anlanden dort erschwerten. Trotz seiner relativ kleinen Fläche bietet der Meeresnationalpark eine abwechslungsreiche Unterwasserwelt. Die sieben interessantesten Gebiete dürfen nur von lizenzierten Glasbodenbooten besucht werden.

Bild rechts: Malerisch liegt Anse Soleil auf Mahé.

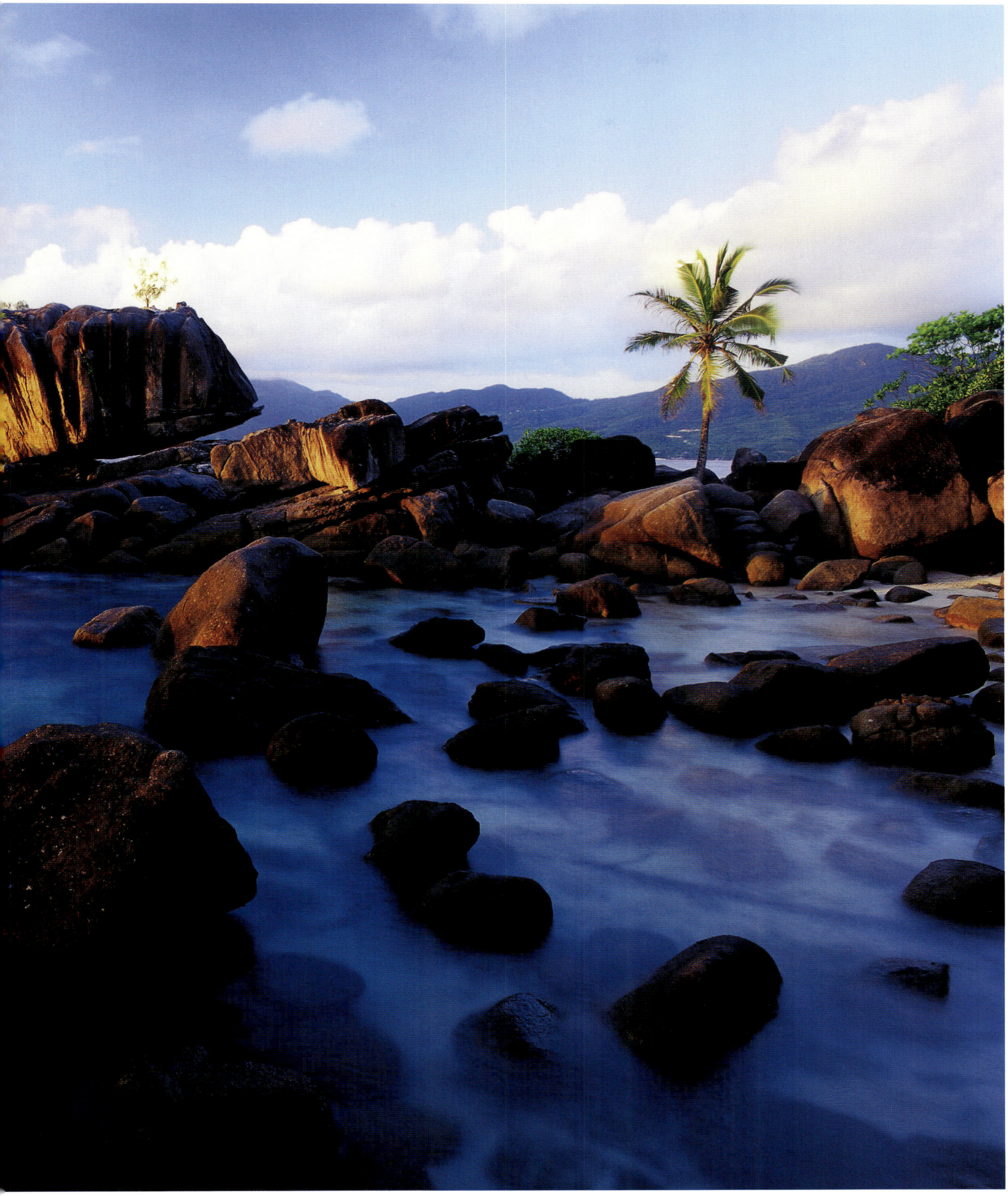

PRASLIN

⑩ PRASLIN

Die mit einer Fläche von rund 38 km² zweitgrößte Seychelleninsel liegt 50 km nordöstlich von Mahé. Die bis auf eine Höhe von 367 m aufragende Hügelkette, die die Insel von Nordwesten Richtung Südosten durchzieht, wird von dichtem, tropischem Regenwald bedeckt. Mehrere Flüsse bahnen sich durch den Dschungel einen Weg ins Meer. An ihren Mündungen finden sich Brackwasserlagunen und Mangrovensümpfe. Praslins endlos lange und von Palmen gesäumte, fast weiße Sandstrände zählen zu den schönsten des Indischen Ozeans.

Hauptattraktion ist aber das Vallée de Mai im Herzen der Insel, einer der kleinsten Nationalparks der Welt und seit 1983 UNESCO-Welterbe. Hier gedeihen auf einer Fläche von nur 200 km² rund 5000 der berühmten, auch »Coco de Mer« genannten Seychellen-Kokosnusspalmen, deren Früchte ein Gewicht von bis zu 45 kg erreichen. Ein Aufenthalt in Praslin lässt sich gut mit Ausflügen nach St. Pierre, La Digue oder der Mangroveninsel Curieuse, auf der die Seychellen-Riesenschildköte zu Hause ist, verbinden.

Auch dieses Inselchen ist nicht unbenannt: St. Pierre vor Praslin.

LA DIGUE

FRÉGATE

⓫ LA DIGUE

Das nur 10 km² große und rund 6 km östlich von Praslin gelegene Eiland kann nur mit einem Boot erreicht werden. Seinen Beinamen »Île Rouge« verdankt es den rötlichen Granitfelsen, die in den Buchten bis zu 300 m hoch aufragen. In Verbindung mit den herrlich weißen Sandstränden, dem türkis schimmernden Meer und den Kokospalmen, die allerorten zwischen ihnen hervorsprießen, ergeben sie ein prächtiges Bild, das oft als Kulisse für Werbe- oder Modeaufnahmen genutzt wird. Autos gibt es auf La Digue nicht. Die Insel lässt sich gut zu Fuß, mit dem Fahrrad oder aber auf einem Ochsenkarren-Taxi erkunden. Im Inselinnern kann man Kokos- oder Vanilleplantagen besichtigen und sich die Verarbeitung von Kopra zu Kokosöl zeigen lassen. Das Naturschutzgebiet Veuve wurde eigens für den nur auf La Digue vorkommenden Paradiesfliegenschnäpper, eine der seltensten Vogelarten der Welt, eingerichtet. Von Mai bis Oktober können starke Strömungen und Südostwinde das Baden etwas problematisch machen. Die östlichste Seychellen-Insel liegt rund 30 km weit entfernt.

⓬ FRÉGATE

Dieses nur 2 km² große Eiland wird oft als »schönste Insel der Welt« gerühmt. Es liegt 55 km von Mahé entfernt und ist die östlichste der inneren Seychelleninseln. Frégate ist dicht mit indischen Mahagoni- und Mandel- sowie Kaschubäumen bewachsen. Aus dem dichten Dschungel ragen nur die nackten Granitkuppen des 125 m hohen Mont Signal und der 110 m hohe Au Salon hervor. Im Westen schützen vorgelagerte Korallenriffe die traumhaften weißen Sandstrände.
Die Insel wurde von ihrem Entdecker Lazare Picault nach den hier lebenden Fregattvögeln benannt. Die Tiere können auch heute bei der Jagd vor der Küste beobachtet werden. Einst fanden Piraten auf Frégate Unterschlupf, heute ist die Insel in Privatbesitz und ein exklusives Ferienparadies mit allem Komfort. Frégate bietet vielen seltenen Arten wie der Aldabra-Riesenschildkröte oder dem Seychellen-Dajalen, der zur Familie der Fliegenschnäpper-Vögel gehört, einen Lebensraum. Der Bau eines Luxus-Resorts wurde wiederum von der Island Conservation Society der Seychellen auf Naturverträglichkeit überwacht.

Bild oben: Die Bucht Anse Source d'Argent von La Digue mit ihren extraterrestrisch anmutenden Sandsteinfelsen.

MAURITIUS

⓭ PORT LOUIS

1735 wurde Port Louis, das den Namen des französischen Königs Louis XV. trägt, unter französischer Herrschaft zum Haupthafen und Verwaltungszentrum von Mauritius ausgebaut. Die Stadt diente als Anlaufstelle für den Schiffsverkehr zwischen Europa und Asien, doch ließ die Bedeutung des Hafens nach der Eröffnung des Suezkanals nach.
Port Louis mit seinem reichen kulturellen Angebot und seinen bunten Märkten bietet eine gute Gelegenheit, in den spritzigen »Mauritian Way of Life« einzutauchen. Es sind nicht die Sehenswürdigkeiten, sondern das bunte Völkergemisch, die Betriebsamkeit und vor allem die Freundlichkeit der Mauritier, die einen Spaziergang durch die Stadt lohnend machen. Port Louis ist der heißeste Ort der Insel, denn er wird von drei Bergrücken gegen die erfrischenden Südostwinde abgeschirmt. Dennoch lohnt es sich auf jeden Fall, die Kontraste zwischen den modernen Wolkenkratzern einerseits und den historischen Bauten andererseits zu entdecken.

⓮ CUREPIPE

Das rund 30 km südlich von Port Louis im Inselinneren gelegene Curepipe ist die höchstgelegene Stadt von Mauritius. Im angenehmen Klima finden Besucher hier Einkaufsgelegenheiten. Architektonischer Höhepunkt ist das villenartige Rathaus. Der geologische Anziehungspunkt ist der riesige Krater Trou aux Cerfs mitten im Stadtgebiet von Curepipe. Etwa 200 m beträgt der Durchmesser des kreisrunden Lochs. Es erinnert daran, dass Mauritius seine Entstehung der explosiven Kraft von Vulkanen verdankt. Beim Aufstieg zum Kraterrand öffnet sich eine herrliche Panoramasicht auf Curepipe, das bergige Umland und die malerischen Vulkankegel der Trois Mamelles.

⓯ RIVIÈRE NOIRE

Von Curepipe ist es nur ein Katzensprung in den 10 km weiter südlich gelegenen Rivière Noire-Nationalpark. Dieses 1994 geschaffene Schutzgebiet umfasst einen großen Teil des noch übrig gebliebenen Urwaldes von Mauritius. Besucher sehen hier herrliche Landschaften und einige einzigartige Pflanzen und Vögel.
Besonders stolz ist man, dass sich die bedrohten Populationen des Mauritiusturmfalken, der auf Mauritius einmaligen Rosentaube und des Mauritiussittichs durch Nachzucht und Auswildern wieder erholt haben. Der Park wird von insgesamt 50 km Fußpfaden durchzogen. Er liegt zwischen 300 und 800 m hoch und verzeichnet bis zu 4000 mm Niederschläge im Jahr.

⓰ LE MORNE BRABANT

An der Südwestecke von Mauritius ragt eine Halbinsel mit einem 550 m hohen und eine Fläche von rund 12 ha einnehmenden Monolithen aus Basaltgestein, dem Le Morne Brabant, ins Meer. Bis zur Abschaffung der Sklaverei durch die britische Kolonialmacht im Jahre 1835 dienten die Höhlen an dem nur schwer zugänglichen Gipfel des Berges entflohenen Sklaven als Versteck. Heute bildet Le Morne Brabant die Kulisse für ein modernes Urlaubsparadies. An dem flachen, zwischen 50 und 300 m breiten Küstenstreifen um den Berg sind Ferienanlagen und Hotels entstanden. Ein weißer feinsandiger Traumstrand lädt hier zum Sonnenbaden ein, an dem der Küste vorgelagerten Riff lässt sich gut schnorcheln und in dem glasklaren Wasser der flachen Lagune ist Schwimmen auch für Kinder ein Vergnügen.

Unermüdlich formt der Chamarel Waterfall einen Schleier aus Wasser.

Farbenprächtige Hindu-Statuen in Pereybere.

HINDU-FESTE

Mit über 50% Anteil an der Gesamtbevölkerung stellen die Hindus die bei Weitem größte religiöse Gruppe auf Mauritius. Zu ihren wichtigsten Festen zählt das Bußfest Thai Poosam, das Ende Januar oder Anfang Februar gefeiert wird. Jeder Träger versucht auf seinem Bußgang ein besonders schweres geschmücktes Holzgestell zu tragen. Die Leiden, die der Träger durchsteht, wenn er einen Tag lang bei Hitze und in sengender Sonne das schwere Holzgestell trägt, sollen ihn läutern. Nach qualvollen Stunden erreichen die Büßer den Tempel, wo der Segen des Gottes Muruga erbeten wird und das farbenfrohe Fest heiter ausklingt.

Bild rechts: Die üppigen Auslagen auf dem Gemüsemarkt in Port Louis.

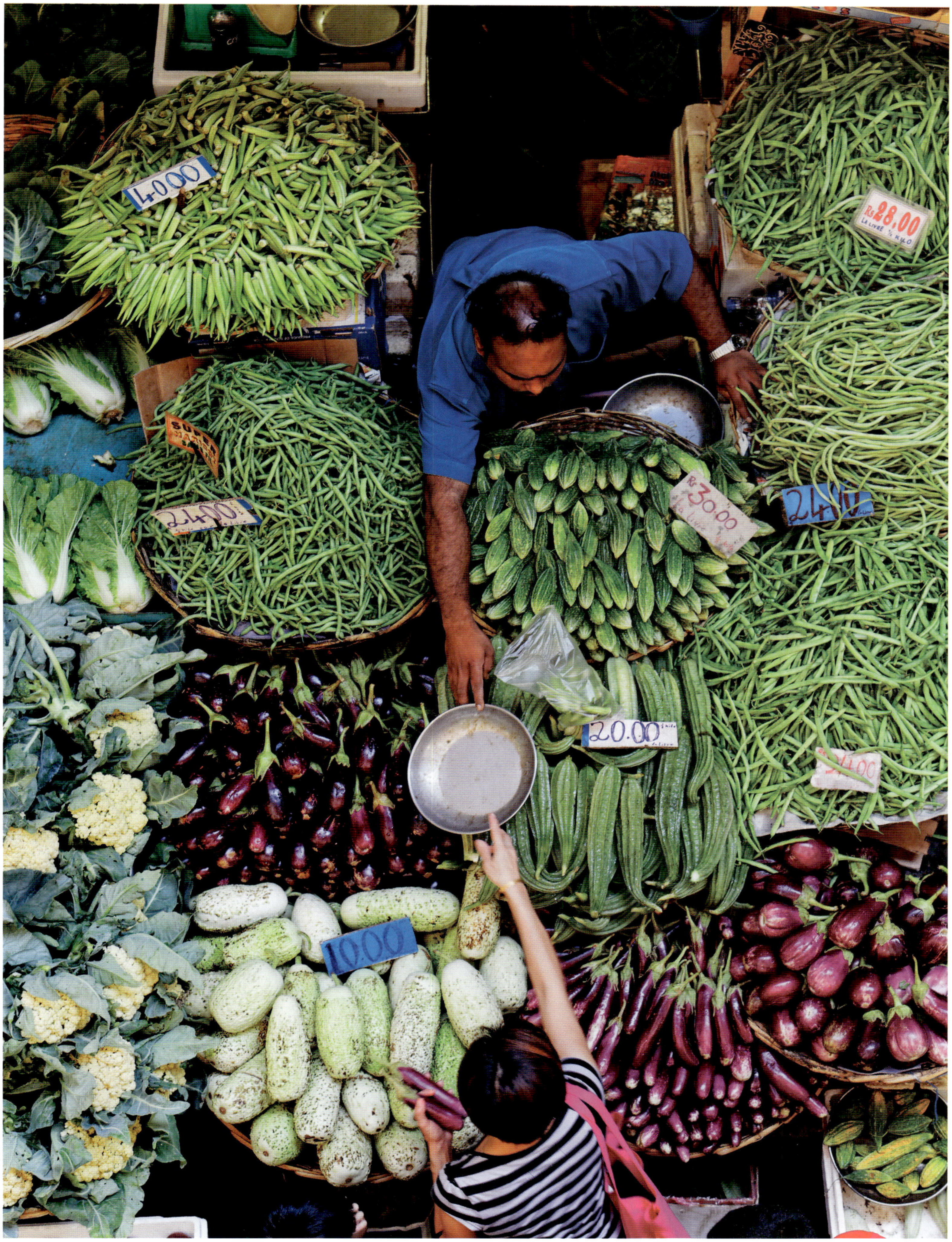
40.00
Rs 28,00
24.00
30.00
20.00
10.00

RÉUNION

⓱ SAINT-DENIS

Die Insel Réunion liegt westlich von Mauritius und besitzt den Status eines französischen Überseedepartements. Die 1669 gegründete Hauptstadt Saint-Denis hat heute 145 000 Einwohner. Sie liegt im Norden der Insel direkt am Meer. Ausgangspunkt für eine Besichtigung ist die Uferpromenade Barachois mit Bauten aus der Zeit der Ostindienkompanie und der Präfektur, dem ehemaligen Regierungssitz. Das einst durch Mauern und Kanonen geschützte Gebäude gilt als eine der prächtigsten Präfekturen in ganz Frankreich. Im Zentrum der Stadt liegt der Jardin de l'Etat, ein exotischer Park mit Springbrunnen und Palmen sowie dem Naturkundemuseum. Saint-Denis ist auf drei Seiten von Bergen umschlossen – alle bieten sich für eine Wanderung an. Die Route de la Montagne schlängelt sich über Lavagestein hinauf und eröffnet immer wieder atemberaubende Blicke. Diese alte Straße wurde Mitte des 19. Jh. gebaut und war bis 1963 die einzige Verbindung zwischen Saint-Denis und dem Rest der Insel. Erst dann wurde die Küstenstraße fertiggestellt, die den Hafen mit der Hauptstadt verbindet.

⓲ DIE CIRQUES

Das Inselinnere nehmen drei gewaltige Talkessel (Cirques) ein, die eine geologische Besonderheit darstellen. Es handelt sich hierbei um riesige Vertiefungen mit einem Durchmesser von je rund 10 km, die von schwindelerregenden Vulkanmassiven umsäumt werden. Der Cirque de Salazie ist von Saint-Denis aus in zwei Stunden am einfachsten über Hell-Bourg zu erreichen. Er bietet sich für Helikopter-Ausflüge an, denn von oben lassen sich die beeindruckenden Schluchten und Gipfel (auch der Piton de la Fournaise) hervorragend betrachten. Der Cirque liegt unterhalb des Piton des Neiges, des höchsten Gipfels im Indischen Ozean. Der Cirque de Salazie ist der größte, grünste und feuchteste der drei Talkessel. Seinen Charme machen Hunderte Wasserfälle, die Vegetation und das grandiose Relief aus. Der Cirque de Cilaos ist der mediterranste und auch der trockenste Talkessel. Um 1819 wurden hier drei Thermalquellen entdeckt, so bietet der gleichnamige Kurort heute Thermalkuren in Natriumbikarbonat-Wasser. Der dritte Kessel ist der Cirque de Mafate, der nur zu Fuß zu erreichen ist.

PITON DE LA FOURNAISE

Der 2632 m hohe Piton de la Fournaise ist ein sehr aktiver Vulkan im Südosten von La Réunion. Seit 1640 ist er rund 180-mal ausgebrochen, zuletzt im Dezember 2010. Bei immer wieder auftretenden kleineren, relativ ungefährlichen Eruptionen bahnt sich die Lava ihren Weg in Richtung Meer. Der heutige Piton de la Fournaise umfasst zwei Zentralkrater, die Zone der Hauptaktivität. Viele Eruptionen treten an kleineren Nebenkratern oder in Calderen auf. Diese Ausbrüche locken zahlreiche Schaulustige an.
Durch den ständig wehenden Südostpassat stauen sich am Fournaise-Massiv die Wolken und regnen sich ab. Wegen der mit 3000–6000 mm im Jahresmittel sehr hohen Niederschläge wird dieser Inselbereich auch als die feuchte Küste im Wind bezeichnet.

Bild oben: La Réunion bietet märchenhafte Badestellen.

HOT SPOTS

Die Hotels und Restaurants auf den kleinen Inseln im Indischen Ozean zeigen gewisse Unterschiede, in Anbetracht dessen, ob man näher an der Küste Afrikas oder der von Indien ist. Die meisten Hotels und guten Restaurants liegen an Traumstränden mit Palmen und malerischen Buchten. Unbedingt versuchen sollte man die Gerichte der kreolischen Küche.

THE RESIDENCE ZANZIBAR
Das Rauschen von Palmen und eine leichte tropische Brise heißen die Gäste in diesem Luxus-Resort an der Südwestküste Sansibars willkommen. Zur Auswahl stehen insgesamt 66 luxuriös ausgestattete Villen. Unschlagbar sind jene Unterkünfte mit eigenem Pool und Blick auf den Indischen Ozean. Zum Resort gehören eine große Gartenanlage und ein eineinhalb Kilometer langer Privatstrand sowie zwei Restaurants. Besucher des Spas werden in einem der sechs Pavillions verwöhnt. Eine Ruhezone mit Open-Air-Whirlpool sorgt für die nötige Entspannung.

Mchangamle – Kizimkazi, P. O. Box 2404, Sansibar, Tansania | Tel. +255 245 555 000 | E-Mail: info-zanzibar@theresidence.com | www.theresidence.com/zansibar

Seit 2011 bieten 66 luxuriöse Villen des Residence Zanzibar absolute Erholung.

MASHARIKI PALACE HOTEL
Mitten in Stone Town, dem historischen Kern von Sansibar-Stadt, befindet sich dieses Designerhotel in einem restaurierten Palast, einst Sitz von Said ibn Sultan al-Busaidi (1791–1856), dem ersten Sultan von Sansibar. 18 einzigartige und ganz im Sinne einer Sultansresidenz eingerichtete Räumlichkeiten lassen den Hauch von 1001 Nacht spüren.

Hurumzi St., Shangani, P. O. Box 3904, Sansibar, Tansania | Tel. +255 242 23 72 32 | E-Mail: info@masharikipalacehotel.com | www.masharikipalacehotel.com

MAYA LUXURY RESORT & SPA
Mitten in einer wunderschönen Gartenanlage mit Hibiskus, Zitronengras und Zimtbäumen hat man von einigen der aparten Luxusvillen dieses Resorts einen fantastischen Blick auf den warmen Indischen Ozean. Alle der insgesamt 30 Villen verfügen über einen eigenen Pool. Im balinesischen Spa stehen verschiedene Verwöhnprogramme und Wellness auf dem Programm.

Anse Louis, P. O. Box 722, Mahé, Seychellen | Tel. +248 4 390 000 | E-Mail: reservations@southernsun.sc | www.maia.com.sc

Sonnenuntergang über dem Indischen Ozean.

LE MÉRIDIEN BARBARONS
Das Barbarons in Victoria hat komfortable und geschmackvoll eingerichte Zimmer und Suiten im Angebot. Wer nicht aufs Geld achten muss, entscheidet sich für die Executive Suite. Von der Terrasse hat man einen überwältigenden Ausblick aufs Meer. Für kulinarische Genüsse stehen mehrere Restaurants zur Verfügung. Im Le Mangrovia gibt es ein Büffett mit köstlichen internationalen Spezialitäten, wo die Gäste erst etwas auswählen, das dann vor ihren Augen zubereitet wird. Von den Plätzen im La Cocoteraie hat man einen wunderschönen Blick

Spa-Anwendungen im Residence Zanzibar werden in Pavillons vorgenommen.

HOT SPOTS

Die fantastische Landschaft des Indischen Ozeans, eines der schönsten Enden der Welt, aus dem Blickwinkel des Maya Luxury Resort.

Das Maya Luxury Resort & Spa verwöhnt seine Gäste mit balinesischen Blütenbädern in einzigartiger Umgebung.

auf das Meer und am Abend auf den fantastischen Sonnenuntergang. Serviert wird der frische, fein zubereitete Fang des Tages, mediterrane Gerichte oder Menüs à la carte.

Victoria, P. O. Box 626 | Mahé, Seychellen | Tel. +248 4 673 000 |
E-Mail: reservations.barbarons@lemeridien.com | www.lemeridien-barbarons.com

BANYAN TREE SEYCHELLES
Dieser Ableger der asiatischen Luxushotelkette liegt an der südwestlichen Spitze von Mahé direkt an der Anse Intendance, einer der schönsten Buchten der Seychellen mit ihrem hellen, feinen Sand. Versteckt inmitten der tropischen Vegetation erwartet die Gäste Luxus pur. Die Villen bieten eigene Terrassen mit Außenwhirlpools und eigenen Strandpavillons. Butler sorgen für das Wohl der Besucher und lesen jeden Wunsch von den Augen ab. Drei Restaurants lassen die Qual der Wahl zwischen französischer, kreolischer oder thailändischer Küche.

Der Spabereich liegt in einem exotischen Garten, geschickte Hände verwöhnen hier mit meist asiatischen Anwendungen.

Anse Intendance, Mahé, Seychellen | Tel. +248 4 383 500 |
E-Mail: seychelles@banyantree.com | www.banyantree.com/en/seychelles/

CONSTANCE LEMURIA RESORT
Wer Ruhe, erstklassige Strände und auch noch gute Möglichkeiten zum Wandern sucht, der ist in diesem Hotel im Nordwesten von Praslin genau richtig. Von den geräumigen Luxusvillen bietet sich ein wunderschöner Ausblick auf die Bucht mit dem eigenen Sandstrand sowie auf die Umgebung. Gleiches gilt von den möblierten Patios der geräumigen und geschmackvoll eingerichteten Zimmer. Drei Restaurants sorgen für wahrhaftige kulinarische Genüsse. Zum Hotel gehört außerdem ein 18-Loch-Golfplatz. Die weitläufige Anlage ist sehr schön am Meer gelegen und bietet zwischen den einzelnen Schlägen immer wieder fantas-

HOT SPOTS

tische Ausblicke auf die Nachbarinseln. Der Platz führt die Spieler von weißen Zuckersträngen, über mit Palmen bestandenes Terrain bis auf ein Plateau mit herrlichem Panoramablick.

Anse Kerlan, Praslin, Seychellen | Tel. +248 4 281 281 | E-Mail: reservations.barbarons@lemeridien.com | www.lemuriaresort.constancehotels.com

THE OBEROI MAURITIUS
The Oberoi liegt in der Schildkrötenbucht an der geschwungenen Nordwestküste von Mauritius. Eingebettet in einen überbordenden tropischen Garten wartet die Anlage mit 600 Metern privatem Strandabschnitt auf. Die Villen und Pavillons mit romantischem Himmelbett verfügen über private Pools und bieten grandiose Ausblicke auf das türkisfarbene Meer.

Turtle Bay, Pointe aux Piments, Mauritius | Tel. +230 204 3600 | E-Mail: reservations@oberoigroup.com | www.oberoihotels.com/oberoi_mauritius/

ROYAL PALM HOTEL
Das an der geschützten und sonnenverwöhnten Nordwestküste von Mauritius gelegene Royal Palm gilt als die prestigeträchtigste Adresse der Insel. Die insgesamt 84 großzügig eingerichteten und geräumigen Suiten liegen inmitten einer üppigen und traumhaft schönen Gartenanlage und sind mit Blick auf den Palmenstrand und die Lagune ausgerichtet. Für Hotelgäste sind die Wassersportmöglichkeiten im Preis inbegriffen. Außerdem kann man Inseltouren per Hubschrauber buchen.

Royal Road, Grand Baie, Mauritius | Tel. +230 209 8300 | E-Mail: royalpalm@bchot.com | www.royalpalm-hotel.com

MARADIVA VILLAS RESORT & SPA
Das Maradiva, an der Westküste von Mauritius gelegen, liegt an der Tamarin Bay, die für ihre romantischen Sonnenuntergänge berühmt ist. Das 5-Sterne-Haus verfügt über insgesamt 65 geräumige Luxus-Villen mit eigener Terrasse und eigenem Pool. Außerdem existiert ein spezieller Butler-Service. Die meisten Gäste kommen vor allem wegen der herrlichen Ruhe hierher. Ferner gibt es ein sehr empfehlenswertes Spa sowie zwei Restaurants.

Wolmar, Flic en Flac, Mauritius | Tel. +230 403 1500 | E-Mail: info@maradiva.com | www.maradiva.com

CILANTRO – MARADIVA VILLAS RESORT
Unter der Leitung von Jerome Rigaud, der ehemals den Posten des Chefkochs im Moskauer Kreml innehatte, serviert man im Cilantro feine japanische, thailändische, vietnamesische und indische Cuisine. So bereitet es einem beispielsweise große Freude, dem Koch bei der Zubereitung am Teppanyaki zuzusehen.

Wolmar, Flic en Flac, Mauritius | Tel. +230 403 1500 | E-Mail: info@maradiva.com | www.maradiva.com/en/restaurant.aspx

Ruhe und Entspannung im Constance Lemuria Resort genießen.

Statuen begrüßen Schwimmer im Hotelpool des The Oberoi auf Mauritius.

Üppige Vegetation und endlose Strände des Royal Palm auf Mauritius.

HOT SPOTS

Gelassene Eleganz, exotische Vegetation und ein perfekter Service sind im Maradiva Villas Resort & Spa eine Selbstverständlichkeit.

Das Feinschmeckerrestaurant Cilantro ist eine kleine Sünde wert.

LUX ILE DE LA RÉUNION

Das Lux liegt an der wunderschönen Lagune von Saint Gilles, dort wo auch der angenehme Hauptbadeort von La Réunion mit seinem weißen Sandstrand gelegen ist. In einer üppigen und schönen Gartenanlage sind die Häuser mit den stilvoll eingerichteten Zimmern und komfortablen Suiten untergebracht. Dort befinden sich auch der einladende große Swimmingpool sowie etwas abseits der Tennis-Court und der Volleyballplatz. Insgesamt drei Restaurants stehen den Gästen zur Auswahl. Vom Restaurant La Plage bietet sich ein herrlicher Ausblick auf den Strand und die nahegelegene Lagune. Dazu genießt man scharfe Köstlichkeiten, die der regionalen kreolischen Küche zu Eigen sind. Dazu oder danach kann man sich den einen oder anderen Longdrink oder Cocktail gönnen.

L'Hermitage 28, Rue du Lagon, F-262 Saint-Gilles-les Bains, Réunion | Tel. +262 262 700 000 | E-Mail: reservation@luxresorts.com | www.luxresorts.com/en/hotel-reunion/luxiledelareunion

Tamarina Golf liegt nur wenige Minuten Fahrt vom Maradiva entfernt.

LE SAINT ALEXIS HOTEL & SPA

Der lagunenartig angelegte Pool des Saint Alexis ist kaum zu toppen. Alle Zimmer verfügen über eine Terrasse oder einen Balkon. Die geräumigen Suiten sind eingerichtet wie Appartements und mit viel Marmor, Glas und Teakholz ausgestaltet. Das nette Spa hat Wellness-Behandlungen und Massagen von Sothys im Angebot. Gefrühstückt wird auf der großen Dachterrasse mit Blick auf den feinsandigen Strand und die malerische Bucht. Benannt ist das Luxusresort nach dem Schiff, das die ersten Seefahrer aus Frankreich auf der Suche nach Gewürzen in den Indischen Ozean brachte. Das Hotel ist ein charmanter Ort, der nicht zuletzt auch durch sein exzellentes Preis-Leistungs-Verhältnis überzeugt.

44, Rue du Boucan Canot | F-97434 Saint-Gilles-les Bains, Réunion | Tel. +262 244 204 | E-Mail: info@hotelsaintalexis.com | www.hotelsaintalexis.com

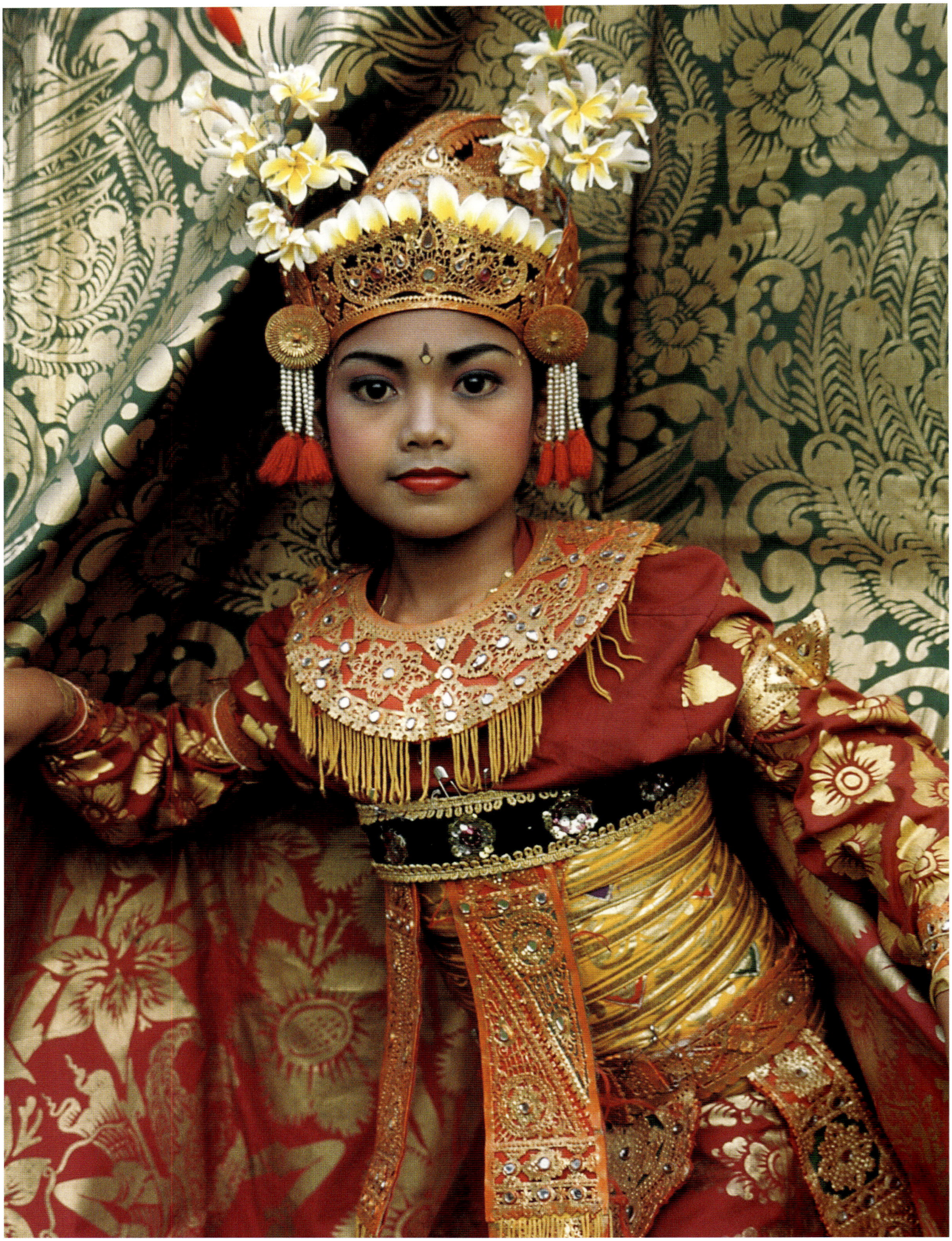

KLEINE SUNDAINSELN

Traumstrände, Vulkane und Tempel – von Bali nach Flores

Weiße, lange Sandstrände, Kokospalmen, tropische Wildnis, türkisblaues Meer und farbenprächtige Korallenriffe, in denen exotische Meeresbewohner leben, aber auch aktive Vulkane, kunstvoll angelegte Reisterrassen sowie Tempelfeste mit betörender Gamelan-Musik und Lelong-Tänzerinnen: Die Kleinen Sundainseln haben viele Gesichter. Bali unterscheidet sich von den anderen Inseln, schon weil es eine hinduistische Enklave im sonst muslimischen Indonesien ist.

Die meisten Balinesen sind davon überzeugt, dass ihre Heimat das Paradies auf Erden ist, weshalb sie ihre Insel auch Pulau Dewata, »Insel der Götter«, nennen. Aber auch die anderen der Kleinen Sundainseln haben etwas Paradiesisches an sich, wenn man nur an die vielen Traumstrände und farbenfrohen Korallenriffe denkt, wo man hervorragend schnorcheln und tauchen kann.

Mit Göttern und dem Schicksal haben auch die Vulkane auf den Kleinen Sundainseln zu tun, die man hier Gunung Api (»Feuerberg«) nennt. Sie bezeugen, dass die Inseln, wie überhaupt ganz Indonesien, einen vulkanischen Inselbogen bilden. Deshalb gibt es auf den Kleinen Sundainseln aktive Vulkane und auch starke Erdbebentätigkeit. Der Archipel besteht aus rund 40 größeren und kleineren Inseln, die östlich von Java liegen und, bis auf Timor-Leste (vormals Ost-Timor), zu Indonesien gehören. Die großen Vertreter sind Bali, Lombok, Sumbawa, Komodo, Sumba, Flores und Timor.

Bali, die westlichste der Kleinen Sundainseln, ist zugleich die bekannteste und das Hauptreiseziel in Indonesien. Diese hinduistische Enklave im sonst vorwiegend muslimischen Indonesien fasziniert immer wieder mit ihrer vielschichtigen Kultur. Bali ist zugleich die Reiskammer Indonesiens und berühmt für seine kunstvoll angelegten Reisterrassen, von denen einige zum UNESCO-Weltkulturerbe zählen.

Fast ebenso groß wie Bali ist Lombok, das nebenan liegt und vom Tourismus noch größtenteils unentdeckt blieb. Fast zwei Drittel der Inselfläche von Lombok wird vom Vulkanmassiv des Gunung Rinjani dominiert. Die Gili Islands, vor Lomboks Nordwestküste, sind ein beliebtes Ziel für Taucher und Schnorchler. Ein legendärer Vulkan auf Sumbawa ist der Gunung Tambora. Er sorgte mit seinem Ausbruch 1815 für eine Katastrophe globalen Ausmaßes und machte das Jahr 1816 quasi weltweit zum »Jahr ohne Sommer«. In den Dörfern Sumba-

Der Tempel Pura Ulun Danu Bratan liegt am Bratansee.

was leben die Menschen noch immer nach ihren ursprünglichen, teils eigentümlichen Traditionen.

Etwas kleiner als die anderen Inseln ist Komodo, dessen Fläche zu drei Viertel von Savannen eingenommen wird. Sie entstanden durch Brandrodungsfeldbau. Aber nicht die Menschen, sondern die Komodowarane sind die echten Stars auf der Insel. Die Echsen leben im gleichnamigen Nationalpark, der zum UNESCO-Weltnaturerbe zählt. Weiter im Süden liegt die Insel Sumba, die aus einer 600 Meter hohen Hochebene besteht, die zu den Küsten steil abfällt. Auf Sumba wachsen Sandelholz- und Teakbäume, mit deren Holz die Menschen hier Handel treiben. Ferner ist Sumba ein wichtiges Zentrum für Ikat-Handwebereien. Die Landschaft der langgestreckten Insel Flores kennzeichnen z. B. Vulkane, Bergseen, Savannen und wunderschöne Sandstrände. Ein wahrer Schatz ist auch die farbenfrohe Unterwasserwelt vor der Küste der Insel.

Schließlich ist das politisch geteilte Timor die größte der Kleinen Sundainseln. Der westliche Teil der Insel gehört zu Indonesien, der östliche zur noch jungen Republik Timor-Leste. Wegen möglicher Sicherheitsrisiken aufgrund fortdauernder Unruhen in der Region wurde Timor allerdings aus dieser Route weggelassen.

Bild links: Die Tanzausbildung auf Bali beginnt im frühen Kindesalter. Meist wird nur ein bestimmter Tanz unterrichtet.

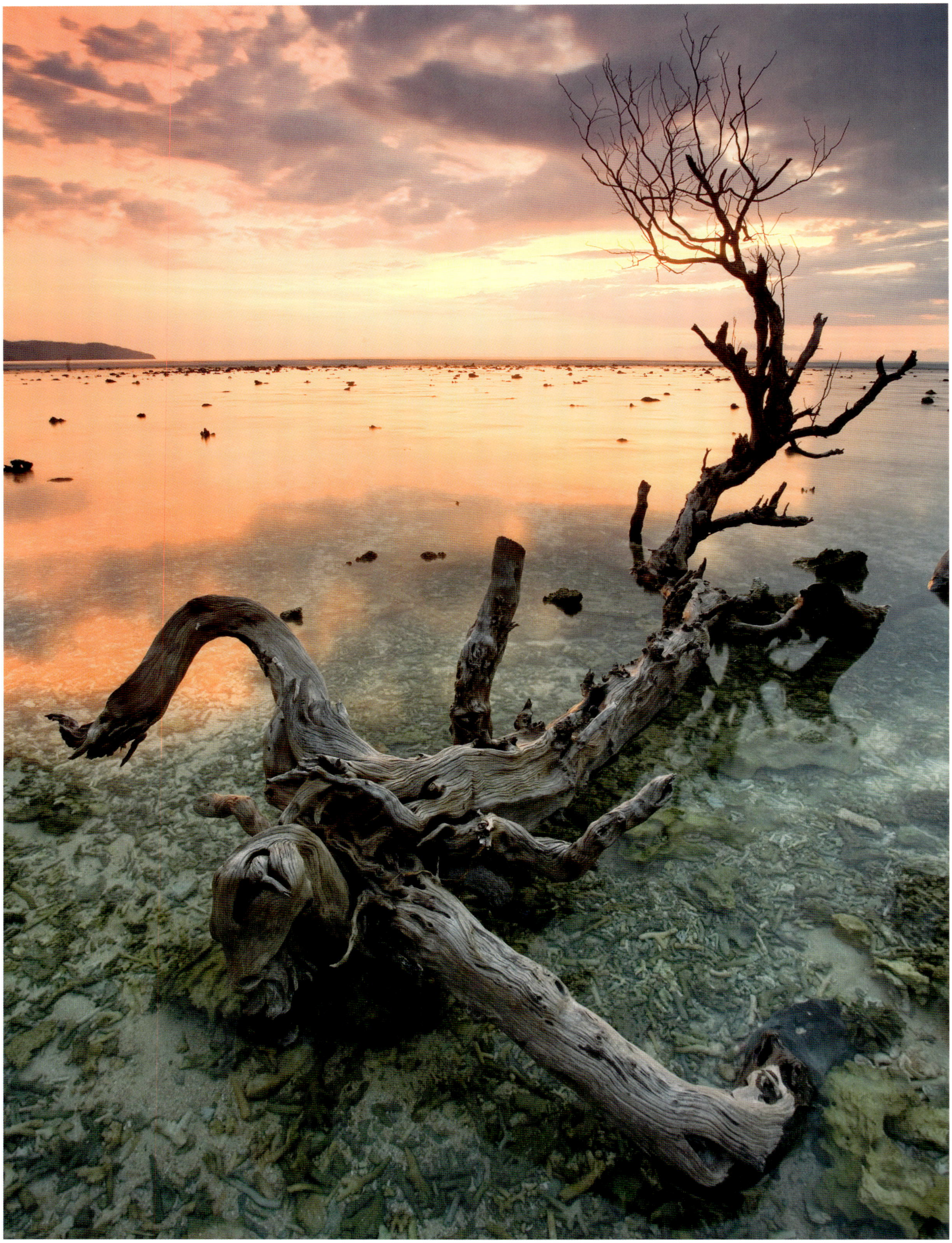

REISEROUTE

Von Labuhan Lalang, im Nordwesten Balis, geht es zunächst durch die Bali-Straße entlang der Südküste nach Benoa. Über Padang Bai folgen die Gili Islands und Lombok. Anschließend wird Sumbawa nördlich umschifft, um dann wieder nach Süden Richtung Komodo zu schwenken. Über Waingapu auf Sumba folgt der Hafen von Ende auf Flores, um schließlich nach Maumere zu gelangen.

ROUTENLÄNGE: ca. 1250 km (Schiffsfahrt)
ZEITBEDARF: ca. 15 Tage
START: Bali
ZIEL: Flores
ROUTENVERLAUF: Bali, Lombok, Sumbawa, Komodo, Sumba, Flores

BESTE REISEZEIT:
Die Kleinen Sundainseln besucht man am besten in der Hochsaison von Juni bis August. Wer Regen nicht scheut, reist in den Monaten Februar bis April oder September bis November.

AUSKÜNFTE:
Visit Indonesia Tourism Officer
c/o Global Communication Experts GmbH
Hanauer Landstr. 184
60314 Frankfurt/Main
Tel. +49 (0)69 1753 71 - 048
www.tourismus-indonesien.com

Vom Rand der Caldera des Gunung Rijani auf Lombok hat man einen überwältigenden Ausblick auf den Kratersee sowie den kleinen, aktiven Barujari.

Bild links: Geheimnisumwoben erscheinen die Baumüberreste, die das Meer bei Ebbe freigibt.

PULAU MENGJANGAN BALI

❶ PULAU MENGJANGAN

Ganz im Nordwesten Balis, knapp acht Kilometer vom Hafen von Labuhan Lalang entfernt, ragt die kleine Insel Pulau Mengjangan aus dem kristallklaren Meerwasser. Sie ist Teil des Bali-Barat-Nationalparks, ein Paradies für Taucher und Schnorchler und artenreichstes Tauchrevier Balis zugleich. Schwärme von farbenprächtigen tropischen Fischen, in der Dünung sanft schwingende Fächerkorallen, Höhlen und spektakuläre Riffhänge bieten dem Besucher eine Bühne von Weltklasseformat. Filigrane Blumentiere und verschiedene Schwammarten sorgen für ein abwechslungsreiches Schauspiel und bieten unzählige Verstecke für kleine Fische und Krebse. Die Uferbereiche eignen sich gut für Schnorchler und Tauchanfänger. Wagt man sich aber weiter hinaus, geht diese seichte Zone in steil und bis zu 60 Meter tief abfallende Riffhänge über. Hier trifft man neben Papagei- und Clownfischen auch Riffhaie, Rochen und Meeresschildkröten an. Schließlich ist das Anker Wreck, die geheimnisvollen Überreste eines versunkenen Holzschiffes, ein lohnendes Ziel für erfahrene Taucher.

❷ DENPASAR

Der erste Eindruck von Balis Hauptstadt ist eher ernüchternd: Laut, chaotischer Straßenverkehr, Hektik und Stress. Zugegeben, alles Dinge, die man im Urlaub eigentlich nicht haben will. Aber trotzdem hat Denpasar durchaus attraktive Seiten. Dazu eine Auswahl: Denpasar bedeutet »neben dem Markt«, und so verwundert es nicht, dass es in der Stadt eine Reihe sehenswerter Märkte gibt. So bietet z. B. der Pasar Badung, ein Lebensmittelmarkt, der sich in einem Gebäudekomplex am Bandung-Fluss über drei Stockwerke erstreckt, ein mitunter geruchsintensives Fest für die Sinne. Auf dem Pasar Kumbasari, auf der gegenüberliegenden Flussseite, findet man dagegen Bekleidung, Stoffe, Batiken und Kunsthandwerk in Hülle und Fülle. Ganz Mutige machen es wie die Einheimischen und genießen die Köstlichkeiten in einem Warung, einer Art Imbiss an der Straße. Empfehlenswert sind etwa die Garküchen und Esslokale im Pasar Malam Kereng oder in der Jalan Teuku Umar. Schließlich wäre auch noch etwas Zeit für das Museum für balinesische Kultur (Negeri Propinsi Bali) angebracht. In verschiedenen

Gebäuden und Pavillons, viele zugleich Beispiele balinesischer Architektur, sind Exponate aus Balis Frühgeschichte bis zur Gegenwart zu sehen. Dazu gehören u. a. kunstvoll verzierte Tanzkostüme und geheimnisvolle Masken sowie zeremonielle Gegenstände und eine breite Palette an balinesischer Webkunst. Die Museumsmitarbeiter machen oft Gamelan-Musik und schaffen eine bezaubernde, geradezu magische Atmosphäre. Dazu kommt man am besten nachmittags hierher.

❸ PURA LUHUR ULU WATU

Am äußersten Rand der Südwestspitze der Halbinsel Bukit thront hoch oben auf Felsenklippen der Tempel Pura Luhur Ulu Watu. Die Felswände fallen senkrecht bis zu 100 Meter ab, während unten der Indische Ozean unaufhörlich mit haushohen Wellen gegen die Steilklippen brandet. Ulu Watu ist einer der sechs heiligsten Tempel von Bali, die die Insel gemeinsam vor den bösen Mächten aus dem Meer beschützen. Den inneren Tempelbezirk dürfen nur gläubige Hindus betreten. Aber auch vom rückwärtigen Teil des Tempels bietet sich dem Besucher, besonders bei Sonnenuntergang, ein atemberaubender Ausblick. Ebenfalls bei Sonnenuntergang wird vor der malerischen Kulisse des Tempels ein Kecak- und Feuertanz aufgeführt – in der Hochsaison täglich, in der Nebensaison dreimal pro Woche.

❹ PURA TANAH LOT

Der am häufigsten fotografierte Tempel von Bali liegt auf einer kleinen Felseninsel, die bei Flut vom Meer umspült wird. Er zählt, wie Pura Luhur Ulu Watu auf der Halbinsel Bukit, zu den sechs heiligsten Tempel Balis, die die Insel vor den bösen Mächten aus dem Meer beschützen. Auch wenn die einfach gestalteten Schreine nur mit Reisstroh gedeckt sind, strahlt dieser Ort eine faszinierende Magie und Erhabenheit aus. Dass Tanah Lot eines der beliebtesten Ausflugsziele in Südbali ist, davon zeugen u. a. die Souvenirmeile, die vielen Restaurants und der große Busparkplatz. Daher kommt man am besten frühmorgens hierher, wenn die Menschenmassen noch nicht da sind und die meisten Händler noch schlafen.

Bild oben: Der Tempel Taman Ayun auf Bali, der Name bedeutet so viel wie »Tempel des schwimmenden Gartens«.

❺ UBUD

Ubud, etwa 30 Kilometer nördlich von Denpasar, gilt als künstlerisches Zentrum von Bali und war einst ein idyllisches Refugium für Bali-Urlauber, die die traditionelle Kunst und Kultur der Insel kennenlernen wollten. Heute scheint der Ort auf den ersten Blick ein riesiger Supermarkt für Kunst und Kunsthandwerk zu sein. Aber zum positiven Renommee von Ubud und auch seiner Nachbarorte haben viele Tänzer und Musiker beigetragen. Allabendlich verzaubern sie mit ihren Barong-, Bari- oder Lelong-Tanzdarbietungen die Zuschauer. Gut kann man so etwas z. B. in Puri Saren, der Residenz der örtlichen Fürstenfamilie, erleben. Ein ganz anderer Reiz von Ubud ist seine wunderschöne Umgebung: grüne Reisterrassen an dicht bewachsenen Hängen, sanft rauschende Flüsse, Schluchten, tropischer Wald und kleine ursprüngliche Dörfer. Man kann in Ubud und Umgebung aber auch gepflegt essen gehen oder sich in einem der berühmten Spas verwöhnen lassen.

❻ DIE REISTERRASSEN VON JATILUWIH UND SUBAKS

Zurecht nennen die Balinesen die Reisterrassen von Jatiluwih auch »Treppen in den Himmel«, denn sie winden sich wie smaragdgrüne Bänder die Hügel entlang und scheinen dann in den blauen Himmel emporzuklettern. Über Jahrhunderte haben sich die Reisbauern vom Talgrund die Hänge hinaufgearbeitet und die Felder mit Stein- und Lehmwällen umgeben. Schon bei der Anfahrt mit dem Auto präsentiert sich dem Besucher ein faszinierendes, unbeschreibliches Panorama mit allen möglichen Grüntönen. Noch besser ist es durch die Felder zu wandern und dem Wasser zu folgen, das durch Kanäle und Bambusröhren von einer Terrasse zur nächsten fließt. Die Kooperativen, die den Reisanbau auf terrassierten Feldern ermöglichen, nennen die Balinesen Subak. Diese Gemeinschaften gehen auf das 9. Jh. zurück und sind Teil der großen Tempelkultur der Insel. Ein Subak vereint das Spirituelle mit der Welt der Menschen und der Natur; außerdem verkörpert es die Philosophie namens Tri Hita Karana. Im Jahr 2012 hat die UNESCO fünf Orte auf der Insel in die Liste des Weltkulturerbes aufgenommen: Pura Ulun Danu Batur und den Batur-See, die ältesten Subaks Pekerisan (9. Jh.) und Catur Angga Batukaru (10. Jh.) sowie den königlichen Tempel Pura Taman Ayun.

❼ GUNUNG KAWI

Bei Tampaksiring stehen, in einem Flusstal und von Reisfeldern umgeben, neun *candi* genannte Felsentempel, die aus dem schwarzen Tuffstein gehauen wurden. Bei den Stätten am Ostufer handelt sich vermutlich um die Gräber von König Udayana (11. Jh.), seiner Frau und seinen drei Söhnen. Einer von Udayanas Söhnen war Anak Wungsu, der im 11. Jh. über Bali regierte. Die vier Gräber auf dem Westufer sollen Wungsus Hauptkonkubinen gehören. Der Komplex ist nur über eine steile Steintreppe mit gut 270 Stufen zugänglich. Der Aufgang ist aber in Zwischenabschnitte unterteilt, von denen sich dem Besucher herrliche Ausblicke auf die terrassierten Reisfelder bieten.

❽ PURA BESAKIH

Auf fast 1000 m Höhe, am Rande des Vulkans Gunung Agung, liegt Pura Besakih, der Muttertempel der Balinesen. Die Ursprünge der Anlage sind nicht genau bekannt, aber Teile von ihr wurden bereits in prähistorischer Zeit angelegt. Mit Sicherheit nutzte man Pura Besakih jedoch ab dem Ende des 13. Jh. als hinduistische Gebetsstätte, die im Laufe der darauffolgenden Jahrhunderte erweitert wurde. Der heutige Gesamtkomplex erstreckt sich über eine Vielzahl von Terrassen und umfasst drei Haupttempel sowie zahlreiche weitere Schreine. Pura Besakih ist Schauplatz der wichtigsten religiösen Zeremonien auf Bali.

In den verschiedensten Grüntönen schimmern die Reisterrassen von Jatiluwih.

Von den balinesischen Tänzen gilt der Lelong als anmutigster.

BALINESISCHE TÄNZE

Eine Reise nach Bali ist unvollständig, wenn man nicht einmal einen dieser Tänze gesehen hat. Der bekannteste ist der Kecak, bei dem Männer und Jungen in konzentrischen Kreisen sitzen und ihren stakkatoartigen Gesang anstimmen, der Affenrufe nachahmen soll. Er dient häufig zur Begleitung von Szenen aus dem Ramayana. Mit ausdrucksstarken Blicken und ruhelosen Handbewegungen führen junge Mädchen den Lelong aus, bei dem die Tänzerinnen göttliche Nymphen darstellen. Schließlich geht es bei Barong-Tänzen um den Kampf zwischen Gut und Böse, wobei die Darsteller mit Masken verkleidet sind.

Bild rechts: Vor den Reisfeldern in der Ebene erhebt sich wolkenverhangen der Gunung Agung, Balis höchster Vulkan.

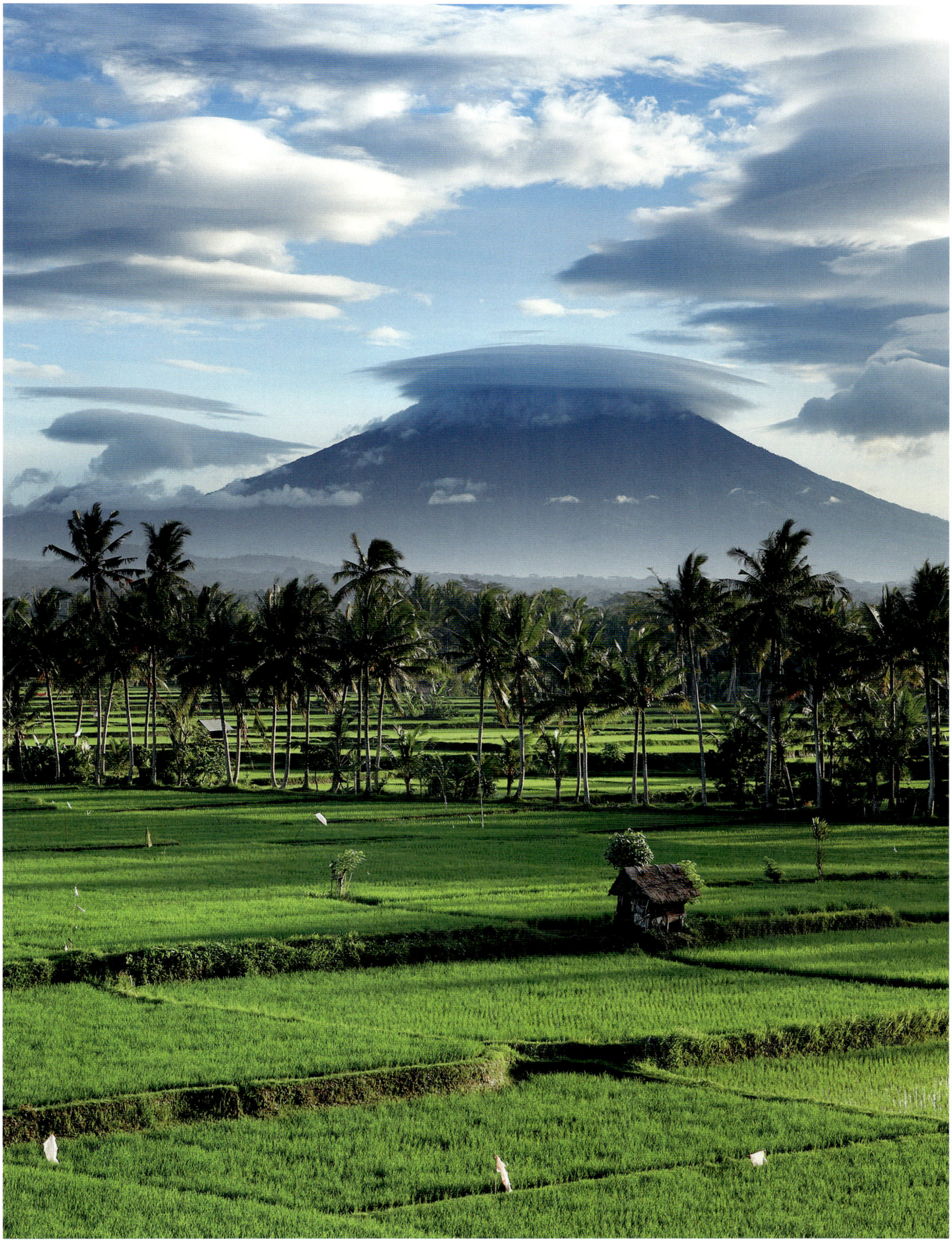

LOMBOK

❾ GILI ISLANDS

Nur ein Katzensprung vor der Nordwestküste von Lombok liegen die drei kleinen Gili Islands, von weißen Sandstränden und Kokospalmen umrandet und türkisfarbenem Meer umsäumt. Auf den Inselchen sind Motorräder und Hunde verboten, so dass vor allem Gili Air und Gili Meno, die kleinste und die mittlere Insel, eine erholsame Urlaubszeit versprechen. Gili Air liegt Lombok am nächsten und verfügt an der Ostküste über eine artenreiche Unterwasserwelt mit vielfarbigen Korallenbänken. Die größte Insel, Gili Terawangang, ist besonders bei Jugendlichen wegen ihrer lebhaften Bar- und Partyszene sowie Restaurants beliebt, was sich im Südosten der Insel konzentriert. Deutlich ruhiger ist es im Nordwesten. Abgesehen davon ist Gili Terawangang ein Paradies für Gerätetaucher sowie einer der wenigen Orte in Asien, wo man auch Apnoetauchen lernen kann. Sehr gute Tauchplätze findet man u. a. in den nördlichen Gestaden, allerdings sollte man sich wegen der tückischen Strömungen nicht zu weit hinaus wagen. Gute Schnorchelmöglichkeiten mit Korallenbänken weist die Ostküste auf.

❿ SENGGIGI

Das einst verschlafene Fischerdorf hat sich zu einem Ferienort für Urlauber gemausert, der sich mittlerweile über zehn Kilometer entlang einer Bucht mit weiten Sandstränden erstreckt. Und gibt es im Sommer Schöneres, als an einem Strand, vor der Kulisse bewaldeter Berge und Kokospalmen, zu relaxen und im Meer zu baden? Außer in der Hochsaison ist Senggigi noch nicht überlaufen. Die Unterkünfte liegen weit verstreut, also keine Hotelhochburgen. Neben den Stränden lockt u. a. auch die florierende Wellness-Szene viele Gäste an. Die Auswahl ist groß und reicht von schlichten Räumen bis zu wahren Tempeln, wie etwa in den Luxus-Resorts.

⓫ GUNUNG RINJANI

Mit über 3700 Metern ist der Gunung Rinjani, nach dem Kerinci (3805 m) auf Sumatra, der zweithöchste Berg Indonesiens. Dieser Stratovulkan dominiert den Norden Lomboks und nimmt mit seinem Massiv beinahe zwei Drittel der Gesamtfläche der Insel ein. Wie viele

PULAU MOYO

seiner Kollegen auf den anderen indonesischen Inseln wird auch der Rinjani als heiliger Berg verehrt. Hindus und Sasak unternehmen Wallfahrten zu seinem Gipfel und dem Kratersee Segara Anak, um Göttern und Geistern Opfergaben darzubringen. Der Name des gut 200 Meter tiefen Kratersees bedeutet sinngemäß »Kind des Meeres« und spielt auf die Farbe seines Wassers an, die von türkisblau bis smaragdgrün reicht. Im See gibt es außerdem einen etwa 300 Meter hohen Nebenkrater, den Gunung Barujari. Er entstand in mehreren eruptiven Phasen, die sich ab 1847 mit Ruhepausen über mehrere Jahrzehnte hinzogen. Der Barujari ist seit 2009 sporadisch aktiv. Wer zum Gipfel des Gunung Rinjanis und zum Kratersee möchte, sollte wissen, dass das kein Picknickausflug ist. Man muss Führer anheuern, am besten Bergsteigererfahrungen mitbringen sowie in perfekter konditioneller Verfassung sein und Durchhaltevermögen haben. Auf der einfachsten Route dauert die Tour zum Kratersee und wieder zurück mindestens zwölf Stunden. Bergwanderungen bieten u. a. Agenturen in Senggigi und in Mataram an.

⓬ PULAU MOYO

Pulau Moyo ist eine nur drei Kilometer vor der Nordküste Sumbawas liegende Insel, deren dünne Besiedlung weit zurückreicht. Im Inselinneren bei Batu Tering entdeckten vor ein paar Jahren Archäologen Reste einer Megalith-Kultur. Naturliebhaber werden auf Pulau Moyo ihre Freude haben, denn zwei Drittel der Insel gehören zu einem Wildreservat. Hier haben große Herden von Hirschen, Wildschweine, Affen, Vögel und Fledermäuse ihre Heimat. Der zentrale Bereich von Pulau Moyo wird von Savannen- und Graslandschaft beherrscht, die Küstenregionen sind zum Teil bewaldet. Ein weiterer Schatz der Natur befindet sich in den Küstengewässern der Insel. Pulau Moyo gilt nämlich auch als kleines, noch wenig entdecktes Tauchparadies. Die ganze Insel wird von Korallenriffen umsäumt, wo Weißspitzenriffhaie und Blautüpfelstechrochen leben, man Meeresschildkröten antrifft und sich Schulen von bunten tropischen Fischen tummeln. Am besten kommt man zur trockenen Jahreszeit (Juni bis August) hierher und bringt sein eigenes Tauch- und Schnorchel-Equipment mit.

Bild oben: In der Bucht bei Senggigi gibt es paradiesische Strandabschnitte

SUMBAWA

⓭ GUNUNG TAMBORA

Die nördlichste Ecke der Insel Sumbawa wird von einer Kette von Vulkanen durchzogen, zu denen auch der Gunung Tambora gehört. Wenn man ihn aus der Ferne betrachtet, erscheint der rund 2850 Meter hohe Stratovulkan ganz friedlich. Aber der Schein trügt, denn der Tambora war ursprünglich einmal 4300 Meter hoch. Und das änderte sich abrupt mit dem gewaltigen Ausbruch im Jahr 1815. Durch ihn starben unmittelbar rund 12 000 Menschen. Die ersten Explosionen am 5. April 1815 waren noch im knapp 1300 Kilometer entfernten Batavia (damaliger Name von Jakarta) zu hören, die finalen Detonationen am Abend des 10. Aprils sogar noch im 2600 Kilometer entfernten Sumatra. Nachdem die Magmakammer entleert war, stürzte der Gipfel des Feuerbergs in sich zusammen und erzeugte einen Tsunami, der die Küsten von Flores und Timor heimsuchte. Noch verheerender wirkten sich die heftigen Ascheregen aus. Aschewolken breiteten sich über die gesamte Erde aus und führten zu einer globalen Abkühlung. Das Jahr 1816 ging als »das Jahr ohne Sommer« in die Geschichtsbücher ein.

SATONDA

⓮ SATONDA

Unweit von Pulau Moyo und nahe der Nordküste Sumbawas liegt in der blauen Floressee die kleine, (noch) unbewohnte Vulkaninsel Satonda. Sie entstand durch vulkanische Aktivitäten vor rund 10 000 Jahren. Die Überbleibsel dieser Vorgänge bilden heute eine Caldera, in der sich ein Salzwassersee mit wunderschön blauem Wasser befindet. Wie man vor einigen Jahren herausfand, ist der Gehalt an alkalischen Mineralien im Wasser des Satonda-Sees deutlich höher als im normalen Meerwasser. Für Forscher aus aller Welt wurde der See zum vulkanischen Studienobjekt, insbesondere auch im Zusammenhang mit dem verheerenden Ausbruch des Gunung Tambora von 1815, der etwa 30 Kilometer vom Eiland entfernt ist. Es liegt nahe, dass der Tsunami, der dem Tambora-Ausbruch folgte, Meerwasser in die Satonda-Caldera gespült hat. In den klaren Küstengewässern kann man gut schnorcheln und tauchen. Ganz Satonda ist von Riffen mit Korallen umgeben, wie z. B. Stein- und Lederkorallen oder Keniabäumchen und Anemonen. Sie bieten einer reichhaltigen marinen Tierwelt einen Lebensraum.

KOMODO

⓯ KOMODO-NATIONALPARK

Für viele Urlauber, die ihre Ferien auf Bali oder Lombok verbringen, ist ein Abstecher nach Komodo und zum gleichnamigen Nationalpark eine willkommene Abwechslung. Der knapp 2200 Quadratkilometer große Park (inklusive der Küstengewässer) befindet sich zwischen den Inseln Sumbawa und Flores. Hauptattraktion ist der Komodowaran, die größte noch lebende Echsenart der Erde. Die eher zurückgezogen lebenden Tiere können bis zu drei Meter lang und über 130 Kilogramm schwer werden. Bei der Suche nach Nahrung sind Komodowarane aggressive Fleisch- und Aasfresser, die über kurze Strecken sehr schnell laufen können. Auf der Jagd überfallen die Echsen Säugetiere wie Ziegen, Hirsche oder Wildschweine. Es gibt auch Berichte über Angriffe auf Menschen. Im Allgemeinen sind Komodowarane aber eher scheu. Weil ihr Bestand bedroht ist, hat Indonesien den Nationalpark als Schutzgebiet eingerichtet. Er wurde 1991 in die Liste des UNESCO-Weltnaturerbes aufgenommen. Komodowarane gibt es außerdem auch auf den Inseln Rinca, Gili Dasami und Gili Motang sowie im Westteil von Flores.

Ein Clown- oder Anemonenfisch zwischen den Tentakeln einer Seeanemone.

Bild oben: Prüfend nimmt ein Komodowaran bei seinem Streifzug durch den Komodo-Nationalpark die Witterung auf.

SUMBA

⓰ WAINGAPU

In den kleinen Läden im alten Hafenbezirk von Waingapu geht es gemächlich zu. Die Inselhauptstadt im trockenen Nordosten von Sumba ist ein wichtiger Verkehrsknotenpunkt und ein guter Ausgangsort, um z. B. den Osten der Insel zu erkunden. Nur wenige Kilometer östlich von Waingapu liegen die traditionsreichen Dörfer Prailiu, Kawangu und Labanapu, die im Prinzip zusammen mit Waingapu das Zentrum der Ikat-Weberei von Sumba bilden. Die Vorgehensweise hat mehrere Arbeitsschritte, und dahinter verbirgt sich eine sehr komplexe Färbetechnik für Garne. Traditionell übernehmen auf Sumba Frauen diese mitunter anstrengende Aufgabe. In mühsamer Handarbeit entstehen so aus weiß und schwarzem, dunkelblauem, rotem und gelbem Naturgarn Motive mit Dorfszenen, stilisierten Menschen, Pferden und Fabeltieren. Diese Stoffe werden dann zu Kleidungsstücken für den Alltag weiterverarbeitet. Besondere Anfertigungen haben für die Sumbanesen auch eine große rituelle Bedeutung, sei es als Hochzeitsgeschenk, für religiöse Marapu-Zeremonien oder auch als Leichentuch.

IKAT-TEXTILIEN

Das Wort »ikat« stammt aus dem Malaiischen und bedeutet soviel wie »abbinden« oder »umwickeln«. Der Begriff steht für eine Färbetechnik für Garne. Dabei wird das zum Weben bestimmte Garn, dem Muster entsprechend, an bestimmten Stellen umwickelt oder abgedeckt. Dadurch vermeidet man die Färbung des Garns an dieser Stelle, d. h. die abgebundenen Partien haben nach dem Färben und der Entfernung der Umwicklung keine Farbe angenommen. Zum Einsatz kommen nur natürliche Farbstoffe. Bei einem farbintensiven Muster können durchaus mehrere Abbinde- und Färbedurchgänge aufeinander folgen. Die Muster sind mit Traditionen, Ahnenkult und mythischen Vorstellungen verbunden.

Bild oben: Mitten im Dschungel und in mehreren Kaskaden strömt dieser Wasserfall in den Talsee.

FLORES

⓱ GUNUNG KELIMUTU

Der Gunung Kelimutu im Zentrum von Flores ist mit über 1600 Metern die höchste Erhebung der Insel und liegt zwischen den Hafenstädten Ende und Maumere. Die meisten Gäste aus dem Ausland besuchen diesen beeindruckenden Vulkan, weil man vom Rand seiner Caldera einen herrlichen Ausblick auf die drei verschiedenfarbigen Kraterseen hat. Wegen der unterschiedlichen Konzentrationen an gelösten Mineralien ändert sich über einen Zeitraum von einigen Jahren die Farbe des Wassers der voneinander getrennten Seen. Sie schwankt zwischen Türkisblau, Smaragdgrün und Weiß bis hin zu Rot, Braun und Schwarz. Als Ursache für diese Schauspiel vermuten Forscher Fumarole (vulkanische Dampfaustrittsstellen), tief im Innern des Kraters. Für die Bewohner des Dorfes Moni, am Fuße des Kelimutu, stehen diese Farbänderungen für Gemütszustände der Seelen von Verstorbenen. Der See ganz im Westen heißt Tiwu Ata Mbupu (See der Alten), der mittlere Tiwu Nuwa Muri Koo Fai (See der jungen Männer und Jungfrauen) und der im Osten Tiwu Ata Polo (Verzauberter See).

⓲ MAUMERE

Die größte Stadt auf Flores liegt an der Nordküste und im schmalsten Teil der Insel. Die landschaftliche Umgebung von Maumere wird durch sanfte Hügel und Berge sowie das grün bis blaue Meer in der Bucht vor der Hafenstadt gekennzeichnet. Bis zum Erdbeben im Dezember 1992 galt die Bucht als ein Taucherparadies. Bei dem Seebeben vor der Küste gab es einen verheerenden Tsunami. Mehr als 2000 Menschen kamen bei der Katastrophe ums Leben und zahlreiche Häuser und Gebäude in Strandnähe wurden zerstört. Leider waren auch die spektakulären Korallenriffe, die der Bucht vorgelagert sind, von den Verwüstungen sehr stark betroffen. Nach langer Zeit scheint es, dass sich die einstmals prächtigen Korallenriffe von den Schäden erholt haben. Dies gilt beispielsweise für die Tauchplätze rund um Pulau Babi, Pulau Besar, Pengabatang und Waiterang (mit japanischem Schiffswrack aus dem Zweiten Weltkrieg). Diese Inseln gehören zu den Pemana Islands und sind eineinhalb Stunden mit dem Schiff vom Hafen von Maumere entfernt.

Bild oben: Blick in die Caldera des Gunung Kelimutu (Flores), mit zwei der insgesamt drei Kraterseen.

HOT SPOTS

Die Kleinen Sundainseln und vor allem Bali und Lombok mit ihren beeindruckenden Tempelanlagen, malerischen Küstenorten und grünen Reisterrassen wecken Erinnerungen ans Paradies. Auch die Hotels und Restaurants sind liebevoll gestaltet und spiegeln die Schönheiten der Inseln wider.

MATAHARI BEACH RESORT

Die exklusive Bungalowanlage im balinesischen Stil gilt als Tipp für Taucher, die in die Reviere von Pulau Menjangang wollen. Das Gourmetrestaurant wird von Jany-Michel Foureé und Komang Sujana geführt. Bemerkenswert ist das Parwathi Spa, das architektonisch den königlichen Wasserpalästen von Bali nachempfunden wurde. Hier können sich die Gäste mit einer traditionellen Sthira- oder Sukha-Massage verwöhnen lassen. Danach tut ein Bad in der großen Wanne, gefüllt mit einem See aus duftenden Blüten, wohl.

Jalan Raya Seririt, Gilimanuk, Permuteran, Buleleng, Bali, Indonesien | Tel. +62 362 923 12 | E-Mail: info@matahari-beach-resort.com | www.matahari-beach-resort.com

Der Blick über den dreistöckigen Pool des Amankila scheint endlos.

AMANUSA

Hoch über Nusa Dua thront die Anlage mit ihren 35 Villen, die als eines der besten Luxusresorts von Bali gilt. Die architektonische Komposition des Gesamtkomplexes verbindet traditionelle balinesische mit westlichen Stilelementen. Bewusst zurückhaltend gestylte Zimmer, ein Swimmingpool, ein Restaurant mit kreativer Küche und ein ausgezeichneter Spa sind weitere Kennzeichen des Resorts. Die Gäste genießen die Abgeschiedenheit eines Privatstrandes, an dem sich herrlich sonnenbaden lässt.

Nusa Dua, Bali, Indonesien | Tel. +62 361 77 23 33 | E-Mail: amanusa@amanresorts.com | www.amanresorts.com

Die Empfangshalle des Amanusa begrüßt den Gast mit balinesischem Dekor.

BULGARI HOTEL BALI

Das 5-Sterne-Hotel Bulgari mit mehreren Villen thront auf einer 70 Meter hohen Klippe. Von außen wirkt die Anlage wie ein balinesisches Dorf, innen erwartet den Besucher feinstes Wohlfühldesign. Hier fühlen sich Prominente aus der Film-, Medien- und Modewelt genauso wohl wie andere Gäste, die dem Luxus nicht abgeneigt sind. Jede Villa verfügt über einen eigenen Pool mit Meeresblick und wird von einem eigenen Butler betreut. Die Restaurants, die Bar und das große Spa haben Weltklasseniveau. Eine Seilbahn bringt die Gäste zum privaten Strand. Das Hauptrestaurant Il Ristorante thront in einem Tempel auf einer Plattform und ist über einen Treppenaufgang zugänglich. Der Hauptraum ist überdacht und sonst zu allen Seiten hin offen. Von einigen Tischen wird den Gästen ein spektakuläres Panorama auf den Ozean geboten. Chef Maurizio Bombini kreiert exzellente Interpretationen der traditionellen italienischen Küche.

Jalan Goa Lempeh, Banjar Dinas Kangin, Uluwatu, Bali, Indonesien | Tel. +62 361 847 10 00 | E-Mail: infobali@bulgarihotels.com | www.bulgarihotels.com

Einer der großzügigen Pools des Bulgari Hotels auf Bali.

HOT SPOTS

The Oberoi auf Lombok ist harmonisch in die Natur eingebettet.

AMANKILA
Amankila bedeutet »friedliche Hügel« und der Name ist Programm: Das Hotel ist eine wahre Ruheoase, umringt von betörend duftenden Frangipanibäumen. Die 34 Villen stehen auf hölzernen Stelzen und bieten fantastische Panoramablicke auf das Meer. Im balinesischen Stil mit Strohdächern erbaut, sind sie äußerst luxuriöse Varianten einer Strandhütte. Ein Highlight des Hotels ist der dreistöckige Pool. Ausgezeichnete Spa-Anwendungen entspannen Körper und Seele.

P.O. Box 33, Manggis 80871 Karangesam, Bali, Indonesien | Tel. +62 363 41333 | E-Mail: amankila@amanresorts.com | www.amanresorts.com/amankila

COMO SHAMBALA ESTATE
Etwa fünf Kilometer von Ubud, mitten im Dschungel und über der Ayung-Schlucht gelegen, erscheint einem dieses Luxushotel mit seinen Zimmern, Suiten und Villen wie ein kleines Paradies. Herzstück ist der Wellnessbereich. Hier kümmern sich erfahrene Coaches und Therapeuten um das Wohl der Gäste, sei es bei Ayurveda-Behandlungen oder Stressmanagement oder Pilates, Yoga und Ernährungsberatung. Im Wassergarten kann man in natürlichen Pools, die mit Quellwasser gespeist werden, entspannen.

Desa Melinggih Kelod, Payangan, Gianyar, Bali, Indonesien | Tel. +62 361 848 21 66 | E-Mail: cse@comoshambhala.com | www.comohotels.com/comoshambhalaestate

BUMBU BALI
Das Bumbu Bali gilt als eines der feinsten Restaurants der Insel. Chef und Buchautor Heinz von Holzen, seine Frau Putij und sein Team servieren anspruchsvolle balinesische Küche mit exzellenten Fleisch- und Fischgerichten. Die Tische stehen in kleinen Pavillons oder einfach unter freiem Himmel.

Jalan Pratama, Tanjung Benoa, Nusa Dua, Bali, Indonesien | Tel. +62 361 77-45 02 oder -12 56 | E-Mail: info@balifoods.com | www.balifoods.com

TUGU HOTEL LOMBOK
An einer Bucht mit weißem Sandstrand gelegen, erscheint dem Gast dieses Luxushotel wie ein wahr gewordenes Märchen. Ganz im Stil aller Tugu-Hotels widmet sich der architektonische Stil der Geschichte und den Traditionen Indonesiens. Die eleganten Suiten mit eigenem Pool liegen direkt am Strand. Das exquisite Spa ist dem Borobudur auf Java nachempfunden.

Sire Beach, Sigar Penjalin Village Tanjung | Lombok, Indonesien | Tel. +62 370 612 01 11 | E-Mail: lombok@tuguhotels.com | www.tuguhotels.com

THE OBEROI
Dieses Resort mit großer Gartenanlage liegt in Nord-Lombok an einer Bucht direkt am Medana Beach. Von vielen der 50 Villen und Pavillons hat man einen herrlichen Blick auf das Meer. Gleiches gilt vom Pool. Die Zimmer sind mit viel Luxus eingerichtet. In den Bädern findet man abgesenkte Marmorbadewannen.

Medana Beach, Tanjung, Lombok, Indonesien | Tel. +62 370 613 84 44 | E-Mail: lombok@tuguhotels.com | www.oberoihotels.com

BALE KOKOK PLETOK
Auf der Dachkonstruktion des Hauptrestaurants des Tugu Hotels thront eine mystische Huhn-Skulptur. Der Ruf der Hühner (»Koko Pletok«) war Inspiration für den Namen des Restaurants, von dem man Ausblick auf das Meer, die Lotos-Teiche und die Umgebung hat. Inspirierend sind auch die exquisiten Menüs.

Sire Beach, Sigar Penjalin Village Tanjung, Lombok, Indonesien | Tel. +62 370 612 01 11 | E-Mail: lombok@tuguhotels.com | www.tuguhotels.com

AMANWANA
Ein exquisites und außergewöhnliches Robinson-Crusoe-Abenteuer verspricht dieses Resort mitten im Urwald auf Moyo Island. Die Gäste übernachten in luxuriösen Zelten auf Holzböden. Die klimatisierten Unterkünfte verfügen über große Betten und Badezimmer sowie einem großzügigen Wohnbereich.

Moyo Island, Sumbawa, Indonesia | Tel. +62 371 222 33 oder +62 800 181 3421 | E-Mail: amanwana@amanresorts.com | www.amanresorts.com/amanwana/home.aspx

ANGEL ISLAND RESORT
Auf der kleinen Insel Bidadari vor der Westküste von Flores lässt es sich in diesem Resort am Rande des Komodo-Nationalparks gut leben. Die zehn großzügig ausgestatteten Villen liegen in einer 15 Hektar großen Gartenanlage. Drei Strände laden zum Faulenzen ein. Die meisten Gäste kommen wegen der atemberaubenden Tauchplätze hierher.

Jalan Soekarno Hatta, Labuanbajo | Flores, Indonesien | Tel. +62 385 44 43 | E-Mail: info@angelisleflores.com | www.angelisleflores.com

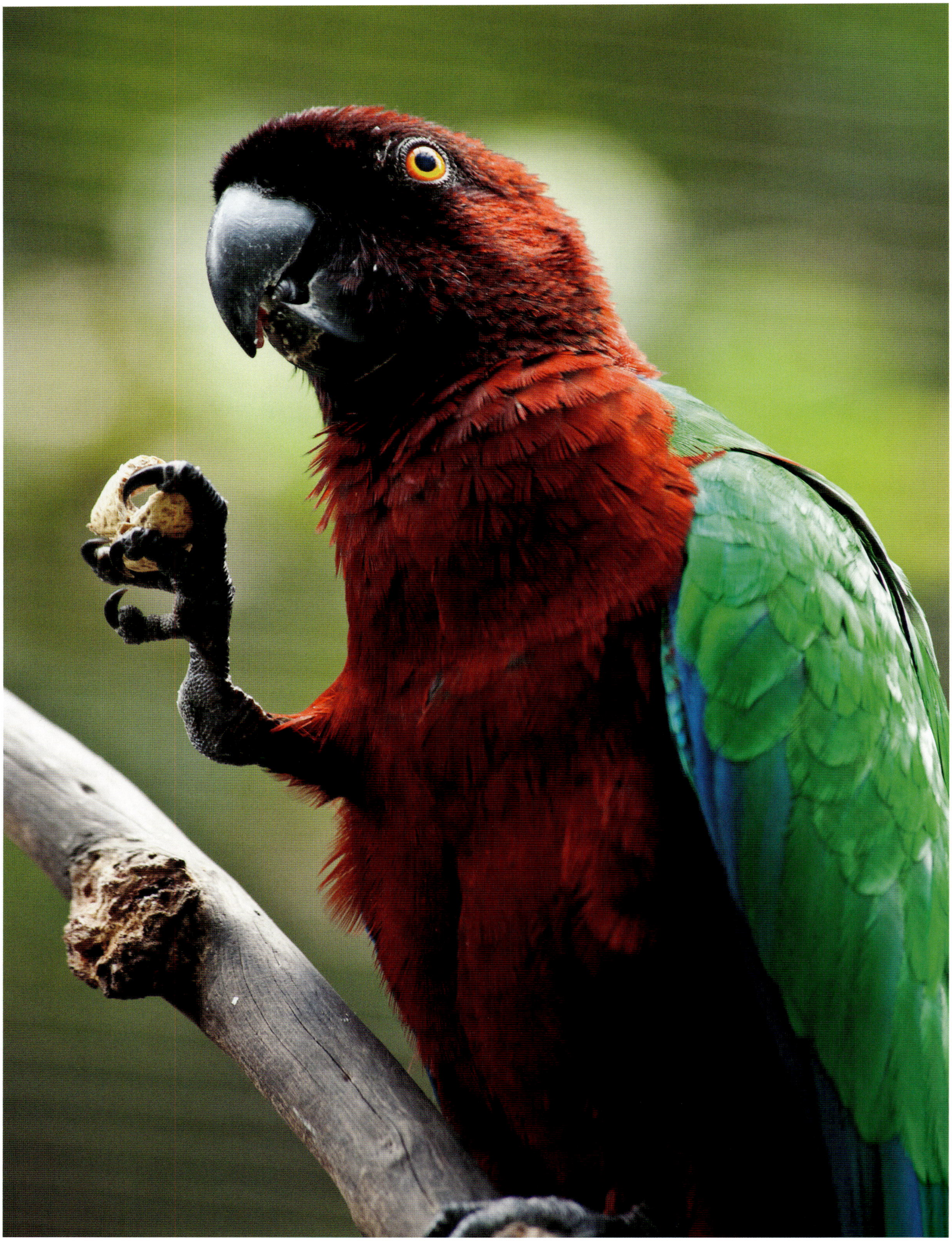

FIDSCHI, TONGA UND SAMOA

Von Insel zu Insel in West-Polynesien

Inseln, Strände und viel Meer bieten die Inselstaaten Fidschi, Tonga und Samoa. Von Bergketten durchzogene und mit Urwald bedeckte Vulkaninseln kontrastieren mit flachen Koralleninseln, Unterwasserparadiesen und Atollen. Daneben fasziniert aber auch die kulturelle Vielfalt West-Polynesiens.

Durchschnittlich 4000 m tief ist der Meeresgrund des Pazifischen Ozeans, und doch liegen zahlreiche Vulkaninseln, Korallenriffe und Atolle verstreut in seinen schier unermesslichen Weiten. Die Genese dieser Inselketten steht in enger Beziehung zur Bewegung einzelner Teile der Erdkruste. So bewegt sich die pazifische Platte auf die australische und die philippinische Platte zu und taucht in der Kontaktzone unter sie ab. Dabei entstehen Tiefseegräben wie der Tongagraben, der zu den tiefsten Punkten der Erdoberfläche zählt. Das abgetauchte Gestein wird in großer Tiefe aufgeschmolzen, dehnt sich aus und gelangt durch gewaltige vulkanische Eruptionen wieder an die Erdoberfläche. Die Vulkaninseln bilden den sogenannten pazifischen Feuergürtel. Inseln vulkanischen Ursprungs erreichen mitunter beachtliche Höhen. Ganz im Gegensatz dazu stehen die Koralleninseln und Atolle, die den Meeresspiegel meist nur um wenige Meter überragen.

Die ersten Menschen erreichten von Australien und Neuguinea kommend die Fidschi-Inseln um 1500 v.Chr., wenig später auch Tonga und Samoa. Ihre genaue Kenntnis von Wind, Wetter, Meeresströmungen, Gestirnen und Vogelflug befähigte die Polynesier zu ihren ausgedehnten Entdeckungsfahrten, die nach und nach zur Besiedlung der polynesischen Inselwelt führten.

Fidschi – das sind etwa 300 Inseln, von denen rund 100 ständig bewohnt werden. Was Fidschi von anderen Südseeinseln unterscheidet, ist seine landschaftliche Vielfalt. Die Einwohner sind in starkem Maße traditionsverbunden, achten streng auf den Erhalt ihrer Kultur und verstehen sich auch politisch als Botschafter eines »Pacific Way of Life«, der sich von westlichen Werten und Vorstellungen unterscheidet. Einen Kontrast dazu bilden die fidschianischen Inder, die als Plantagenarbeiter vor mehr als hundert Jahren von den britischen Kolonialherren ins Land geholt wurden.

Rund 500 km weiter östlich grenzt das Königreich Tonga an Fidschi. Die Tongaer sind ein gastfreundliches, höfliches und zurückhaltendes Volk. Stolz beharren sie auf ihren Traditionen und pflegen ihre

Das Tauchrevier Namene Marine Reserve schützt die Unterwasserwelt.

geruhsame Lebensweise. Tonga besteht aus 150 weit über die Meeresfläche verstreuten Inseln. Die Juwelen liegen im Norden: Die Inseln der Vava'u-Gruppe gehören zu den schönsten der Südsee.

In Samoa hat sich die polynesische Lebensweise weitgehend in Reinkultur erhalten. Fa'a Samoa nennen die Samoaner ihren Lebensstil, den sie sich allen westlichen Einflüssen zum Trotz bewahrt haben und der romantische Erwartungen an die Südsee zu erfüllen scheint. Als ein Resultat der Kolonialzeit ist Samoa heute geteilt in West-Samoa und das östliche Amerikanisch-Samoa. Kulturell bilden die Inseln aber nach wie vor eine Einheit.

Bild links: Der Pompadoursittich gehört zu der Gattung der Maskensittiche.

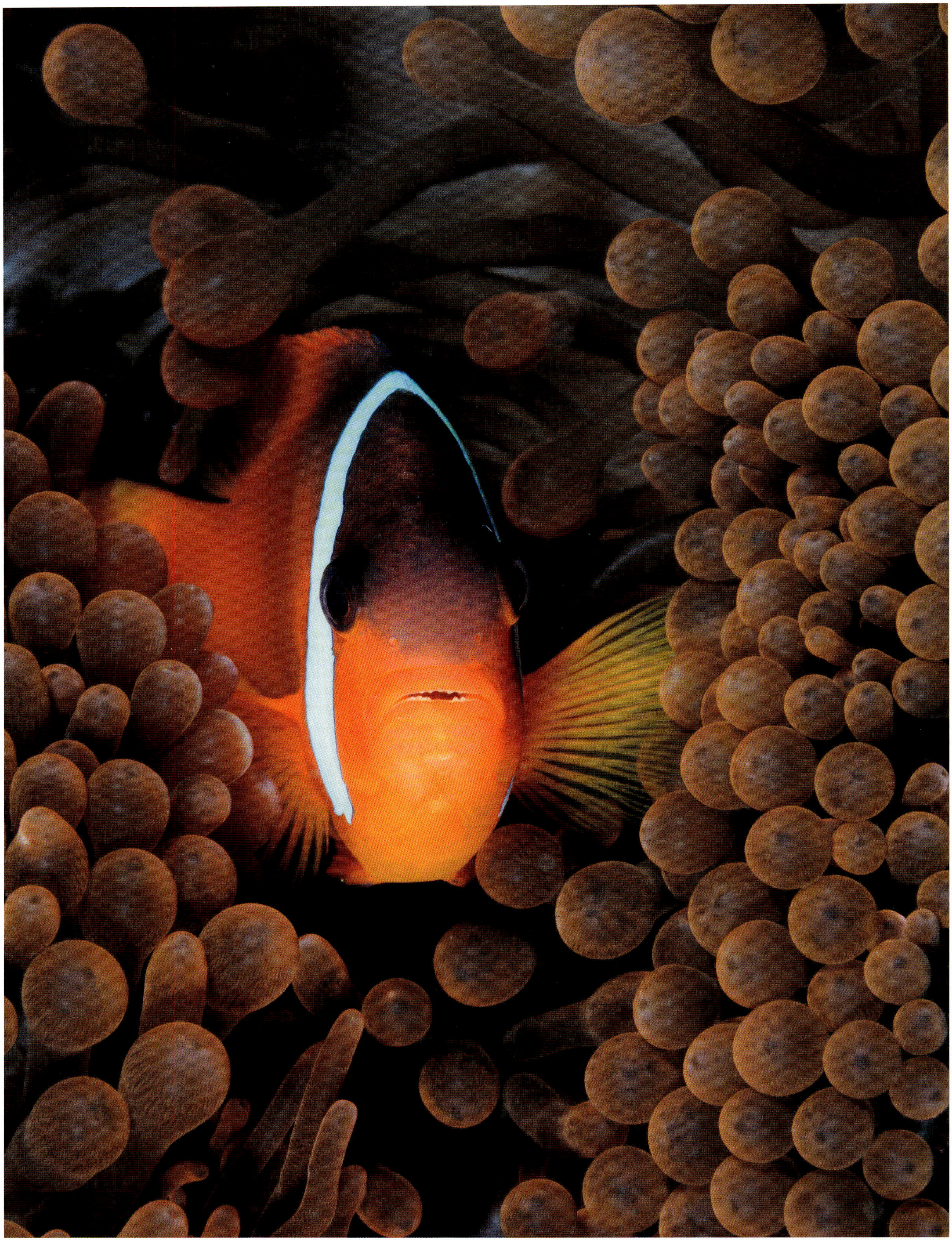

REISEROUTE

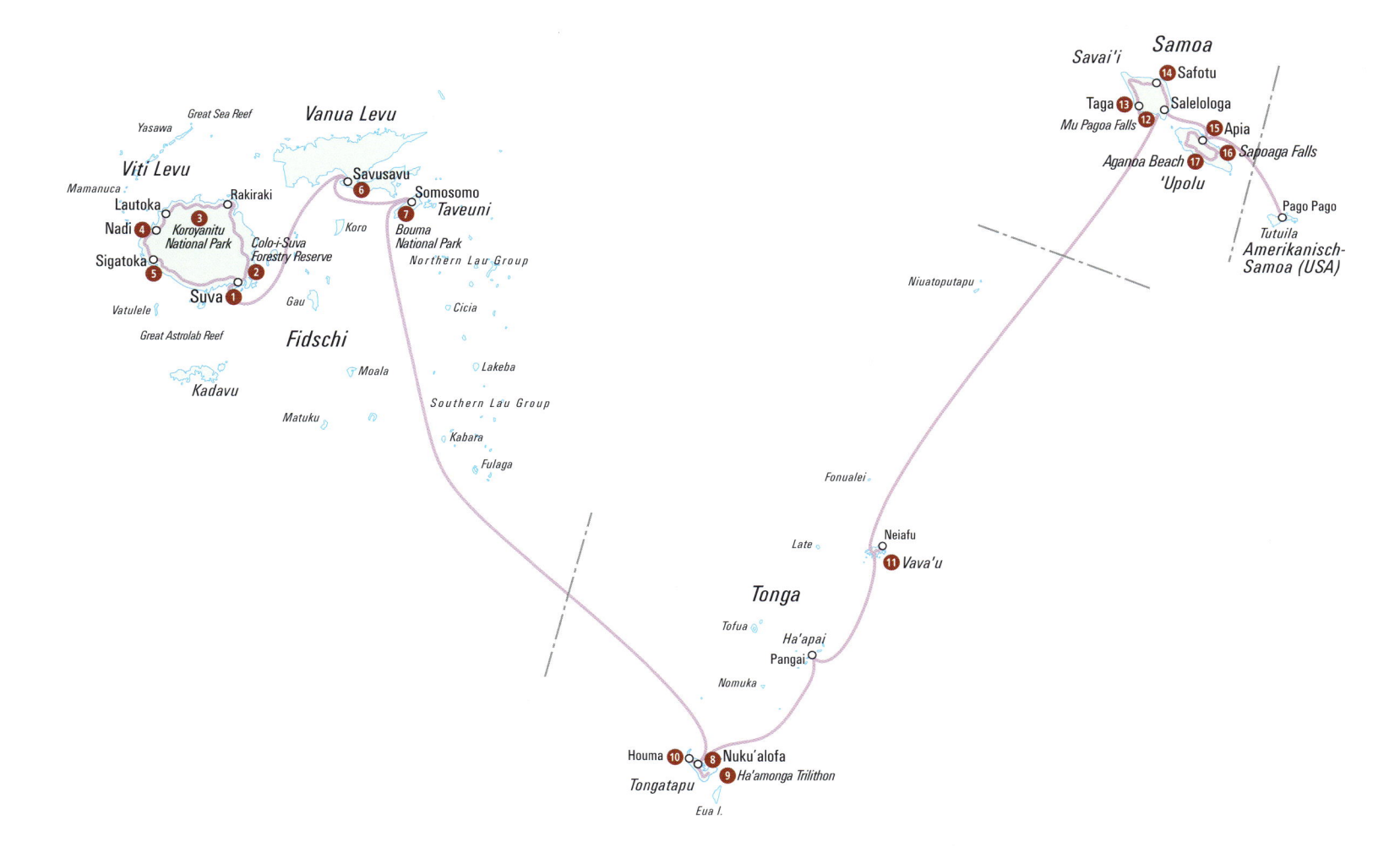

Die Südseereise führt durch den Westen der polynesischen Inselwelt. Ausgangspunkt ist Viti Levu, die Hauptinsel von Fidschi. Über Vanua Levu (Fidschi) geht es ostwärts nach Tonga, bevor die Tour in nördlicher Richtung fortgesetzt wird. Nach rund 2300 km findet die Route in Samoa ihren Abschluss.

ROUTENLÄNGE: ca. 2300 km
ZEITBEDARF: mind. 3 Wochen
START: Suva (Fidschi)
ZIEL: Aganoa Beach (Samoa)
ROUTENVERLAUF: Suva, Savusavu, Nuku'alofa, Vava'u, Apia

VERKEHRSHINWEISE:
Fracht- und Passagierschiffe bilden das Hauptverkehrsmittel der Inselbewohner und sind dementsprechend preisgünstig. Auch viele der abgelegenen Inseln werden von Schiffen regelmäßig angesteuert. Nach heftigen Regenfällen werden manche Straßen unpassierbar. Ein nationaler oder internationaler Führerschein ist erforderlich. Auf Fidschi und Tonga herrscht Linksverkehr, auf Samoa Rechtsverkehr.

AUSKÜNFTE:
www.tourismfiji.com/fiji-tourism.html
www.thekingdomoftonga.com
www.samoa.travel

Vanua Levu ist die zweitgrößte Insel Fidschis.

Bild links: Der Weißbinden-Anemonenfisch lebt mit Anemonen in einer gegenseitigen Schutzgemeinschaft.

VITI LEVU

❶ SUVA
Mit rund 150 000 Einwohnern ist Suva die größte Stadt im Südpazifik und seit 1877 auch Hauptstadt des Inselstaates Fidschi. In der Kapitale hat die University of the South Pacific, die von elf Pazifikstaaten unterhalten wird, ihren Sitz. Vom zentralen Markt gelangt man in südlicher Richtung an die The Triangle genannte Straßenkreuzung. Hier beginnt die Victoria Parade, die Hauptstraße Suvas. An ihrem Südende befindet sich das Fiji Museum, das eine große Sammlung von Gegenständen aus der Geschichte von Fidschi umfasst.

❷ COLO-I-SUVA FORESTRY RESERVE
Folgt man der Princess Road stadtauswärts in Richtung Norden, gelangt man nach 12 km in das kleine Regenwaldschutzgebiet. Es liegt 120 bis 200 m über dem Meer und ist deshalb angenehm kühl. Im Park kann man in natürlichen Pools und unter Wasserfällen baden. In Richtung Norden führt die Route vorbei am Massiv des Tomaniivi, des höchsten Bergs der Fidschis. Bei Rakiraki ist die Nordspitze Viti Levus erreicht. Die Straße biegt hier nach Westen und erreicht nach 50 km die zweitgrößte Stadt der Insel, Latuoka.

❸ KOROYANITU NATIONAL PARK
In der Koroyanitu Range, einem Bergrücken hinter Lautoka, wurde ein Kultur- und Naturpark angelegt, der von Wanderwegen durchzogen ist. Einheimische Führer zeigen die Felsgärten dieser wilden Berglandschaft, die einst Schauplatz blutiger Stammeskriege war. Zurück in Lautoka geht es auf der Inselhauptstraße rund 20 km in Richtung Süden bis Nadi.

❹ NADI
Der Ort liegt im regenarmen Westen der Insel. Hier landet der überwiegende Teil der Besucher auf dem internationalen Flughafen. Die rund 8000 Einwohner sind mehrheitlich Inder. Indisch ist auch das Angebot auf dem Markt und in den Restaurants. In Nadi beginnt auch die 183 km lange Queens Road, die Küstenstraße zurück nach Suva, die durch

Nur 1500 m vor Viti Levu liegt das kleine Eiland Nananu-i-Ra.

unterschiedliche Landschaften führt. Etwa 35 km südlich von Nadi geht es auf der kleinen Maro Road zu einem der schönsten Strände der Insel. Natadola Beach ist in den letzten Jahren zu einem beliebten Treffpunkt für Surfer geworden.

❺ SIGATOKA SAND DUNES NATIONAL PARK

Nach weiteren 35 km erreicht man an der Südküste Viti Levus, der Coral Coast, die reizvoll am gleichnamigen Fluss gelegene Kleinstadt Sigatoka. Kurz vor dem malerischen Ort erheben sich riesige bis zu 20 m hohe Sanddünen, die wegen ihres Grasbewuchses nicht gleich als solche zu erkennen sind.

Das aufgrund archäologischer Funde auch kulturhistorisch bedeutsame Gebiet erstreckt sich bis zur Küste und wurde 1989 zum ersten Nationalpark des Inselstaates erklärt. Das Sigatoka Valley ist ein Zentrum der Keramikproduktion auf Viti Levu. Die Queens Road endet nach rund 100 km in Suva. Von dort aus verkehren regelmäßig Fähren zur Insel Vanua Levu.

Bild oben: Perfekt getarnt verschmilzt der Fidschileguan mit seiner Umgebung.

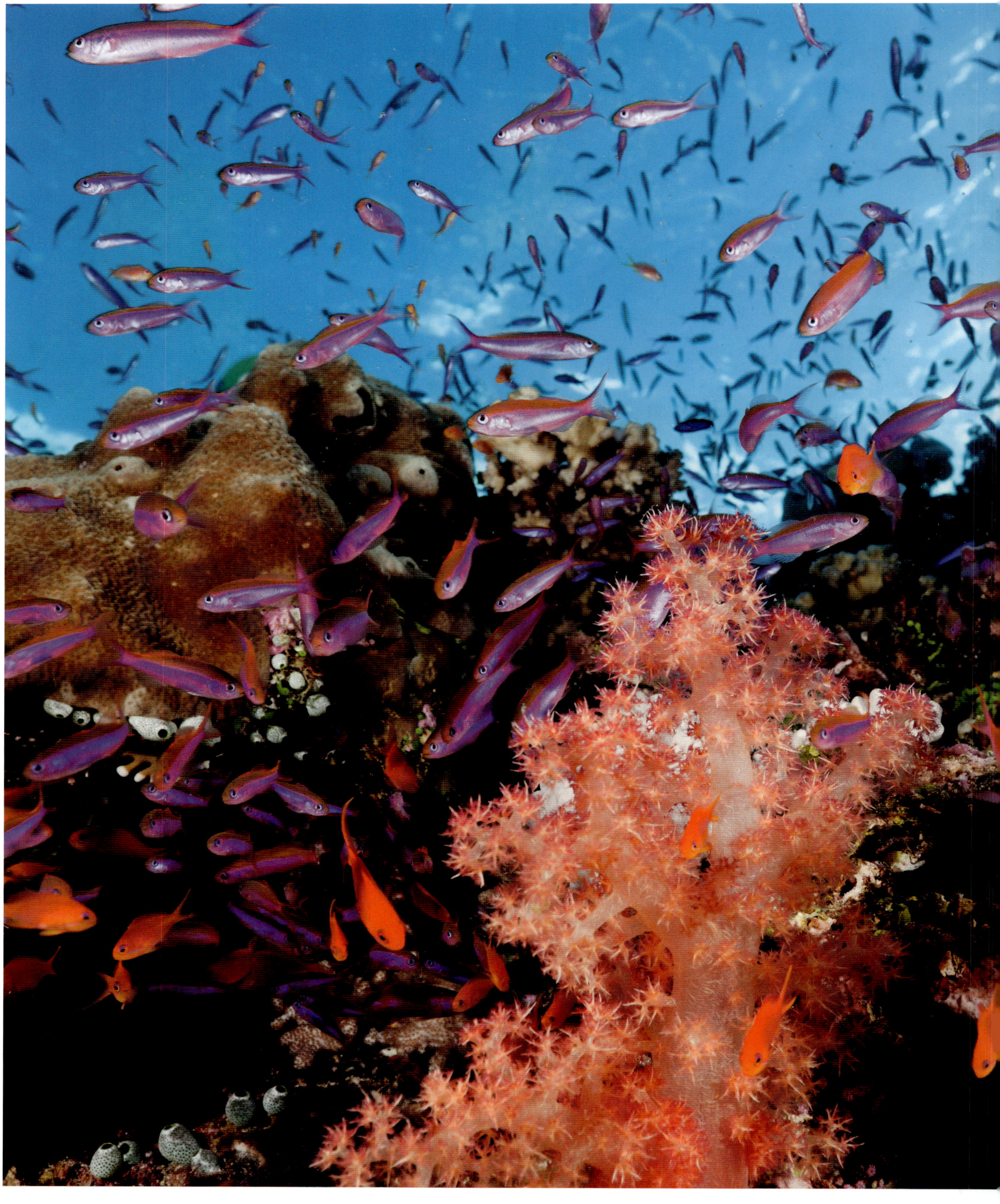

VANUA LEVU

❻ SAVUSAVU
Der zweitgrößte Ort auf Vanua Levu ist zweifellos einer der schönsten Plätze der Fidschis. Die kleine Stadt mit ihren rund 2000 Einwohnern liegt an der malerischen Savusavu Bay. An über 20 verschiedenen Stellen der Insel gibt es heiße Quellen. Von Savusavu sind es 150 km mit dem Schiff bis zur drittgrößten Insel Fidschis, Taveuni.

TAVEUNI

❼ BOUMA NATIONAL PARK
Die Insel Taveuni trägt wegen ihrer üppigen Vegetation den Beinamen Garteninsel. Dichte Regenwälder bedecken die bis zu 1000 m hohen Bergrücken und die grünen Kokosplantagen, die sich bis hinab zum Meer erstrecken. Der Bouma National Park wartet mit malerischen Wasserfällen auf, die sich in Kaskaden bis zu 24 m tief in die Täler ergießen. In südöstlicher Richtung erreicht man jenseits der Datumsgrenze den benachbarten Inselstaat Tonga.

Die Einsiedlerloris sind unter anderem auf den Fidschi-Inseln heimisch.

DIE TIERWELT DER FIDSCHI-INSELN

Unter den Reptilien sind neben den Krokodilen zwei in Fidschi vorkommende Leguanarten bemerkenswert: der Bandleguan und der ebenfalls grüne Kurzkammleguan, der bis zu 1 m lang werden kann. Verschiedene Papageien- und Taubenarten, Nektar- und Eisvögel beleben vielerorts die Lüfte. Es gibt eine Reihe endemischer Vogelarten, etwa den Fidschihabicht oder die Fidschiralle, die wohl schon ausgestorben ist. Neben dem Rotschwanzbülbül hat sich vor allem der Hirtenstar (Indian Myna) stark vermehrt. Er wurde um 1890 nach Fidschi eingeführt, um Kokospalmenschädlinge zu bekämpfen. Heute ist er angesichts seines zahlreichen und lautstarken Auftretens fast selbst zur Plage geworden.

Bild links: Bunt schillernde Fahnenbarsche.

TONGATAPU

⓮ NUKU'ALOFA
In der Frühgeschichte Tongas war Nuku'alofa, der »Ort der Liebe«, wie die heutige Hauptstadt übersetzt heißt, ein befestigtes Fort, von dem aus die Könige die umliegenden Inseln beherrschten. Das heutige Gesicht der Stadt ist immer noch das einer Kolonialsiedlung aus dem 19. Jh. mit überwiegend aus Holz errichteten Gebäuden. Wahrzeichen ist der Königspalast, der 1867 aus in Neuseeland vorgefertigten Holzteilen hier errichtet wurde. Nuku'alofa ist idealer Ausgangspunkt für eine Inselrundfahrt auf Tongatapu. Entlang der Küstenstraße gelangt man zu den schönsten Stränden und Sehenswürdigkeiten dieser Hauptinsel Tongas.

⓯ HA'AMONGA TRILITHON
Etwa 32 km von der Hauptstadt entfernt, in unmittelbarer Nähe von Niutoua, ragt an der nordöstlichen Spitze Tongatapus das Trilithon auf. Der Legende nach soll der polynesische Halbgott Maui dieses Steinmonument auf seinen Schultern von der Insel Wallis nach Tonga getragen haben. So erklärt sich auch der Name des Tores, das aus drei massiven, zusammen über 100 t schweren quaderförmigen Korallenblöcken besteht: Ha'amonga'a Maui – »die Last des Maui«. Vermutlich diente das Monument astronomischen Berechnungen, denn am 21. Juni, dem kürzesten Tag des Jahres auf der Südhalbkugel, weist eine Einkerbung im Gestein in Richtung der aufgehenden Sonne.
Die Route führt weiter über die Tropfsteinhöhlen von Haveluliku und das Tongan Wildlife Centre (Vogelpark und Botanischer Garten) nach Houma in den Westen Tongatapus.

⓰ HOUMA
An der in Terrassen abfallenden Felsküste von Houma schießt die Gischt durch Hunderte von Gesteinsöffnungen bis zu 20 m fontänenartig in die Höhe. Besonders bei Flut wird deutlich, warum die »Blowholes« in Tonga Mapu'a a Vaca (Pfeife des Königs) genannt werden. Bei dem hohen Druck, mit dem das Wasser durch die Blaslöcher gepresst wird, entsteht ein lauter Ton.
Auf der Küstenstraße gelangt man nach 15 km in östlicher Richtung wieder in die Hauptstadt Nuku'alofa. Von hier aus verkehren Fähren und Boote zur rund 275 km entfernt gelegenen Inselgruppe Vava'u.

VAVA'U

⓱ VAVA'U
Zu Vava'u gehören 13 bewohnte und 21 unbewohnte kleine, dicht bewaldete Inseln. Ausgedehnte Kokos- und Vanilleplantagen bedecken die Hügel der 90 km² großen gleichnamigen Hauptinsel.
Der Hauptort Neiafu mit seinen zahlreichen kolonialen Holzbauten ist mit 5000 Einwohnern die zweitgrößte Ansiedlung Tongas. Der beste Blick auf Neiafus Hafen und die vorgelagerten Inseln bietet sich bei einer Wanderung auf den 131 m hohen Mount Talau (Mo'unga). Von hier aus sieht man auch die 9 km² große Insel Pangaimotu.
Von der Vava'u-Gruppe sind es in Richtung Norden rund 750 km bis zum benachbarten Inselstaat Samoa und seiner größten Insel Savai'i, deren nächster Hafen angesteuert wird.

Bild: Der gigantische Buckelwal.

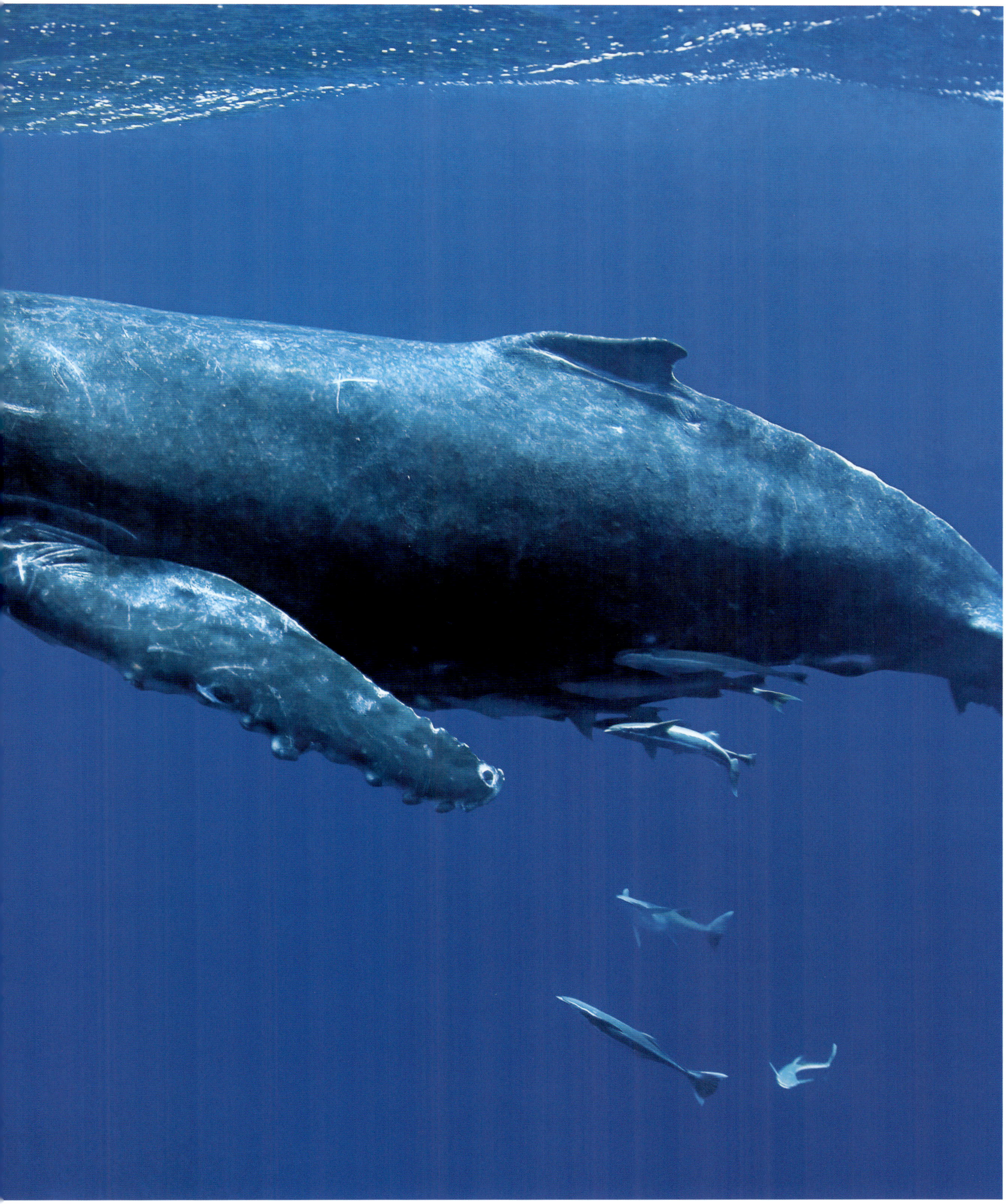

SAVAI'I

❶❷ MU PAGOA FALLS
Ein idealer Ausgangspunkt für eine Inselrundfahrt ist Salelologa. Hier kommen die Fähren an, und der Flugplatz befindet sich auch ganz in der Nähe. Da das Innere von Savai'i unzugänglich ist, erschließt sich die Insel am besten über die Küstenstraße. Rund 10 km westlich des Ortes erhebt sich bei Vailoa die prähistorische Pulemelei-Pyramide. Sie ist an der Basis 61 m lang, 50 m breit und bis zu 12 m hoch und vermutlich mehr als 1000 Jahre alt. Unweit der Pyramide fallen die Mu-Pagoa-Wasserfälle in ein idyllisch gelegenes Naturbecken.

❶❸ TAGA
Rund 25 km weiter westlich erreicht man auf der Küstenstraße bei Taga weitere »Blowholes«. Hier presst sich Meerwasser durch enge Öffnungen im Korallenfels und tritt als meterhohe Wasserfontänen aus. Besonders spektakulär ist dieses Naturschauspiel bei Flut und starker Brandung. Surfer schätzen diesen Küstenstreifen vor allem von Mai bis Oktober wegen der großen Wellen.

❶❹ SAFOTU
Die Nordküste Savai'is rund um Safotu ist durch ausgedehnte, bis an die Küste heranreichende schwarze Lavafelder geprägt, die bei mehreren Ausbrüchen des 433 m hohen Mount Matavanu in den Jahren 1905 bis 1911 entstanden sind. Obwohl der Vulkan immer noch aktiv ist, wurde rund um einen seiner Nebenkrater ein Dorf errichtet.
Das sogenannte »Virgin's Grave« ist von Legenden umrankt. Angeblich soll es die sterblichen Überreste einer samoanischen Prinzessin enthalten und bei allen Ausbrüchen des Mount Matavanu nur deshalb von den Lavamassen verschont worden sein, weil die Verstorbene ihr Leben in Unschuld verbracht hatte.
Die Küstenstraße führt zurück nach Salelologa. Hier nimmt man die Fähre zur Insel 'Upolu und erreicht nach 45 km Apia, Hauptstadt des Inselstaates.

'UPOLU

❶❺ APIA
Jeder vierte Samoaner lebt in der aus mehreren Dörfern zusammengewachsenen Hauptstadt an der Nordküste 'Upolus. Zum Stadtbild im Zentrum gehören im Kolonialstil und aus Holz errichtete Gebäude wie das Gericht und die Congregational Christian Church. Auf der Halbinsel Mulinu'u bezeichnet nun ein pyramidenförmiges Denkmal die Stelle, an der im Jahre 1900 die schwarz-weiß-rote Flagge gehisst und Samoa zur deutschen Kolonie erklärt wurde. Samoanische Unabhängigkeit demonstriert das Parlamentsgebäude. Im Süden von Apia, an der Verlängerung der Falealili Road, befindet sich das einstige Anwesen des »Schatzinsel«-Autors Robert Louis Stevenson. Vom Gipfel des 475 m hohen Mount Vaea hat man Ausblick auf die Nordküste der Insel. Von Apia aus besteht die Möglichkeit zu einem Abstecher nach Amerikanisch-Samoa.

❶❻ SOPOAGA FALLS
Jede Inselrundfahrt beginnt in Apia und führt im Uhrzeigersinn rund um 'Upolu. Entlang der wegen ihrer starken Meeresbrandung bei Surfern beliebten Strände führt bei Falefa die Straße in das Landesinnere hinauf zum Lemafa-Pass. Dabei gelangt man zu den landschaftlich reizvoll inmitten tropischer Vegetation gelegenen Sopoaga Falls. Wer der südlichen Küstenstraße nach Westen folgt, muss die nördlich der Wasserfälle abzweigende und nur mit einem geländegängigen Auto befahrbare Piste nach Siuniu bewältigen. An der Südküste reiht sich ein pittoreskes Dorf an das andere.

❶❼ AGANOA BEACH
Die Südküste 'Upolus ist berühmt für ihre makellosen Sandstrände, die zum Baden und Entspannen einladen. Hier erstreckt sich auch der samoanische Nationalpark O Le Pupu Pu'e. Ein Spaziergang auf dem O Le Pupu Trail macht mit den einheimischen Pflanzen bekannt. Die Hauptstraße führt zurück zur Nordküste und zur Hauptstadt Apia.

LEBEN AM RIFF

Zu den besonderen Reizen der pazifischen Inselwelt gehört die Form- und Farbenpracht der Unterwasserwelt, insbesondere der Korallenriffe, die einer enorm mannigfaltigen Fauna Lebensraum bieten und neben den Regenwäldern das komplexeste Ökosystem der Erde darstellen. Unter den Bewohnern der Riffe finden sich Schildkröten, Rochen, Haie sowie Schwert- und Tunfische. Beim Schnorcheln und Tauchen erlebt man die ungeheure Vielfalt und Schönheit der Korallengärten und all der Lebewesen, die dort ihren Lebensraum haben: von fantastisch gezeichneten Fischarten wie den Doktor-, Papagei-, und Anemonenfischen, den Fahnenbarschen, Süßlippen, Drückerfischen und Muränen über bunte Seeigel sowie Seesternen, Muscheln, Schnecken, Kraken, Seeanemonen bis zu den Korallen. Zu den größeren Arten, die einem in Küstennähe begegnen, gehören Rochen und harmlose Riffhaie. Einige Meerestierarten sind äußerst giftig. Zu ihnen zählen Rotfeuerfische (links) und Nesseltiere wie Quallen und Seeigel.

Bild rechts: Die Sopoaga Waterfalls bieten in unmittelbarer Umgebung idyllische Picknickplätze.

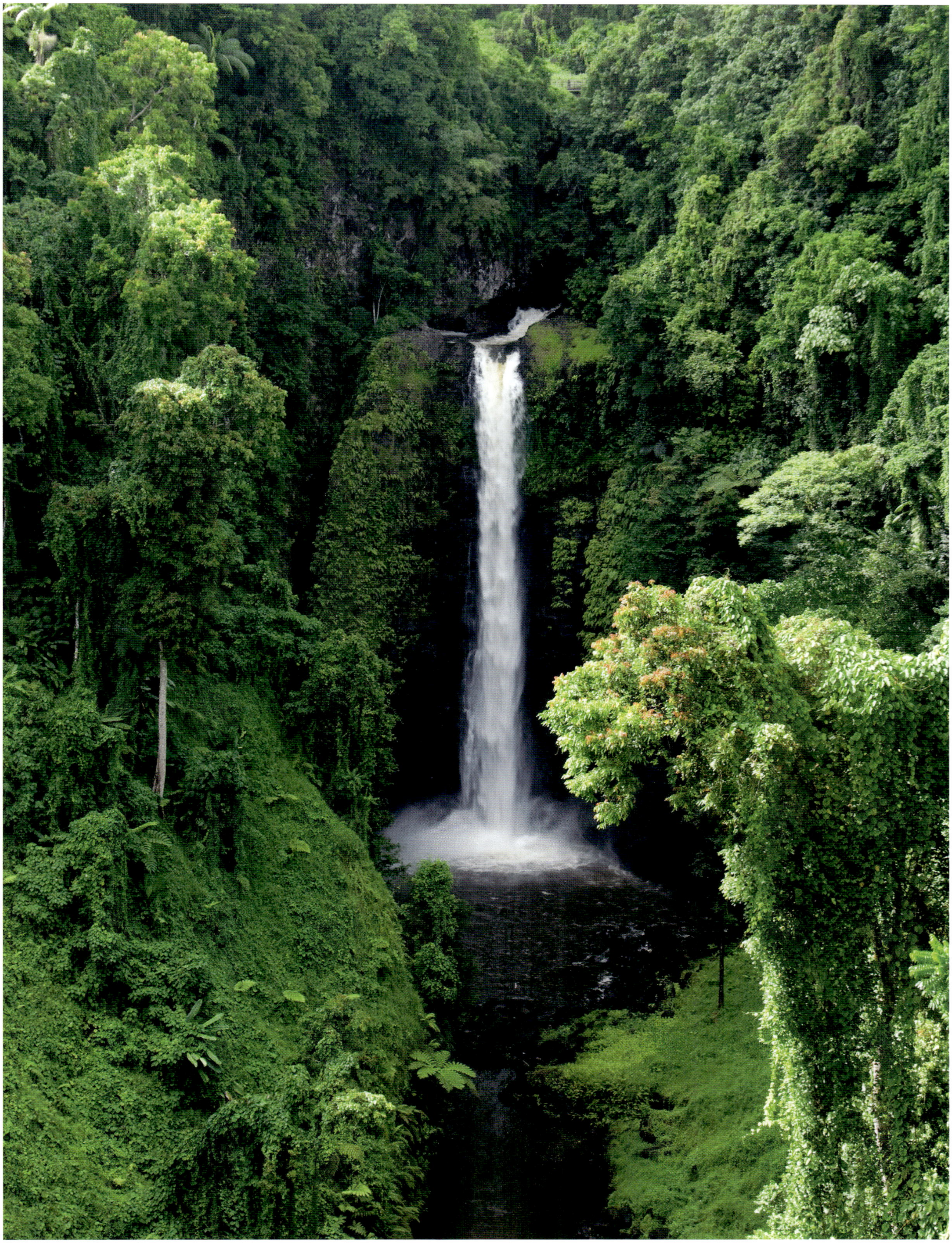

HOT SPOTS

Viele der Fidschi-Inseln sind mit Palmen und weißem Sandstrand gesegnet und bestehen unter Wasser aus Korallenriffen. Sie sind also wie geschaffen für einen Traumurlaub, idealerweise mit einer Segelyacht. Fast überall trifft man nette Leute und wird mit einem »Bula vinaka«, einem herzlichen Hallo, begrüßt.

INTERCONTINENTAL GOLF RESORT & SPA
Das von einem tropischen Garten umgebene Golf Resort liegt an einer malerischen Lagune der Natadola Bay auf Viti Levu, der Hauptinsel der Fidschis. Die über 200 komfortablen Zimmer sind geschmackvoll eingerichtet. Zur Auswahl stehen Unterkünfte mit Blick auf den Garten, den Pool, die Lagune oder auf den Strand. Hinzu kommen verschiedene, luxuriös ausgestattete Suiten mit eigenem Pool. Im Luxus-Spa kann man bei einer traditionellen Vaka-Viti-Massage angenehm entspannen. Gleich nebenan befindet sich ein 18-Loch-Golfplatz. Vom eleganten Restaurant Navo des Hotels hat man einen guten Blick auf die Bucht und die Namensgeberin, die Insel Navo. Serviert werden zeitgemäße Cuisine mit internationalen Einflüssen sowie einheimische Gerichte. Die feinen Kreationen werden in der Show-Küche zubereitet, wohin die Gäste durch Fenster blicken können. Ein gute Auswahl an Weinen rundet das Ganze ab.

Maro Road - Natadola Bay, Viti Levu, Fidschi | Tel. +679 673 33 00 | E-Mail: enquiries.fiji@ihg.com | www.fiji.intercontinental.com

NATADOLA BAY CLUBHOUSE
Auf einer Hügelspitze gelegen bietet sich den Gästen vom Clubhaus des Natadola Bay Golf Course ein fantastischer Rundblick auf den Golfplatz, die grün bewachsenen Hügel sowie auf die von Wellenbrechern umsäumten Korallenriffe. Im Inneren laden Bar und Restaurant zu einem kühlen Drink und einem kleinen Snack oder zu einem Menü ein. Gute Aussicht nach draußen hat man an den Fensterplätzen, im offenen Marquee-Bereich und im Club-Garten.

Maro Road - Natadola Bay, Viti Levu, Fidschi | Tel. +679 673 35 00 | E-Mail: info@natadolabay.com | www.natadolabay.com

NATADOLA BAY GOLF COURSE
Direkt an der Natadola Bay machen Spieler und Besucher auf dem rund 6500 m langen 18-Loch-Golf-Course eine Reise durch nachempfundene Landschaften der Fidschis. Der Championship-Platz ist von grün bewachsenen Hügeln umgeben. Von den meisten Positionen hat man spektakuläre Ausblicke auf den Sandstrand und das Korallenriff. In der Nähe liegt das Intercontinetal Golf Resort. Anmeldung erforderlich.

Maro Road - Natadola Bay, Viti Levu, Fidschi | Tel. +679 673 35 00 | E-Mail: info@natadolabay.com | www.natadolabay.com

SOFITEL FIJI RESORT & SPA
Von der lagunenartig angelegten Poollandschaft dieses 5-Sterne-Resorts hat man eine schöne Aussicht auf den ebenfalls zum Hotel gehörenden Strand. Die 300 hellen Zimmer sind mit eigenem Balkon ausgestattet und gemütlich eingerichtet. Außerdem hat das Resort 10 luxuriöse und komfortable Suiten mit eigenem Jacuzzi und Blick aufs Meer zur Auswahl. Unweit des Hotels gibt es einen 18-Loch-Golfplatz.

Beachfront, Denarau Island | Viti Levu, Fidschi | Tel. +679 675 11 11 | E-Mail: reservations@sofitel.com.fj | www.sofitel.com

In einem Wasserbungalow auf Likuliku nächtigt man besonders idyllisch.

RUNDFLÜGE - ISLAND HOPPERS
Wer die Fidschis mal aus der Vogelperspektive betrachten möchte oder mal schnell vom Hotel zum Golfplatz oder zum Spitzenrestaurant auf der anderen Insel will, der sollte bei Island Hoppers nachfragen. Das größte Flugunternehmen ist seit über 37 Jahren im Geschäft und bietet neben privaten Charterflügen und Transfers auch 30-minütige Rundflüge an.

Nadi Airport, P. O. Box 11364, Viti Levu, Fidschi | Tel. +679 672 04 10 | E-Mail: reservations@islandsalesfiji.com | www.helicopters.com.fj

LIKULIKU LAGOON RESORT
An der Südküste von Malolo Island, einer von Palmen bewachsenen Koralleninsel und Teil des Mamanuca Archipels, liegt die sonnenverwöhnte Lagune Likuliku. Am feinsandigen Strand stehen sogenannte Bures, einige auf Pfählen über dem Wasser und andere am Strand unter Palmen. »Bure« nennen die Fidschianer ihre traditionellen Häuser, aber die 45 »Hütten« des Resorts entpuppen sich als große und luxuriös eingerichtete Bungalows, die keinen Komfort vermissen lassen. Man kann z. B. Schnorcheln, Fischen oder ins Spa gehen oder auch die Insel erkunden und ihre Dörfer besuchen.

Likuliku - Malolo Island, Fidschi | Tel. +679 666 33 44 | E-Mail: reservations@ahuraresorts.com | www.likulikulagoon.com

HOT SPOTS

Auf den Fidschi-Inseln werden Südseeträume wahr, wie hier am Traumstrand des Laucala Island Resort.

Das Plantation House Restaurant im Kolonialstil serviert feinste Gourmetgerichte.

FIJIANA RESTAURANT – LIKULIKU LAGOON RESORT
Das Fijiana ist der Mittelpunkt des Likuliku Resorts. Von hier hat man Ausblicke auf Garten, Poolanlage und das Meer. Es gibt aber auch lauschige Ecken, um ungestört zu zweit zu dinieren. Die Cuisine von Chef Ihaka Peri ist klar, frisch und kreativ und präsentiert exquisite lokale Küche mit frischem Fisch und frischen Meeresfrüchten sowie tropischen Früchten und Premiumprodukten. Gute Weinkarte.

Likuliku – Malolo Island, Fidschi | Restaurant, Tel. +679 672 09 78 |
E-Mail: reservations@ahuraresorts.com |
www.likulikulagoon.com/likuliku-dining.cfm

LAUCALA ISLAND RESORT
Auf Laucala Island bieten 25 luxuriöse Villen exklusivste Privatsphäre und jeden erdenklichen Komfort. Die mit einem, zwei oder drei Schlafzimmern ausgestatteten Villen liegen weit verstreut, inmitten von Kokospalmen einer ehemaligen Plantage und privatem, schneeweißen Sandstrand. Jedes Domizil ist ausgestattet mit eigenem Pool, eigenem Bootssteg, üppigem tropischen Garten sowie großzügigem Innen- und Außenbereich. Zum Freizeitangebot gehören u. a. Golf (18-Loch) und Tauchen. Außerdem stehen mehrere Restaurants und Bars zur Auswahl.

Laucala Island, Fischi | Tel. +679 888 00 77 | E-Mail: info@laucala.com |
www.laucala.com

PLANTATION HOUSE RESTAURANT – LAUCALA ISLAND RESORT
Das Gourmetrestaurant befindet sich ein paar Schritte landeinwärts. Das Plantation House ist vorwiegend aus Holz und im Kolonialherrenstil gebaut. Die Gäste sitzen bequem an hell gedeckten Tischen im eleganten Speiseraum, der bei schönem Wetter zur Terrasse hin geöffnet wird. Serviert wird internationale Haut Cuisine. Die Weinselektion, Edelbrände und Zigarren lassen nicht nur die Herzen von Kennern höher schlagen.

Laucala Island, Fidschi | Tel. +679 888 00 77 | E-Mail: info@laucala.com |
www.laucala.com

SEAGRASS LOUNGE & RESTAURANT – LAUCALA ISLAND RESORT
Das Seagrass liegt nur wenige Schritte vom Strand entfernt. Vom Holzdeck hat man eine herrliche Aussicht auf das türkisfarbene Meer, den spektakulären Sonnenuntergang und die Umgebung. Serviert wird asiatische Küche; sehr gefragt sind Spezialitäten vom Teppanyaki-Grill und Köstlichkeiten der fernöstlichen Cuisine. Wer nichts essen möchte, genießt eben einen Drink an der Bar.

Laucala Island, Fidschi | Tel. +679 888 00 77 | E-Mail: info@laucala.com |
www.laucala.com

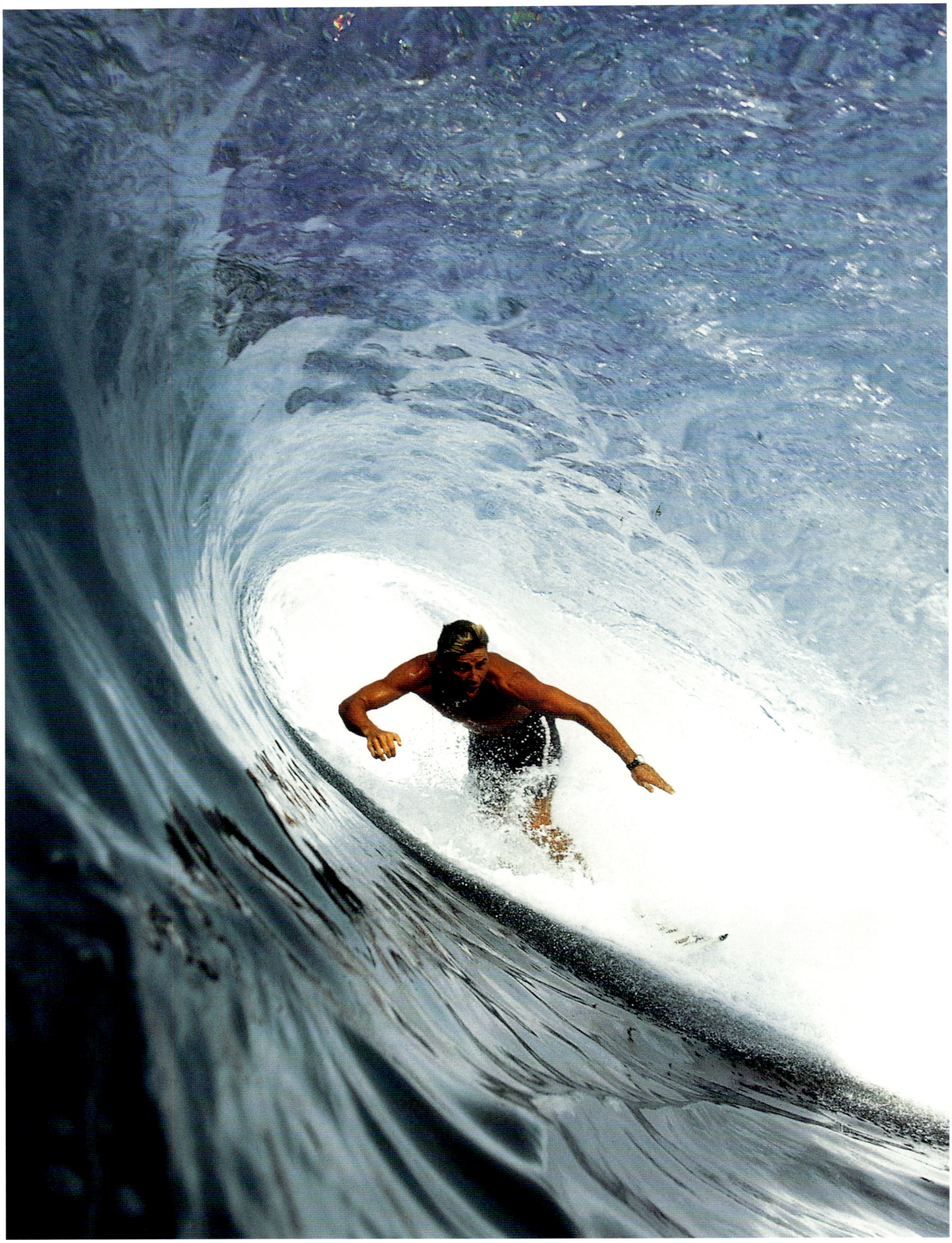

HAWAII
Traumstrände und Vulkane – von Big Island bis Kauai

Weiße Traumstrände, rauschende Palmen, Hula-Tänzerinnen und bunte Blumengirlanden, aber auch tropische Regenwälder und tosende Wasserfälle, aktive und schlafende Vulkane, großstädtisches Feeling in Honolulu und die Magie der Polynesier: Hawaii hat viele Gesichter. Besonders die größte Insel und Namensgeberin des Archipels unterscheidet sich mit ihren grandiosen und bizarren Lavalandschaften im Landesinneren von allen anderen Inseln der Welt.

»Aloha komo mai!«, begrüßen sie einen schon am Flughafen. Willkommen auf Hawaii! Der Aloha Spirit begegnet dem Besucher überall auf den Trauminseln im Pazifik; die Bewohner empfangen die Urlauber mit einer Freundlichkeit, die ansteckend wirkt. Der Himmel ist hier blauer, die Strände sind breiter und sauberer als anderswo, und der Wind rauscht in den Palmen und den magischen Felsen der Napali Coast. Selbst in der Sprache der Polynesier, die um 500 n. Chr. nach Hawaii kamen, bedeutet der Name der Inseln Himmel oder Paradies. Aus gutem Grund wird jeder Fremde mit einem »Lei«, dem traditionellen Blumenkranz der Polynesier, begrüßt, und in der warmen Luft scheint noch das Echo der romantischen Chants nachzuhallen, die zur Zeit der Könige vor Ankunft der weißen Siedler über die Inseln schallten.

Die Hawaii-Inseln erstrecken sich über eine Länge von 2436 km im nördlichen Pazifik – der Grund dafür, dass eine Rundreise nur mit dem Flugzeug oder dem Schiff zu bewerkstelligen ist. Island Hopping nennt man diese Art des Reisens, denn nur ein kurzer »Hüpfer« trennt die bekanntesten Inseln des Archipels voneinander: Kauai, Oahu, Molokai, Lanai, Maui und Hawaii (Big Island). Und so unterschiedlich wie ihre Namen ist auch ihr Charakter: Kauai überrascht mit tropischen Regenwäldern, paradiesischen Gärten, dem Waimea Canyon und der eindrucksvollen Napali Coast, die in Filmen wie »King Kong« und »Jurassic Park« als Kulisse diente. Oahu, von der Moderne geprägt, lockt mit Honolulu, dem legendären Waikiki Beach und meterhohen Wellen im Surferparadies an der Nordküste. Molokai beeindruckt mit einer bewegenden Geschichte um Pater Damien, der sich im späten 19. Jh. um die Leprakranken auf der Kalaupapa-Halbinsel kümmerte. Lanai, eine der kleinsten Hawaii-Inseln, gilt als Paradies für Golfer und hat die einsamsten Strände. Maui, die Lieblingsinsel der amerikanischen Urlauber, verfügt über luxuriöse Hotels, eine tropische Wildnis zu beiden Seiten der legendären Hana Road und den Haleakala, einen der größten und farbenprächtigsten Vulkane der Erde. Aktive Vulkane und Tropenblumen gibt es auch auf Big Island, der Hauptinsel im Süden.

In Pu'uhonua o Honaunau und anderen Dörfern lebt die bewegte Vergangenheit der Inseln weiter. Vor der Ankunft der Weißen wurden alle größeren Inseln von Königen regiert, die mit absoluter

Kailua Beach auf Oahu ist von üppiger Vegetation geprägt.

Macht über ihre Untertanen herrschten. Sie traten in schillernden Umhängen vor ihr Volk, umgaben sich mit einem prunkvollen Hofstaat und lebten in Ehrfurcht vor übernatürlichen Wesen. Beim Hula-Tanz, der damals noch den Männern vorbehalten war, drückten die Hawaiianer den Göttern ihre Verehrung aus. Die Kahunas, die Priester des Volkes, achteten darauf, dass die »Kapus« eingehalten wurden, strenge Tabus, deren Nichtbeachtung den Tod zur Folge hatte. Professionelle Geschichtenerzähler berichten noch heute von diesen aufregenden Zeiten, und in den Städten erinnern Statuen an mächtige Könige wie Kamehameha I. Am 21. Januar 1778 entdeckte Captain James Cook die Inseln für die westliche Welt. Ihm folgten weiße Siedler und Missionare und in jüngster Zeit auch zahlreiche Einwanderer aus Asien. Ein buntes Völkergemisch entstand, nur ein Grund für die hier gelebte Toleranz. Dank des Tourismus entwickelte sich Hawaii, seit 1959 der 50. Staat der USA, zu einem florierenden Zentrum im pazifischen Raum.

Doch die eigenständige Sprache hat man sich auf Hawaii bewahrt, und gäbe es einen Preis für den schönsten und freundlichsten Bundesstaat der USA, wäre Hawaii sicher in der engeren Auswahl. Selbst der gnadenlose Kommerz, der sich auf manchen Inseln breitgemacht hat, kann den Aloha Spirit nicht zerstören.

Bild links: Der begehrte Tunnelblick: ein Surfer in der »Pipeline«.

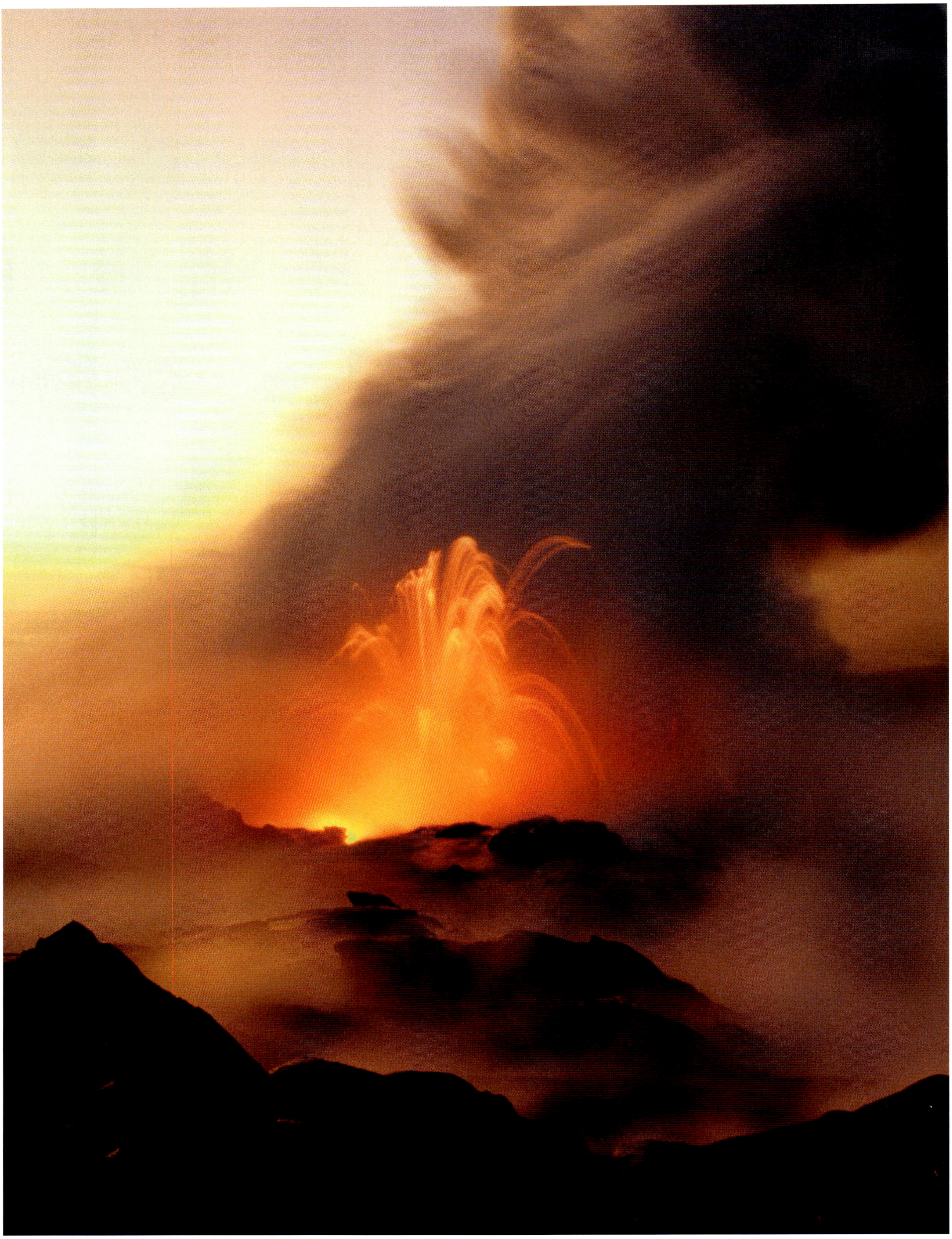

REISEROUTE

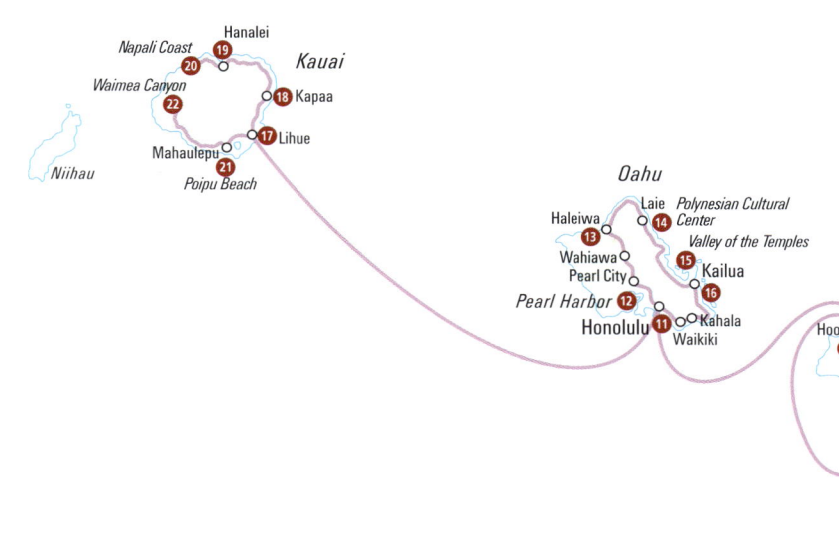

Von Hilo, Hawaiis Haupthafen, führt der Inselstreifzug zunächst durch karges Terrain, wo die Lava noch immer aus dem Boden quillt. Die gewundenen Straßen verlaufen durch Urwald, vorbei an Steilküsten, und in der Ferne leuchtet der schneebedeckte Gipfel des Mauna Kea. Die Route führt dann nach Nordwesten entlang des Inselbogen bis Kauai.

ROUTENLÄNGE: ca. 2500 km
ZEITBEDARF: 3 Wochen
START UND ZIEL: Hilo (Hawaii)
ROUTENVERLAUF: Hawaii, Maui, Lanai, Molokai, Oahu, Kauai

BESTE REISEZEIT: Am besten fliegt man im späten Frühjahr – im Sommer und während der Weihnachtsferien kommen viele Touristen und die Preise sind hoch.

VERKEHRSHINWEISE:
Inselhüpfen mit dem Flugzeug bzw. Schiff ist die einfachste und günstigste Art, die hawaiianische Inselwelt kennenzulernen. Zwischen den Inseln verkehren mehrmals täglich Aloha Airlines und Hawaiian Airlines. Fährverbindungen gibt es von Maui nach Lanai und Molokai sowie auch von Oahu nach Maui und Kauai.
Für Rundfahrten auf den Inseln empfiehlt sich ein Mietwagen. Kreuzfahrten werden von verschiedenen Reiseveranstaltern angeboten.

AUSKÜNFTE:
Hawaii Tourism Europe
c/o Aviareps Tourism GmbH
Josephspitalstr. 15
80331 München
Tel. (089) 55 25 33 819
mail: hawaii@aviareps.com
www.gohawaii.com

Waikiki Beach auf Oahu, im Hintergrund die Tuffsteinformation Diamond Head.

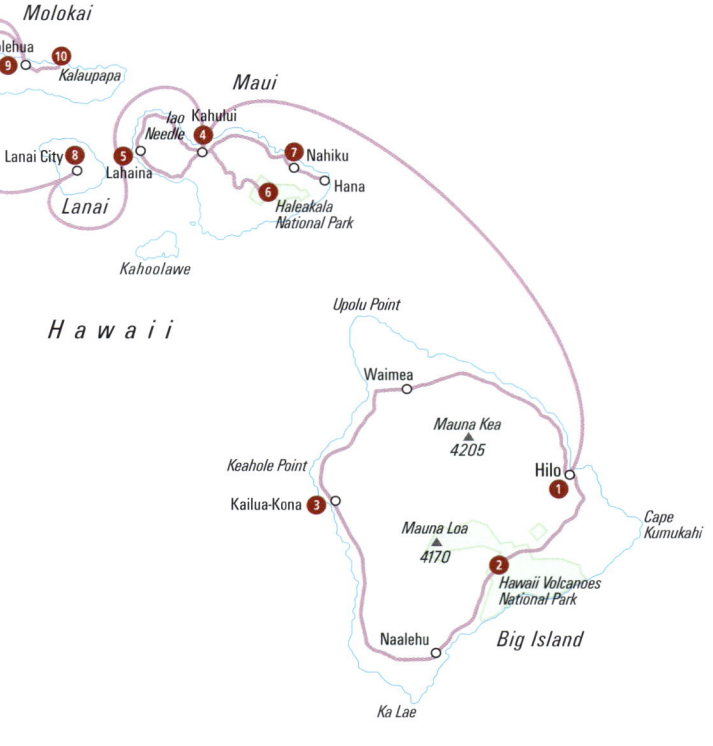

Der traditionelle Tanz Hula auf Hawaii.

Bild links: Die Erschaffung der Erde könnte auch so ausgesehen haben.

HAWAII (BIG ISLAND)

❶ HILO
Der Flieger landet an der Ostküste von Big Island in Hilo, mit über 47 000 Einwohnern der größte Ort und das administrative Zentrum der Insel. In den Jahren 1946 und 1960 wurde die Stadt durch schwere Tsunamis fast gänzlich zerstört und musste wieder aufgebaut werden. Moderne Bauten, großzügig angelegte Parks und palmenbestandene Plätze prägen heute das Stadtbild. Seit 2006 begeistert das inmitten eines herrlichen Parks gelegene Imiloa Astronomy Center Jung und Alt. Es präsentiert nicht nur aktuelle astronomische Theorien, sondern auch alt-hawaiianische Kosmologien und verfügt über ein hypermodernes Planetarium.

❷ HAWAII VOLCANOES NATIONAL PARK
Der Nationalpark, der zum UNESCO-Weltnaturerbe gehört, liegt im Süden von Big Island. Er umfasst einen Teil des 4170 m hohen Mauna Loa, der zuletzt 1984 ausbrach, sowie den 1242 m hohen Kilauea, einen der aktivsten Vulkane der Erde, und einen Abschnitt der zerklüfteten Südküste von Big Island. In dem Gebiet wurden Wanderwege angelegt, auf denen man die Auswirkungen vulkanischer Aktivität bestaunen kann. Der ganz in der Nähe des Visitor Centre am Eingang des Parks beginnende Crater Rim Drive führt um die Kilauea Caldera herum und an aktiven Nebenkratern des Vulkans vorbei. Über die Chain of Craters Road, eine Abzweigung des Crater Rim Drive, gelangt man zur Küste, an der man oft ins Meer fließende Lavamassen beobachten kann.

❸ KAILUA-KONA
Der rund 12 000 Einwohner zählende Ort an der von der Sonne verwöhnten Westküste von Big Island hat sich dank der traumhaft schönen Strände in der Umgebung zum touristischen Zentrum des Insel entwickelt. Trotz des großen Angebots an modernen Hotels, Geschäften und Restaurants präsentiert sich die Stadt als zauberhafter Garten Eden mit großzügig angelegten Parks und üppig blühenden Gärten. Von Kailua-Kona aus geht es über Waimea an der Nordküste über den Pepeeko Scenic Drive, der die Ostküste entlang durch ein üppig wucherndes Waldgebiet führt, zurück nach Hilo.

Nahe Hilo findet man den Rainbow Waterfall.

Welche Kraft die Natur hat, zeigen diese Farne.

PU'UHONUA O HONAUNAU NATIONAL HISTORIC PARK

Um 500 n. Chr. kamen die ersten polynesischen Gruppen nach Hawaii. Sie überquerten den Ozean in hochseetüchtigen Kanus. Auf den Inseln behielten sie ihren Geisterglauben bei. Besonderes Augenmerk legten die Herrscher auf die Einhaltung strenger »Kapus«. Diese Verbote regelten das Leben ihrer Untertanen. Der Begriff ist dem tahitischen »Tapu« entlehnt, dem Ursprung des Wortes »Tabu«. Wer eines der Kapus verletzte, z.B. so unglücklich stand, dass sein Schatten auf den König fiel, musste mit der Todesstrafe rechnen. Asyl bot die Tempelanlage von Pu'uhonua o Honaunau. Bei den Priestern im sogenannten Tempel der Zuflucht waren sie sicher.

Bild: Eindrucksvolle Götterstatuen auf Big Island.

Bild rechts: Der Kilauea gehört zu den aktivsten Vulkanen der Erde.

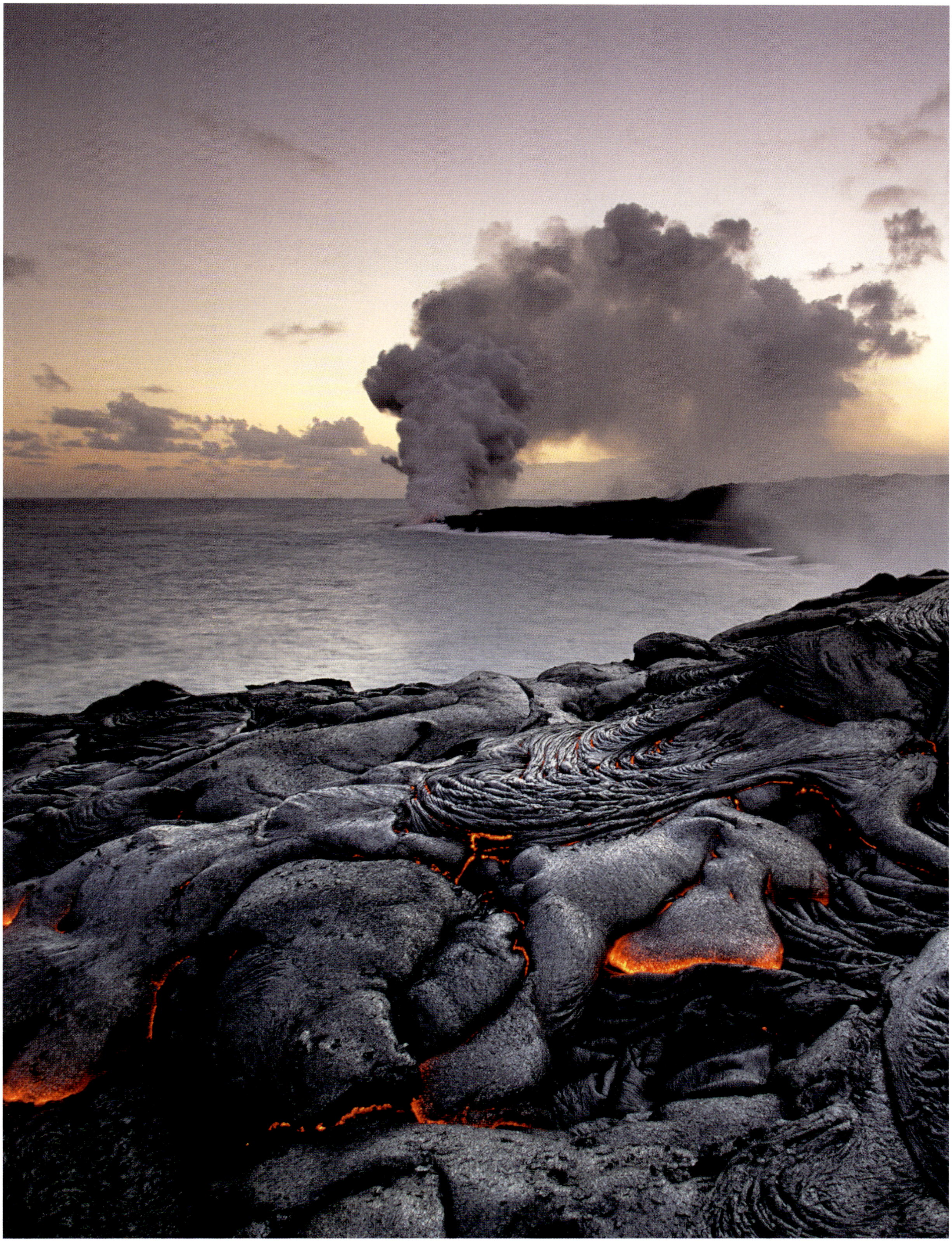

MAUI

❹ KAHULUI
Der kommerzielle Mittelpunkt der Insel Maui lockt mit allen Annehmlichkeiten der amerikanischen Zivilisation, darunter mehreren Einkaufszentren und dem einzigen Kino der Insel. Nur wenige Kilometer entfernt, im Iao Valley State Park, erhebt sich die Iao Needle aus der üppigen Vegetation, eine spitze Felsnadel, die 675 m über den Meeresspiegel ragt. Der Legende nach wurde ein ungebetener Freier der schönen Iao vom Halbgott Maui in den Felsen verwandelt.

❺ LAHAINA
Hier prallen Geschichte und Kommerz aufeinander, blüht das Geschäft im Schatten historischer Häuser aus den Zeiten des Walfangs. Das war schon vor einigen Jahrhunderten so, als die Könige und Adligen sich an der Westküste der Insel erholten. Im 19. Jh. wurde sie zu einem bedeutenden Walfangzentrum. Über 500 Boote ankerten während des Winters im Hafen von Lahaina. Nach 1850 trat Erdöl an die Stelle des Waltrans. Der Niedergang des Walfangs traf Lahaina hart. Der Ort verfiel zu einer verschlafenen Plantagenstadt, die erst aus ihrem Dornröschenschlaf erwachte, als ein Teil der historischen Front Street zur »National Historic Landmark« erklärt wurde und im Norden der Stadt Luxushotels entstanden. Die Wale vor der Küste, einstmals ein begehrtes Jagdobjekt, sind heute eine Touristenattraktion: Das Whale Watching lockt zahlreiche Urlauber an. Schon Errol Flynn und Spencer Tracy genossen den Ausblick vom legendären Pioneer Inn von 1901. Noch älter ist der weit ausladende »Banyan Tree«, der zur Erinnerung an die Missionare gepflanzt wurde. Dahinter liegt das alte Gerichtsgebäude mit Gefängnis. Von Lahaina aus geht es zurück nach Kahului.

❻ HALEAKALA
Das Gebiet um den Vulkan ist als Nationalpark ausgewiesen und – da es mehrere Klimazonen mit unterschiedlichen Vegetationsformen umfasst – zum UNESCO-Biosphärenreservat erklärt worden. Die gut ausgebaute Haleakala Crater Road führt zum Hauptquartier der Parkverwaltung am Gipfel und dann noch 20 km den Kraterrand entlang bis

Der Haleakala National Park gleicht einer Mondlandschaft.

zum 3055 m hoch gelegenen Pu'u Ulaulau, dem höchsten Punkt auf der Insel. An der Straße wurden Aussichtspunkte eingerichtet, von denen aus man die fantastische, bizarre Landschaft in dem riesigen, ein Gebiet von nicht weniger als 52 km² bedeckenden Krater betrachten kann. Besonders die fantastischen Sonnenauf- und -untergänge über dem Krater locken regelmäßig viele Menschen an. Der Vulkan Haleakala gehört zu den mächtigsten Bergen der Erde.

❼ NAHIKU

Nahiku genießt den Ruf, einer der feuchtesten Orte der Erde zu sein. Keine hundert Einwohner leben in dem tropischen Nest, in dem Beatle George Harrison einst zu Hause war. Über die Hana Road erreicht man bei Wailua die Waikani Falls an der Puaa Kaa State Wayside und den Waianapanapa State Park, ein Kleinod der Natur mit Hala-Bäumen, Tempeln und einem weiten Strand aus schwarzem Lavasand.
Die Fahrt führt noch bis Hana und von dort an der Nordküste zurück nach Kahului, wo der Flieger oder eine Fähre nach Lanai wartet.

Bild oben: Der Waianapanapa Beach nahe Hana gehört zu den Stränden mit schwarzem Sand.

LANAI

❽ LANAI

Einst war die sechstgrößte der hawaiianischen Inseln, die 1922 von James Dole gekauft worden war, um hier riesige Ananas-Plantagen anzulegen, als Pineapple Island bekannt. Dank zweier Luxusresorts, die von der Four Seasons Hotelkette betrieben werden, gilt sie heute als Refugium urlaubshungriger Millionäre.

The Lodge at Koele, ein herrlich gelegenes Berghotel, und das Manele Bay Hotel, ein luxuriöses Strandresort mit einem der schönsten Golfplätze der Welt, zählen zu den Top-Hotels der Inseln.

Zu den Sehenswürdigkeiten Lanais gehören Kaunolu, ein mächtiges Felsmassiv, das jäh aus dem Meer ragt und einen natürlichen Hafen umgibt, sowie der Munro Trail, ein steiler und oft nebelverhangener Pfad, der sich rund 10 km durch den tropischen Regenwald windet und zum Lanaihale, dem höchsten Aussichtspunkt der Insel, führt.

2012 wurde Lanai von dem Oracle-Gründer Larry Ellison gekauft, der die stellenweise noch unberührte Insel in ein Laboratorium für nachhaltige Entwicklung verwandeln möchte.

MOLOKAI

❾ HOOLEHUA

Der verschlafene Ort auf der Insel Molokai ist das Tor zu einer anderen Welt. Hier ist der viel gepriesene Aloha Spirit noch lebendig. Vom Tourismus blieb die fünftgrößte Insel des Archipels weitgehend unberührt. Es gibt keine Wolkenkratzer, keine Gourmetrestaurants und nicht mal eine Verkehrsampel, aber dafür einen weiten Sandstrand und »Hawaii, wie es früher einmal war«.

❿ KALAUPAPA

Nur mit dem Hubschrauber oder auf dem Rücken eines Maultieres dürfen Besucher auf die berühmt-berüchtigte Halbinsel, die durch hohe Felsklippen und eine schäumende Brandung von der Außenwelt isoliert ist und ein knappes Jahrhundert lang zum Gefängnis für mehr als 8000 Leprakranke wurde. Der belgische Missionar und Priester Saint Damien gründete hier im Jahr 1873 eine Siedlung, um den Kranken wieder Hoffnung zu geben.

Der nächste Routenpunkt ist Honolulu auf Oahu.

WALE

Whale Watching gehört zu den beliebtesten Urlaubsvergnügen in Hawaii. Zahlreiche Unternehmen bieten Whale-Watching-Trips an. Die mächtigen Buckelwale sieht man nur zwischen Dezember und April, wenn sie die kühlen Gewässer um Alaska verlassen, um sich im südlichen Pazifik zu paaren und Nachwuchs zu bekommen. Oft hat man das Glück, die Baby-Wale bei ihren Müttern zu sehen. Ungefähr 100 Pfund nehmen die »Kleinen« täglich zu, während sie Schwimmen, Jagen und Atmen lernen. Im 19. Jh. war dagegen der Walfang eine bedeutende Industrie. Tran und Fett der mächtigen Tiere wurden als Brennstoff für Lampen und als Schmieröl in alle Welt exportiert. Doch die Zeiten sind zum Glück dank der Arbeit von Missionaren und Naturschützern vorbei.

Bild oben: Molokai ist vielleicht doch der Ort am Ende des Regenbogens.

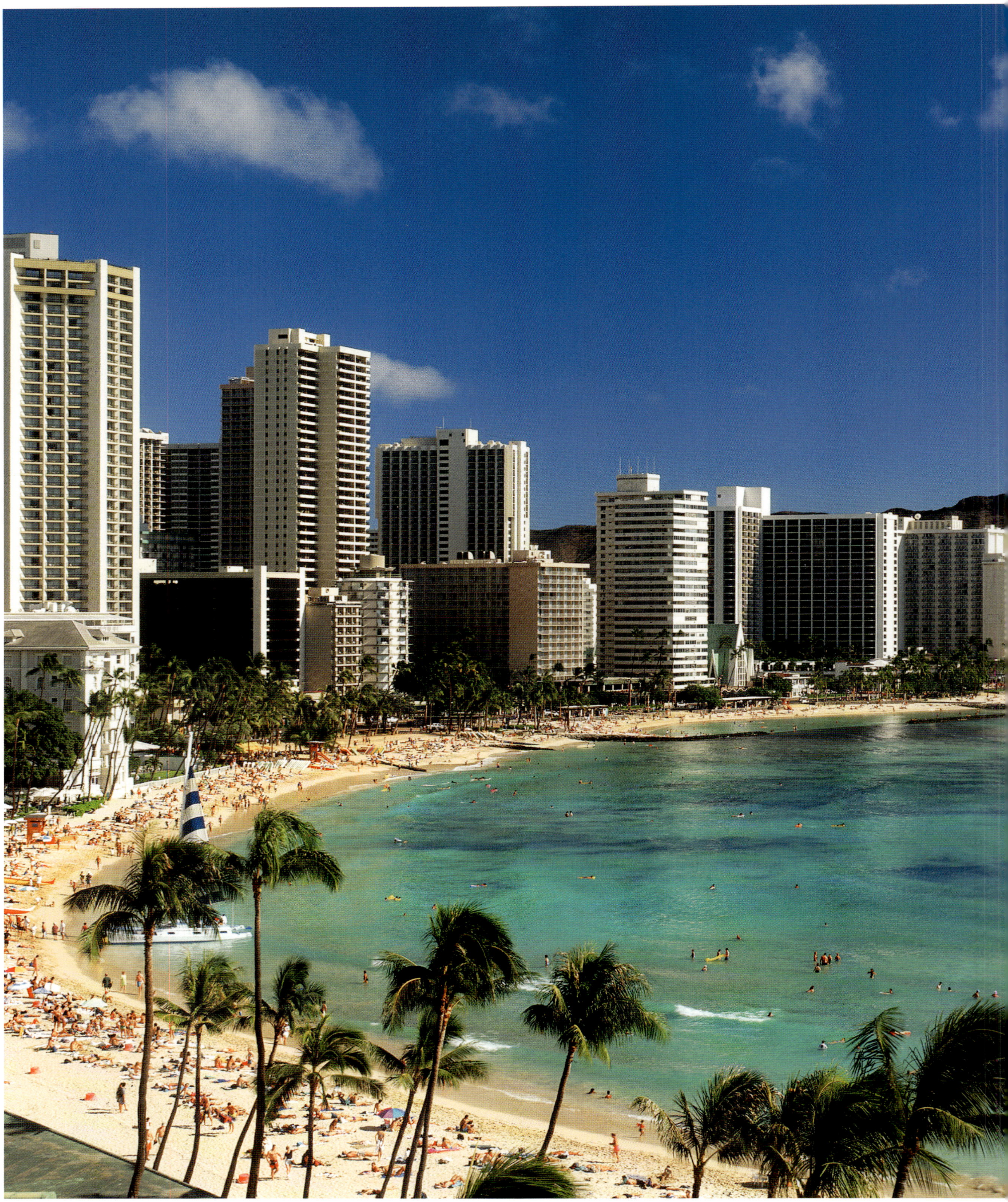

OAHU

⓫ HONOLULU

Die geschäftige Metropole (ca. 380 000 Einwohner) im Pazifik ist die einzige Großstadt der Inseln. Der ehemalige Sitz der hawaiischen Könige ist Regierungssitz und Mittelpunkt des gesellschaftlichen und politischen Lebens. Ehemals eine bedeutende Hafenstadt und während des Zweiten Weltkriegs ein wichtiger Versorgungspunkt für die amerikanischen Truppen, profitiert Honolulu heute vom Handel mit dem Fernen Osten und vom Tourismus.

Im Zentrum von Honolulu, an der belebten King Street, schlägt das Herz der Stadt am lautesten. Eine Statue erinnert an König Kamehameha I.

Inmitten einer Parkanlage mit Palmen und tropischen Bäumen ragt der Iolani Palace empor, der einzige Königspalast der USA. Am 12. August 1898 wurde hier die amerikanische Flagge am Mast hochgezogen. Gegenüber vom Iolai Palace stehen die Kawaiahao Church und die Mission Houses. Reverend Hiram Bingham ließ die älteste Kirche der Insel zwischen 1836 und 1842 aus 14 000 Korallenblöcken erbauen. Nebenan erinnern drei Häuser an die frühen Missionsjahre, als eifrige Gottesdiener versuchten, der polynesischen Bevölkerung die christliche Heilslehre nahezubringen.

Waikiki gehört zu den berühmtesten Strandmetropolen der Welt. Der Stadtteil von Honolulu wird im Norden durch den Ala Wai Canal und im Süden durch den Pazifik begrenzt. Feudale Luxushotels und zahlreiche Restaurants und Shops säumen die Kalakaua Avenue und die Kuhio Avenue. Nach umfangreichen Renovierungen gilt der Strandort wieder als erste Adresse.

⓬ PEARL HARBOR

Am 7. Dezember 1941 überfielen japanische Bomber, Torpedoflieger und Jagdflugzeuge den amerikanischen Militärhafen Pearl Harbor. Die Amerikaner waren ahnungslos, obwohl ihre Abwehr schon einige Monate zuvor den Geheimcode der Japaner geknackt hatte. Böse Zungen behaupten bis heute, der amerikanische Präsident habe den bevorstehenden Überfall bewusst verschwiegen, um die Bürger nach der Katastrophe leichter für einen Kriegseintritt gewinnen zu können. Die Schiffe der amerikanischen Pazifikflotte ankerten wie auf dem Präsentierteller, sieben Schlachtschiffe lagen nebeneinander in der »Battleship Row«. Um 7.55 Uhr tauchten die japanischen Flugzeuge über Pearl Harbor auf. Tod bringend stürzten sich die Japaner auf die ankernden Schlachtschiffe. Um 8.10 Uhr wurde die USS Arizona von einer schweren Bombe getroffen. In weniger als neun Minuten sank das riesige Schlachtschiff mit 1177 Mann Besatzung. Die USS Oklahoma wurde seitlich getroffen und riss 400 Mann mit in den Tod. Auch die USS Utah kippte seitlich ins Wasser. Weitere Schiffe sanken. Als die Japaner um 10 Uhr den Angriff einstellten, hinterließen sie Verwüstung und Zerstörung. 2395 Soldaten standen auf der Verlustliste. 164 Flugzeuge waren explodiert, und die stolzen Schiffe der Pazifikflotte waren gesunken oder lagen stark beschädigt im Hafenbecken. Heute erinnert ein Mahnmal, das USS Arizona Memorial über dem gesunkenen Schiff, an dieses schreckliche Ereignis.

⓭ HALEIWA

Haleiwa, die ehemalige Missionsstation an der Mündung des Anahulu River, hat sich zum Mekka für ausgeflippte Aussteiger, alternde Hippies, New-Age-Propheten und die Surfer der Nordküste entwickelt. Die

Bild links: Die Hochburg Waikiki bietet maritimen Luxus.

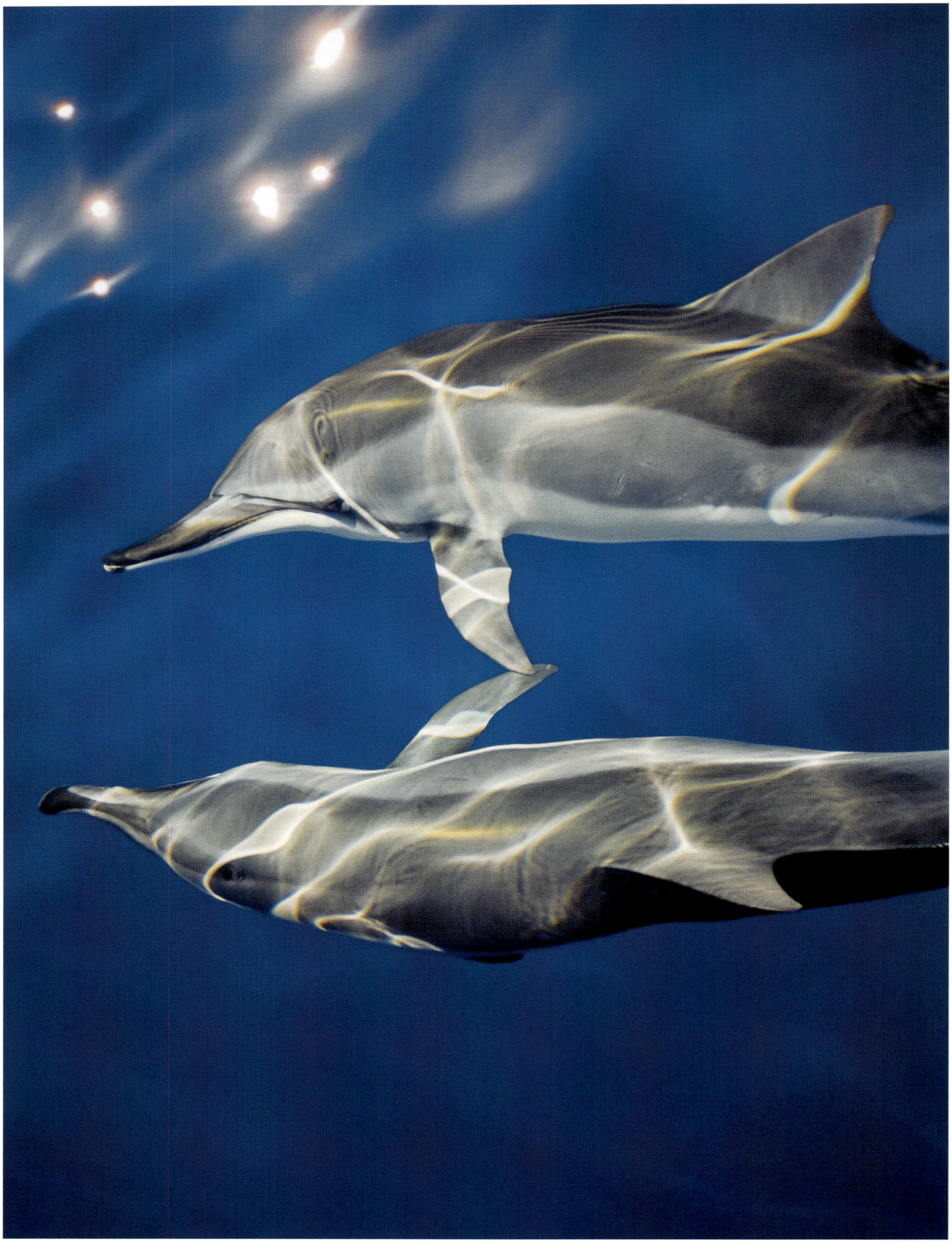

Surfgebiete an der legendären North Shore liegen keine 100 m von der zweispurigen Straße entfernt, die in Haleiwa das Meer berührt und an den Surfer-Stränden endet.

Banzai Pipeline, ein paar Meilen weiter, ist vielleicht der bekannteste Surfstrand der Welt. Hier wurde in den 1950er-Jahren »Surf Safari« gedreht, der zum Kultfilm avancierte und die tunnelförmigen Wellen an der North Coast überall bekannt machte. Nur die erfahrensten Surfer wagen sich in die Pipeline, die durch ein flaches Riff aufgeworfen wird. Sunset Beach, gleich nebenan, lockt mit einem 3 km langen Sandstrand und ist im Winter mit den Wagen der Surfer voll geparkt. Hier sind die Wellen am schönsten, behaupten die Profis. Amateure sollten sich jedoch in harmloseren Gewässern versuchen – die Brandung ist sehr gefährlich und nur für erfahrene und langjährige Surfer geeignet.

❶ POLYNESIAN CULTURAL CENTER

Die Studenten der mormonischen Brigham Young University in Laie geloben beim Eintritt, sich keine Bärte wachsen zu lassen und ein moralisch einwandfreies Leben ohne Alkohol oder gar Drogen zu führen. Sie verdienen sich ihr Taschengeld im nahen Polynesian Cultural Center, einem lehrreichen »Vergnügungspark«, der am frühen Abend an Disneyland erinnert. Dann explodiert der Park in einer kitschigen Mammutshow mit polynesischen Musikern, Sängern und Tänzern, die Geschichte und Mythen der Südsee in einem opulenten Schauspiel aufleben lassen. Feuerspeiende Vulkane, rauschende Wasserfälle und mit Palmblättern bedeckte Hütten bilden den Hintergrund für das Spektakel, das nicht einmal von dem eindrucksvollen Film auf der Großleinwand des IMAX Polynesia Theater übertroffen wird.

Das Polynesian Cultural Center wurde 1963 erbaut und vielerorts als Flop gehandelt, weil niemand glaubte, dass die Touristen von Waikiki nach Laie fahren würden, um sich einen kulturellen Park anzuschauen. Nach Hawaii kommen die Leute, um im Sand zu liegen und zu baden, sagte man. Weit gefehlt! Das »PCC«, wie es die meisten Einheimischen nennen, entwickelte sich zu einer erfolgreichen Touristenattraktion. Der Gewinn geht an die Brigham Young University und die »Heiligen der Letzten Tage«. Die sieben Dörfer der Anlage repräsentieren die Kulturkreise von Samoa, Neuseeland, Fidschi, Hawaii, Marquesas, Tahiti und Tonga. Polynesische Studenten, meist von den jeweiligen Inseln, singen traditionelle Lieder, musizieren auf historischen Instrumenten, kochen einheimische Gerichte und erzählen die Geschichten und Legenden ihrer Heimat.

❶ VALLEY OF THE TEMPLES

Vor dem dramatischen Hintergrund der grünen, meist von Wolken bedeckten Berghänge an der Windward Coast von Oahu erstreckt sich das Valley of the Temples, ein Friedhof für alle Religionen, der eine herrliche Aussicht auf die Küstenlandschaft gestattet. Der Byodo-In Temple stellt eine originalgetreue Nachbildung des 900 Jahre alten Byodo-In im japanischen Uji dar. Er wurde 1968 zur Hundertjahrfeier der Ankunft der ersten Japaner in Hawaii erbaut. Kiichi Sano, ein berühmter Gartenarchitekt aus Kyoto, gestaltete die blühende Landschaft, ein buntes Refugium abseits der hektischen Betriebsamkeit von Honolulu. Der Klang einer 3 t schweren Messingglocke verbreitet die Botschaft von Buddha Amitabha und lädt zum Meditieren ein. Bunte Pfauen schlagen auf den Wegen ihre Räder.

❶ KAILUA

Die Fahrt an der Windward Coast entlang führt nach Süden und durch die Altstadt von Kailua, vorbei an den Beach Homes der oberen Zehntausend. Im Kailua Beach Park, einem weiten Sandstrand, treffen sich die wagemutigsten Windsurfer von Hawaii, die hier ideale Bedingungen vorfinden. Nur an der Nordküste von Maui sind mehr bunte Segel zu sehen. Windsurfen ist auf den Inseln ein eher seltener Sport, da jeder Jugendliche, der etwas auf sich hält, mit einem »richtigen« Surfbrett in die Fluten steigt.

Ein lichter Wald trennt den weißen Sandstreifen vom Inland und sorgt für den Schatten, den man in der Mittagshitze dringend braucht. Der Strand ist relativ ruhig, verglichen mit anderen Stränden auf Oahu beinahe einsam, und besonders bei Familien beliebt. Kailua Beach ist einer der sichersten Strände von Oahu, das Wasser fällt erst weiter draußen steil ab, die Strömung ist gering, und nur am Wochenende, wenn es in der Bucht von Windsurfern wimmelt, sollte man sich vor den scharfkantigen Brettern hüten.

Weiter südlich liegt der Lanikai Beach, der noch seichter ins Meer führt und immer noch als Geheimtipp gilt. Hier bleibt der Kommerz weitgehend außen vor. Nur der weiche Sand und das blaue Wasser locken. Ein idealer Platz für ein Picknick.

Auf der Rückfahrt nach Honolulu, das man über den Pali Highway in 20 Minuten erreichen kann, sollte man den Umweg an der Küste entlang über Kahala wählen. In dem Nobel-Vorort von Honolulu stehen zahlreiche luxuriöse Villen.

Auf der Suche nach der »perfekten Welle«.

SURFEN

Der »Duke«, ein direkter Nachkomme der Könige und seit dem frühen 20. Jh. ein Volksheld in Hawaii, machte das Surfen in der ganzen Welt berühmt. Seit er wie ein Zauberer über die Wellen glitt, gilt es als Volkssport. Doch gesurft wurde bereits vor der Ankunft der Weißen. Die alten Hawaiianer nannten es »he'enalu«, auf der Welle rutschen. »Ein gutes Surfbrett war für einen Inselbewohner das, was eine offene Kutsche für einen jungen englischen Gentleman war«, schrieb Lord Byron, als er um 1820 mit der Blonde vor Hawaii ankerte. Damals surften die Hawaiianer noch auf Holzbrettern, die den starken Wellen gewachsen waren. Moderne Boards bestehen aus Fiberglas und erlauben kunstvolle und gefährliche Ritte durch die »Pipelines« vor der Nordküste von Oahu.

Bild links: Die Fleckendelfine kommunizieren unter anderem durch Flossenkontakt.

KAUAI

⓱ LIHUE
In Lihue, der Hauptstadt der Insel, startet die Kauai-Tour, die wegen der unpassierbaren Steilküsten im Nordwesten gabelförmig verlaufen muss. In Lihue gibt es ein Einkaufszentrum und zahlreiche Läden. Das Kauai Museum informiert über die Vergangenheit der Insel. Nur wenige Kilometer entfernt locken der Kalapaki Beach und die von Palmen gesäumten Kauai Lagoons.

⓲ KAPAA
Der Weg zur Napali Coast führt über Kapaa, eine kleine Stadt mit einem attraktiven Shopping Center. Im Inland lockt der Sleeping Giant, ein steinerner Riese in den Bergen.
Die Legende nach half er einen Tempel zu bauen, aß während des anschließenden Festes so viel, dass er einschlief und nicht mehr aufwachte. Zu den Pflichtübungen in dieser Region gehören eine Bootsfahrt auf dem Wailua River zur Fern Grotto, einer farnbewachsenen Höhle, und ein Fahrt zu den Wailua Falls.

Die beeindruckende Küstengebirgskette Napali Coast.

⓫ HANALEI

Das verträumte Fischerdorf gilt als Basiscamp für Ausflüge zur Napali Coast. Viele Künstler haben sich in der kleinen Stadt niedergelassen, und abends wird in den wenigen Lokalen und Bars gefeiert. An der nahen Hanalei Bay steht ein Luxushotel, vom Hanalei Lookout hat man einen herrlichen Ausblick auf das Meer und die tropische Landschaft.

⓴ NAPALI COAST

Die zerklüfteten Berghänge der Küste gehören zu den größten Naturwundern der Erde. Die Sonne zaubert bizarre Bilder auf die faltige Felswand, die hoch über das Meer aufragt und lange Schatten wirft. Oberhalb der Küste führt der Kalalau Trail durch Wälder und über Felskämme zum Kalalau Valley. Am Kalalau Beach endet der Weg.

㉑ POIPU BEACH

Über Lihue geht es zunächst südwärts und dann nach Westen zum populärsten Strand von Kauai. Ein mächtiges Riff schirmt den Sandstrand gegen die tosenden Wellen ab. Am Wochenende trifft sich hier die halbe Insel. Über eine holprige Sandstraße fährt man ins nahe Mahaulepu. Unter diesem Sammelnamen firmieren Gillin's Beach, Kawailoa Bay und Haula Beach. Diese Strände sind meist menschenleer und herrlich idyllisch.

㉒ WAIMEA CANYON

Waimea heißt »rotes Wasser«: Der gleichnamige Fluss gräbt sich hier, rot leuchtend, durch ein Bett aus Vulkanerde. Am westlichen Rand des Canyons windet sich der Waimea Canyon Drive durch den Regenwald des Kokee State Park, der von verschiedenen Wanderwegen durchzogen wird. An der Panoramastraße befinden sich mehrere Aussichtspunkte, die einen fantastischen Ausblick auf den Canyon gewähren. Der Waimea Canyon, der »Grand Canyon des Pazifik«, verzaubert den Schluss der Reise mit farbenprächtigen Felsentälern und tiefgrünen Wäldern, die wie Oasen von den roten, braunen und violettschimmernden Felsen abstechen.

Bild oben: Berge, die aus der Tiefe in die Ebene wachsen: der Waimea Canyon.

HOT SPOTS

Nicht nur überall auf den Inseln, sondern auch in den Hotels und Restaurants von Hawaii ist der »Spirit of Aloha« zu spüren. Legendäre Hotels findet man vor allem beim Waikiki Beach in Honolulu. Viele andere Resorts setzen ebenso auf Strand und spektakuläre Panoramen. Alle haben natürlich Veranstaltungen mit Hula und hawaiianischer Musik im Repertoire. Und auch kulinarisch sollte man verreisen und einmal die Köstlichkeiten der Cuisine hawaïenne probieren.

SHERATON KONA RESORT & SPA AT KEAUHOU BAY
Auf einem schon lange erkalteten Lavastrom errichtet, meint man in den Unterkünften dieses Resorts den Atem des Mauna Kea förmlich zu spüren. Das Kona liegt direkt an der Keauhou Bay und an der sonnenverwöhnten Küste von Big Island. Die große Poolanlage mit Rutsche ist bei Kindern sehr beliebt. Die Zimmer und Suiten sind angenehm und mit einem geschmackvollen Bad ausgestattet. Alle verfügen über eine Terrasse bzw. einen Balkon (Lanai), die zur Seeseite bieten Meeresblick. Von einigen Stellen des Resorts kann man gelegentlich sogar Mantas in der Bucht beobachten. Im Ho'ola Spa lässt sich der Tag bei einer Lomi-Lomi-Massage herrlich angehen.

78-128 Ehukai St, Kailua-Kona, Big Island, HI 96740, USA | Tel. +1 808 930 49 00 | E-Mail: info@sheratonkona.com | www.sheratonkona.com

FOUR SEASONS RESORT HUALALAI
Auf Big Island liegt dieses mehrfach preisgekrönte Resort der Four-Seasons-Kette. Direkt am kilometerlangen Strand der exklusiven Kona-Kohala-Küste errichtet, besticht die Anlage durch ausgeklügeltes hawaiianisches Design mit viel Liebe zum Detail. Dass das Meer hier aufgrund der Lavavorkommen nicht ideal zum Baden ist, gerät schnell angesichts der vielen Pools in Vergessenheit. Viele Stars aus Film und Fernsehen steigen hier ab, die die lässige Atmosphäre des Hotels zu schätzen wissen. Der hoteleigene 18-Loch-Golfplatz hat eine wahrlich spektakuläre Lage auf Lavafeldern. Nicht zuletzt erwarten Fitnessbereiche, Spa-Anwendungen und hervorragende Restaurants die Gäste.

72-100 Ka`upulehu Drive, Kailua-Kona, Big Island, HI 96740, USA | Tel. +1 888 340-5662 | www.fourseasons.com/hualalai

THE RITZ-CARLTON – KAPALUA
Auf dem Gelände einer ehemaligen Ananas-Plantage liegt dieses Hotel inmitten einer Gartenlandschaft unmittelbar an der Bucht von Kapalua. Die geschmackvoll eingerichteten Zimmer und geräumigen Suiten verfügen über eine Terrasse oder Balkon mit Blick aufs Meer oder auf den Garten und die riesige Poolanlage. Die Behandlungen im Spa sind von überlieferten hawaiianischen Methoden inspiriert und es kommen vorwiegend Pflanzen, Kräuter und Früchte der Inseln zur Anwendung. Zwei 18-Loch-Golfplätze gehören ebenfalls zum Resort.

One Ritz-Carlton Drive, Kapalua, Maui, HI 96761, USA | Tel. +1 808 669 62 00 | www.ritzcarlton.com

Der hoteleigene Golfplatz des Four Seasons Hualalai.

KOA KEA HOTEL & RESORT
Das Boutique-Hotel liegt unmittelbar am Poipu Beach an der sonnigen Südküste von Maui. In der geschmackvoll von tropischem Garten und Palmen umgebenen Anlage bieten einige der Zimmer und vor allem die luxuriösen Suiten den Gästen ein herrliches Panorama auf den Pazifischen Ozean. Alle Zimmer und Suiten sind mit einem Lanai (Terrasse/Balkon) ausgestattet.

2251 Poipu Rd, Poipu Beach, Koloa, Maui, HI 96756, USA | Tel. +1 808 828 88 88 | E-Mail: reservations@koakea.com | www.koakea.com

FOUR SEASONS LANAII AT MANELE BAY
Von diesem Resort kann man, direkt an der Manele Bay an einem Kliff aus roter Lava mit kleinen weißen Sandstränden gelegen, ein spektakuläres Panorama genießen. Auch die Suiten und Zimmer mit »Ocean-

HOT SPOTS

Unter Palmen am goldgelben Strand des Kahala entspannen.

view« bieten diese herrliche Aussicht. Bemerkenswerte Ansichten der Umgebung bietet auch die benachbarte 18-Loch-Golfanlage. Mehrere Restaurants haben für jeden Geschmack etwas, vom einfach leckeren Lammbraten mit Rosmarin bis zur feinen cucina italiana. Das feine Restaurant des Four Seasons liegt hoch über der Hulopoe Bay, einem Teil der Manele Bay. Von der Terrasse des Kailani hat man einen guten Blick auf die Bucht. Hier serviert Chef Dario Montelvere seinen Gästen italienische Cuisine mit leichten hawaiianischen Anklängen. Montelvere setzt auf regionale und saisonale Produkte und zaubert seine Kreationen aus dem Fang des Tages und Gemüse, Obst und Kräutern aus biologischem Anbau sowie Bio-Fleisch aus ökologischer Tierhaltung. Zum Lunch kann man aber auch Burger, Pizzas und Sandwiches bekommen.

Manele Bay Road, P. O. Box 631380, Lanai City, Lanai, HI 96763, USA | Tel. +1 808 565 20 00 | www.fourseasons.com/maneleba

GOLF – THE EXPERIENCE AT KOELE
Im Hochland von Lanai, auf rund 600 m Höhe, verläuft diese wunderschöne 18-Loch-Anlage über Hügel und durch Schluchten mit tropischer Vegetation. Entworfen wurde dieser relativ kurze Parcour von den Golf-Legenden Greg Norman und Ted Robinson. Von den meisten Positionen dieses Championship-Platzes, der zahlreiche gebirgige Passagen enthält, hat man atemberaubende Ausblicke auf wilde Schluchten oder das Meer sowie die Nachbarinseln Maui und Molokai.

1 Keomoku Rd, P. O. Box 630310, Lanai City, Lanai, HI 96763, USA | Tel. +1 808 565 46 53 | www.golfonlanai.com

GOLF – THE CHALLENGE AT MANELE
Dieser 18-Loch-Golfplatz an der Südküste von Lanai wurde von der Golf-Legende Jack Nikolaus entworfen. Die Anlage erstreckt sich von einer Klippe über der Hulopoe Bay über einige Hektar entlang natürlicher Lavafelder, einiger steiler Schluchten und kleiner Wäldchen. Da-

Das Angebot des Kahala ist groß, Delfine tummeln sich in der Lagune.

mit Spieler aller Niveaus eine Chance haben, hat Nikolaus für jedes Loch fünf Abschlagstellen und unterschiedlich lange Bahnen vorgesehen. Die Bahnen sind daher mit rot, weiß, blau, gold oder »Nikolaus« markiert. The Challenge at Manele gehört zweifellos zu den besten Resort-Golfplätzen der Welt.

1 Manele Bay Rd, P. O. Box 630310, Lanai City, Lanai, HI 96763, USA | Tel. +1 808 565 22 22 | www.golfonlanai.com

KAHALA HOTEL & RESORT
Zwar nur 10 Minuten von der Strandpromenade von Waikiki-Beach entfernt, bietet das Kahala dennoch ein Gefühl von Geborgenheit und Abgeschiedenheit. Es ist eines der weltweit besten Resorts und wird von Staatsoberhäuptern und Mitgliedern des Hochadels aus aller Welt sowie von Prominenten aus Film und Kultur immer wieder gerne besucht.

HOT SPOTS

Alle 338 Zimmer und Suiten des legendären Luxus-Resorts haben Ausblick auf den Ozean. Die Unterkünfte sind in verschiedenen Häusern untergebracht und über eine Parkanalage miteinander verbunden. Ein vielfältiges Wellness-Center, diverse Pools, eine natürliche Lagune mit Delfinen und vieles mehr sorgen für Abwechslung. Außerdem hat das Kahala fünf Restaurants und diverse Bars im Repertoire, wo man für das leibliche Wohl und für Geistiges sorgt.

5000 Kahala Ave, Honolulu, Oahu, HI 96816-5498, USA |
Tel. +1 808 739 88 88 | E-Mail: info@kahalaresort.com |
www.kahalaresort.com

THE ROYAL HAWAIIAN HOTEL

Mit seiner vollkommen rosa gestrichenen Fassade ist das Royal Hawaiian direkt am Waikiki Beach nicht zu übersehen. Das in spanisch-maurischem Stil gebaute Hotel wurde 1927 eröffnet und gilt als eine Art Wahrzeichen von Oahu. Es beherbergte vor allem vor dem Zweiten Weltkrieg viel Film-Prominenz. Während des Krieges diente es dem damaligen US-Präsidenten Franklin D. Roosevelt als Quartier. Später war das Royal Hawaiian häufig Drehort von Filmen fürs Kino oder Fernsehen. Heute besteht das Royal aus einem älteren und einem moderneren Komplex. Die über 500 großen und luxuriös ausgestatteten Zimmer und Suiten sind nach Themen ausgestattet. Besonders begehrt sind die Unterkünfte im Turm, u. a. wegen der Aussicht. Zu den weiteren Annehmlichkeiten gehören u. a. der Tower Pool mit Jacuzzi, das Abhasa Waikiki Spa sowie mehrere Restaurants und schicke Bars.

2259 Kalakaua Ave, Honolulu, Oahu, HI 96815, USA | Tel. +1 808 923 73 11 |
E-Mail: reservations@royal-hawaiian.com | www.royal-hawaiian.com

HALEKULANI

Das Halekulani steht in einem großen, mit vielen Blumen üppig bewachsenen Garten unmittelbar am Gray's Beach. Das Hotel ist für seinen Luxus und seinen Service berühmt und gilt als Synonym für Gastfreundschaft. Neben allen Suiten, die keinen Luxus vermissen lassen, haben auch die meisten einfacheren Zimmer Blick aufs Meer. Ein Weltklasse-Spa sowie ein beeindruckender Pool laden zum Entspannen ein. Im Gourmetrestaurant La Mer dienen die neoklassische französische Cuisine und die frischen Zutaten der hawaiianischen Küche als Inspiration für die Köche und die Gäste. Das Team des La Mer versteht es, mit viel Liebe zum Detail das Hawaiianische mit Aromen aus dem Süden Frankreichs zu verbinden und zu überraschen. Ein Genusserlebnis, das weltweit seinesgleichen sucht. Im eleganten Hauptraum (Dinner Room) bietet sich den Gästen von den Plätzen zur Seeseite neben den kulinarischen Kostbarkeiten ein wundervolles Panorama aufs Meer. Wer es privater mag, der reserviert einen Tisch im bequemen Salon (max. 16 Personen). Seit Kurzem gehört zum La Mer auch eine Bar, wo man sich bei einem Aperitif auf die bevorstehende Genussreise einstimmen kann.

2199 Kalia Rd, Honolulu, Oahu, HI 96815-1988, USA | Tel. +1 808 923 23 11 |
E-Mail: info@halekulani.com | www.halekulani.com

Unter Bäumen am Strand bietet das Halekulani eine Oase der Ruhe.

Das Hoku's serviert hawaiianisch-internationale Speisen.

JW MARRIOTT IHILANI RESORT & SPA

An der windstillen Westküste von Oahu bei Ko Olina liegt dieses Luxus-Hotel an einer von insgesamt vier einsamen Strandbuchten, die optimale Badebedingungen bieten. Mit seinem luxuriösen Spa, einem Championship-Golfplatz und seinen komfortabel ausgestatteten Zimmern sowie großzügig gestalteten Suiten gehört das JW Marriott Ihilani Resort zu den besten Adressen auf Oahu. Alle Unterkünfte der höheren Preisklassen bieten ein herrliches Panorama auf den Strand und die Bucht.

92-1001 Olani St, Ko Olina, Kapolei, Oahu, HI 96707, USA |
Tel. +1 808 679 00 79 | E-Mail: info@ihilani.com | www.ihilani.com

HOT SPOTS

Das prachtvolle Halekulani liegt zentral am Waikiki Beach. Eine Orchideen-Blüte, die auf Hawaiis Blütenpracht hinweist, ziert den Poolboden.

HOKU'S – KAHALA HOTEL & RESORT

Das Hoku's im Kahala wird immer wieder für seine innovative Cuisine hawaïenne gelobt und ausgezeichnet. Das Team von Wayne Hirabayashi verbindet unter seiner Regie Aromen der hawaiianischen, asiatischen und europäischen Küche zu frischen und leichten Kreationen. Bei den Gästen sehr gefragt ist u. a. das delikate Ahi Musubi, eine Köstlichkeit mit gebratenem Thunfisch, Reis und Ingwer sowie Namasu mit Krabben als Salat. Auf der Strandseite bietet das Hoku's einen schönen Blick aufs Meer und am Abend auf den meist spektakulären Sonnenuntergang.

5000 Kahala Ave, Honolulu, Oahu, HI 96816-5498, USA | Tel. +1 808 739 87 60 | E-Mail: restaurants@kahalaresort.com | www.kahalaresort.com

AZURE – THE ROYAL HAWAIIAN HOTEL

Das Gourmetrestaurant des Royal Hawaiian ist in den hochgelobten Räumen mit Blick auf den Pazifik untergebracht. Spezialitäten sind fangfrische Fische und Meeresfrüchte, darunter etwa Ahi (Thunfisch) und Onaga (Red Snapper) oder Big Island King Prawns (Hummerkrabben) und Kona Lobster (Hummer). Die Gäste können beim Fisch zwischen zwei Varianten wählen. In beiden Fällen wird der Fisch im Ofen bei hohen Temperaturen und trotzdem aromaschonend geröstet. Aber bei der klassischen Variante serviert man den fertig gegarten Fisch mit einer Weißwein-Kapernsoße und frischen Kräutern. Nach der innovativen hawaiianischen Variante wird der gegarte Fisch mit regionalen Zutaten verfeinert und garniert, was sehr zu empfehlen ist. Nur zur Dinnerzeit geöffnet.

2259 Kalakaua Ave, Honolulu, Oahu, HI 96815, USA | Tel. +1 808 923 73 11 | E-Mail: reservations@royal-hawaiian.com | www.royal-hawaiian.com

SHERATON KAUAI RESORT

Die über 300 Zimmer und 11 Suiten befinden sich in Häusern, die nicht höher als eine ausgewachsene Kokospalme sind. Und Palmen gibt es wahrlich genug in der Umgebung der sehr schönen Hotelanlage. Zur Auswahl stehen großzügige Zimmer und elegante Suiten mit Blick auf den tropischen Garten, den Strand oder auf das Meer. Besonders empfehlenswert sind die Zimmer mit Oceanview.

2440 Hoonani Rd, Poipu Beach, Koloa, Kauai, HI 96756, USA | Tel. +1 808 742 16 61 | E-Mail: info@sheraton-kauai.com | www.sheraton-kauai.com

THE ST. REGIS PRINCEVILLE RESORT

An der Nordküste von Kauai und an der Hanalei Bay ist das St. Regis mit seiner Umgebung ein guter Ausgangspunkt für Strand, Sonnenbaden und Schnorcheln. Die meisten der komfortablen Zimmer haben Blick auf die Bucht. Das gilt auch für die eleganten Suiten, bei denen noch ein Butlerservice inklusive ist. Im Halele'a Spa werden Behandlungen nach hawaiianischen Methoden und nach westlichen Techniken angewandt. Schließlich steht für Golfer eine hochwertige 18-Loch-Anlage bereit. Mit Blick auf die Bay und den Berg Makana ist die Terrasse des St. Regis ein Platz, wo man zu jeder Tageszeit gerne speist. Das mehrfach ausgezeichnete Makana Terrace setzt auf frische und saisonale Produkte aus Hawaii und kreiert vorwiegend asiatische Gerichte. Am Abend können die Gäste Köstlichkeiten vom hawaiianischen Büfett genießen und Hula-Tänzerinnen und Musikern bei der bunten Mailani Dinner Show folgen. Das Motto ist »Welina Mai, wir begrüßen Sie auf unserer Insel«.

5520 Ka Haku Rd, Princeville, P.O. Box 223069 - Kauai, HI 96722, USA | Tel. +1 808 826 96 44 | www.stregisprinceville.com

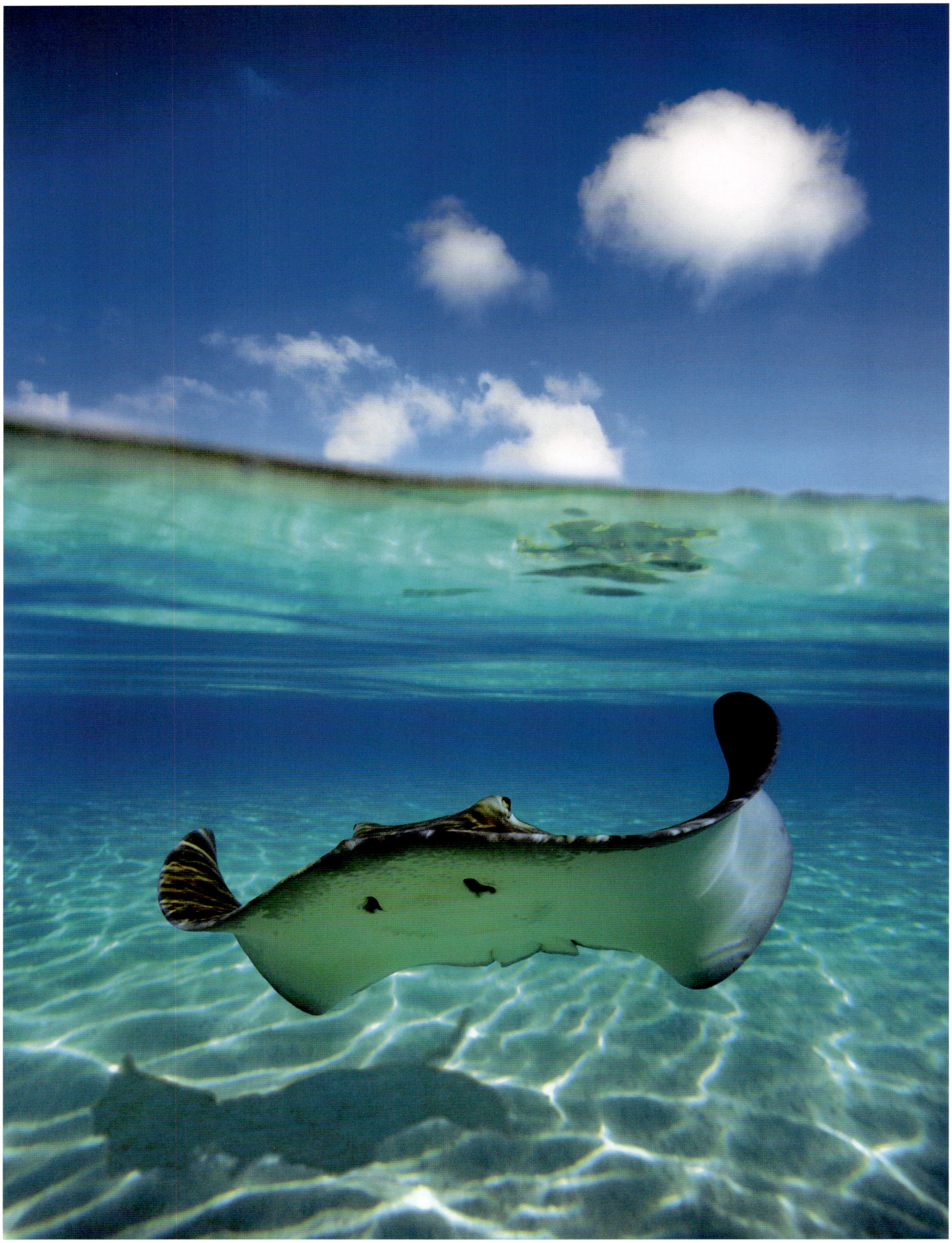

FRANZÖSISCH-POLYNESIEN

Von den Marquesas zu den Cook-Inseln

Seit den ersten Entdeckern, die mit fantastischen Berichten vom wiedergefundenen Paradies der Menschheit zurückkehrten, ist der Mythos Südsee lebendig. Legionen von Schriftstellern haben an ihm gestrickt. Inseln mit gastfreundlichen Bewohnern, ewiger Sonne, blauen Lagunen und weißen Stränden verheißen ein scheinbar sorgloses Leben.

Polynesien, das »Vielinselgebiet«, ist vor Melanesien und Mikronesien die flächenmäßig größte Region Ozeaniens. Geologisch wird zwischen zwei grundlegenden Inselarten unterschieden: den Inseln vulkanischen Ursprungs und den niedrigen Koralleninseln. Alle Inseln sind aus dem Meer ragende Bergspitzen eines ehemaligen Kontinents, der sich in prähistorischer Zeit abgesenkt hat. Eine besonders auffällige Inselform stellen die Atolle dar. Sie entstehen, wenn der zentrale Teil einer Vulkaninsel unter den Meeresspiegel absinkt, sodass nur noch das ringförmige Riff aus dem Wasser ragt. Auf diesem Riff bildet sich dann eine Kette kleiner Sandbänke und bewachsener Inseln, die im Polynesischen »motus« genannt werden. Diese ringförmig angeordneten Inseln schließen die Lagune eines Atolls ein.

Das Klima der südpazifischen Inseln ist tropisch und wird vom Meer und den Passatwinden bestimmt. Die Skala reicht von heiß-trocken auf flachen Koralleninseln bis feucht-warm auf bergigen, dicht bewachsenen Inseln. Passatwinde wehen beständig das ganze Jahr aus südöstlicher Richtung über die Eilande und verschaffen so angenehme Kühle. Jede Insel stellt im Prinzip ein eigenes Ökosystem dar, mit ihrer spezifischen Zusammensetzung von Pflanzen und Tieren. Die meisten haben darüber hinaus in einer eigenen Evolution sogenannte endemische Arten hervorgebracht: Pflanzen- und Tierarten, die nirgendwo anders vorkommen.

Die Route durch die ostpolynesische Inselwelt beginnt auf den Marquesas, einem Archipel rund 1200 km nordöstlich von Tahiti. Sie wurden als erste Inseln auf dem Gebiet des heutigen Französisch-Polynesien um 300 v. Chr. von Polynesiern aus Samoa und Tonga besiedelt. Ihr europäischer Entdecker war der Spanier Alvaro de Mendana, der sie 1595 nach dem Marques de Mendoza, dem damaligen Vizekönig von Peru, benannte. Captain Cook erreichte die Inseln erst 200 Jahre später, ihm folgten Walfänger und Sklavenhändler. Dabei eingeschleppte Krankheiten reduzierten die Bevölkerung von 50 000 auf 1000. Heute leben 7000 Einwohner auf den Vulkaninseln, deren größte Nuku Hiva

Die sogenannten Tikis repräsentieren die Ahnengalerie.

und Hiva Oa sind. Ihre Küsten sind felsig, teilweise unzugänglich und ohne schützendes Riff. Die Marquesas sind ein beliebter Ankerplatz für Segler auf dem Weg von der amerikanischen Westküste nach Tahiti.

Von den Marquesas führt die Route nach Süden zu den Gesellschaftsinseln und deren Hauptinsel Tahiti. Mit Tahiti sind alle romantischen Träume Europas von der Südsee verbunden. Angefangen von den sagenhaften Berichten der ersten Entdecker bis zu den Hollywood-Versionen der »Meuterei auf der Bounty« haben viele an der Entstehung dieses Mythos mitgewirkt. Die Gesellschaftsinseln bieten noch immer unendlich viel: Vulkaninseln wie aus dem Bilderbuch mit steilen Bergflanken, flache Korallenatolle mit türkisfarbenen Lagunen, fantastische Tauchgründe und Segelreviere, polynesische Tänze und Gesänge – eine einzigartige Mischung, die Französisch-Polynesien von allen anderen Inselgruppen der Südsee unterscheidet.

Die Route endet schließlich auf den westlich gelegenen Cook-Inseln. Sie sind Polynesien en miniature. Rarotonga, die Hauptinsel, gilt mit ihren vulkanisch-schroffen Bergspitzen als verkleinerte Version von Tahiti und Aitutaki, eine Mischung aus Atoll und Vulkaninsel, als Pendant zu Bora-Bora.

Eine Reise durch die polynesische Inselwelt ist in der Tat eine Begegnung mit paradiesischen Landschaften, auch wenn inzwischen die Moderne auf den meisten Inseln Einzug gehalten hat.

Bild links: Auch unter Wasser kann man fliegen, jedenfalls als Mantarochen.

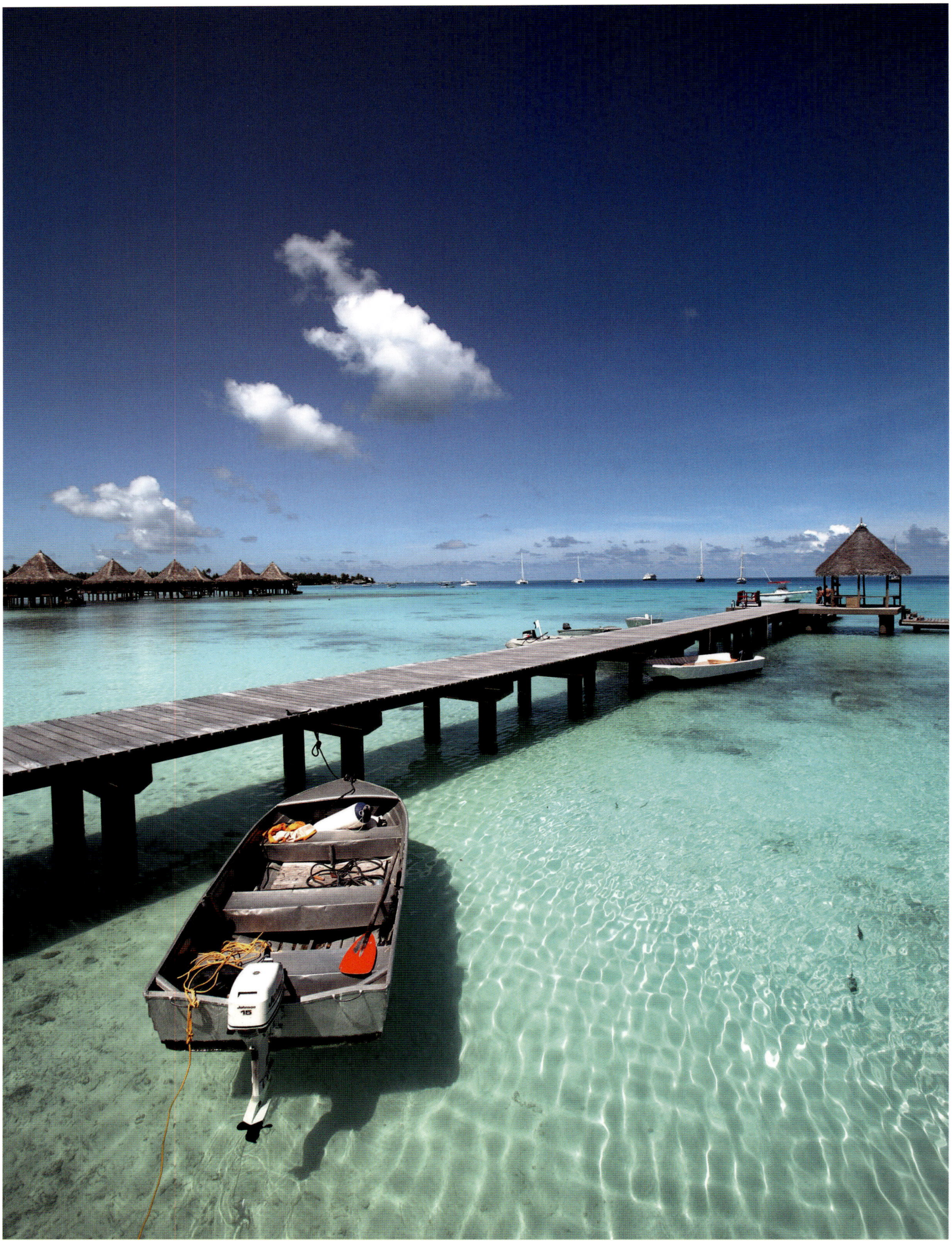

REISEROUTE

Die Südseereise von den Marquesas über den Tuamotu-Archipel und die Gesellschaftsinseln führt größtenteils durch die endlos weite Inselwelt Französisch-Polynesiens. Nach rund 3500 km endet das Inselhüpfen schließlich auf den zu Neuseeland gehörenden Cook-Inseln.

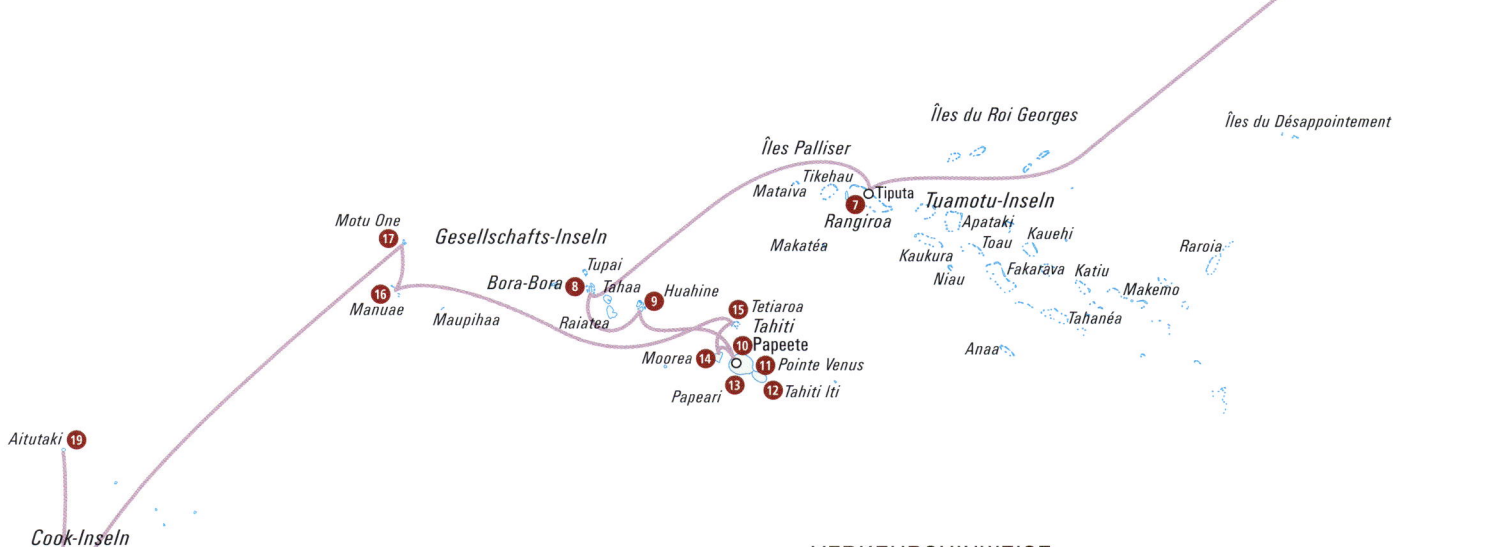

ROUTENLÄNGE: ca. 3500 km
ZEITBEDARF: mind. 4 Wochen
START: Nuku Hiva (Marquesas-Inseln)
ZIEL: Aitutaki (Cook-Inseln)
ROUTENVERLAUF: Nuku Hiva, Bora-Bora, Tahiti, Rarotonga, Aitutaki

VERKEHRSHINWEISE:
In Französisch-Polynesien herrschen Rechtsverkehr und Gurtanlegepflicht, auf den Cook-Inseln dagegen Linksverkehr. Die Höchstgeschwindigkeit beträgt 40 km/h innerhalb und 60 km/h außerhalb von Ortschaften sowie 80 km/h auf Schnellstraßen. Zwischen den größeren Inseln besteht ein regelmäßiger Fähr- und Luftverkehr.

AUSKÜNFTE:
Tahiti Tourisme
c/o Eyes2market GmbH
Fasanenstr. 2
25462 Rellingen
Tel. (04101) 69 68 802
www.tahiti-tourisme.de

Der Surfspot Teahupoo vor Tahiti ist berühmt-berüchtigt für seine Wellenbrecher.

Blick vom Aussichtspunkt Belvedere auf Moorea.

Bild links: Vor Rangiroa hat das Meer die Farbe eines Swimmingpools.

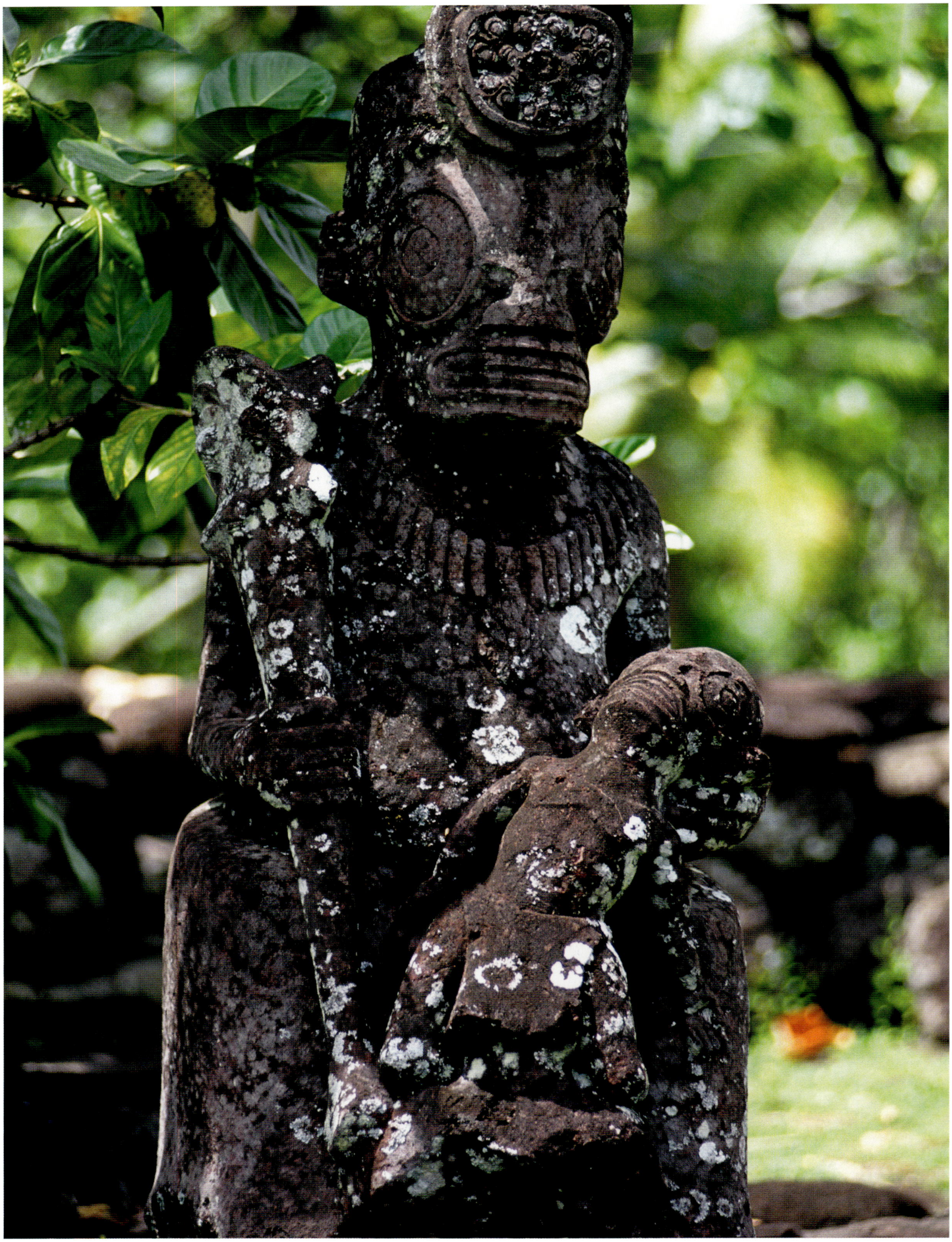

NUKU HIVA

❶ TAIOHAE

Die größte Ansiedlung ist gleichzeitig das Verwaltungszentrum der Marquesas. Der kleine Ort liegt am Fuße des 864 m hohen Mount Muake auf Nuku Hiva, der mit 330 km² und 2100 Einwohnern größten Insel der Marquesas. Die Bucht von Taiohae bildet einen von zwei kleinen Inseln geschützten Hafen, der von Weltumseglern als Zwischenstation genutzt wird. Die Kirche Notre Dame, Sitz eines katholischen Erzbischofs, ist aus verschiedenfarbigen Steinen von sechs Marquesas-Inseln erbaut worden. Die Skulpturen im Inneren der 1974 erbauten Kirche zeigen den hohen Stand der Schnitzkunst im Archipel. Reste des Fort Collet auf der Landzunge am Ostende der Baie de Taiohae zeugen von der Besetzung der Insel durch französisches Militär nach ihrer Annexion 1842.

❷ HAKAUI-TAL

Fährt man von Taiohae kommend auf der Küstenstraße etwa 15 km in südwestlicher Richtung, gelangt man in das Hakaui-Tal, in dem sich mehrere Haus- und Zeremonialplattformen befinden. Berühmt ist das Hakaui-Tal für den 350 m hohen Ahuii-Wasserfall. Bis zu 1000 m hohe, fast senkrecht vom Flussufer aufragende Felswände bilden die Westseite dieser Schlucht. Die Route führt weiter durch das felsige und trockene Terrain des Westteils der Insel Nuku Hiva in Richtung Norden. Dabei umrundet man das im Zentrum der Insel gelegene fruchtbare Plateau de Toovii.

❸ HATIHEU-BUCHT

Einige weitere bedeutende, zum Teil restaurierte Kultstätten befinden sich im Norden der Insel, in der Nähe der Hatiheu-Bucht, dem Lieblingsplatz des Schriftstellers Robert Louis Stevenson. Dieser Teil von Nuku Hiva gilt als eine der schönsten Gegenden auf den Marquesas. Auf einem 300 m hohen steilen Basaltkegel oberhalb der Bucht steht eine Statue der Jungfrau Maria. Die Küstenstraße führt nun an der Ostküste entlang, die hier felsig und teilweise unzugänglich ist. Zurück in Taiohae setzt die Fähre zur rund 50 km südlich gelegenen Insel Ua Pou über.

UA POU

❹ UA POU

Die dramatische Kulisse der an Kirchtürme und Zuckerhüte erinnernden Gipfel rechtfertigt den Namen der Insel Ua Pou, der übersetzt »zwei Säulen« bedeutet. Höchster Berg ist der Oave mit 1232 m, Hauptort der etwa 1200 Einwohner zählenden Insel ist Haka Hau im Nordwesten. Das bemerkenswerteste Gebäude der hübschen Ansiedlung mit ihren vielen blühenden Bäumen und Büschen ist die moderne Kirche St. Stefan. Sie ist in Anlehnung an den traditionellen polynesischen Stil errichtet und zeigt beeindruckende Schnitzkunstwerke.

Das Innere der Insel ist mit dichtem Regenwald bedeckt und nur stellenweise durch Straßen und Wege erschlossen. In mehreren Tälern befinden sich die Reste von Ansiedlungen, die an ihren dicht überwachsenen Paepae (Hausplattformen) zu erkennen sind. Nur wenig davon ist freigelegt oder restauriert.

Steil aufragende Felssäulen kennzeichnen Ua Pou.

TIKIS: BILDER DER AHNEN

Tikis stellen zumeist aus Palmholz geschnitzte, aber zum Teil auch in Stein gehauene Ahnenfiguren dar, die im Ahnenkult einiger Südseekulturen gleichbedeutend mit Götterfiguren sind. Der Begriff kann auf den Marquesas-Inseln direkt nachgewiesen werden, kommt aber als »hei-tiki« auch bei den Maori in Neuseeland vor, wo er für die figurative Darstellung eines Embryos steht. »Hei-tiki« werden häufig aus Pounamu (Greenstone, Neuseeland-Jade, Nephrit) geschnitzt und an einer Flachsschnur als Amulett um den Hals getragen.

Nach dem Zweiten Weltkrieg, in dem zahlreiche amerikanische und japanische Soldaten während der Kampfhandlungen in der Südsee mit dem dortigen Lebensstil konfrontiert wurden, fand der Begriff »Tiki« Einlass in den westlichen Kulturkreis, vor allem zunächst an der Westküste der USA, später weltweit. Hier entwickelt er sich im Zuge einer allgemeinen Südsee- und Exotikmode zur Bezeichnung für alle Arten von primitiven Götterfiguren, auch für Imitationen, die entweder nur für westliche Touristen angefertigt werden oder sogar von Künstlerhand im Westen in zum Teil äußerst freier Nachahmung von Formen der Südseekunst entstehen. Begünstigt wurde die Übernahme von Tikis in die westliche Trivialkultur durch die moderne Kunst, als bereits Ende des 19. Jh. Künstler wie Pablo Picasso oder Georges Braque die Kunst der sogenannten primitiven Völker entdeckten und mit dem damals vorherrschenden Impressionismus in der Malerei zum sogenannten Primitivismus verschmolzen. Weltweit bekannt wurde der Begriff 1947 durch den norwegischen Forscher Thor Heyerdahl, der mit einer Floßfahrt von Ecuador zu den polynesischen Tuamotu-Inseln die Möglichkeit einer Besiedlung der Südsee von Südamerika aus beweisen wollte. Sein Expeditionstagebuch »Kon-Tiki« wurde weltweit ein Bestseller.

Bild links: Auch im Dorf Hatiheu auf Nuku Hiva stehen Tikis.

HIVA OA

❺ HIVA OA

Die mit 320 km² größte und bedeutendste Insel der südlichen Gruppe der Marquesas ist geprägt von einer von Südwest nach Nordost verlaufenden schroffen Gebirgskette, deren Gipfel eine Höhe von bis zu 1100 m erreichen. Auf Hiva Oa leben rund 2000 Menschen, größte Ansiedlung ist das Dorf Atuona an der Südküste mit einer geschützten Meeresbucht, die das Ankern von Schiffen mittlerer Größe ermöglicht. Berühmt wurde die Insel durch den französischen Maler Paul Gauguin. Bei seinem zweiten Aufenthalt in der Südsee flüchtete der Künstler nach Hiva Oa, da er sich in dem, wie er es nannte, »verlorenen Paradies« Tahiti unwohl fühlte. Er starb nach langer Krankheit am 8. Mai 1903 und ist auf einem Friedhof oberhalb von Atuona beerdigt.

Anhand archäologischer Funde gelang es im Upeke-Tal, einer der vielen Ausgrabungsstätten auf Hiva Oa, ein uraltes Dorf zu rekonstruieren. In der Nähe des Dörfchens Puamau an der Nordküste liegt mitten im dichten tropischen Regenwald der Marae Takii, die größte Kultstätte der Marquesas. Von den elf ausdrucksstarken Steinfiguren auf den übereinander liegenden, sorgfältig gesetzten Steinplattformen sind manche bis zu 2 m groß.

FATU HIVA

❻ FATU HIVA

Die rund 80 km² große und ca. 500 Einwohner zählende Insel liegt ganz im Süden des Archipels, rund 60 km südlich von Hiva Oa, und ist die regenreichste der Marquesas-Inseln. Thor Heyerdahl inspirierte sein mehrmonatiger Aufenthalt auf dieser Insel zu seinem berühmten Werk »Fatu Hiva«. Bekannt für seine tropische Schönheit ist das Hanavave-Tal mit dem gleichnamigen Dorf an der Jungfrauenbucht. Nur auf Fatu Hiva wird heute noch Tapa, ein Stoff aus Rindenbast, aus der Rinde des Papiermaulbeerbaums hergestellt. Von den Marquesas-Inseln, dem nördlichsten Archipel Französisch-Polynesiens, sind es rund 1000 km in südwestlicher Richtung bis zu den Gesellschaftsinseln.

RANGIROA

❼ RANGIROA

Auf dem rund 1000 km langen Seeweg von den Marquesas zu den Gesellschaftsinseln befindet sich das schon zum Tuamotu-Archipel gehörende Rangiroa-Atoll. Mit seiner knapp 80 km langen und bis zu 25 km breiten Lagune ist Rangiroa das größte geschlossene Atoll der Welt. Am Nordrand ist die Lagune besiedelt.

Der überwiegende Teil der Bevölkerung lebt in zwei schmucken Dörfern auf Avatoru und Tiputa. Die Gewässer um Rangiroa zählen zu den interessantesten Tauchgründen der Welt. Die Lagune ist durch zwei Pässe mit dem offenen Ozean verbunden, durch die im Gezeitenwechsel Wasser herein- und abfließt. Bei Flut kann man hier eine Fülle seltener Meerestiere beobachten.

Bild rechts: Die blaue Lagune von Rangiroa.

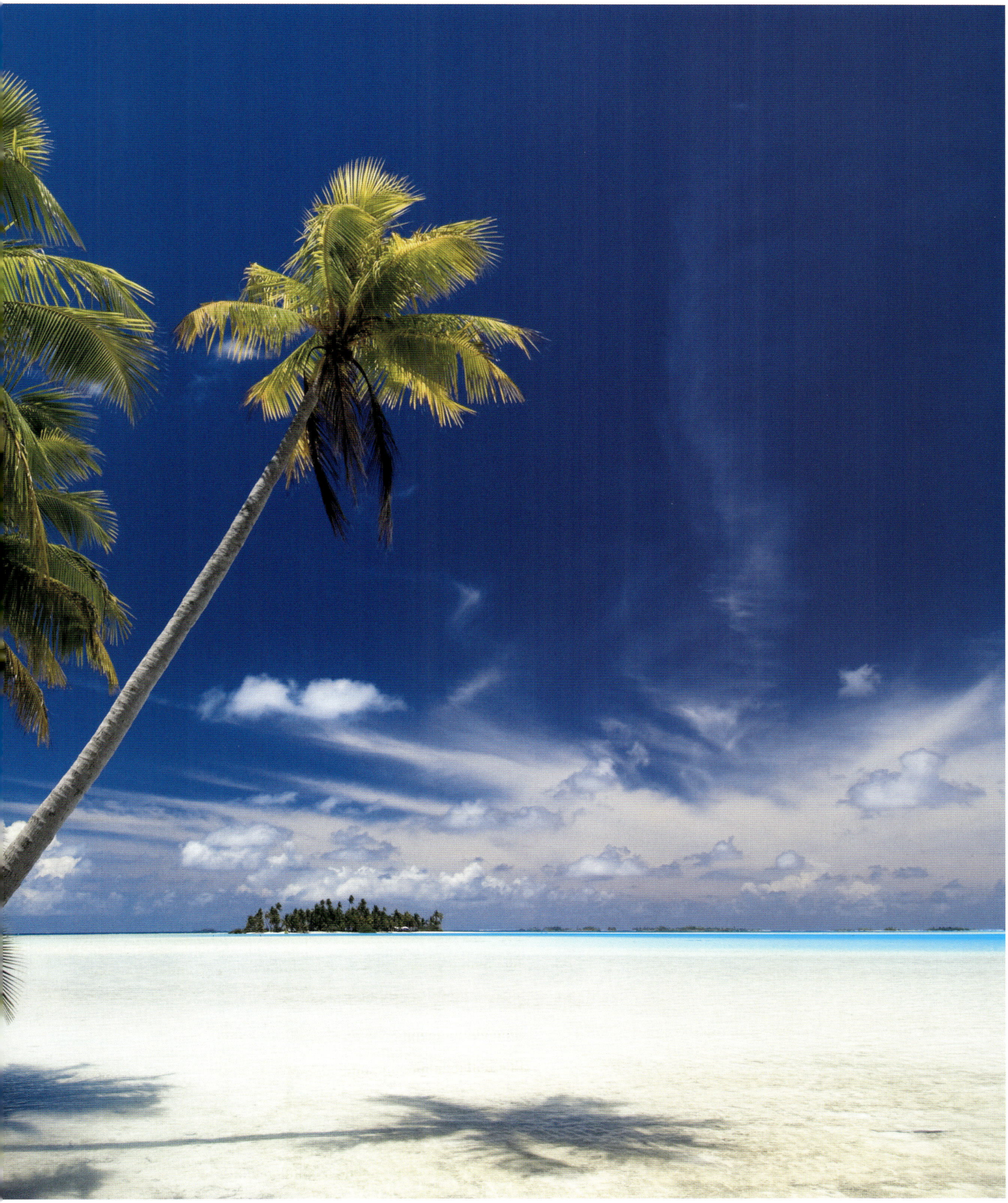

BORA-BORA

HUAHINE

❽ BORA-BORA

Das als »Perle des Pazifiks« gerühmte Bora-Bora zählt zu den bekanntesten der Gesellschaftsinseln. Wie grüne Zinnen erheben sich über dem blau- und türkisfarbenen Wasser der Lagune ihre Berge. Ebenso wie die beiden der Westküste vorgelagerten hügeligen Eilande sind dies Überreste eines Vulkankraters. Eine lange Kette sandiger Motus säumt das Riff im Norden und Osten.

Im Zweiten Weltkrieg war Bora-Bora Versorgungsstützpunkt der amerikanischen Marine und Luftwaffe. Der Militärflughafen ebnete später den Weg für den Tourismus. Die traumhafte Südseelandschaft der Insel dient Filmregisseuren immer wieder als Kinokulisse. Abgesehen von Anau im Osten der Insel liegen die Dörfer und die meisten Hotels an der Westküste und an der Südspitze von Bora-Bora. Von Vaitape, dem Hauptort der Insel, führt ein steiler Pfad über bewaldete Hänge auf den Mount Pahia. Die mehrstündige Wanderung erfordert allerdings eine gute Kondition – und einen Scout. Lokale Veranstalter bieten hier aber auch Inselsafaris an.

❾ HUAHINE

Rund 200 km südöstlich von Bora-Bora, auf halbem Weg nach Tahiti, erreicht man die vom Massentourismus noch weitgehend verschonte Insel Huahine. Wie die meisten der Gesellschaftsinseln ist auch Huahine von einem geschlossenen Riffgürtel umgeben, der eine Lagune und mehrere Motus mit einschließt. Ausgrabungen förderten die bisher ältesten Relikte der Gesellschaftsinseln zutage. So stieß man 1972 nördlich von Fare bei Maeva auf die Überreste eines riesigen Kultplatzes, die darauf schließen lassen, dass Huahine bereits um 650 bis 850 von den Marquesas aus besiedelt wurde. Sie dokumentieren auf beeindruckende Weise die ursprüngliche kulturelle Bedeutung der Insel. Auch in der Nähe des malerischen Dorfes Faie kann eine bedeutende archäologische Fundstätte besichtigt werden. Sie liegt am Ende einer engen, langgestreckten Bucht, in der sich den Inselbewohnern heilige Aale tummeln. Noch heute werden sie regelmäßig gefüttert. Von Huahine sind es noch rund 100 km in südöstlicher Richtung bis nach Tahiti, das als Inbegriff der Südsee gilt.

Diese Perspektive hat ein Schnorchler auf die Küste von Bora-Bora.

Bild oben: Der Blick aus dem Flugzeug verrät schon die Schönheit Bora-Boras.

TAHITI

❿ PAPEETE

Als Captain Cook auf Tahiti landete, war Papeete nichts als ein dünn besiedelter sumpfiger Landstrich. Eine entscheidende Rolle für die Entwicklung von Papeete spielte sein geschützter Hafen. Im Jahr 1842 wurde der Ort Hauptstadt des französischen Protektorats.

Heute ist die Stadt, deren Bebauung immer mehr die umliegenden Hügel hinaufklettert, das wirtschaftliche und politische Zentrum von Französisch-Polynesien. Im Großraum Papeete leben drei Viertel der gesamten Inselbevölkerung.

Geeigneter Ausgangspunkt für eine Stadtbesichtigung ist das Fremdenverkehrsamt am Boulevard Pomare. Das Gebäude zeichnet sich durch einen polynesischen Stil aus, der in Tahiti kaum mehr zu finden ist.

⓫ POINTE VENUS

Den rund 10 km nordöstlich von Papeete gelegenen nördlichsten Punkt der Insel wählte Cook 1769 für seine astronomischen Beobachtungen, den Hauptgrund seiner ersten Pazifikreise. Er sollte den Durchgang der Venus durch die Sonne beobachten und vermessen. Daraus erhoffte man sich, die Entfernung der Erde von der Sonne berechnen zu können.

Man erreicht den als Ausflugsziel beliebten Pointe Venus, wenn man in Mahina links von der Hauptstraße abbiegt. Zurück auf der Inselstraße gelangt man in südlicher Richtung vorbei an den Fa'arumai-Wasserfällen und Wasserfontänen der Klippen der Pointe d'Arahoho nach Taravao, von wo aus man auf die Halbinsel Tahiti Iti kommt.

⓬ TAHITI ITI

Die nur durch eine schmale Landenge mit der Hauptinsel Tahiti Nui verbundene »Halbinsel« hat weniger prägnante Gipfel als ihre große Schwester, doch bietet auch Tahiti Iti einige landschaftlich beeindruckende Szenerien. Mit zu den schönsten Aussichtspunkten zählt das Plateau de Taravo. Östlich der Landenge windet sich von Afaahiti eine kleine Straße durch Farm- und Buschland hoch zur Ebene. Frische Höhenluft und ein fantastischer Blick auf Tahiti Nui erwarten den Besucher, prächtige Gärten und verträumte Dörfer liegen entlang der Straße durch den abgeschiedenen Landstrich um Vairao. Kurz bevor man von Norden her den Ort erreicht, ist auf dem Riff ein großer Fußabdruck zu sehen, der laut Überlieferung von dem polynesischen Halbgott Maui stammen soll.

Als landschaftlicher Höhepunkt Tahiti Itis gelten die Te-Pari-Klippen im Südosten, die dort jäh aus dem Meer aufsteigen.

⓭ PAPEARI

Von Taravao aus führt die Küstenstraße wieder in Richtung Papeete. Blühende Gärten sowie die vielen Obst- und Gemüsestände entlang der Straße verleihen der Gegend um Papeari ihren ganz besonderen Reiz. Der Jardin Botanique, den der Amerikaner Harrison Smith 1919 in dem kleinen Ort anlegte, überrascht durch eine Fülle verschiedener Pflanzen, die Smith aus allen Teilen der Welt herbeischaffte. Hauptattraktion Papearis ist aber das Musée Gauguin, das mit Fotografien, Gemäldekopien sowie mehreren Originalen an den französischen Maler erinnert, der wesentlich zur Verbreitung des Südsee-Mythos beitrug.

Zurück in Papeete erreicht man mit der Fähre die nur rund 40 km nordwestlich gelegene Insel Moorea.

Sonnenuntergang an der Punaauia Lagune.

GAUGUIN AUF TAHITI

Paul Gauguin erreichte am 9. Juni 1891 Tahiti, zu einer Zeit, in der die polynesische Kultur schon beinahe vollständig untergegangen war. Besonders in Papeete, der Hauptstadt der französischen Kolonie, verlief das Leben wie in einer kleinen Stadt der europäischen Provinz. Gauguin war auf der Suche nach den »edlen Wilden« ausgezogen, statt ihrer begegneten ihm züchtig in Hüfttücher gewickelte tahitianische Männer, während die Frauen die von den Missionaren eingeführten Rüschenkleider trugen.

Gauguin entschloss sich deshalb bald, aufs Land zu ziehen. In Mataiea an der Südküste Tahitis fand er seine erste tahitianische Heimat und auch die Gesellschaft einer tahitianischen Frau. Doch sogar hier war von polynesischer Kultur nicht mehr viel zu spüren.

Finanzielle und gesundheitliche Probleme zwangen Gauguin nach zwei Jahren zur Rückkehr nach Paris. Seine letzten europäischen Jahre (1893–1895) überzeugten ihn davon, dass sein Platz nicht mehr in der Alten Welt war. Er bestieg schließlich wieder ein Schiff nach Tahiti. Um der rauen Kolonialwirklichkeit zu entgehen, entschloss sich Gauguin im Jahr 1901, auf die sagenumwobenen Marquesas-Inseln überzusiedeln.

Gauguins Lebensjahre auf Hiva Oa sind alles andere als paradiesisch zu nennen. Von Krankheit zermürbt, gelang es ihm, noch einige hervorragende Werke zu schaffen, bevor er am 8. Mai 1903 einsam und verbittert starb.

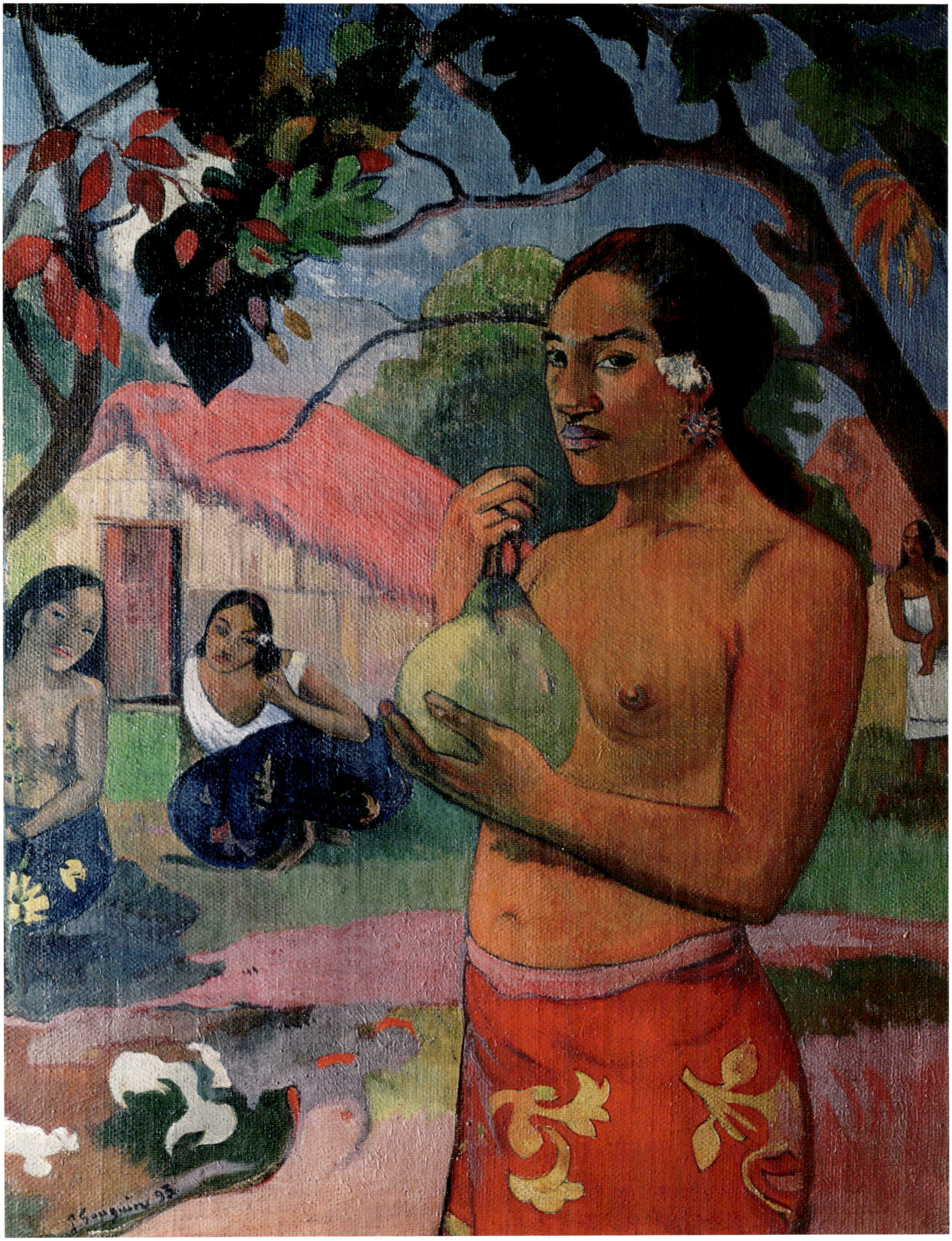

MOOREA

⓮ MOOREA

Die zerklüftete Bergkette Mooreas und die beiden tief eingeschnittenen malerischen Buchten im Norden verleihen der Insel großen landschaftlichen Reiz. Auf der Landzunge, die beide Buchten voneinander trennt, erhebt sich der 900 m hohe Mount Rotui. Nicht zuletzt aufgrund seiner Nähe zu Papeete ist Moorea neben Tahiti und Bora-Bora eine Hochburg des Tourismus. Er konzentriert sich um Paopao an der Baie de Cook und an der von Sandstränden gesäumten Nordwestküste. Weiß getünchte Kilometersteine – ihre Form entspricht dem Umriss von Moorea – markieren die 60 km lange Asphaltstraße um die Insel. Auf halber Strecke zwischen Temae und der Baie de Cook liegt bei Maharapa am Fuße grüner Hügel die Maison Blanche. Das gut erhaltene Gebäude im Kolonialstil vom Beginn des 20. Jh. gehörte einem der Plantagenbesitzer, die damals mit dem Anbau von Vanille ein Vermögen verdienten.

Vorbei an den Hotels und Restaurants am Ostufer der Baie de Cook erreicht man am Ende der Bucht Paopao.

Blick auf die exotischen Wasserbungalows des Hilton Resort.

TETIAROA

⓯ TETIAROA

Das Atoll liegt rund 40 km östlich von Moorea. Es besteht aus 13 Ringinseln, den sogenannten Motus, deren größte 3,2 km lang ist. Tetiaroa war einst im Besitz der tahitianischen Pomare-Dynastie und diente der königlichen Familie als Refugium. Auf dem Motu Rimatuu markiert noch heute ein gigantischer Tuu-Baum, der über eine Fläche von einem Hektar Schatten spendet, den königlichen Picknick-Platz.

1904 überließ die Dynastie, die ihr Königreich bereits 1880 Frankreich übergeben hatte, Tetiaroa dem Kanadier Johnston Walter Williams, der hier eine Kopra-Plantage anlegte. Bekannt wurde die Insel, als Marlon Brando auf der Suche nach einem Schauplatz für den Film »Meuterei auf der Bounty« sie Anfang der 1960er-Jahre für sich entdeckte und für 99 Jahre pachtete. Erst nach dem Tod des Schauspielers im Jahr 2004 erhielt ein tahitianisches Unternehmen die Genehmigung zum Bau eines Hotels. Die touristische Infrastruktur ist daher nur wenig entwickelt. Tetiaroa präsentiert sich bis heute als weitgehend unberührtes Südsee-Paradies.

Bild oben: Die Magie der tropischen Bergwälder auf Moorea.

MANUAE

⓬ MANUAE
Sie ist die westlichste der Gesellschaftsinseln, die auch »Inseln unter dem Winde« genannt werden. Manuae befindet sich 550 km westlich von Tahiti und 350 km westlich von Bora-Bora. Das Atoll hat einen Durchmesser von ca. 11 km. Die Fläche des trockenen Landes beträgt nicht einmal 4 km². Wer Manuae besuchen möchte, kann das nur mit einem gecharterten oder dem eigenen Boot. Das Atoll ist nicht ganzjährig bewohnt Auf Manuae sind viele Arten von Schildkröten beheimatet. Sie kommen jährlich zur Eiablage an den Strand.

MOTU ONE

⓭ MOTU ONE
Das auch Bellinghausen genannte Atoll liegt rund 150 km nördlich von Manuae. Der Deutsche von Kotzebue benannte das Atoll nach dem russischen Entdecker Fabian Gottlieb von Bellinghausen. Es besteht aus vier Inseln mit einer Fläche von 2,3 km² und lädt zu Entdeckungstouren durch die Unterwasserwelt der Südsee ein.

RAROTONGA

⓮ RAROTONGA
Rund 1000 km sind es von der Westgruppe der Gesellschaftsinseln bis zur Hauptinsel der Cook-Inseln. Zu Recht wird sie auch »Blumeninsel« genannt. Der fruchtbare flache Küstenstreifen gleicht mit seiner Vielfalt tropischer Nutzpflanzen einem großen Garten. Die steil aufragenden Berge im Inselinneren sind von üppiger Vegetation bedeckt. Rarotonga wird von zwei Straßen umrundet. Neben der rund 32 km langen asphaltierten Küstenstraße existiert noch ein alter, ursprünglich aus Korallengestein gebauter Pfad. Entlang dieses vor mehr als 1000 Jahren angelegten Wegs befinden sich die Überreste von Marae, heiliger Stätten, die im Zuge der Missionierung zerstört wurden.
In der Lagune bei Titikaveka, einem malerisch gelegenen Dorf, lässt es sich hervorragend schnorcheln. Muri Beach ist der schönste Strand der Insel mit herrlichem Ausblick auf die Lagune und ihre Motus. Der heiligste Kultplatz der Insel mit rund 800 Jahre alten polynesischen Steinbauten ist der Marae Arai-te-Tonga. Hier werden auch heute noch die Ariki, die höchsten Häuptlinge, inthronisiert.

AITUTAKI

⓯ AITUTAKI
Diese Insel liegt rund 230 km nördlich von Rarotonga. Aitutaki ist von der vielleicht schönsten Lagune des Pazifik umgeben und besitzt herrlich weiße Traumstrände auf den zwölf unbewohnten Motus (kleineren Inseln) im Osten und Süden.

Bild rechts: Palmenstrand auf Aitutaki.

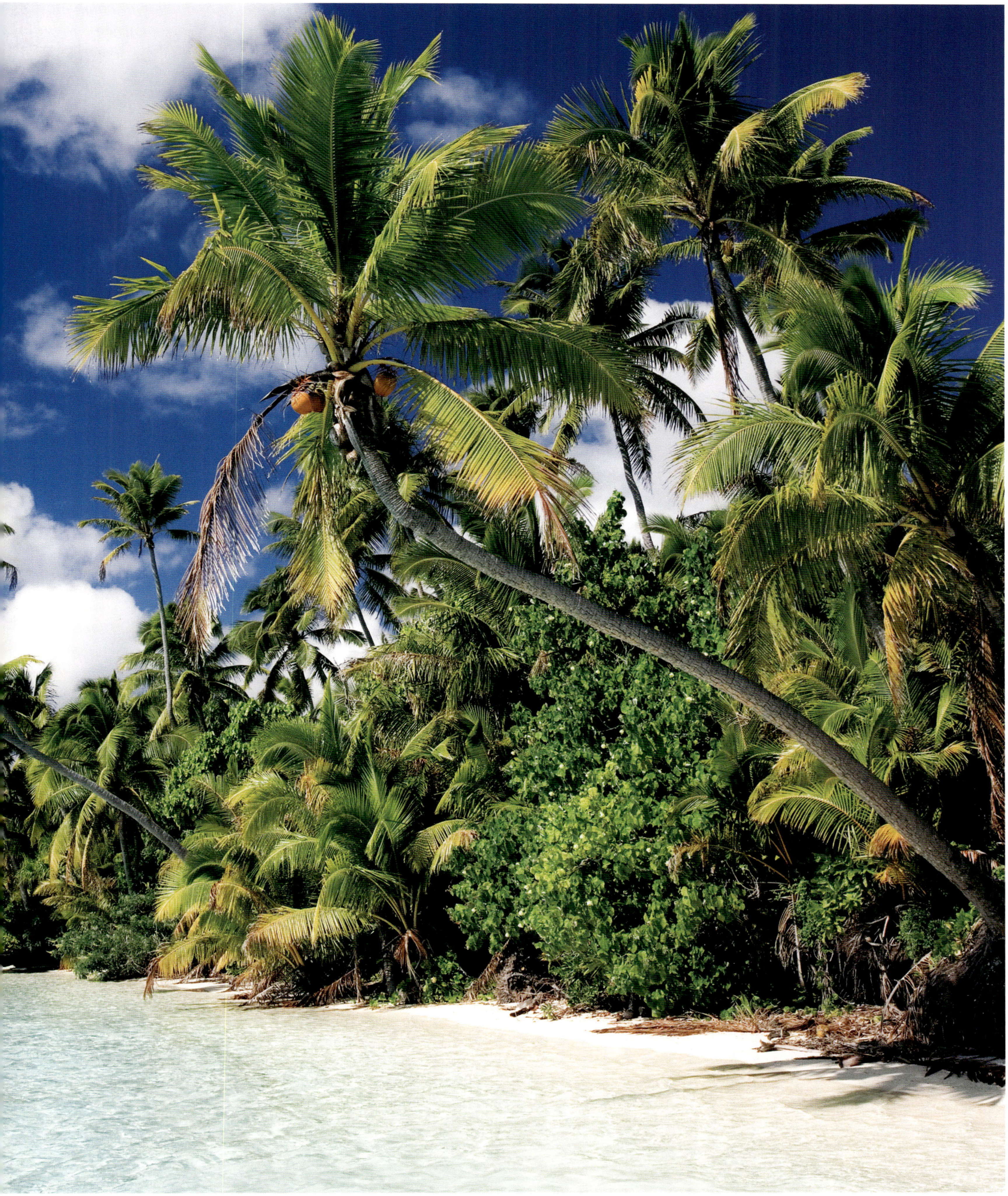

HOT SPOTS

Eine Welt voller exotischer Schönheit mit herrlichen Buchten, verlockendem Meer, feinem weißen Sand und üppiger Vegetation lädt zur Entspannung und Erholung ein. Und in den Hotels der Spitzenklasse bekommt der Gast all dies direkt vor dem eigenen Bungalow oder der eigenen Suite geboten. Dazu zahlreiche Aktivitäten, die vorwiegend die Gunst der Landschaft nützen. Und beim Essen kommt jeder auf seine Kosten – der Mutige, der sich auch an unbekannte Gerichte herantraut, ebenso wie derjenige, der sich lieber auf ihm Bekanntes verlässt.

KIA ORA RESORT & BEACH

Inmitten einer Kokospalmenplantage an einer Bucht mit türkisfarbenem Wasser auf der Insel Rangiroa liegt dieses Resort. Von besonderem Reiz sind die Overwater Bungalows, die auf Stelzen in der Bucht stehen und einen noch direkteren Zugang zum Wasser ermöglichen als die Beach Bungalows, die Villas oder die Suiten. Der besondere Tipp ist jedoch die Dépendance des Kia Ora Resort: Kia Ora Sauvage. Fünf Strandbungalows befinden sich auf einer privaten Insel, die mit dem Boot etwa eine Stunde vom Resort entfernt liegen. Und damit das leibliche Wohl nicht zu kurz kommt, gibt es auch ein Restaurant und eine Bar. Ein Stück vom Paradies!

BP 198, Avatoru, Rangiroa, 98776 Französisch-Polynesien | Tel. +689 93 11 11 | E-Mail: info@hotelkiaora.pf | www.eu.hotelkiaora.com

St. Regis auf Bora Bora – mehr Luxus ist kaum möglich …

BORA BORA PEARL BEACH RESORT & SPA

Wer nicht nur die Idylle, sondern auch eine Vielzahl von Aktivitäten sucht, ist in diesem Resort, das zu den Leading Hotels of the World gehört, genau richtig. Idylle bieten die rund 50 Overwater Bungalows oder die 20 Garden Pool Suites. Doch den sportlich-aktiven Urlauber lockt ein reiches Sportangebot: Schwimmen, Schnorcheln, Tauchen und Surfen verstehen sich von selbst, aber außerdem finden sich auch Tennis, Volleyball, Tischtennis und Minigolf im Angebot. Ob italienische oder französische Küche, höchste Qualität ist oberstes Gebot in den beiden Restaurants. Und auch auf die jüngsten Gäste wartet ein reichhaltiges Programm.

Motu Tevairoa, BP 169 Vaitape, Bora-Bora, 98730 Französisch-Polynesien | Tel. +689 50 84 45 | www.spmhotels.com/resort/bora-bora

THE ST. REGIS BORA BORA RESORT

Tahitianische Anwendungen im Spa, ein Zen-Pool mit Wasserfall, die eigene Villa auf Stelzen im Meer ausgestattet mit einem Glasboden, durch den man das muntere Treiben der Fische in der türkisfarbenen See beobachten kann – Urlauberherz, was willst du mehr? Vielleicht einen privaten Hubschrauberlandeplatz? Einen eigenen Whirlpool? Im St. Regis bleiben kaum Wünsche offen. Restaurants und Bars, diverse Pools und viele Ausflugsangebote gehören natürlich auch zum Angebot des Resorts.

Motu Ome'e Bp 506, Bora-Bora, 98730 Französisch-Polynesien | Tel. +689 60 78 88 | www.stregisborabora.com

LA VILLA MAHANA

Ohne Reservierung geht nichts im winzigen Lokal auf der Insel Bora Bora, das nur über sechs Tische verfügt, aber als bestes Restaurant von ganz Polynesien gilt. Küchenchef und Besitzer Damien Rinaldi Dovio ist gebürtiger Korse, lernte seine Kunst in Frankreich, arbeitete in Paris und Los Angeles, bevor er 2006 das Villa Mahana eröffnete. Seine Gourmetküche mischt mediterrane Einflüsse mit polynesischen Zutaten und Spezialitäten. Trotz der exzellenten Hauptgerichte sollte man immer noch ein bisschen Platz für die köstlichen Desserts lassen.

BP 941, Amanahune, Bora-Bora, 98730 Französisch-Polynesien | Tel. +689 67 50 63 E-Mail: Damien@villamahana.com | www.villamahana.com

LE MERIDIEN TAHITI

In diesem Hotel der Spitzenklasse sind es nicht nur die Overwater Bungalows, die hervorzuheben sind, sondern auch die Zimmer und Suiten im obersten Stockwerk des Haupthauses, die einen fantastischen Blick auf das Meer und die tropische Vegetation bieten. Gourmets kommen in zwei ausgezeichneten Restaurants auf ihre Kosten. Auch wer von sportlichen Aktivitäten – angeboten werden Schwimmen, Tauchen, Beachvolleyball, Tennis, Tischtennis, Yoga- und Aerobic-Kurse – weniger hält, kann hier aktiv werden: Mal- und Kochkurse bieten kreative Entspannung. Ein hinreißend gestalteter Garten präsentiert die üppige einheimische Pflanzenwelt.

BP 380595, Tahiti, 98709 Französisch-Polynesien | Tel. +689 47 07 07 | www.lemeridientahiti.com

HOT SPOTS

Das Bora Bora Pearl Beach Resort und die polynesische Inselwelt gelten bei vielen Reisenden als einer der schönsten Plätze auf der Welt.

Sanfte Wasserduschen sorgen für wohlige Entspannung im Bora Bora Pearl.

LE COCO'S
Von dem kleinen Restaurant an einer Lagune an der Westküste Tahitis bietet sich ein toller Blick auf die Nachbarinsel Moorea. Doch dank der ausgezeichneten Nouvelle Cuisine des Küchenchefs Willy Kobylt sind bald alle Sinne auf das Essen ausgerichtet. Einheimische Produkte gehen eine wunderbare Verbindung mit Lebensmitteln ein, die aus fernen Ländern importiert werden. Neben der umfangreichen Weinkarte verfügt das Coco's auch über ein großes Angebot an Mineralwasser.

PK 13,200 coté mer, Punaauia, Tahiti, 98709 Französisch-Polynesien | Tel. +689 58 21 08 | E-Mail: info@lecocostahiti.com | www.lecocostahiti.com

HILTON MOOREA LAGOON RESORT & SPA
Das Resort, das eingebettet zwischen zwei Buchten liegt, bietet dem Gast die Qual der Wahl zwischen Garden Bungalows und Overwater Bungalows. Erstere besitzen einen eigenen Pool, Letztere haben direkten Zugang zum Meer und – als besonderes Highlight – Glasfenster im Boden, durch die sich das muntere Treiben der tropischen Fische bewundern lässt. Wer im Arii Vahine, einem von mehreren Restaurants des Resorts, isst, muss aufpassen, dass er über der Faszination des Ausblicks durch die großen Panoramafenster nicht das vorzügliche Essen vergisst.

BP 1005, Papetoai, Moorea, 98728 Französisch-Polynesien | Tel. +689 55 11 11 | www3.hilton.com/en/hotels/french-polynesia/hilton-moorea-lagoon-resort-and-spa-PPTMLHI

LA PLANTATION
Das Restaurant hält besondere Gerichte bereit. Wie wird die klassische Foie gras mit exotischen Früchten schmecken? Oder Mandelmakronen mit Mango und Ananas? Wer der klassischen Kochkunst den Vorzug gibt, kommt auch auf seine Kosten; Crème brûlée oder Mousse au Chocolat würden in einem Top-Restaurant in Frankreich auch nicht anders schmecken. Ein außergewöhnlicher Service ist der Hubschrauber-Shuttle, der Gäste von und nach Tahiti bringt.

BP 1504, Papetoai, Moorea, 98728 Französisch-Polynesien | Tel. +689 56 45 10 | E-Mail: laplantationmoorea@mail.pf | www.laplantationmoorea.com

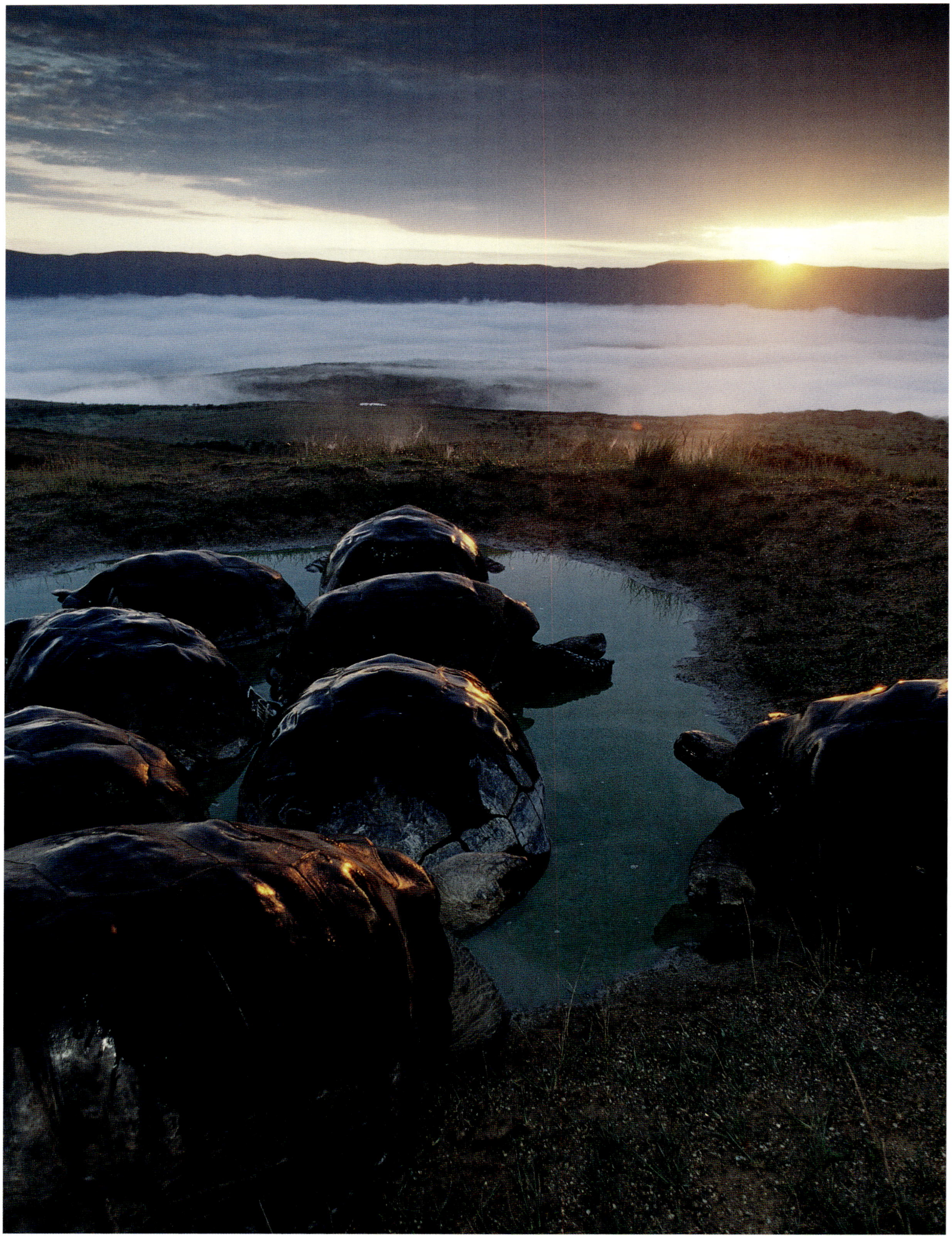

GALÁPAGOS-INSELN

Die Arche Noah im Pazifik

Auf zu neuen Abenteuern.

»Man nehme 25 Aschehaufen, stelle sie sich zu Bergen vergrößert vor. Dann hat man die richtige Vorstellung von den verwunschenen Inseln; sie sehen etwa so aus wie die Erde nach einem Weltbrand. Es ist fraglich, ob irgendein Ort auf der Erde an Unwirklichkeit mit diesen Inseln wetteifern kann.«

Sie sind ein unwirklicher und eher unwirtlicher Ort – die Galápagos-Inseln, jedenfalls so, wie sie Herman Melville, der Autor des »Moby Dick«, in der oben zitierten Textpassage beschrieb. Lavahügel und dürrer Wald statt Sandstränden und Palmenhainen, dazu kaltes Wasser – ein Tropentraum am Äquator sieht anders aus. Dennoch ist der Archipel ein wahres Naturparadies: eines für Tiere und Pflanzen. Denn hier finden sich einzigartige Spezies, die sonst nirgendwo auf unserem Planeten vorkommen: Seelöwen, Reptilien und Wasservögel, die außerdem noch eine weitere Besonderheit aufweisen: Sie haben auf den Inseln keine natürlichen Feinde und treten daher auch dem Menschen furchtlos und ohne Fluchtverhalten gegenüber.

Dieses Paradies gilt es deshalb in besonderem Maße zu schützen, denn die zahlreichen Touristen und Besucher stellen natürlich auch eine Gefahr für die außergewöhnliche Flora und Fauna dieser pazifischen Inselwelt dar. Seit 1978 zählt der Parque Nacional y Reserva Marina Galápagos deshalb zum Weltnaturerbe der UNESCO.

Der Galápagos-Archipel liegt beinahe 1000 km von der ecuadorianischen Küste entfernt zwischen dem 90. und 92. Grad westlicher Länge sowie zwischen 1,4 Grad nördlicher und 1,3 Grad südlicher Breite. Er besteht aus 13 Hauptinseln sowie fast 50 kleineren Inseln und Eilanden. Die größte Insel ist Isabela mit einer Fläche von 4855 km². Hier ragt der 1689 m hohe Vulkan Cerro Azul, der höchste Berg der Inselgruppe, auf.

Der Archipel ist vulkanischen Ursprungs. Er liegt über einem sogenannten Hot Spot (»heißer Fleck«), einer Wärmezone unterhalb der Erdkruste, aus der immer wieder Magma aus dem Erdinneren aufsteigt. Dank der Kontinentaldrift wandert die Erdkruste, in diesem Fall die Nazca-Platte, langsam nach Südosten in Richtung des südamerikanischen Kontinents. Da nun in unregelmäßigen Abständen der Hot Spot ausbricht, wächst – vereinfacht betrachtet – mit jedem Ausbruch ein Vulkan aus dem Wasser. So befinden sich auf den erdgeschichtlich jüngsten Inseln die aktivsten Vulkane, denn sie sitzen ziemlich genau über diesem Hot Spot. Es sind dies die nordwestlich gelegenen Inseln Fernandina und Isabela.

Die vor rund 9 Mio. Jahren entstandenen Inseln waren zunächst wüst und leer. Heute werden sie für ihre Tier- und Pflanzenwelt gerühmt. Aber wie konnten Pflanzen und Tiere die so weit vom Festland entfernt gelegenen Inseln überhaupt erreichen? Die meisten durch die Luft, denn der Wind verfrachtet Samen und Sporen von Farnen und Moosen sowie selbst kleine Insekten über große Strecken. Seevögel wie Albatros und Seeschwalbe sind ausgezeichnete Flieger. Sie tragen oft Samen in ihrem Gefieder herbei. Robben, Pinguine und Seeschildkröten können als hervorragende Schwimmer mithilfe von Meeresströmungen leicht zu den Inseln gelangen. Treibholz oder auch schwimmende Vegetationsbüschel dienten vielleicht den größeren Tieren, wie der Landschildkröte oder den Echsenarten, als Transportmittel vom südamerikanischen Kontinent. Allerdings konnten nur Tiere, die in der Lage sind, über einen längeren Zeitraum ohne Nahrung und Wasser auszukommen, den Archipel bevölkern. Dies erklärt auch, warum einige Tierarten häufig, andere nur in geringer Zahl auf den Inseln vorkommen. So gibt es hier beispielsweise viele Seevögel, Meeressäuger und Reptilien, aber mit Ausnahme zweier Fledermausarten (und der vom Menschen eingeführten Ratten und Ziegen) keine weiteren Landsäugetiere. Vier der 13 größeren Galápagos-Inseln sind bewohnt. Auf Baltra befindet sich ein Militärstützpunkt.

Bild links: Lebewesen aus einer anderen Zeit: die Galápagos-Riesenschildkröten.

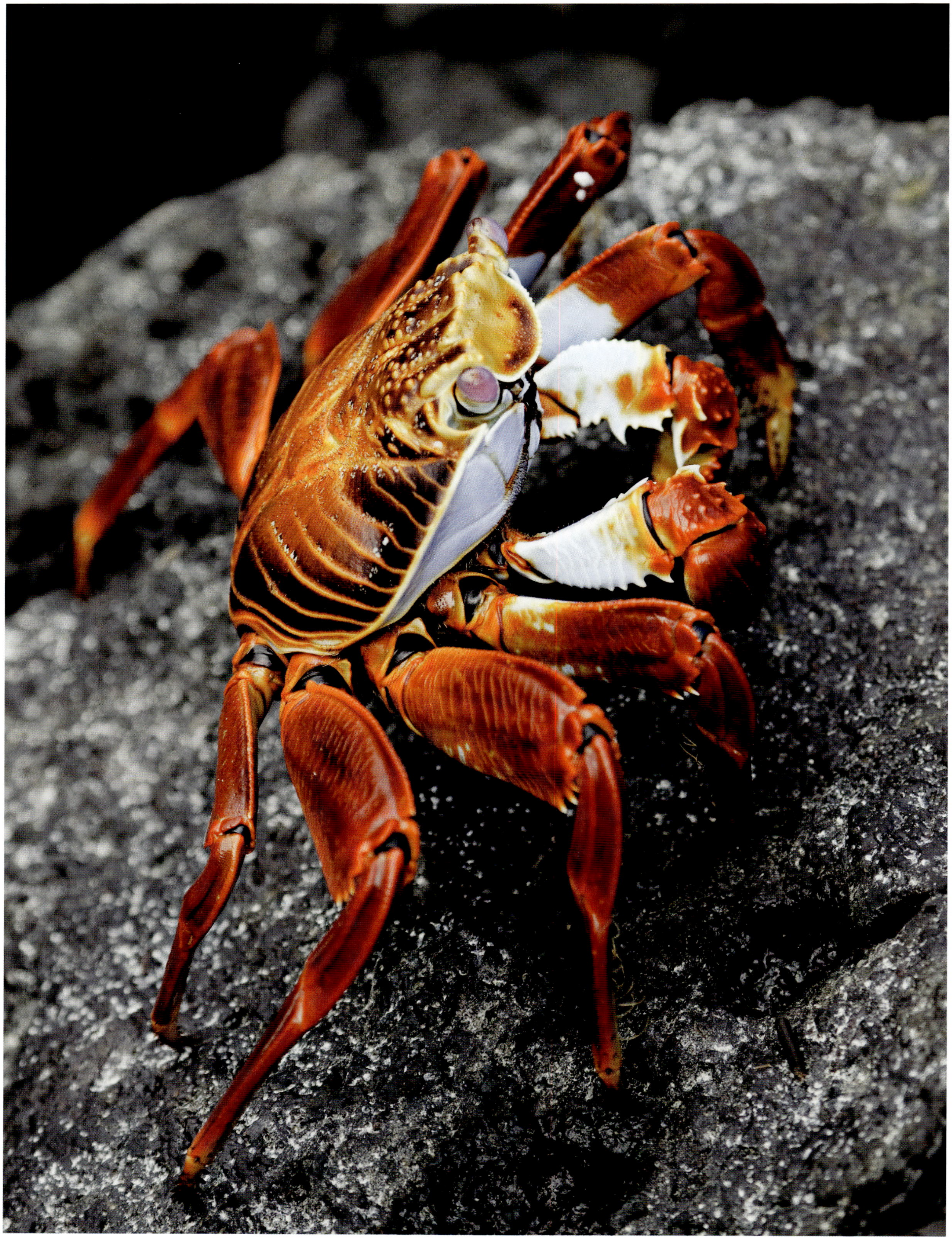

REISEROUTE

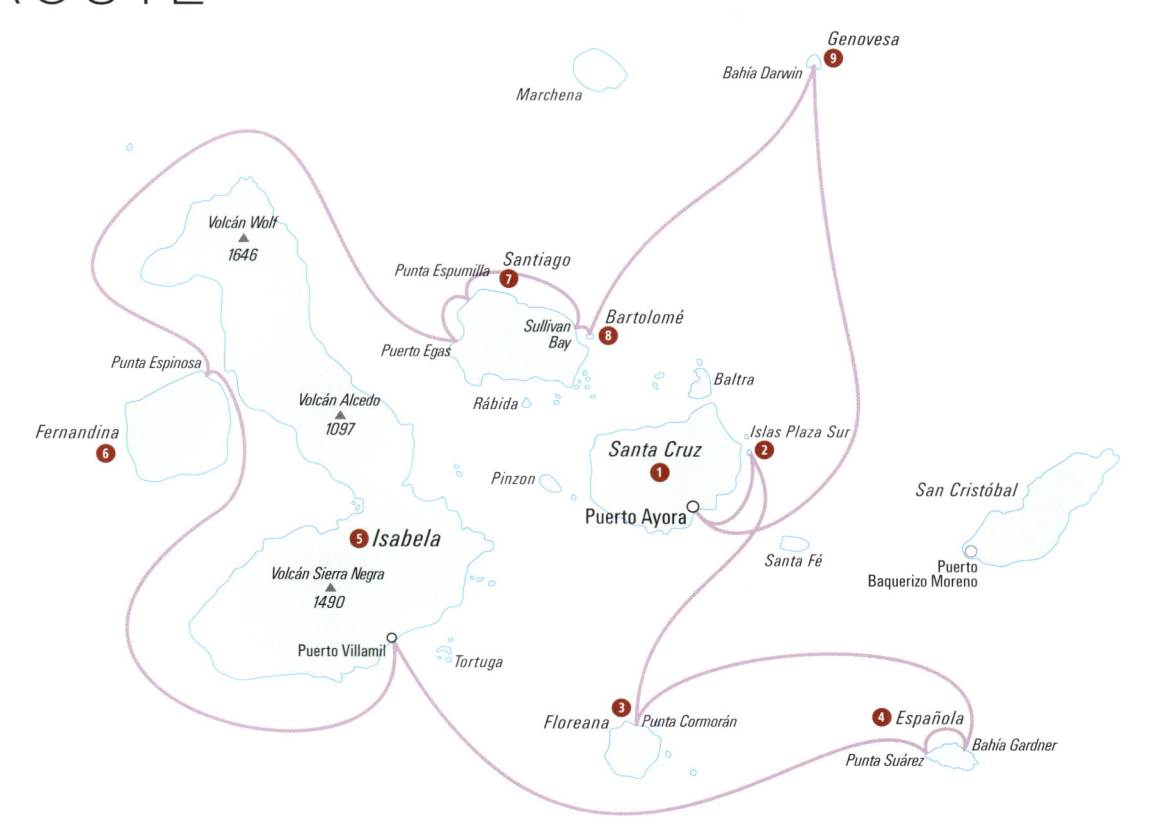

Eine mehrtägige Kreuzfahrt ist die beste Möglichkeit, die Naturwunder der Galápagos-Inseln kennenzulernen. Da die Inselgruppe seit 1949 unter Naturschutz steht, dürfen nicht alle Inseln besucht werden. Allerdings hat die Nationalparkverwaltung zahlreiche Besucherstandorte eingerichtet, die mit einem lizenzierten Führer aufgesucht werden können. Hier lässt sich die Tier- und Pflanzenwelt des Archipels besonders eindrucksvoll erleben.

ROUTENLÄNGE: ca. 1000 km
ZEITBEDARF: 3 Wochen
START UND ZIEL: Puerto Ayora (Santa Cruz)
ROUTENVERLAUF: Santa Cruz, Islas Plaza Sur, Floreana, Española, Isabela, Fernandina, Santiago, Bartolomé, Genovesa, Santa Cruz

HINWEISE:

Die eigentliche Galápagos-Tour ist eine Kreuzfahrt. Nachts wird navigiert, und tagsüber finden Bootsausflüge auf die Inseln statt. Alle Boote haben mindestens einen Naturführer an Bord. Pauschalreisende, die in Europa oder in Ecuador gebucht haben, werden am Flughafen vom Veranstalter abgeholt. Kreuzfahrten lassen sich aber auch noch in Puerto Ayora auf Santa Cruz buchen.

AUSKÜNFTE:

www.visitecuador.de
www.darwinfoundation.org

Auch Meerechsen kommen nur auf den Galápagos-Inseln vor.

Balzzeit bei den Fregattvögeln.

Bild links: Die Rote Klippenkrabbe erhält erst als ausgewachsenes Tier ihre rötliche Färbung.

SANTA CRUZ

❶ SANTA CRUZ

Nahezu alle Rundfahrten beginnen auf Santa Cruz: Die zweitgrößte Insel des Archipels besitzt nicht nur die abwechslungsreichste Vegetation und mit Puerto Ayora auch die größte Stadt der Inselgruppe, sondern hier befindet sich auch die Charles-Darwin-Forschungsstation, das wissenschaftliche Zentrum der Galápagos-Forschung. Hier werden Studien zum Gesundheitszustand und zur Abstammung der auf Galápagos einheimischen Tiere betrieben. Im dazugehörigen Museum wird die Entstehungs- und Entwicklungsgeschichte des Archipels erklärt. Von weitaus größerem Interesse für die meisten Besucher sind die zahlreichen hier lebenden Landschildkröten, die hier gezüchtet werden. Sobald die Tiere eine bestimmte Größe erreicht haben, werden sie in die Freiheit entlassen, beispielsweise in das Schildkrötenreservat bei Santa Rosa. Im Norden der Insel erstreckt sich Caleta Tortuga Negra, eine mit Mangroven bestandene Bucht, in der Pelikane nisten und Seeschildkröten und Rochen beobachtet werden können.

Ein Fink saugt den Nektar einer Kaktusblüte.

DARWINFINKEN

Weder die Schildkröten noch die Leguane, nein, die unscheinbaren Finkenvögel der Gattung Geospiza lösten bei Charles Darwin, der im Jahr 1831 den Galápagos-Archipel besuchte, jene Gedankenkette aus, die später in seine Evolutionstheorie mündete. Denn auf den Inseln kommen insgesamt 13 verschiedene Finkenarten vor – und alle besitzen unterschiedliche Schnabelformen: Einen dünnen zum Fangen von Insekten, einen dicken zum Knacken von Samen, eine dritte Art benutzt sogar einen Kaktusstachel, um damit Maden aus Astlöchern aufzuspießen.

Darwin hielt die Vögel ursprünglich für Abkömmlinge unterschiedlicher Vogelarten, bis ihn Biologen darauf hinwiesen, dass sie alle miteinander verwandt seien. Und so entwickelte Darwin seine Theorie, dass sich die Finken in Anpassung an ihre jeweilige Umwelt verändert hätten. In einem langwierigen Prozess entwickelten sich bestimmte Eigenschaften, die schließlich vererbt würden.

ISLAS PLAZA SUR

❷ ISLAS PLAZA SUR

Östlich von Santa Cruz liegen die beiden Plaza-Inseln; allerdings darf nur Plaza Sur besucht werden. Sie stellt einen frühen Höhepunkt einer Galápagos-Kreuzfahrt dar, denn hier leben ungewöhnliche Tierarten: Seevögel wie der Rotschnabel-Tropikvogel oder die Gabelschwanzmöwe nisten auf den Felsvorsprüngen der Steilküste, und im Wasser und auf den Lavafelsen tummeln sich Seelöwen. Die Galápagos-Seelöwen, eine von sechs Säugetierarten der Inseln, sind eine Unterart der Kalifornischen Seelöwen. Sie leben in Kolonien von etwa 20 bis 30 Weibchen, die den Harem eines Bullen bilden. Die Männchen sind wesentlich größer und wiegen bis zu 250 kg. Sie haben einen kräftigen Schädel und einen massigen, dicken Nacken. Junge Seelöwen sind meist verspielt und neugierig, vor allem Taucher treffen oft auf Robben.

Unter den Opuntien, den Feigenkakteen der Insel, liegen scheinbar träge und nahezu unbeweglich die Landleguane – kleine drachenähnliche Lebewesen mit typisch orangegelbem Rücken und bräunlich roter Färbung auf Bauch, Rückenkamm und Stachelnacken. Von ihrer äußerlichen Ruhe sollte man sich nicht täuschen lassen, denn männliche Landleguane verteidigen äußerst aggressiv ihr Areal, auf dem häufig mehrere Weibchen leben, gegen Nebenbuhler. Ausgewachsene Landleguane, die dann knapp 1 m messen und etwa 13 kg wiegen, haben außer ihren Artgenossen keinerlei natürliche Feinde auf den Inseln.

Man sieht das Tier vor lauter Kakteen nicht: Seelöwen suchen Schatten.

Bild rechts: Der Kuba-Flamingo ist auch als Roter Flamingo bekannt.

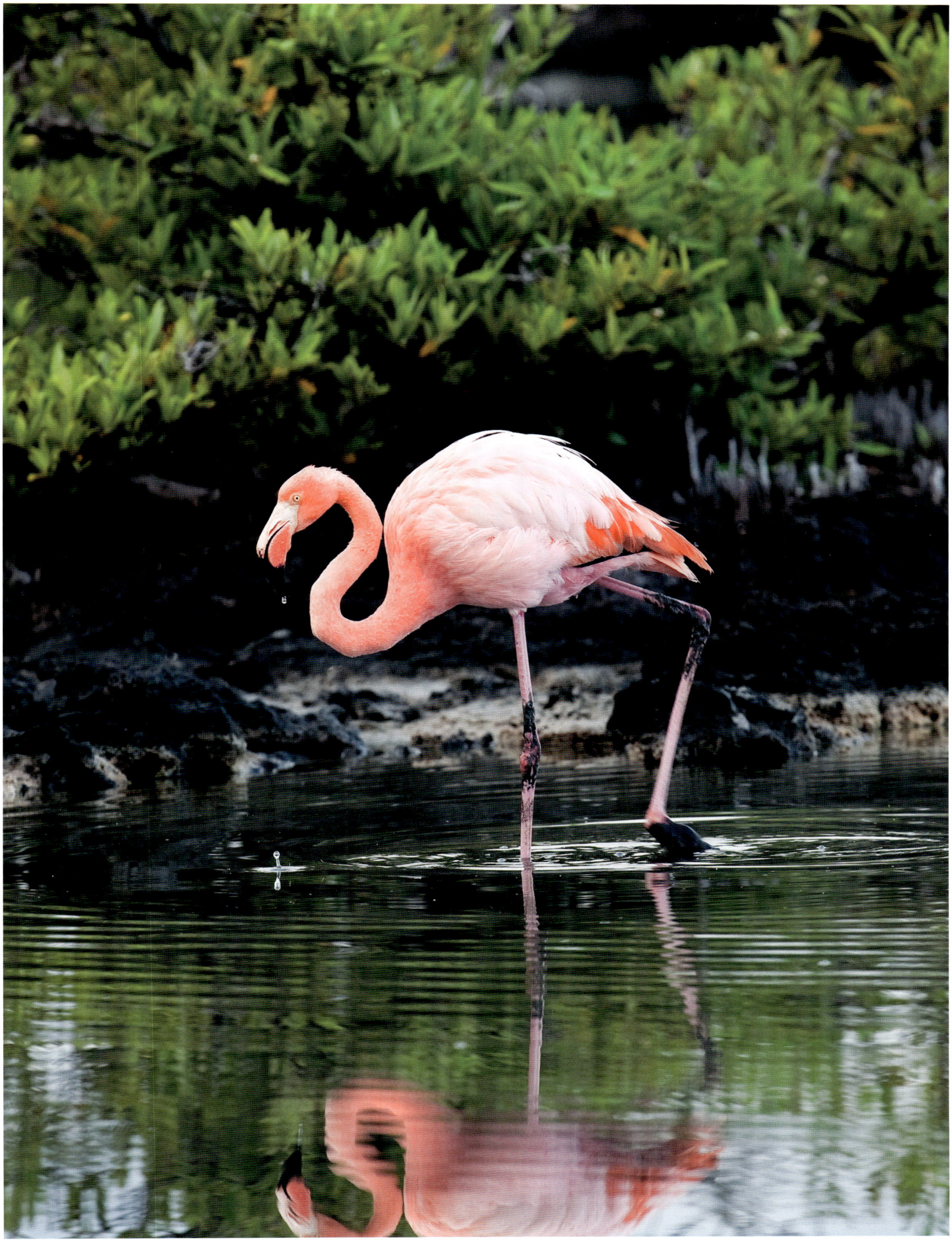

FLOREANA

❸ FLOREANA

Eine der wenigen bewohnten Inseln des Archipels ist Floreana, und hier steuern die Besucher neben der Punta Cormorán im Norden der Insel, an der sich in einer Lagune oft Flamingos beobachten lassen, auch ein skurriles Zeugnis der menschlichen Besiedelung an: die Post Office Bay, an der englische Walfänger im 18. Jh. eine Posttonne aufstellten. Ankommende Walfänger hinterließen hier Nachrichten, die dann von Schiffen, die sich auf Heimatkurs befanden, mitgenommen wurden. Englische Freibeuter und danach Walfänger waren die Ersten, die die Galápagos-Inseln regelmäßig aufsuchten. Zwar hatte der Spanier Tomas de Berlanga sie schon am 10. März 1535 als erster Europäer entdeckt, aber als wertlos – als Aschehaufen mit seltsamen Tieren – charakterisiert. Piraten und vor allem Walfänger, die ab 1790 und bis etwa 1870 die Inseln anliefen, nutzten erstmals ihre Ressourcen. Und zwar gewaltig: Sie gingen von hier aus auf Walfang, und sie versorgten sich mit Schildkröten, die sie einfach lebend in den Schiffsbauch luden. Auf einigen Inseln wurden die Tiere sogar vollständig ausgerottet.

Der erste Mensch, der sich dauerhaft auf den Inseln niederlassen wollte, war ein Engländer namens Patrick Watkins, der 1807 in der Nähe der Posttonne in eine Lavahöhle zog. Er baute Gemüse an und tauschte es bei den Walfängern gegen Rum. Doch zwei Jahre später hatte er das Alleinsein letztlich satt: Er stahl das Beiboot eines Schiffes und zwang fünf Seeleute, ihn damit zum Festland zu bringen. Er erreichte es als Einziger.

Nachdem Ecuador 1832 die Inseln annektiert hatte, dienten sie zunächst als Strafkolonie. Erst in den 1930er-Jahren setzte eine verstärkte Einwanderung ein: Zuerst kamen glücklose Norweger, die versuchten, Floreana zu besiedeln, und dabei scheiterten. Es kamen auch Sonderlinge aus Deutschland, die vom naturnahen Leben träumten, große Pläne hatten, sich zerstritten und von denen einige spurlos verschwanden. Bis in die 1940er- und 1950er-Jahre stagnierte die Einwohnerzahl der Inseln. Selbst heute sind nur Santa Cruz, San Cristóbal, Floreana und der Süden von Isabela besiedelt, obwohl die Inseln sehr attraktiv sind.

ESPAÑOLA

❹ ESPAÑOLA

Die südlichste Insel des Archipels, die von Santa Cruz aus in rund zwölf Stunden mit einem Schiff erreicht werden kann, bietet einige schöne Besucherstandorte. Seelöwen liegen in großer Zahl am Strand der Bahía Gardner im Nordosten Españolas. Die Punta Suárez im Nordwesten ist durch einen Rundwanderweg erschlossen, der durch Kolonien von Blaufuß- und Maskentölpeln führt. Im Abstand von nur einem halben Meter passiert man die am Boden brütenden Vögel. Auch Lavaechsen sowie Darwinfinken und viele andere seltene Vogelarten lassen sich hier beobachten. Hauptattraktion des Trails ist aber die Kolonie Galápagos-Albatrosse, die zwischen April und Dezember auf Española balzen, sich paaren und brüten. Die Insel ist der einzige Ort, an dem diese Vögel nisten.

Der Galápagos-Albatros steht auf der Liste der vom Aussterben bedrohten Arten. Im Nationalpark stehen die Vögel deshalb unter dem besonderen Schutz der Ranger. Der Bestand an Española-Riesenschildkröten konnte durch künstliche Aufzucht gesichert werden.

Eine Meerechse auf Landgang.

Bild oben: Ein Seelöwe taucht paradiesisch durch den Tunnel seiner Leckerbissen.

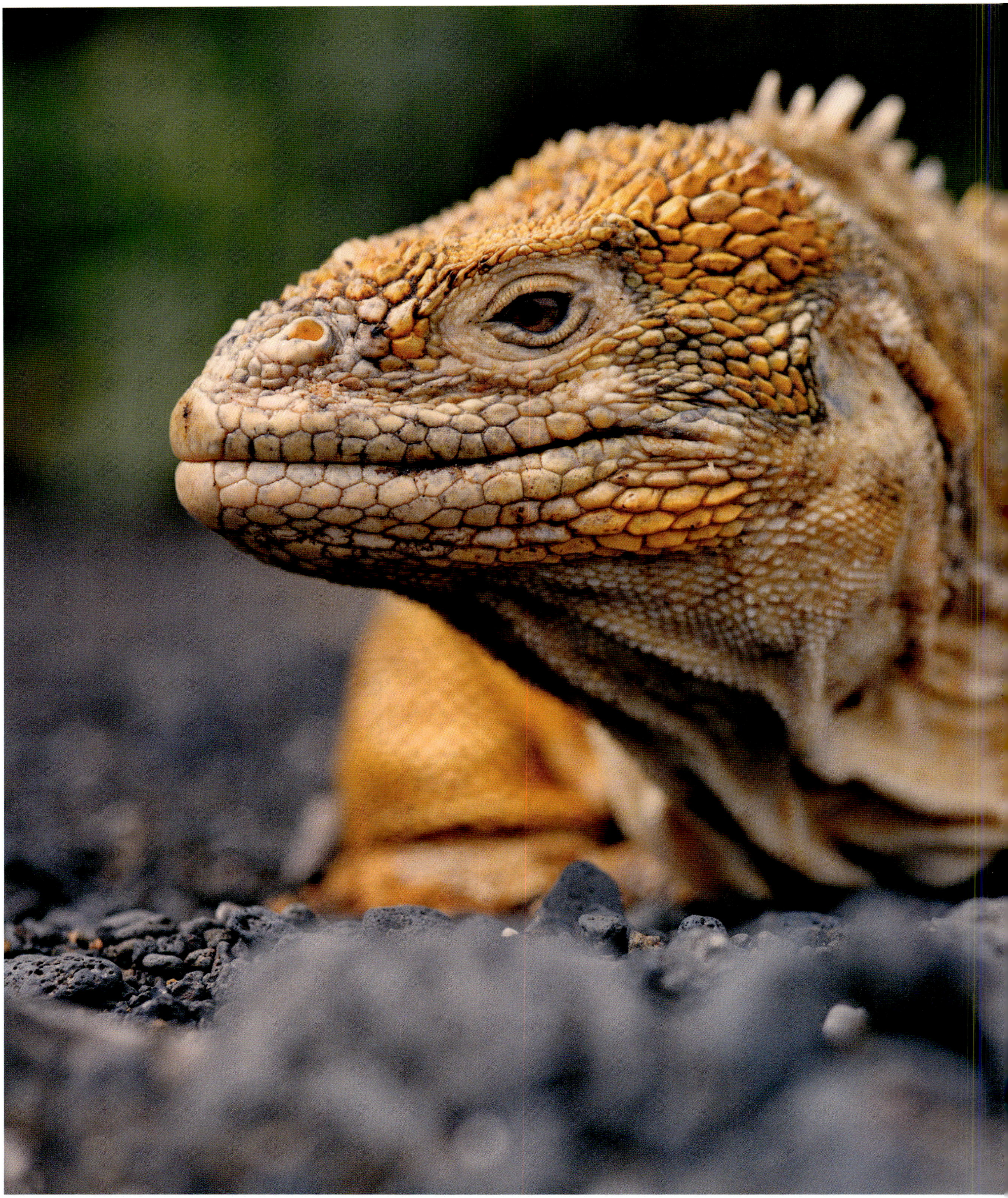

ISABELA

❺ ISABELA

Die größte der Galápagos-Inseln ist eine der wenigen bewohnten Inseln des Archipels. Ihr Hauptort ist Puerto Villamil im Südosten der Insel, der allerdings rund 2000 Einwohner zählt. Nahebei liegen die Lagunas de Villamil, auf denen meistens Flamingos gründeln. Sie sind nach einer kurzen Wanderung durch den Mangrovenwald zu erreichen. Ansonsten besitzt Puerto Villamil die schönsten Strände der Inseln sowie eine Zuchtstation für Galápagos-Schildkröten. In Freiheit lassen sich diese am Krater des Vulkans Alcedo (1097 m) beobachten.

Eine etwa 10 km lange Wanderung von der Ostseite Isabelas aus führt durch die verschiedenen typischen Vegetationszonen der Insel hinauf zum Gipfel, von wo man einen Blick in den großen Einsturzkrater (etwa 7 km Durchmesser) werfen kann. Solche fast kreisförmigen, sehr tiefen und steilen Einsturzkrater, »Caldera« genannt, sind typisch für die Vulkane der Inseln. Sie entstehen, wenn eine ursprünglich darunter liegende Magmakammer sich an anderer Stelle entlädt und die oberhalb des Hohlraums gelegene Deckenschicht danach einstürzt.

Mangroven und Wasserstellen kennzeichnen die Insel Isabela.

Wie auf den anderen Inseln unterscheidet man auch auf Isabela sechs Höhenstufen der Vegetation: In der Küstenzone wachsen fast ausschließlich Pflanzen, die gegen Salz und kräftigen Meereswind resistent sind, wie beispielsweise Mangroven. Oberhalb dieser Stufe schließt sich bis in etwa 100 m Höhe die Halbwüste der Trockenzone an, in der vor allem Kakteen und der weitgehend kahl erscheinende Palo-Santo-Baum vorherrschend sind. Bis in 200 m Höhe erstreckt sich die Transitions- oder Mischzone, in der aufgrund regelmäßiger Niederschläge immergrüne Pflanzen gedeihen. Bis auf 400 m Höhe reicht die Scalesia-Zone. Sie ist benannt nach den auf Galápagos endemischen Scalesien, einer Gruppe der Korbblütler, die sogar zu richtigen Bäumen heranwachsen. Die anschließende Miconia-Zone (bis 500 m) erhielt ihren Namen von der ebenfalls endemischen Miconia-Pflanze, einem bis zu 4 m hohen Strauchgewächs, das zusammen mit anderen Pflanzen häufig ein undurchdringliches Dickicht bildet. In der Pampa-Zone schließlich wächst eine dichte Gras- und Krautschicht.

Bild links: Landleguane an der Urvina Bay.

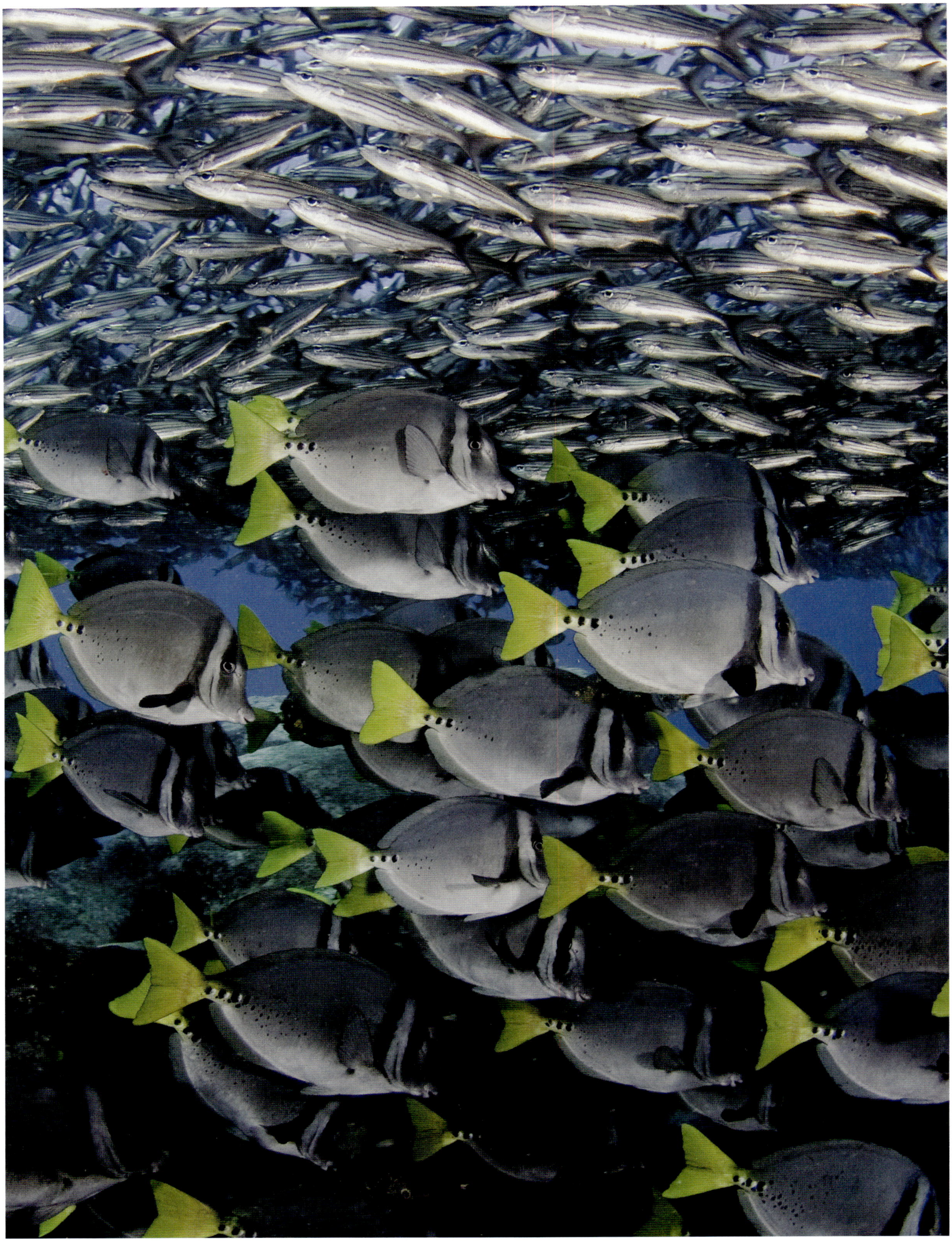

Eine Riesenschildkröte auf dem Weg zur Futtersuche.

SCHILDKRÖTEN UND ANDERE REPTILIEN

Von den imposanten Galápagos-Schildkröten gab es ursprünglich 14 verschiedene Unterarten auf dem Archipel. Heute sind es nur noch elf, die aber jeweils nur auf einer der Inseln vorkommen. Der ehemalige Vize-Gouverneur Lawson erläuterte bereits Charles Darwin bei dessen Reise im Jahr 1831, dass man sehr wohl jede einzelne Schildkrötenart einer bestimmten Insel zuordnen kann. Grundsätzlich lassen sich zwei Panzerformen der Riesenschildkröten unterscheiden: Die größeren und schwereren Tiere haben einen gleichmäßig geformten und kuppelförmigen Panzer, die etwas kleineren einen sattelförmigen. Diesen Sattelschildkröten verdankt die Inselgruppe ihren Namen, denn *galápago* bedeutet im Spanischen Schildkröte. Während die größere Schildkrötenart sich vorwiegend von Gras ernährt, frisst die Sattelschildkröte oft bodennahe Blätter und Zweige. Deshalb ist ihr Panzer am Nacken hoch gewölbt, zudem sind Beine und Hals etwas länger geraten.

Landschildkröten paaren sich während der Regenzeit, die auf den Inseln von Januar bis Juni reicht. Das Weibchen legt dann zu Beginn der Trockenzeit zwei bis 16 etwa tennisballgroße Eier in ein rund 30 cm tiefes Erdloch, das sie mit den Hinterbeinen gegraben hat. Nach vier Monaten schlüpfen dann die nur wenige Zentimeter großen Schildkrötenbabys. Deren Geschlecht hängt übrigens wesentlich von der Temperatur ab: Je nach Temperaturbereich entwickeln sich nur männliche oder nur weibliche Nachkommen. Die Jungtiere sind zunächst natürlichen Feinden wie Bussarden ausgesetzt, mit zunehmender Festigkeit und Härte des Panzers schwindet jedoch die Gefahr. Bei einem Angriff schützen sie sich auf passive Art und Weise: Mit einem Zischen stoßen sie die Luft aus dem Körper und ziehen Kopf und Beine in den Panzer hinein.

Neben den Landschildkröten kommen auf den Inseln noch weitere interessante Reptilien vor: Insgesamt sind es 22 Arten, von denen 20 endemisch sind; manche sind nur auf einer bestimmten Insel heimisch. Reptilien sind wechselwarme Wirbeltiere, die nicht selbstständig ihre Körpertemperatur regulieren können. Sie sind allerdings resistent gegen größere Schwankungen. Nach einer kalten Nacht oder einem längeren Aufenthalt im kühleren Wasser sitzen sie deshalb häufig bewegungslos in der Sonne, um sich aufzuwärmen. Bei zu großer Hitze verbringen sie dagegen viel Zeit im Wasser oder im Schatten.

Ein einzigartiges Reptil auf den Inseln ist die Meerechse. Es gibt weltweit keine verwandte Art, und sie ist die einzige Echsenart, die ins Salzwasser geht. Das von Darwin als »hässliches Geschöpf von einer schmutzig schwarzen Färbung, dumm und träge in seinen Bewegungen« geschmähte Reptil lebt zwar auf dem Land, findet seine Nahrung aber zum größten Teil unter Wasser. Es weidet Algenfelder bis zu einer Tiefe von 15 m ab und kann sich sogar eine Stunde auf dem Meeresgrund aufhalten. Meerechsen können in ihren Gewebezellen den Sauerstoff speichern, den sie für ihre Tauchgänge benötigen. Zusätzlich schaffen sie es, ihre Herzfrequenz, die normalerweise 45 Schläge pro Minute beträgt, auf nur acht bis zwölf Schläge zu reduzieren, ja zeitweise ganz mit dem Herzschlag auszusetzen.

Außerdem sind Meerechsen ausgezeichnete Schwimmer. Sie legen die Beine, die mit starken Krallen ausgestattet sind, um sich unter Wasser trotz Brandung sicher an den Steinen festzuhalten, dicht an ihren Körper und rudern mit ihrem langen Schwanz vorwärts. Nach den Tauchgängen aalen sich die Reptilien dicht nebeneinander liegend auf den heißen Lavafelsen in der Sonne.

Bild links: Unterwasserverkehr zur Rushhour: Schwarzstreifen-Grunzer versus Doktorfische (unten).

FERNANDINA

❻ FERNANDINA

Die drittgrößte Insel des Archipels ist die jüngste und zugleich die vulkanisch aktivste, da sie ziemlich genau über dem Hot Spot sitzt, der die Inselgruppe entstehen ließ. Erst 1988 kam es zu einem größeren Vulkanausbruch, deshalb lassen sich hier unterschiedliche Lavaformationen unterscheiden. Die Lava der Inselvulkane ist sehr dünnflüssig, d. h. sie quillt aus dem Krater heraus, anstatt explosiv herausgeschleudert zu werden; außerdem erstarrt sie relativ langsam.

Charakteristisch sind zwei Lavaarten: die Pahoehoe- oder Stricklava, die wie ein geflochtenes Seil aussieht, und die Aa-Lava, die scharfkantige Brocken ausbildet.

Am Punta Espinosa lässt sich der endemische, flugunfähige Stummelkormoran bewundern. Dieser hat im Laufe seiner Entwicklungsgeschichte das Fliegen verlernt, da es an Land keine natürlichen Feinde, dafür umso mehr Nahrung gab. Außerdem gibt es hier die größte Kolonie von Galápagos-Pinguinen, übrigens die einzige Pinguinart, die nördlich des Äquators lebt.

SANTIAGO

❼ SANTIAGO

Die viertgrößte Insel des Archipels besteht aus einer wüstenartigen Vulkanlandschaft. An der Sullivan Bay im Osten der Insel stößt man auf ein frisches, etwa 200 Jahre altes Lavafeld, das kaum erodiert ist. Gut kann man hier die verschiedenen Lavaarten betrachten und beobachten, wie sich an manchen Stellen erste Pionierpflanzen wie der Lavakaktus ansiedeln. Hier entwickelt sich das pflanzliche Leben allerdings nur sehr langsam.

Die anderen Besucherstandorte befinden sich auf der Westseite der Insel. Bei Puerto Egas trifft man auf Pelzrobben, am Strand sind auch viele Watvogelarten zu beobachten. Diese meist hochbeinigen Vögel suchen vorzugsweise in flachen Gewässern oder Sumpfgebieten nach Nahrung. Zu den auffälligsten Arten zählen Flamingo und rotschnäbliger Braunmantelausternfischer. Außerdem leben hier Silberreiher, Cayenne-Nachtreiher und Lavareiher.

Bei Punta Espumilla, dem dritten Besucherstandort, gibt es hervorragende Gelegenheiten zum Schnorcheln und damit zur Erkundung der Unterwasserwelt. Insgesamt leben in den Gewässern etwa 300 Fischarten aus insgesamt 100 Familien, die oft schwer zu identifizieren sind, da viele tropische Fische im Laufe ihres Lebens die Farbe ändern. Beim Schnorcheln lassen sich auch größere Meerestiere beobachten, etwa Rochen und Haie. Von den verschiedenen Rochenarten ist nur der Stachelrochen gefährlich, obwohl er überhaupt nicht aggressiv oder angriffslustig ist. Farbenprächtiger sind der Goldrochen und der Adlerrochen, der leicht an seiner schwarzen Färbung mit weißen Punkten zu erkennen ist.

Haie kommen hier in den unterschiedlichsten Arten vor, und die wenigsten sind harmlos wie der gigantische Walhai, der eine Länge von bis zu 15 m erreichen kann und den nur Taucher zu Gesicht bekommen. Beim Schnorcheln sieht man häufig Weißspitzen- und Tigerhaie, mit etwas Glück auch einen Hammerhai, der unschwer an seiner charakteristischen Kopfform zu bestimmen ist.

Bild rechts: Der Lavastrand Puerto Egas.

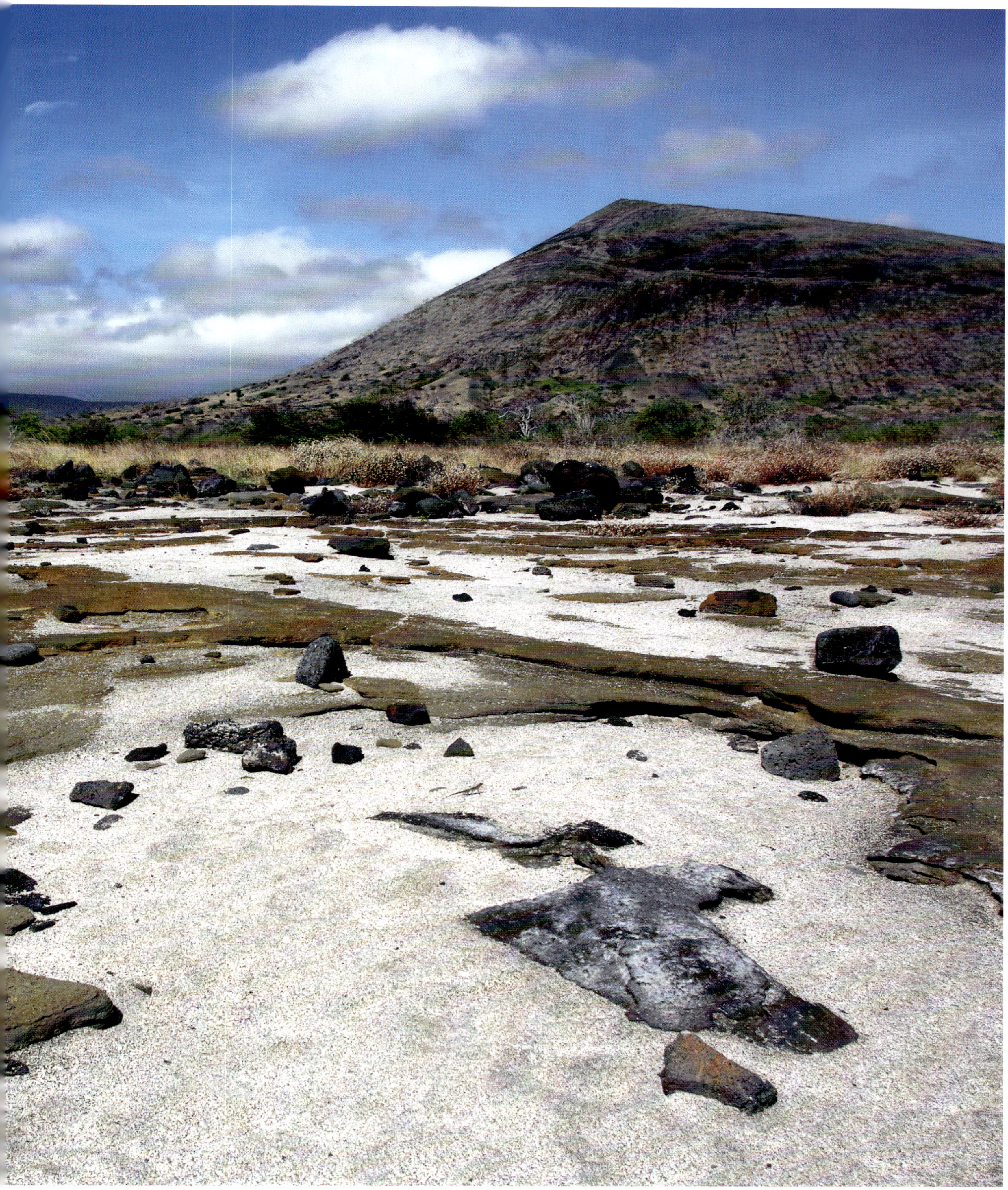

Wie ein gestrandeter Wal ragt eine Landzunge Bartolomés aus dem Wasser.

BARTOLOMÉ

❽ BARTOLOMÉ

Schöne An- und Aussichten, Sandstrände und Schnorchelabenteuer im kalten Wasser sind die Höhepunkte auf der kleinen Insel Bartolomé, deren Landschaft wüstenhaft ist. Beim Aufstieg zu ihrer höchsten Erhebung passiert man Asche- und Lavafelder sowie Schlackenkegel und Lavatunnel. Von dort oben genießt man einen wundervollen Blick über die Isla Santiago und den »Pináculo«, einen Lavafelsen, der wie ein angespitzter Zuckerhut vor der Meerenge aufragt.

Zwei Sandstrände laden zum Baden und Schnorcheln ein. Dabei kann man unter Wasser auf Seelöwen und mit etwas Glück – wenn das Wasser schön kalt ist – auch auf Pinguine treffen. Sandstrände sind das Revier der Geisterkrabbe, deren unübersehbares äußerliches Merkmal die hochklappbaren Stielaugen sind.

GENOVESA

❾ GENOVESA

Diese nur 14 km² große Insel liegt nördlich des Äquators und ist gut eine Tagesreise von den Hauptinseln des Galàpagos-Archipels entfernt. Aufgrund ihres außergewöhnlichen Vogelreichtums ist sie dennoch ein beliebtes Reiseziel. Ihre Nordseite wird von einem Vulkan mit einem riesigen Kratersee von 300 m Durchmesser beherrscht. Von hier geht es zurück zum Ausgangspunkt nach Santa Cruz.

Ein Blaufußtölpel putzt sich sein Gefieder.

VOGELINSEL GENOVESA

Genovesa ist ein Vogelparadies. Von der Playa de Bahía Darwin führen zwei Wege in das Inselinnere, wo vor allem Rotfuß- und Maskentölpel leben.

Während der Blaufußtölpel, der leuchtend blaue Füße hat, in großen Kolonien auf den Inseln Española und Seymour vorkommt, lebt der Rotfußtölpel ausschließlich auf Genovesa. Er besitzt ein überwiegend braunes Federkleid, einige Exemplare haben jedoch auch weiße Federn. Der Maskentölpel ist sehr gut an seiner schwarzen Gesichtsmaske bei sonst weißem Gefieder zu erkennen. Im Gegensatz zu den anderen Tölpelarten nistet der Rotfußtölpel auf Salzbüschen.

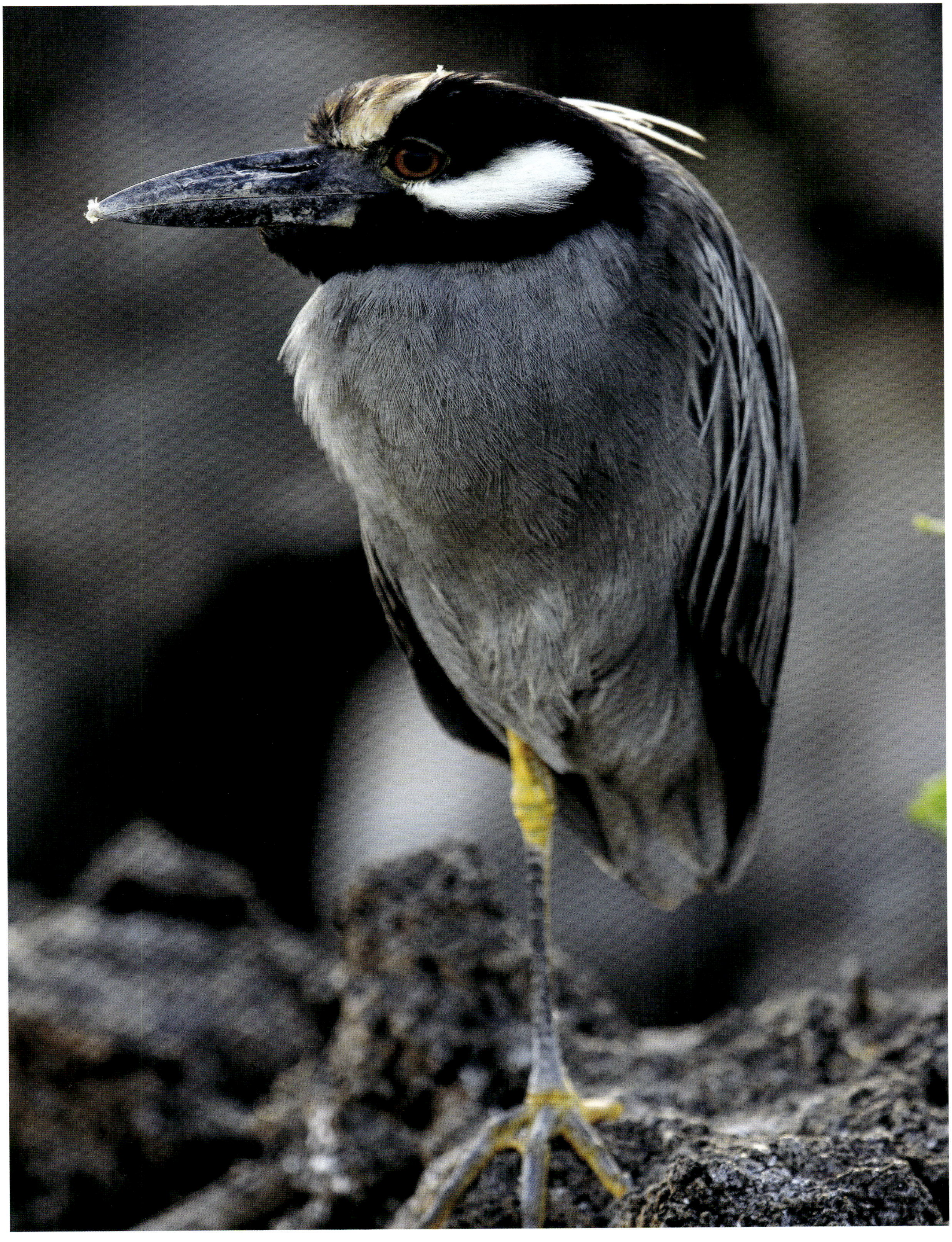

HOT SPOTS

Wer sich auf den Weg zu den Galápagos-Inseln vor der Küste von Ecuador macht, möchte vor allem eines: die bizarren Landschaften und die einzigartige Tierwelt dieses Archipels bestaunen. Auf echten Komfort bei der Unterkunft muss man dabei heutzutage nicht mehr verzichten – ob nun im Luxushotel oder im gepflegten Ambiente an Bord eines Motorseglers.

ROYAL PALM HOTEL – GALAPAGOS
Neben der Präsidentensuite bietet das exklusive Royal Palm auch eine Prince of Wales Suite, denn der britische Thronfolger Prinz Charles hat hier bereits übernachtet. Das ist sicher keine schlechte Werbung für ein hochkarätiges Haus am Rande der Welt in den Bergen von Santa Cruz. Zur Anlage gehören ein Außenpool, ein Wellnessclub, Tennisplätze, eine Boutique und ein gutes Restaurant. Beim abendlichen Dinner ist formelle Kleidung angesagt. Die Küche verarbeitet frische regionale Produkte, vor allem Fisch und Meeresfrüchte; auf der Karte stehen internationale Klassiker sowie asiatisch-ecuadorianische Fusion-Gerichte. Das Hotel organisiert Kajakausflüge, Schnorcheltouren, Wanderungen sowie Ausritte und Ausflüge zu den Naturattraktionen, deretwegen die Menschen ja schließlich auf diesen entlegenen Archipel reisen. Untergebracht sind die Gäste in Suiten und Villen.
Eine nicht minder luxuriöse Außenstelle des Royal Palm ist die Villa Escalesia in Puerto Ayora. Das Haus am Ozean bietet drei Zimmer mit Meerblick, eine Sonnenterrasse mit Blick aufs Wasser, außerdem einen Infinity-Pool, einen Whirlpool, ein Dampfbad – und auch sonst jeden erdenklichen Luxus.

Km. 18 via Baltra, Isla Santa Cruz, Galápagos, Ecuador | Tel. 0800 10 10 11 11 (Deutschland) | Tel. +593 2 25 20 000 | E-Mail: info@royalpalmgalapagos.com | www.royalpalmgalapagos.com, www.villaescalesia.com

PIKAIA LODGE
Die im Jahr 2013 auf der Insel Santa Cruz eröffnete 5-Sterne-Lodge, nimmt unter den kleinen Luxushotels der Welt eine ganz besondere Stellung ein: Die – ökologisch einwandfrei und perfekt ausgestattete – Anlage verbindet den Umweltgedanken mit absolutem Komfort. Einzigartig ist allein schon die Lage im Krater eines (hoffentlich) längst erloschenen Vulkans etwa 450 Meter über dem Meeresspiegel. Die Lodge besitzt einen Infinity-Pool, ein Spa und selbstverständlich eine Bar und auch ein Gourmet-Restaurant. Von den Zimmern und Villen aus erlebt man die überwältigende Tropenlandschaft des vulkanischen Hochlands aus allernächster Nähe. Den größten Komfort genießt man allerdings in der Suite mit eigenem Pool, Garten und Terrasse. Selbstverständlich sind die Zimmer mit Klimaanlage, Safe, Minibar, LED-Fernseher, DVD-Player und einer Ladestation für den iPod ausgestattet. Da Besucher der Galápagos-Inseln vor allem die ungewöhnliche Tierwelt erleben wollen, führt das Hotel die entsprechenden spannenden und erlebnisreichen Exkursionen, auch in Eigenregie, durch – darunter auf einer hauseigenen Yacht, um auch die Nachbarinseln kennenlernen zu können.

Isla Santa Cruz, Galápagos, Ecuador | E-Mail: Maske auf der Website | www.pikaialodgegalapagos.com

In den Bergen von Santa Cruz liegt das exquisite Royal Palm Hotel.

Ein eigener Whirlpool zählt zur exklusiven Ausstattung des Royal Palm.

GALAPAGOS SAFARI CAMP
Eine völlig andere, aber keineswegs entbehrungsreiche Unterbringung bietet das Safari-Camp im afrikanischen Stil, das durchaus auch gehobenen Ansprüchen gerecht wird. Die Gäste wohnen in großen Luxuszelten im Hochland nahe am Nationalpark und am Schutzgebiet der weltberühmten Schildkröten. Wem die komfortablen Zelte dennoch nicht zusagen, kann ersatzweise in eine Dreibett-Suite ausweichen, die sich vor allem für Familien eignet. Zur weitläufigen Anlage gehören auch eine zentrale Lodge und verschiedene Annehmlichkeiten, darunter ein Aussichtspunkt, der sich für einen köstlichen und erfrischenden Cocktail bei Sonnenuntergang geradezu anbietet. Eine Erfrischung ganz anderer Art findet man an heißen Tagen natürlich im Infinity-Pool.

Finca Palo Santo, Salasaca, Santa Cruz, Galápagos, Ecuador | Tel. +593 22 04 02 84 und +593 99 37 17 552 | E-Mail: info@galapagossafaricamp.com | www.galapagossafaricamp.com

HOT SPOTS

Der Katamaran Ocean Spray führt zu den schönsten Buchten der Inselgruppe.

Alle Kabinen der Ocean Spray verfügen über einen Balkon.

Fast schon ein Wahrzeichen der Inseln: die Wittmer Lodge auf Floreana.

ISLA GRILL

Die Aussicht auf die Restaurantmeile der Charles Darwin Avenue ist zwar nicht gerade umwerfend, doch die Steaks, Fische und Meeresfrüchte vom Grill schmecken wirklich hervorragend. Außerdem bekommt man im stets gut besuchten Restaurant herzhafte und frische Kleinigkeiten, beispielsweise Burger, Pizzen und Salate – und sogar Cocktails. Eine Reservierung ist deshalb ratsam.

Charles Darwin Avenue, gegenüber der Banco del Pacifico, Puerto Ayora,
Isla Santa Cruz, Galápagos, Ecuador | Tel. +593 524 461

WITTMER LODGE

Eine Inselinstitution: Die Wittmer Lodge auf Floreana wurde von Margaret Wittmer gegründet, einer Pionierin der Inselgeschichte. Das Haus mit unerwartet modernem Design wurde von der resoluten Dame geführt, die hier sogar Staatspräsidenten beherbergte. Seit ihrem Tod kümmern sich ihre Tochter Floreana und Enkelin Erica um die Gäste. Die acht Zimmer sind modern ausgestattet, für das leibliche Wohl sorgt die Hausherrin Floreana selbst – ein himmlischer Genuss!

Puerto Velasco Ibarra, Floreana, Galápagos, Ecuador
www.divethegalapagos.com/index.php/wittmer-floreana-galapagos-hoteles.html

IGUANA CROSSING

Das schicke Boutique-Hotel auf Isabela verdankt seinen ungewöhnlichen Namen seiner Lage direkt an einem bevorzugten Zugweg der Meerechsen (engl. »iguana«) hin zum Meer. Neben den Reptilien gehören prächtige Flamingos zu den regelmäßigen Besuchern des Strandes, an dem das Hotel liegt. Die großzügigen Zimmer und Suiten bieten grandiose Panoramablicke auf den Pazifik und sind stilvoll eingerichtet, Pools und ein gutes Restaurant sorgen für das nötige Maß an Wohlgefühl bei den Gästen.

Av. Antonio Gil, Puerto Villamil, Isabela, Galápagos, Ecuador
Tel. +593 52 52 94 85 | www.iguanacrossing.com.ec

UNTERWEGS MIT DER »OCEAN SPRAY«

Die beste und komfortabelste Art, möglichst viel von den Inseln zu erleben, ist an Bord eines kleinen Expeditionsschiffes, das von Insel zu Insel tourt. Besonders herrlich geht das auf der Ocean Spray, einem Katamaran mit Luxuskomfort. Auf den insgesamt 9 Außenkabinen haben bis zu 16 Passagiere Platz. Elf Mann Besatzung kümmern sich um das Wohl der Gäste; spannende Exkursionen und Vorträge, Whirlpool auf dem Sonnendeck und das Restaurant lassen keine Wünsche offen.

Dieses und weitere Schiffe buchbar über: Advenation – Adventure Locations,
Schützenbühlstr. 79, 70435 Stuttgart | Tel: 0711-51 86 69 68 |
E-Mail: info@adventure-location.de | www.galapagosluxuskreuzfahrten.de

REGISTER

A

Abaco	31
Aganoa Beach	256
Agulo	112 f.
Aitutaki	294
Akropolis, Lindos	202
Alaior	125
Alcúdia	132
Amerikanische Jungferninseln	54, 72
Amorgós	172
Anáfi	177
Andratx	128
Ándros	164
Andros	44 f., 47
Andros Town	44
Angra do Heroismo	88 f., 95
Anguilla	58, 72
Anjouan	214
Antigua	60 f., 73
Antimáhia	197
Antíparos	168
Apia	256
Apolakkia	202
Arkássa	204
Arrecife	100
Arucas	105
Azoren	77 ff.

B

Bahamas	23 ff.
Balearen	119 ff.
Bali	234 ff., 244 f.
Bandleguan	253
Barbados	68 f., 74 f.
Bartolomé	310
Betancuria	103
Bimini	35, 47
Bora-Bora	288, 296
Bouma NP	253
Brač	152
Bridgetown	68 f.
Britische Jungferninseln	56 f., 72

C

Cañadas del Teide	111
Cap de Formentor	130
Cap Jueu	134
Cat Island	38
Chios	188
Chios-Stadt	188
Cirques	224
Ciutadella	123, 136
Colo-i-Suva Forestry Reserve	250
Cook-Inseln	294
Corralejo	102
Corvo	90
Cres	145
Cueva de los Verdes	100
Cumbre	107
Curepipe	222

D

Darwinfinken	302
Deià	128, 137 f.
Delos	167
Denpasar	234 f.
Dominica	64
Dubrovnik	156 f., 159

E

Einsiedlerlori	253
Eivissa	134
El Cotillo	102
El Golfo	115
El Hierro	115
Eleuthera	37
Eressós	187
Es Mercadal	124
Españolas	305

F

Faial	84, 95
Fatu Hiva	286
Felanitx	132
Fernandina	310
Ferreries	124
Fidschi	247 ff., 258 f.
Floreana	304, 315
Flores (Azoren)	92 f.
Flores (Indonesien)	243, 245
Formentera	135, 139
Foúrni	193
Französisch-Polynesien	281 ff.
Freeport	32
Freetown	33
Frégate	221
Fregattvögel	57
Fuencaliente	115
Fuerteventura	102 f., 116
Furnas	80

G

Galápagos-Inseln	299 ff.
Galápagos-Schildkröte	309

REGISTER

Gänsegeier	145
Garajonay NP	113
Gauguin, Paul	290
Genovesa	310
Gesellschaftsinseln	288 ff.
Gili Islands	238
Graciosa	90
Gran Canaria	104 ff., 116 f.
Grand Bahama	32 f., 47
Grande Comore	214
Great Exuma	42
Grenada	71
Grikos	193
Groupe d'Aldabra	217
Guadeloupe	62
Gunung Kawi	236
Gunung Kelimutu	243
Gunung Rinjani	238 f.
Gunung Tambora	240

H

Ha'amonga Trilithon	254
Hakaui-Tal	285
Haleakala	266 f.
Haleiwa	271 ff.
Hanalei	275
Harbour Island	36
Hatiheu-Bucht	285
Hawaii (Big Island)	264, 276
Hawaii	261 ff.
Hawaii Volcanoes NP	264
Hilo	264
Hiva Oa	286
Honolulu	271, 278 f.
Hoolehua	268
Houma	254
Huahine	288
Hvar	152

I

Ialysos	200
Ibiza	134 f., 138 f.
Ikaría	193
Ikat-Textilien	242
Île Desroches	217
Inagua NP	40
Indischer Ozean	209 ff.
Ìos	173
Iréo	191
Isabela	307, 315
Islas Plaza Sur	302

J

Jameos del Agua	100
Jatiluwih	236
Johanneskloster, Pátmos	193

K

Kahului	266
Kailua	273
Kailua-Kona	264
Kalaupapa	268
Kálimnos	195
Kámiros Skala	200
Kanaren	97 f.
Kapaa	274
Karlovássi	191
Karneval	109
Kárpathos	204, 207
Kárpathos-Stadt	204
Kauai	274 f., 279
Kecak	236
Kéfalos	197
Kleine Antillen	49 ff.
Kleine Sundainseln	231 ff.
Koloss von Náxos	170
Kolumbus, Christoph	38
Komodo	241
Komodo NP	241
Komoren	214
Korčula	154
Kornat	148
Koroyanitu NP	250
Kós	196 f., 206
Kós-Stadt	196, 206
Krk	146
Krka NP	149
Kroatien	141 ff.
Kurzkammleguan	253
Kykladen	161 ff.
Kythnos	178

L

La Digue	221
La Geria NP	100 f.
La Gomera	112 f.
La Laguna	108
La Orotava	108, 111
La Palma	115
Lahaina	266
Lanai	268, 277
Lanzarote	100 f., 116
Las Palmas de Gran Canaria	104 f.
Le Morne Brabant	222
Léros	195

REGISTER

Lesbos	187
Lightbourne Cay	33
Lihue	274
Lindos	202, 206
Lipsi	194
Lombok	238 f., 245
Long Island	40
Los Cristianos	111
Los Gigantes	111
Los Realejos	111
Losinj	145

M

Magaluf	128
Mahé	218, 226 f.
Mallorca	126 ff., 137 f.
Manacor	132
Mantarochen	217
Manuae	294
Maó	125
Marquesas	285 f.
Martinique	66, 74
Maspalomas	107
Maui	266 f., 276
Maumere	243
Mauritius	222, 228
Mayotte	214
Meerechse	309
Menorca	123 ff., 136
Mestá	188
Mílos	177
Míthimna	187
Mljet	155
Molokai	268
Moorea	292, 296
Moreška-Säbeltanz	154
Morne Trois Piton NP	64
Morro Jable	103
Motu One	294
Mu Pagoa Falls	256
Mustique	71, 75
Mykonos	166, 180
Mytilíni	187

N

Nadi	250 f.
Nahiku	267
Napali Coast	275
Nassau	26, 46
Náxos	170, 180 f.
Néa Moni	188
New Providence	26 ff.
Nicholls Town	45
Níssiros	199
Nuku Hiva	285
Nuku'alofa	254

O

Oahu	271 ff., 277 ff.
Òlympos	204
Opatija	145, 158 f.

P

Pag	147
Palma de Mallorca	126 f.
Palma Nova	128
Papeari	290
Papeete	290
Paradise Island	28, 46 f.
Páros	168, 180
Pátmos	193
Pátmos-Stadt	193
Pearl Harbor	271
Petra	187
Pico	82 f., 94
Pico del Teide	111
Piton de La Fournaise	225
Playa de Las Américas	111
Playas del Papagayo	100
Pointe Venus	290
Poipu Beach	275
Pollença	130
Polynesian Cultural Center, Laie	273
Ponta Delgada	80
Port de Sóller	130
Port Louis	222
Portals Nou	128
Praslin	220, 227 f.
Pu'uhonua O Honaunau National Historic Park	264
Puerto de las Nieves	105, 107
Puerto Rico	52
Pulau Mengjangan	234
Pulau Moyo	239
Pura Besakih	236
Pura Luhur Ulu Watu	235
Pura Tanah Lot	235
Pythagório	190 f.

R

Rab	147
Rangiroa	286, 296
Rarotonga	294
Reisterrassen	236
Réunion	224 f., 229
Rhodos	200 ff., 206 f.

REGISTER

Rhodos-Stadt	200, 206 f.
Ribeira Grande	80
Ritterstraße, Rhodos-Stadt	200
Rivière Noire	222
Roque de Los Muchachos	115
Rotfeuerfisch	256

S

Safotu	256
Saint-Denis	224
Samoa	247
Sámos	190 f.
Sámos-Stadt	190
San Sebastián de La Gomera	112
Sansibar	213, 226
Sant Antoni de Portmany	134 f., 139
Santa Cruz	302, 314 f.
Santa Cruz de La Palma	115
Santa Cruz de Tenerife	108 f.
Santa Eulària des Riu	135, 139
Santanyi	132
Santiago	310
Santorin	174 f., 181
São Jorge	86 f.
São Mateus da Calheta	89
São Miguel	80, 94
Satonda	240
Savai'i	256
Savusavu	253
Senggigi	238
Sete Cidades	80
Seychellen	217 ff., 226 ff.
Šibenik	148
Sifnos	178
Sigatoka Sand Dunes NP	251
Silhouette	217
Skála	193
Sóller	130
Sopoaga Falls	256
Split	151, 159
Sporaden	183 ff.
St. John	72
St. John's	73
St. Kitts und Nevis	59, 72 f.
St. Lucia	67, 74
St. Vincent und die Grenadinen	70 f., 75
Stachelrochen	310
Ste. Anne Marine NP	218
Stone Town, Sansibar-Stadt	213
Subaks	236
Sumba	242
Sumbawa	240, 245
Surfen	273
Suva	250

Sweeting's Cay	33
Syros	168

T

Taga	256
Tahiti	290, 296 f.
Tahiti Iti	290
Taiohae	285
Talayot-Kultur	123
Taveuni	253
Teneriffa	108 ff., 117
Terceira	88 f.
Teror	107
Tetiaroa	293
Thai Poosam	222
Thíra	174 f.
Tikis	285
Tílos	199
Timanfaya NP	100
Tínos	164
Tonga	247
Tongatapu	254
Trogir	150
Tuamoto-Archipel	286

U

Ua Pou	285
Ubud	236
'Upolu	256

V

Valldemossa	128, 138
Valle Gran Rey	113
Valley of the Temples	273
Valverde	115
Vanua Levu	253
Vavaú	254
Virgin Gorda	56, 72
Vis	152
Viti Levu	250 f., 258

W

Waimea Canyon	275
Waingapu	242
Weinanbau	83, 101
West End	33
Whale Watching	269
Wracktauchen	31

BILDNACHWEIS

Abkürzungen:

A = Alamy
C = Corbis
G = Getty
L = Laif
M = Mauritius

Cover und S. 1: G/Richard H Johnston
Cover Motiv: Blick auf Malediveninsel durch Bullauge
S. 2/3: Look/Holger Leue; S. 4/5: C/Massimo Ripani; S. 6/7: G/Danita Delimont; S. 8/9: C/George H.H. Huey; S. 10/11: C/145; S. 12/13: G/Michele Falzone; S. 14/15: G/Douglas Pearson; S. 16/17: C/Norbert Wu; S. 18: Look/Holger Leue; S. 20/21: G/Ingmar Wesemann; S. 22: C/Onne van der Wal; S. 23: C/Carl & Ann Purcell; S. 24: G/Walter Bibikow; S. 25: C/Jad Davenport; S. 26: C/Neil Emmerson; S. 26/27: G/Panoramic Images; S. 28/29: C/Macduff Everton; S. 29: C/Macduff Everton; S. 30: A/James Quine / Alamy; S. 31: G/Glowimages; S. 31: C/Stephen Frink; S. 32/33: C/Onne van der Wal; S. 33: L/Markus Kirchgessner; S. 34/35: C/Justin Lewis; S. 35: A/Colin Curwood; S. 36: C/Ellen Rooney; S. 36: A/John Kellerman; S. 37: A/Dea/A.Vergani; S. 37: G/Michael Lawrence; S. 38: G/Dioscoro Teofilo de La Puebla Tolin; S. 38: Premium/Jim Watt; S. 39: G/Grant Faint; S. 40: G/Burnett & Palmer; S. 41: Premium/Gerry Ellis; S. 42/43: C/Tim Tadder; S. 43: C/Onne van der Wal; S. 44/45: G/Perrine Doug; S. 45: C/Peter Beck; S. 46: Graycliff Restaurant; S. 46: C/Ludovic Maisant; S. 47: Grand Lucayan Beach and Golf Resort; S. 48: C/Sergio Pitamitz; S. 49: G/Monica and Michael Sweet; S. 50: G/Marie-Reine Mattera; S. 51: G/GUIZIOU Franck; S. 51: C/Philip Friskorn/ Foto Natura; S. 52: C/Massimo Borchi; S. 52: G/Michele Falzone; S. 52/53: C/Bryan Mullennix; S. 54/55: G/Monica & Michael Sweet; S. 55: Bernhard Limberger; S. 55: C/Bob Krist; S. 56: G/Monica and Michael Sweet; S. 56/57: G/Monica and Michael Sweet; S. 57: G/Art Wolfe; S. 58: G/Ellen Rooney; S. 58: G/Patrice Hauser; S. 59: G/Brent Winebrenner; S. 59: G/George H.H. Huey; S. 60/61: C/Michele Falzone; S. 62: G/Walter Bibikow; S. 63: G/Danita Delimont; S. 64: C/George H.H. Huey; S. 65: G/Banana Pancake; S. 66: G/Richard Soberka; S. 66/67: A/Banana Pancake; S. 67: G/Bruno Barbier; S. 68: G/Flavio Vallenari; S. 68/69: G/David Joyner; S. 69: G/Banana Pancake; S. 70: G/Christian Goupi; S. 70/71: G/Justin Lewis; S. 72: Cap Juluca/ Maurice Naragon; S. 72: Cap Juluca; S. 72: Caneel Bay Resort/ Michael Grimm; S. 73: Jumby Bay Resort; S. 73: Jumby Bay Resort; S. 73: C/Layne Kennedy; S. 74: C/Alan Copson; S. 74: Ladera Resort/Larsen Collinge International; S. 75: Cutton House; S. 75: Jade Mountain/C J Walker; S. 76: G/Ingram Publishing; S. 77: G/Werner Van Steen; S. 78: Look/age fotostock; S. 79: C/George Karbus Photography; S. 80: C/Mauricio Abreu; S. 80: C/Mauricio Abreu; S. 81: G/Joel Santos; S. 82/83: C/Mauricio Abreu; S. 83: G/Reinhard Dirscherl; S. 84: C/Westend61; S. 84/85: C/Mauricio Abreu; S. 86: Look/Thomas Stankiewicz; S. 86/87: C/Mauricio Abreu; S. 87: C/Mauricio Abreu; S. 88/89: L/Eric Martin; S. 90/91: C/Mauricio Abreu; S. 91: C/Mauricio Abreu; S. 92: G/Peter Haworth; S. 92/93: C/Mauricio Abreu; S. 93: G/Joel Santos; S. 94: C/Jay Dickman; S. 94: Solar de Lalém/Gerd Hochleitner; S. 95: G/Holger Leue; S. 96: G/Stuart Black; S. 97: Antonio Bellón; S. 98: A/Islandstock; S. 99: G/Martin Siepmann; S. 99: G/www.ginomaccanti.com; S. 100/101: G/Bruno Morandi; S. 101: Look/age fotostock; S. 102/103: G/Juances; S. 102/103: C/Guido Cozzi; S. 104: Look/Sabine Lubenow; S. 104/105: A/Images Etc Ltd; S. 106/107: G/Alberto J. Espineira Francés - Alesfra; S. 108/109: C/Guido Cozzi; S. 109: Look/Jürgen Richter; S. 110/111: C/Atlantide Phototravel; S. 112: A/Frans Lemmens; S. 112/113: C/Guido Cozzi; S. 114/115: A/David Robertson; S. 116: Seaside Grand Hotel Residencia/Celestino González Méndez; S. 116: Seaside Grand Hotel Residencia/Anfi Tauro Golf; S. 117: C/Grand Tour Collection; S. 117: Hotel Botanico & the Oriental Spa Garden/Roger Méndez; S. 118: C/Michele Falzone; S. 119: L/Tobias Gerber; S. 120: Look/Rainer Mirau; S. 121: C/Grand Tour Collection; S. 122/123: Look/age fotostock; S. 123: C/Alvaro Leiva; S. 124/125: G/Michele Falzone; S. 126/127: C/Michele Falzone; S. 127: C/Doug Pearson; S. 128/129: Look/Jürgen Richter; S. 130/131: G/Izlemus; S. 131: G/Neil Austen; S. 132: Look/Konrad Wothe; S. 133: Look/Jürgen Richter; S. 134/135: Look/Jan Greune; S. 136: Look/age fotostock; S. 136: Massimo Borchi; S. 137: Look/Hauke Dressler; S. 137: La Residencia/Fernando Esteva Nedina; S. 138: Look/H. & D. Zielske; S. 138: C/Roche; S. 139: A/Everynight Images; S. 140: Look/Moritz Hoffmann; S. 141: G/Peter Adams; S. 142: C/Gavin Hellier; S. 144: C/Alan Copson; S. 145: Look/age fotostock; S. 145: A/funkyfood London - Paul Williams; S. 146: C/Wolfgang Weinhäupl; S. 146/147: G/David C Tomlinson; S. 148/149: C/Christian Handl; S. 149: Look/age fotostock; S. 150: C/Denis Meyer; S. 150: C/Matthew William-Ellis; S. 151: G/Gonzalo Azumendi; S. 151: G/Gonzalo Azumendi; S. 152/153: G/Konrad Wothe; S. 154/155: L/Franck Gouizou; S. 155: Look/age fotostock; S. 156: Look/The Travel Library; S. 156/157: G/Alan Copson; S. 157: Look/Ingolf Pompe; S. 158: Hotel Vestibul Palace; S. 159: Miramar; S. 159: Villa Dubrovnik; S. 159: Falkensteiner Hotel & Spa Iadera/Robert Balasko; S. 159: G/Simeone Huber; S. 160: Look/Holger Leue; S. 161: G/ Sergio Pitamitz ; S. 162: G/Peter Adams; S. 163: Look/age fotostock; S. 164/165: A/Constantinos Iliopoulos; S. 166: G/Danita Delimont; S. 166: A/Jan Wlodarczyk; S. 167: A/Jon Arnold Images; S. 168: C/Walter Bibikow; S. 169: A/Bill Bachmann; S. 170: Look/age fotostock; S. 171: G/Tuul; S. 172: C/Marco Simoni; S. 172: C/Grand Tour Collection; S. 173: C/Bruno Morandi; S. 174/175: M/Pixtal; S. 176/177: M/Gerhard Zwerger-Schoner; S. 178: Look/age fotostock; S. 178/179: Look/Franz Marc Frei; S. 180: G/Ingolf Pompe; S. 180: Kivitos Hotel/Vice Versa; S. 181: C/Guido Cozzi; S. 181: Kivitos Hotel; S. 182: G/Danita Delimont; S. 183: G/George Papapostolou photographer; S. 184: C/Digfoto; S. 186/187: G/Walter Bibikow; S. 188: A/Hercules Milas; S. 188/189: A/funkyfood London - Paul Williams; S. 190/191: G/Walter Bibikow; S. 192: G/Walter Bibikow; S. 193: C/Walter Bibikow; S. 194: C/Guido Cozzi; S. 194/195: C/Guido Cozzi; S. 196: G/Bruno Morandi; S. 196/197: G/Walter Bibikow; S. 198/199: A/Hercules Milas; S. 200: Look/The Travel Library; S. 200: Look/Ingolf Pompe; S. 202: G/Douglas Pearson; S. 202: Look/Franz Marc Frei; S. 202/203: Look/The Travel Library; S. 204/205: A/imagebroker; S. 207: Aqua Blu Boutique Hotel & Spa; S. 206: G/Ernst Wrba; S. 206: Lindos Blu; S. 206: Lindos Blu; S. 208: G/Gerard Soury; S. 209: Waterframe/Franco Banfi; S. 210: Look/Hauke Dressler; S. 212/213: A/Mario Moreno; S. 213: Look/Hauke Dressler; S. 214: Look/age fotostock; S. 214: C/Michael Runkel; S. 214: A/mediacolor's; S. 215: G/Jean-Pierre Degas; S. 216: G/Martin Harvey; S. 217: G/Franco Banfi; S. 217: C/Wolfgang Kaehler; S. 218: Look/age fotostock; S. 218/219: Laif/Massimo Ripani; S. 220: Look/age fotostock; S. 220/221: fotoVoyager; S. 222: G/Jean-Pierre Pieuchot; S. 222: Look/Franz Marc Frei; S. 223: Look/Franz Marc Frei; S. 224/225: A/Charly Lataste; S. 225: Look/age fotostock; S. 226: Picasa; S. 226: The Residence Zanzibar; S. 226: The Residence Zanzibar; S. 227: Maya Luxury Resort & Spa; S. 227: Maya Luxury Resort & Spa; S. 228: C/Chris Caldicott; S. 228: Royal Palm Hotel/Christian Bossu-Picat; S. 228: Constance Lemuria Resort; S. 229: Maradiva Villas Resort & Spa; S. 229: Cilantro/Maradiva Villas Resort & Spa; S. 229: Maradiva Villas Resort & Spa, Tamarina Golf/Renaud Vandermeeren; S. 230: Laif/Clemens Emmler; S. 231: Look/age fotostock; S. 232: G/Randi Ang; S. 233: G/Creativity is borderless; S. 234/235: G/Alex Craig; S. 236: Look/age fotostock; S. 236: Look/Robin Laurance; S. 237: Look/David Noton; S. 238/239: G/Matthew Williams-Ellis; S. 240/241: G/Cyril Ruoso; S. 241: G/Randi Ang; S. 242: C/Fadil; S. 243: G/Kimberley Coole; S. 244: G/Thomas Flugge; S. 244: C/Tim Street-Porter; S. 244: Amankila; S. 245: A/Jochen Tack; S. 246: C/167; S. 247: Look/Reinhard Dirscherl; S. 248: Look/Reinhard Dirscherl; S. 249: G/Danita Delimont; S. 250/251: G/Patricio Robles Gil; S. 251: Look/The Travel Library; S. 252/253: Look/Reinhard Dirscherl; S. 253: C/Douglas Peebles; S. 254/255: A/Michael Patrick O'Neill; S. 256: C/Terry Moore; S. 257: A/Geoff Marshall; S. 258: A/Douglas Peebles Photography; S. 259: The Plantation House Restaurant, Laucala Island Resort/No Limit Fotodesign; S. 259: Laucala Island Resort/No Limit Fotodesign; S. 260: C/Sean Davey; S. 261: C/Mark A. Johnson; S. 262: G/Richard A Cooke III; S. 263: Look/NordicPhotos; S. 263: G/David Olsen; S. 264: C/Karen Kasmauski; S. 264: C/Ocean; S. 264: G/Thinkstock; S. 265: G/Art Wolfe; S. 266/267: G/Patrick Smith; S. 267: G/Ed Freeman; S. 268/269: A/Cornforth Images; S. 269: Look/age fotostock; S. 270/271: G/Chad Ehlers; S. 272: Look/age fotostock S. 273: C/Sean Davey; S. 274: C/Frans Lanting; S. 274/275: G/Jeffrey A. Cable; S. 276: G/Peter French; S. 277: Kahala Hotel & Resort; S. 277: Kahala Hotel & Resort; S. 278: Halekulani; S. 278: Hoku's, Kahala Hotel & Resort; S. 279: Halekulani; S. 280: Look/Design Pics; S. 281: Look/age fotostock; S. 282: A/World Pictures / Alamy; S. 283: Look/Heinz Endler; S. 283: Look/N.Eisele-Hein; S. 284: Look/Don Fuchs; S. 285: Look/Ulla Lohmann; S. 286/287: Sergio Pitamitz; S. 288/289: Premium; S. 289: G/Dahlquist Ron; S. 290: Look/age fotostock; S. 291: C/Alexander Burkatovski; S. 292/293: Look/age fotostock; S. 292/293: G/Justin Lewis; S. 294/295: C/28; S. 296: Look/N. Eisele-Hein; S. 297: Bora Bora Pearl Beach Resort & Spa; S. 297: Bora Bora Pearl Beach Resort & Spa; S. 298: C/Tui de Roy; S. 299: Look/age fotostock; S. 300: C/David Fleetham; S. 301: C/Mauricio Handler; S. 301: C/Ingo Schulz; S. 302: G/Nigel Pavitt; S. 302: C/Kevin Schafer; S. 303: C/Gerald & Buff Corsi; S. 304/305: G/David Fleetham; S. 305: G/Joel Sartore; S. 306/307: C/Rob Howard; S. 307: G/Juan Carlos Munoz; S. 308: G/David Fleetham; S. 309: G/Pete Oxford; S. 310/311: G/Jessie Reeder; S. 312: Look/Michael Boyny; S. 312: C/Mattias Klum; S. 313: G/David Santiago Garcia; S. 314: Royal Palm Hotel; S. 314: Royal Palm Hotel; S. 315: G/Paul Kennedy; S. 315 2x: Ocean Spray www.galapagosluxuskreuzfahrten.de

IMPRESSUM

© 2013 Kunth Verlag GmbH & Co KG, München

Königinstr. 11, 80539 München

Tel. +49 (0)89 / 45 80 20-0 | Fax +49 (0)89 / 45 80 20-21

E-Mail: info@kunth-verlag.de | www.kunth-verlag.de

Printed in Slovakia

Texte Touren: Gerhard Beer, Gerhard Bruschke, Christiane Gsänger, Dr. Maria Guntermann, Thomas Jeier, Dr. Sebastian Kinder, Barbara Kreißl, Michael Neumann, Peter Schröder, Dr. Heinz Vestner, Walter M. Weiss, Günther Wessel

Texte Hot Spots: CLP Carlo Lauer

Alle Rechte vorbehalten. Reproduktionen, Speicherung in Datenverarbeitungsanlagen, Wiedergabe auf elektronischen, fotomechanischen oder ähnlichen Wegen nur mit der ausdrücklichen Genehmigung des Copyrightinhabers.

Alle Fakten wurden nach bestem Wissen und Gewissen mit der größtmöglichen Sorgfalt recherchiert. Redaktion und Verlag können jedoch für die absolute Richtigkeit und Vollständigkeit der Angaben keine Gewähr leisten. Der Verlag ist für alle Hinweise und Verbesserungsvorschläge jederzeit dankbar.